Christine Stecher (Hrsg.)

Der Tag, an dem die Türme fielen

Symbolik und Bedeutung des Anschlags

Christine Stecher (Hrsg.)

Der Tag, an dem die Türme fielen

Symbolik und Bedeutung des Anschlags

Knaur
MensSana

Die Beiträge von David Steindl-Rast, Thich Nhat Hanh, Byron Katie, Paul Skorpen, Edwin Courtenay und Donald Neale Walsch wurden aus dem Englischen übersetzt von Christine Stecher

Die Folie des Schutzumschlags sowie die Einschweißfolie sind PE-Folien und biologisch abbaubar.
Dieses Buch wurde auf chlor- und säurefreiem Papier gedruckt.

Besuchen Sie uns im Internet:
www.knaur.de

Originalausgabe

Satz: Ventura Publisher im Verlag
Druck und Bindung: Ebner & Spiegel, Ulm
Printed in Germany
ISBN 3-426-66655-3

2 4 5 3 1

Inhalt

Zur Einführung

Den 11. September werden wir nicht wieder los. Jeder wurde davon zutiefst berührt. Jeder weiß noch, wo er war und wie es war, als er zum erstenmal von den Anschlägen erfuhr und die Bilder sah. Und diese Bilder erschüttern uns auch nach der x-ten Wiederholung.

Aber nicht nur die Bilder wirken weiter.

Mit den Anschlägen ist etwas in Bewegung gesetzt worden. Es war offenbar keine weitere der vielen Katastrophen, die auf dieser Welt täglich passieren, sondern etwas Besonderes, etwas Bedeutsames, das den Großteil der Menschen auf der Erde geistig und emotional in Bann zog.

Vordergründig haben die Anschläge und ihre Folgen nur mit Politik und Wirtschaft, Krieg und Vergeltung, Terrorismus und Fundamentalismus zu tun. Man braucht nur den Fernseher einzuschalten oder die Zeitung aufzuschlagen, um sich davon zu überzeugen.

Es ist üblich, auf der materiellen Ebene nach den Gründen für ein Unglück zu suchen. Man versucht, den zeitlichen Ablauf zu rekonstruieren, die Verantwortlichen zu identifizieren, die Opfer zu zählen, Schadenssummen zu beziffern und die Auswirkungen auf die Ökonomie einzuschätzen. Psychologische und philosophische Erkenntnisse und Erklärungen spielen dabei eine eher untergeordnete Rolle.

Doch hinter den Anschlägen des 11. September scheint noch etwas anderes zu liegen, das durch die herkömmlichen Formen der Aufarbeitung und Krisenbewältigung nicht erfasst wird. Viele spüren, dass den Anschlägen eine besondere, universale Botschaft und Bedeutung innewohnt. Und viele Menschen fragen sich, was an dem Tag, an dem die Türme fielen, eigentlich mit uns und der Welt passiert ist.

Dieser Sammelband bietet verschiedene Möglichkeiten, sich dem Ereignis und seiner Botschaft zu nähern. Denn trotz all der vielen Artikel, Interviews und Kommentare herrscht bei vielen nach wie vor Bedarf an Klärung von Zusammenhängen. Für Menschen mit einem ganzheitlichen Weltbild wurde die geistige Perspektive des 11. September in den Medien immer vernachlässigt zugunsten der Beschreibung von nackten Handlungsabläufen oder der politischen Analyse.

Die Autorinnen und Autoren dieses Buches gehen deshalb auf eine

spirituelle Spurensuche. Sie leiten dazu an, tiefer zu blicken. Sie liefern Stoff zum Nachdenken. Sie laden zur Diskussion geistiger Prinzipien ein. Sie bieten Trost und zeigen mögliche Schritte der Heilung – sowohl für den Einzelnen als auch für die Welt. Sie ermuntern, jedes noch so entsetzliche Geschehen auch aus einer höheren Perspektive zu betrachten. Sie erinnern an zeitlose Weisheitslehren, die in Krisensituationen tröstlich sind und die helfen, wieder in Harmonie zu kommen, sich zu verbinden, das Gefühl der Hilflosigkeit abzustreifen und zu innerem wie äußerem Frieden zurückzufinden.
Die Beiträge machen deutlich, dass es weder die eine Wahrheit noch eine einzige Antwort auf unsere Fragen nach dem »Warum?« und dem »Wozu?« geben kann. Es gibt aber verschiedene Türen, die zu einem immer größeren Verstehen, Erkennen und Heilwerden führen. Jeder sieht etwas anderes, jeder wird von etwas anderem angesprochen und braucht etwas anderes. So verstanden kann dieses Buch nur unvollkommen sein; gleichzeitig bietet es einen großen Reichtum an Anregungen, Inspirationen und Unterstützung.

Heute ist es üblich geworden, aus juristischen Gründen einen so genannten Disclaimer einzufügen, eine Erklärung, um sich vor Klagen zu schützen. So will ich es als Herausgeberin nicht versäumen, darauf hinzuweisen, dass dieses Buch sowohl Brüche als auch Lücken enthält – was in der Natur der Sache liegt – und dass seine Beiträge nicht in jedem Fall meine eigene Meinung wiedergeben. Hinzu kommt, dass die Autoren und Autorinnen untereinander durchaus nicht immer einer Ansicht sind; sie vertreten zuweilen konträre Positionen. Das Buch deckt außerdem nicht alle Sichtweisen ab. Es fehlt beispielsweise die weise Perspektive der Sufis. Manche Beiträge wurden unter dem Eindruck der Katastrophe im September 2001 verfasst, andere nach einem halben Jahr Distanz ...
Das Buch ist also in vieler Hinsicht »unausgewogen« nuancenreich. Bewusst bietet es eine Vielzahl unterschiedlicher geistiger Herangehensweisen an ein erschütterndes Ereignis der Gegenwart. Viele Menschen haben darauf gewartet, auch diese Stimmen zu hören.
Jeder der in diesem Buch enthaltenen Beiträge steht für sich. Wie ein geschliffenes Juwel spiegelt jeder Facetten unserer menschlichen Erfahrung wider. Gleichzeitig sind die Themen und Thesen auch miteinander verwoben. Die Beiträge ergänzen sich und greifen verschiedene Gedan-

ken wie Frieden oder Selbstverantwortung auf, um sie in ihrem spezifischen Kontext deutlich zu machen.
Die Beiträge bilden eine Kette der Assoziationen, Lehren und Einsichten zum 11. September. Der Leser mag die vorgegebene Reihenfolge bei der Lektüre einhalten. Er kann sich jedoch auch von der eigenen Neugier auf bestimmte Namen oder Stichwörter leiten lassen und das Buch auf jeder beliebigen Seite aufschlagen und zu lesen beginnen. Indem er so vor- und zurückspringt, werden sich andere Verbindungslinien und Bezüge zwischen den einzelnen Beiträgen offenbaren.

Das Buch beruht auf einer Eingebung. Die Idee zu diesem Projekt ließ sich erstaunlich leicht realisieren; schnell fand sich der Kreis der Autorinnen und Autoren. Stellvertretend für die vielen Helfer sei hier Olivia Baerend vom Droemer Knaur Verlag genannt, ihr gebührt mein Dank.

Während man in einem Disclaimer schließlich auch vor den Nebenwirkungen warnt, hoffe ich, dass die Beiträge eine heftige Wirkung und Nebenwirkung erzeugen. Dass ihre Erkenntnisse und weisen Gesichtspunkte auch auf die persönliche Auseinandersetzung mit traumatischen Erlebnissen Anwendung finden können - und allgemein auf unseren Umgang mit den Katastrophen, die für uns so fern und doch so nah irgendwo auf der Welt passieren und an denen wir unweigerlich Anteil nehmen.
Ich hoffe, dass das Buch zu Reflexion und Tat anregt, dass es Mut macht und tatsächlich Türen öffnet.

Christine Stecher

David Steindl-Rast
Ein neuer Grund für Dankbarkeit

Heute Morgen begrub ich ein Eichhörnchen. Die Zähne der Katze hatten keine Spuren hinterlassen. In dem Loch, das ich zwischen den frühen Chrysanthemen ausgehoben hatte, schien sich der freche kleine Kerl nur zum Schlafen zusammengerollt zu haben. Als ich ein paar Schaufeln Erde auf sein kleines Grab häufte, erinnerte ich mich mit einem Lächeln an die Kinderspiele, bei denen tote Vögel, Käfer und Mäuse beerdigt wurden.

Plötzlich dachte ich an Menschen – Tausende und Abertausende –, die niemand je beerdigt hatte, weil nicht einmal ihre Körper übrig geblieben waren: die Opfer der Gewalt, angefangen bei Hiroshima und Nagasaki bis hin zu Manhattan. Dankbarkeit? Dieses Wort schien unter den gegebenen Umständen vollkommen fehl am Platz, ja sogar beleidigend zu sein.

Und doch ist es bezeichnend, dass wir von »gegebenen« Umständen sprechen. Alles, was gegeben wird, ist ein Geschenk, und die angemessene Antwort auf jedes Geschenk ist Dankbarkeit. Worin könnte in diesem Fall das Geschenk bestehen?

Das Geschenk, das uns mit dem Weckruf vom 11. September gegeben wurde, ist eine noch nie da gewesene Gelegenheit. Das Geschenk in jedem Geschenk besteht in einer Chance. In diesen Tagen ist es für uns die Chance aufzuwachen – wach zu werden angesichts des Wahnsinns von Gewalt und Gegengewalt. Letztlich sind wir nur Zeugen des neuesten Glieds einer Kette von Rache für Rache. Dieser gerade geschehene Racheakt ist nicht der erste, aber er bietet uns eine einzigartige Gelegenheit, aufzuwachen und ihn den letzten sein zu lassen.

So befremdlich es ist, waren viele von uns in Lage, den Teufelskreis der Gewalt – unserer eigenen Gewalt und der anderer – zu ignorieren, solange er sich fern von uns drehte. Wir befanden uns im Schlaf. Dies war ein unsanftes Erwachen. Was nun?

Wir können uns für den Weckruf dankbar zeigen, indem wir wach

bleiben und indem wir wachsam handeln. Eine erkannte Gefahr, der entgegengetreten wird, ist nur halb so schlimm.
Die Gefahr besteht in der Gewalttätigkeit, gleichgültig, wer sie begeht, ob Terroristen oder gewählte Regierungen. Keine Rhetorik, keine Pose kann die Tatsache länger verbergen, dass Gewalt neue Gewalt erzeugt. Wir müssen diesen Kreislauf des Wahnsinns durchbrechen.

Die Gewalt hat ihre Wurzeln in jedem Herzen. Es ist mein eigenes Herz, in dem ich Angst, Unruhe, Kälte, Abneigung und Regungen von blinder Wut zu erkennen habe. Hier in meinem Herzen kann ich Furcht in mutiges Vertrauen, Unruhe und Verwirrung in Stille, Abgetrenntheit in ein Gefühl der Zugehörigkeit, Abneigung in Liebe verwandeln und von irrationalem Verhalten zum Common Sense zurückkehren. Die schöpferische innere Vorstellung von Dankbarkeit wird jeden von uns anleiten, wie diese Aufgabe angegangen werden kann.
Ich möchte hier fünf kleine Schritte nennen, die mir persönlich geholfen haben, meine Dankbarkeit für den Weckruf zu zeigen und wach zu bleiben.

Jede Dankbarkeit ist ein Ausdruck von Vertrauen. Jedes Misstrauen führt dazu, noch nicht einmal ein Geschenk als solches zu erkennen – wer könnte denn sicherstellen, dass es nicht ein Köder, ein Bestechungsversuch, eine Falle ist? Dankbarkeit hat den Mut zu vertrauen und überwindet so die Angst.
Die Atmosphäre ist in diesen Tagen mit Furcht aufgeladen, mit einer Furcht, die von Politikern und den Medien genährt und manipuliert wurde. Hier liegt die größte Gefahr für uns: Furcht lässt Gewalt fortbestehen.
Mobilisiere den Mut deines Herzens, wie es die wahrhaft Erwachten tun. *Sage heute ein Wort, das einer ängstlichen Person Mut gibt.*

Da Dankbarkeit Mut ausdrückt, verbreitet sie Ruhe. Diese Art von Ruhe ist durchaus mit tiefen Gefühlen vereinbar. In Wahrheit verrät die grassierende Massenhysterie eher Verwirrtheit als tiefes Fühlen, eher oberflächliche Betriebsamkeit als einen tiefen Strom von Mitgefühl.
Schließe dich den wahrhaft Mitfühlenden an, die ruhig und stark sind. Aus der Stille im Zentrum deines Herzens wende dich nach außen. *Halte heute ganz ruhig jemandes Hand und verbreite Ruhe.*

Wenn du dankbar bist, ist dein Herz offen – offen gegenüber anderen, offen für Überraschung. In den Tagen seit dem Weckruf haben wir bemerkenswerte Beispiele für diese Offenheit erlebt: Fremde helfen Fremden oft in heldenhafter Weise. Andere wenden sich jedoch ab, isolieren sich, trauen sich sogar weniger als sonst, einander anzublicken. Gewalt beginnt mit Abgetrenntheit. Brich dieses Muster auf. Knüpfe Kontakt, zumindest Augenkontakt, zu Menschen, die du normalerweise nicht beachtest: mit dem Angestellten am Schalter, mit dem Parkwächter, mit jemandem im Lift. *Blicke heute einem Fremden in die Augen, und erkenne, dass es keine Fremden gibt.*

Du kannst entweder Dankbarkeit oder Abneigung fühlen, aber nicht beides zur selben Zeit. Dankbarkeit vertreibt Abneigung; es gibt keinen Raum für beides im selben Herzen. Wenn du dankbar bist, weißt du, dass du zu einem Geflecht von Geben und Nehmen gehörst, und du bejahst diese Zugehörigkeit. Dieses Ja ist das Wesentliche der Liebe. Du brauchst keine Worte, um es auszudrücken; ein Lächeln genügt, um dein Ja wirksam werden zu lassen. Lass es für dich unwichtig sein, ob der andere zurücklächelt. *Schenke heute jemandem ein unerwartetes Lächeln, und trage so deinen Teil zum Frieden auf Erden bei.*

Was deine Dankbarkeit für dich bewirkt, ist genauso wichtig wie das, was sie für andere bewirkt. Dankbarkeit stärkt dein Zugehörigkeitsgefühl. Dein Zugehörigkeitsgefühl stärkt wiederum deinen gesunden Menschenverstand, den Common Sense. Dein Ja stimmt dich auf die allen Menschen gemeinsamen Interessen ein.
Nach dem Weckruf macht nichts anderes Sinn als Common Sense. Wir haben nur einen einzigen Feind, unseren gemeinsamen Feind: Gewalt. Der gesunde Menschenverstand lehrt uns, dass wir Gewalt nur stoppen können, indem wir aufhören, gewalttätig zu handeln. Krieg ist kein Weg zum Frieden.
Höre heute die Nachrichten und prüfe bei zumindest einer Meldung, was der gesunde Menschenverstand dazu sagt.

Die fünf Schritte, die ich hier vorschlage, sind klein, aber wirkungsvoll. Dass sie klein sind, ist hilfreich: Jeder kann sie tun.
Stell dir ein Land vor, dessen Bürger – vielleicht sogar dessen Führungspersönlichkeiten – unerschrocken, ruhig und offen füreinander sind; ein

Land, dessen Bewohner erkennen, dass alle Menschen als eine Familie zusammengehören und so auch handeln müssen; ein Land, das von Common Sense regiert wird. In dem Maß, wie wir uns nicht hasserfüllt, sondern dankbar zeigen, wird diese Vorstellung wahr.

Wer hätte vorhersehen können, dass in diesen dunklen Tagen die Dankbarkeit in solch neuem Glanz erstrahlen würde? Möge sie unseren Weg erhellen.

September 2001

Wulfing von Rohr
Mensch werden, Mensch sein

Die Ereignisse des 11. September, ihre Hintergründe und die möglichen Folgen sind vielschichtig, undurchsichtig und auch verworren - wie es das ganze Leben meist ist. Die Ereignisse sind sicher nicht isoliert zu sehen. Sie sind vielmehr Teil eines Weltgeschehens, eines organisch und dynamisch sich entfaltenden Entwicklungsprozesses, bei dem das Vorgestern und Gestern zum Heute gehört und beides in ein uns unbekanntes Morgen und Übermorgen mündet.
Es gibt politische und ökonomische Aspekte; es gibt theologische und moralische Sichtweisen - sie alle können herangezogen werden, um die Geschehnisse des 11. September zu betrachten. Es gibt materielle, psychologische und spirituelle Elemente zu bedenken. Manche dieser Ebenen sollen hier ins Bewusstsein gerückt werden. Einfache Antworten und eindeutige Handlungsanleitungen kann der Autor jedoch nicht liefern. Nicht zuletzt: Es gab eine Zeit vor dem 11. September, und die Zeit steht auch seither nicht still.

Was ist passiert?
Auf die Frage, was am 11. September passiert ist, lassen sich viele Antworten formulieren - darunter auch sehr populäre Antworten, die ich selbst nicht geben würde:

- Terroristen haben Flugzeuge entführt und damit unschuldige Menschen in den Flugzeugen und in Gebäuden in den USA umgebracht.
- Verrückte haben ein fürchterliches Verbrechen begangen, zu dem sie von einem noch größeren Verrückten durch Gehirnwäsche gebracht wurden.
- Menschen, die durch verführerische Ideen fehlgeleitet wurden, die auf religiösen und ethischen Weltmodellen beruhen, haben sich zu Handlungen hinreißen lassen, deren Folgen sie weder für andere noch für sich selbst überblicken konnten.
- Märtyrer und Helden haben ihr Leben geopfert, um das Reich des Bösen anzugreifen und den Siegeszug des einen wahren Gottes einzu-

leiten. Dass dabei auch unbeteiligte Menschen starben, muss ebenso als bedauerlicher Kollateralschaden hingenommen werden, wie das anderswo auch immer üblich war und ist.

- Ein lange schwelender Weltkrieg zwischen Religionen und Kulturen ist in eine heiße Phase eingetreten.
- Islamische Staaten und Religionsgemeinschaften ebenso wie westliche Regierungen und Gruppen haben militante Tendenzen, die religiös verbrämt werden, zu lange verharmlost (im Islam, im Christentum, im Judentum, im Hinduismus) und haben unter dem Mäntelchen der Gleichberechtigung jedes Glaubens und der angeblich gleichen Werte (für Staaten: Afghanistan unter den Taliban, für Gruppen: El Qaida) nun zu ernten, was sie zumindest durch Untätigkeit selbst mit gesät und gewässert haben.
- Es ist sowieso alles Karma. Täter und Opfer hatten schon in früheren Leben in umgekehrten Rollen etwas miteinander zu tun und haben hier ein – wenn auch schreckliches – Schicksal nur vollzogen. Die Täter sind Vollstrecker von altem Karma an anderen und häufen dabei für sich selbst gleichzeitig schlimmes neues Karma an.
- Gottes unerforschlicher Ratschluss hat auch dieses Grauen zugelassen, damit wir etwas daraus lernen (siehe zum Beispiel Auschwitz). Worin die Lektion besteht, wird vielleicht später einmal klar werden.
- Luzifer, Belial, Satan hat sein Haupt erhoben und gezeigt, dass er lebt, dass es ihn gibt und dass er jederzeit Unheil über diese Erde bringen kann, solange Menschen an Ego, Machtstreben und Trennung festhalten, also an »Sünde«.
- In Gaias Innerem wucherte die ganze Zeit über ein Krebsgeschwür, das nun an einigen Stellen ausgebrochen ist – um die Menschen durch Leid dazu zu zwingen, sich mit den universellen Lebensprinzipien auseinander zu setzen.
- Es ist etwas passiert, das in der Weltgeschichte immer wieder geschah und auch in Zukunft immer wieder passieren wird: »Human history as usual.«

Fassen wir die Fakten zusammen: Ein gutes Dutzend meist junger Männer ist fremden Anweisungen und eigenen Antrieben gefolgt, um Flugzeuge zu entführen und sie in einer demonstrativen Attacke in Symbole des Staates der größten weltlichen Macht zu lenken. Dabei haben sie Tausende von Menschen getötet. Die Zahl ihrer Opfer haben

sie vorher nicht planen können, weil das Zusammenbrechen beider Türme mit den katastrophalen Folgen vorher gar nicht zu berechnen war. Ob sie einer – wenn auch pervertierten – Ideologie mit einem religiösen Feigenblatt folgten oder nicht, wird die Zeit möglicherweise zeigen. Einige wenige Menschen haben an dem beabsichtigten Zusammenbruch von Aktienkursen bestimmter Firmen (Flug- und Investmentgesellschaften) finanziell erheblich profitiert.
Einige mutige Menschen in jenem Passagierflugzeug über Pennsylvania haben offenbar eine noch schlimmere Bilanz der Angriffe verhindert. Zahlreiche Feuerwehrleute und Polizisten, die den Menschen in den Türmen zur Hilfe kommen wollten, haben ihren Einsatz mit dem Leben bezahlt.
Soweit einige bekannte Eckpunkte der Ereignisse.
Doch was ist wirklich passiert? Was ist im Inneren der Betroffenen, der Opfer, geschehen? Warum »mussten« sie dieses Schicksal erleiden? Warum wurde ihr Lebensweg auf so abrupte Weise plötzlich beendet? Oder war das alles bereits im »goldenen Buch Gottes«, in dem Vergangenheit, Gegenwart und Zukunft steht, so verzeichnet? Gab es einen Spielraum des freien Willens – für die Opfer und auch für die Täter –, oder gab es ihn nicht, weil alles Wichtige ohnehin schon vor dem Leben »karmisch« festgelegt und in der »Akasha-Chronik« verzeichnet ist? Ist Leben und Schicksal zwangsläufig oder nicht?
»Inshallah« – »So Gott will« heißt eine wohlbekannte Redewendung aus dem Islam. Will es Gott, dass andere Menschen in seinem Namen ausgebeutet, gequält, getötet werden? Gleich, ob es in Nordirland oder Palästina, in Persien, China oder Tibet oder sonst wo ist? »Mit Gott für Kaiser und Vaterland« stand auf den Gürtelschnallen der deutschen Wehrmachtssoldaten des Ersten Weltkrieges.
Haben wir alle lange, zu lange stillschweigend mitgetragen, dass Gott ins Spiel gebracht wird, dass Gott als Feigenblatt missbraucht wird, wenn Menschen »aus gutem Grund« und »für einen höheren Zweck« geknechtet und ermordet werden? Das fünfte jüdisch-christliche Gebot kennt kein Wenn und Aber: *Du sollst nicht töten.* Nicht mehr und nicht weniger.
Leo Tolstoi wird der Spruch zugeschrieben: »Solange es Schlachthäuser gibt, wird es Schlachtfelder geben.« Ist uns das Töten und das Getötetwerden, für den Mittagstisch und im fernen Hindukusch, auf den Straßen und durch Suchtmittel, das körperliche, seelische und geistige

Dumpf- und Stumpfwerden, so »normal« geworden (und ja auch längst evolutionstheoretisch verbrämt), dass wir gar nichts mehr dabei finden – außer wenn es »völlig Unschuldige« trifft?

Wie haben wir uns gefühlt?
Auch hier hörten wir viele verschiedene Antworten, zum Beispiel:

- Jetzt ist alles aus, jetzt gibt es Weltkrieg, jetzt bricht die ganze Welt zusammen.
- Wann wird es bei uns knallen? Wie kann ich mich und meine Familie, meine Lieben schützen, retten?
- Kein Wunder, da die USA doch nach der Weltherrschaft greift. Endlich hat's den Amis mal jemand gezeigt.
- Schlimm, sehr schlimm – aber jeden Tag sterben weltweit mehr Menschen an Hunger oder Krankheiten, weil die Industrieländer diesen Menschen nicht helfen, weil die Grundnahrungsmittel zu teuer sind, weil die Menschen durch die Industrialisierung entwurzelt worden sind ...
- Bewundernswert, wie sich Menschen für eine Sache opfern.
- Das ist jetzt der Auftakt zu einer islamischen Gewaltwelle, die über die gesamte Erde rollt.
- Ein ganzes Netzwerk von Terroristen in Afghanistan und anderswo – das ist doch sicher ein Hirngespinst des Revolverhelden George W. Bush.
- Ich habe Angst, nur noch Angst.

Die meisten von uns waren durch die Ereignisse des 11. September erschüttert, wie vom Donner gerührt. Wir konnten es kaum glauben; wir sind vielleicht sogar etwas hysterisch geworden. Es schien alles so unwirklich zu sein, als ob wir im falschen Film sitzen würden. Oder wir fühlten uns – so paradox es klingen mag – wie erleichtert, weil nun irgendwie die energetische Lösung eines schon jahrelang als bedrückend empfundenen gordischen Weltbewusstseinsknotens herangereift zu sein schien. Als ob eine dunkle Wolke, die geraume Zeit über den Köpfen lag, sich nun mit Blitz und Donner und Regenschauern zwar gewaltig, aber die Atmosphäre auch klärend, entladen hätte. Und jetzt liegt alles schon wieder so weit zurück und wirkt doppelt unwirklich.

Wie haben Medien und Politik reagiert?
Tagelang hatten die Berichte vom Anschlag alle anderen Nachrichten verdrängt. Während des Vietnamkrieges und sogar während des Golfkrieges hatten Mord und Totschlag, Gewalt und ihre Folgen, die Medien und damit das veröffentlichte Bewusstsein nicht in dem starken Maß beherrscht. In dieser Betäubung, die vermutlich nicht nur Kalkül war, sondern oft genug der Ratlosigkeit der Politiker und Medienleute entsprang, wurden die absurdesten Überlegungen in jeder Hinsicht zur wohlfeilen Tagesmünze geschlagen.
Europäer warnten vor dem Wildwesthelden Bush, der jedoch zur Überraschung der meisten Beobachter zwar starke Worte fand, um die verunsicherte und gedemütigte eigene Bevölkerung aufzurichten, aber auch geduldige und sorgfältige Arbeit leisten ließ, um die wirklich Verantwortlichen auszumachen, bevor er losschlug.
Lange geisterten durch europäische Medien moralisch gewandete Zweifel an der Urheberschaft der El Qaida und ihrer Unterstützer, der Taliban. (Ironie des Schicksals: Die Taliban waren zuvor von den USA unterstützt worden. Bitterer Ernst dabei: Im Westen hatten im Namen der vermeintlich zuzugestehenden Religionsfreiheit kein Politiker und kaum Medienleute die Stimme erhoben, als die Taliban drei Viertel ihres Volkes, die Frauen und Kinder, unterjochten und in mittelalterliche Unmündigkeit und Unbildung stießen.)
Erkennen wir Archetypen hinter den handelnden Figuren dieses Erdendramas? Bush als John Wayne, als der harte, aber gerechte Rächer der Verfolgten und Geknechteten? Mullah Omar als der rechtgläubige, aber dogmatische Hohepriester? Ein Prinz, der den Einflüsterungen Satans erliegt und es schafft, die Unterstützung des Hohenpriesters zu gewinnen. Die reichen Weidegründe dort drüben machen neidisch und locken. Erobern kann man sie nicht, aber wenigstens empfindlich zerstören ... So viele Analogien lassen sich denken, von der griechischen Mythologie bis zu den Stereotypen der Wildwestfilme. Und über allem wacht ein einziger Gott? Oder hat er sich womöglich aus Unwillen über den Missbrauch des freien Willens zeitweise von der Erde abgewandt und hält ein Mittagsschläfchen?
In den Reaktionen von Politik und Medien lassen sich – leichter natürlich nachträglich, mit einem gewissen zeitlichen und geistigen Abstand – archetypische Verhaltens- und Erklärungsmuster erkennen. So meinte eine deutsche Kultursenatorin gar, die Anschläge als berechtigte

Angriffe gegen zwei amerikanische Phallussymbole verharmlosen und beschönigen zu müssen. Und auch aus angeblich esoterischen Ecken kamen schnell recht merkwürdige Gleichsetzungen zwischen den Anschlägen von New York und Washington und den Folgen eines verfehlten globalisierten Wirtschaftsliberalismus.
Der 11. September wird aber durch nichts gerechtfertigt oder »verständlich«, weder durch unbewusst wirkende Urbilder noch durch die hungernden Menschen in der Welt, weder durch die biologische Wirksamkeit der Reste des Reptilienhirns im Menschen noch durch die Aids-Katastrophe in Afrika oder andere schlimme Versäumnisse oder Verfehlungen. Ein Grauen rechtfertigt kein anderes. Wenn die Spirale der Gewalt erst einmal zum Selbstläufer geworden ist, dann ist sie kaum noch zu stoppen – siehe Israel und Palästina sowie Nordirland oder Kolumbien.
Vielmehr gilt in Abwandlung der bekannten Losung der friedlichen Revolution in der DDR: »Wir sind die Welt!« Wir sind die Medien, wir sind die Politik. Weniger durch Mitgliedschaften, Spenden oder Demonstrationen, sondern durch tägliche Entscheidungen über Einstellungen und Verhaltensweisen in unserem eigenen Umfeld.
Wir dürfen Leben und Gesellschaft nicht mehr nur den Politikern überlassen, und seien sie noch so demokratisch gewählt. Stattdessen müssen wir noch eigenverantwortlicher als zuvor unsere gesellschaftlichen Beziehungen selbst gestalten.
Wir dürfen Religion nicht mehr nur den Priestern und Bischöfen überlassen, den Mullahs und Swamis und Rabbinern, seien sie noch so theologisch bewandert, traditionsreich geweiht oder von persönlichem Charisma. Wir wollen aufrichtiges Streben nach *religio* natürlich auch in den Kirchen achten, müssen unsere persönliche Gottbeziehung aber inzwischen außerhalb der Institutionen suchen – im stillen Gebet, in Meditation, in gelebter Menschlichkeit –, weil wir sie innerhalb der Kirchen nicht mehr als allgemeingültiges Fundament von Religion finden können.
Wir dürfen die Medien nicht mehr nur den etablierten Interessen überlassen, sondern müssen unsere eigenen Informationen sammeln.
Wir dürfen Fragen der körperlichen und seelischen Gesundheit nicht mehr nur von den vermeintlichen Experten (gegen gutes Geld oder hohe Beiträge) beantworten lassen, sondern müssen eigene Lösungen für Probleme finden, die wir selbst umsetzen – um daraus ein gestärktes

Selbstvertrauen und noch mehr materielle und spirituelle Unabhängigkeit zu gewinnen.
Wir müssen gegen nichts ankämpfen, nichts umstürzen, sondern einfach etwas Eigenes, Neues entwickeln – unter Freunden und in Gruppen Gleichgesinnter. Das geht nach meinen Erfahrungen nur durch eine immer wieder erneuerte und vertiefte Beziehung zu dem, was Menschen Schöpfungskraft oder Gott nennen.
Wenn wir Einsicht gewinnen und Lehren ziehen wollen, müssen wir bei uns selbst beginnen – bei unserer Fähigkeit oder Unfähigkeit, mit anderen in Frieden zu leben.

Psychologische und spirituelle Hintergründe
Jedes Problem auf der zwischenmenschlichen Ebene geht letztlich auf Störungen der Beziehungsfähigkeit zurück. Welches Muster, welche Beziehungsmuster stecken hinter Terror und Gegenterror, hinter religiösen Ideologien und der Vorherrschaft von Männertheologien? Welche Beziehungsstörungen erleben Menschen, die andere beherrschen, bezwingen, zwangsmissionieren oder umbringen wollen?
Psychologisch betrachtet kommt man wohl nicht daran vorbei, von Neurosen oder gar Psychosen zu sprechen. Spirituell betrachtet können wir von »jungen Seelen«, von geistiger Verblendung oder von luziferischen Antrieben sprechen. Aus hinduistischer Sicht und im Licht der Reinkarnationslehre sind Menschen, die sich »bestialisch« oder eher noch schlimmer verhalten, im letzten Leben aus ebendiesen Tierformen aufgestiegen und nun dabei, sich selbst umgehend einen noch tieferen Abstieg in diese Reiche zu bereiten.
Muss das alles so sein – und bleiben? Nein! Nicht, wenn wir aktive Beziehungsfähigkeit entwickeln. Nicht, wenn wir Konfliktlösung auf individueller Grundlage angehen: bei uns selbst und durch uns in unserem unmittelbaren Umfeld.
Wenn es leichter, schöner, besser scheint, für eine erhoffte und unerreichte Beziehung zu *sterben* – für Allah, für das Vaterland, für die Freiheit usw. –, als dafür zu *leben*, als dafür im Alltag in kleinen Schritten zu arbeiten, dann steckt darin bereits die Antwort auf die oben gestellte Frage.

Hinter dem Angriff auf andere Menschen – mit Passagier- oder Militärflugzeugen oder mit konventionellen Waffen – steckt ein Angriff auf einen selbst. Jede nach außen gerichtete Attacke ist gleichzeitig ein Akt der Selbstzerstörung nach innen. Ich verstecke hinter meiner Emotion, die sich in Gewalttat äußert – und sei sie noch so »kaltblütig« ausgeführt, bleibt es eine E-Motion, eine »Bewegung nach außen« – und die nicht verbindet, sondern trennt, meine Unfähigkeit, mit mir selbst und dem Innersten meines Wesens, mit Gott, in Verbindung zu sein. Zunächst einmal steckt hinter meiner Gewalttat gegen andere also eine Gewalttat gegen mich selbst. Denn ich sondere mich ja ab, ich schneide mir selbst in einen Finger, weil ich ihn ablehne. Ich hacke mir selbst eine Wurzel meines eigenen Lebensbaums ab. Darunter verbirgt sich jedoch etwas anderes.

Das Problem meiner akuten Beziehungsunfähigkeit zu mir selbst und zur kosmischen Schöpfungskraft, das sich in Angriff und Selbstzerstörung äußert, verbirgt enorme innere Gaben: die Gaben der Selbsterkenntnis und Gotterkenntnis, die Gaben der Menschwerdung und Heiligwerdung, die Gaben der Selbstheilung und der Heilung des Planeten. Es ist eine merkwürdige Sache: Wir haben mehr Angst davor, das Bibelwort »Seid vollkommen, wie euer Vater im Himmel vollkommen ist« ernst zu nehmen und anzunehmen, als uns mit den alten Mustern herumzuschlagen. Wir verharren lieber in der spirituellen Infantilität, uns als getrennte Wesen zu betrachten, als uns als eine Einheit zu spüren und so zu verhalten. Wir flicken lieber die brüchig gewordenen Mauern um die Gruppen und Grüppchen, denen wir uns zugehörig fühlen, und ziehen lieber neue Trennwände hoch, um uns zu »schützen«, als dass wir uns auf einen Austausch unter Gleichen einließen.

Der 11. September – so verblüffend es für manche scheinen mag – ist eine Einladung zum Mensch-Werden und Mensch-Sein. Geben wir alte, falsche Werturteile auf wie: »Meine Religion ist wahrer als deine«, »Meine Lebensform ist besser als deine«, »Ich weiß besser als du, was gut für dich ist« und so fort. Das ist nicht Gleichmacherei und auch keine Aufgabe der Rechte von Einzelnen und Gruppen, sondern der selbstverständliche Anspruch auf Individualität – nur nicht zu Lasten anderer.

Es gibt ja viele Blätter an einem Baum, nicht nur ein einziges großes Blatt. Alle Blätter werden von einem Stamm des Lebens genährt. Und irgendwann fallen sie alle einmal ab und vergehen. In einem Garten gibt es auch viele Blumen und Pflanzen, und sie alle werden von derselben Sonne gleich beschienen und vom Regen gleich gewässert.

Sicher erhebt sich hier auch die Frage, ob es nicht legitim oder sogar notwendig ist, sich gegen Angriffe auf Leib und Leben zu verteidigen. Ich meine: Selbstverständlich ist das legitim und oft auch notwendig. Genauso bedeutsam ist jedoch die Frage: Bin ich bereit, Teil der Lösung zu werden, zu sein? Bin ich bereit, mich für die Entfaltung meiner Beziehungsfähigkeit zu entscheiden? Für Beziehungen in Partnerschaft und Umwelt, für Geben (nicht Aufopfern), für Beziehung zur Lebenskraft in mir, zum Heiligen Geist, zu Gott? Bin ich bereit, statt etwas *gegen* ein Problem zu unternehmen, statt *gegen* einen Menschen, eine Gruppe, ein Land oder eine »Achse des Bösen« zu kämpfen, etwas *für* Menschen und *für* mich zu tun? Bin ich bereit, meine innewohnende Wahrheit zu leben? Das ist nämlich die Fähigkeit, die von den Ereignissen verdeckt werden sollte und dennoch für wache Menschen geradezu in den Mittelpunkt ihres Bewusstseins gerückt wurde!

Welche spirituelle Botschaft steht hinter dem Geschehen?
Die oben gestreifte Einladung zur Beziehungsfähigkeit enthält eine Gabe und eine Aufgabe: die Gabe, sich selbst und andere zu schätzen und die Verbindungen zwischen uns und anderen zu entwickeln, sowie die Aufgabe, es auch wirklich zu tun. Entwickeln wir die Beziehung zwischen den Menschen, und fangen wir im eigenen Lebensumkreis an. Entwickeln wir Menschlichkeit im Umgang mit anderen, und bleiben wir in der Menschlichkeit, auch wenn andere das nicht zu tun scheinen.
In der menschlichen Gesellschaft, in Mutter Gaia, haben sich Krebsgeschwüre entwickelt. Manche von ihnen brechen jetzt schmerzhaft auf. Fanatismus und Dogmatismus, der Religionen missbraucht; Machtgelüste, die sich hinter dem Eintreten gegen bittere soziale Umstände verstecken; materielle Raffgier, die nach der Patentierung von jahrtausendealten Pflanzen und Tieren als nächstes vermutlich die Atemluft rationieren und verkaufen will; scheinwissenschaftlich begründeter Größenwahn, der Kunstleben aus der Retorte gestalten will – all das sind solche Krebsgeschwüre.
Der 11. September war für einige Menschen vielleicht so etwas wie ein Weckruf für die Seele, für das Bewusstsein: So geht es nicht weiter, wir müssen etwas tun. Innen ist etwas passiert, für die Erde gewiss und hoffentlich auch für viele einzelne Menschen. Ein schwelendes Problem, eine Konfrontation zwischen zwei extremen Entwicklungen, ist aufgebrochen. Aus einem kalten Krieg ist ein heißer geworden. Weder ein

mittelalterliches, scheintheokratisches Welt- und Menschenbild, in dem Frauen nichts gelten und keine Bildung erfahren dürfen, kann eine Zukunftsvision für das dritte Jahrtausend sein, noch ein überhitzter scheindemokratischer Konsumglobus, in dem die höchste Freiheit darin besteht, noch mehr zu kaufen und zu konsumieren.

Durch die Gegenüberstellung dieser (hier ja nur sehr spärlich skizzierten) Positionen wird die innere Botschaft deutlich: Es geht weder um dieses oder jenes, sondern um etwas ganz anderes – um die Rückbesinnung auf Selbst und Seele, um die Wiedereinsetzung eines toleranten und doch zugleich werteorientierten Humanismus, um die Höherbewertung von Herz und Liebe und Geist vor Bauch und Eigensucht und Scheinwissen.

Wie behandelt man Krebsgeschwüre? Mit Stahl und Strahl, mit Chemotherapie und anderen Kanonen, die immer auch viel gesundes Leben zerstören? Wer sich nicht anders zu helfen weiß, wer keine Alternativen kennt, wer nicht den »Mut« hat, alternative Methoden zu prüfen, wird zu diesen herkömmlichen Instrumenten und Mitteln greifen (lassen). Auch jene, die sich nicht ändern wollen, die nicht erkennen können oder wollen, dass sie selbst Entscheidendes dazu beigetragen haben, dass sie womöglich ganz und gar selbst verantwortlich sind für ihren Zustand, werden sich an die üblichen Therapien halten.

Andere, die spüren, dass es um sie selbst geht und um die eigene Verantwortung für ihr Leben, werden manche dieser Therapien zwar zeitweise und teilweise anwenden, um sich rasche Symptomlinderung zu verschaffen, aber doch auch an sich selbst arbeiten.

Wie schaffen wir Frieden auf der Welt? Indem wir die Gesundheit aller Zellen fördern und mögliche Ansätze zu krankhaften Veränderungen im Keim auflösen; zur Pflege dieser Gesundheit haben wir ja auch dieses kostbare menschliche Leben erhalten. Stärken wir also die gesunden Zellen, und bringen wir sie in einen fruchtbaren Austausch mit den kranken Zellen. Diese Zellen sind Familie und Beruf, Freunde und Verein, Glaubensgemeinde und Meditationsgruppe. Und in der Mitte dieser Zellen steht eine, für die vor allem wir allein Verantwortung tragen: Das sind wir selbst. Wenn nicht *wir* friedfertig und wach zugleich sind, wenn nicht *wir* aktive Liebe leben, die aus einer höheren Ordnung gespeist wird als dem kleinen Ich, wer sollte dann in der wichtigsten Zelle dieser Welt – von unserem Standpunkt aus – Ordnung schaffen und Frieden ausstrahlen?

Entscheiden wir uns also: *Ich* übernehme Verantwortung für alles in

meinem Leben. *Ich* werde keinem anderen irgendeine Schuld geben, mich auch nicht selbst beschuldigen, weil das verhindert, dass ich mich zum Besseren entwickle. *Ich* bin der Einzige, der mein Leben ändern kann. *Ich* entscheide mich jetzt, es zu ändern. *Ich* bitte um die Führung des Himmels, um bessere Entscheidungen zu treffen.
Wirkt das alles sehr vielschichtig, weil sich persönliche und gesellschaftliche Kräfte, menschliche Bedürfnisse und seelische Wünsche durchdringen? Ja, das stimmt.
Nein, es gibt keine einfachen Antworten und moralisch einwandfreie Reaktionen. Versuchen wir im Folgenden aber doch einige Leitlinien zu finden, die vielleicht mehr als nur einen Tag lang helfen können, eine Orientierung zu vermitteln.

Wie wirst du, wie werde ich jetzt leben?
Sollen wir für Frieden und Menschlichkeit kämpfen? Lässt sich Liebe mit Feuer und Schwert »durchsetzen«? Oder wäre es besser, erst selbst Frieden zu finden, ihn innen zu erleben und Frieden dann außen zu verwirklichen? Wäre es besser, umfassende Liebe aus dem überpersönlichen Ursprung, aus Gott, persönlich zu erleben und dann weiterzustrahlen? Wenn ich darauf bestehe, Recht zu haben, bin ich auf dem besten Weg zu Streit und Kampf, und es wird am Ende gebrochene Herzen geben. Chuck Spezzano macht einen einfachen Vorschlag, wie man das vermeidet, dessen Verwirklichung uns merkwürdigerweise jedoch sehr schwer fällt. Er sagt ungefähr: Wenn du dich in einer negativen Situation befindest, erinnere dich daran, dir selbst zu sagen: »Das ist nicht die Wahrheit. Dieses hier will ich nicht. Ich suche die Wahrheit. Ich habe mich falsch entschieden. Ich realisiere, wo ich falsch liege, damit ich die Wahrheit erkennen kann. Ich brauche Hilfe, um aus diesem Schlamassel herauszufinden. Ich mache mich auf den Weg zum Glück, zur Erfüllung.«

Anfang 2002 fanden sich Führer zahlreicher Religionen zu einem Friedenstreffen in Assisi zusammen. So lobenswert die Zusammenkunft gewesen sein mag: Warum war es nicht möglich, dass ein gemeinsames Friedensgebet stattfand?
»Wir sind das Volk« war der Ruf in der DDR, der zur friedlichen Revolution ohne Blutvergießen führte. »Wir sind die Kirche, wir sind die Religion«, möchte man hier rufen und notfalls die angestammten Kirchenführer (überwiegend alte Männer, Gott sei's geklagt) links oder rechts

liegen lassen: »Stell dir vor, es ist Kirche, Moschee, Synagoge, Tempel, Gurdwara, und keiner geht hin.«
Stattdessen bilden sich neue Gruppen, in denen Hans Küngs »Weltethos« etwas gilt. Stattdessen bilden sich neue Formen, die zu so etwas wie Peter Michels »Weltreligion« führen. Es sind freie Gruppen, in denen Lao Tse und Abraham, Buddha und Moses, Jesus Christus und Mohammed, Kabir und Guru Nanak und viele andere Heilige, Weise, Seher, Propheten, Mystiker, Erleuchtete verehrt werden. In solchen Gruppen dürfen deren Botschaften nebeneinander stehen – sie werden weder unzulässig vermengt zu einem ungenießbaren Glaubenseintopf, noch wird der Popanz des Anspruchs auf eine allein selig machende Religion aufgebaut oder aufrechterhalten. Religion und Humanismus, Wissenschaft und Mystik, persönliche Selbsterfahrung und Gotterfahrung sind kein Hindernis, sondern vielmehr Triebkraft zum mitmenschlichen Tun, zum Geben, zur Liebe.

Wie werden wir mit den eigentlich selbstverständlichen Grundlagen des Friedens umgehen? Mit den Rechten von Frauen? Mit den Rechten in Familie und Gesellschaft, in Wirtschaft und Kirchen? Mit den Rechten von Kindern? Mit den Rechten von Armen? Und wie gehen wir mit der Würde der Menschen um, aller Menschen?
Woher soll der »gemeinsame Nenner« der Liebe kommen? Aus den althergebrachten Theologien wohl kaum. Aus den überkommenen Ideologien schon gar nicht. Eher aus Visionen – aus Visionen des Herzens. Aus einem neuen Jahrhundert, in dem das Herz mehr gilt als der Verstand, in dem die unauslotbare Liebe wichtiger wird als das, was man wissenschaftlich und wirtschaftlich zählen, wiegen und messen kann.
Beginnen wir mit einer »Religion der Vision«, einer Rückbindung des Bewusstseins an eigene innere Erfahrung, die sich durch Dienen in der Welt dann bewähren muss. Das erwähnte Weltethos und die ebenfalls genannte Weltreligion sind Entwürfe dazu.
Arbeiten wir auch psychologisch an uns, an unserem Ego. Vielleicht so, wie Chuck Spezzano es mit seiner »Psychologie der Vision« vorschlägt. Er sagt, dass Beziehungen der schnellste Weg zum Wachstum sind, dass Geben (statt Opfern) Menschen zusammenführt, dass hinter jedem Problem ein Beziehungsproblem steckt und unter jedem Problem eine noch viel größere Gabe oder Auf-Gabe.
Eine Vision des Herzens, eine Vision der Liebe, ist immer eine persön-

liche Erfahrung, eine individuelle, keine kollektive Einstellung. Sie wirkt jedoch gesellschaftlich. Man denke an Mahatma Gandhi und Mutter Teresa, Albert Schweitzer und Hildegard von Bingen, an Franz von Assisi und Mira Bai, an so viele andere.
Sant Kirpal Singh, der Begründer der World Fellowship of Religions und der Human Unity Conference, sagte schlicht: »Ich möchte, dass ihr Botschafter des Lichts seid. Entdeckt erst das Licht in euch, dann teilt es mit anderen.« Mein eigener spiritueller Lehrer Sant Darshan Singh brachte es in einem Zweizeiler so zum Ausdruck: »Umarme jeden Menschen als dein Eigen, und lass Gottes Liebe frei fließen, wohin immer du gehst.«

Yoga-Wege zum Frieden

Rudolf Fuchs, Leiter der Yoga-Schule Stuttgart, hat in einem beachtenswerten Artikel im »Deutschen Yoga-Forum« (1/2002) darauf hingewiesen, dass es nicht unbedingt um »Maßnahmen am Ort des Geschehens« gehe, auch nicht um die Auseinandersetzung »mit den Formen der Gewalt, wie sie uns konkret begegnen«, sondern um Erfahrung von deren »Erscheinungsweisen (im) vorgelagerten Raum« sowie um Einübung von Reinigung und Gewaltlosigkeit im Einzelnen. Er schreibt dann: »Die Übertragung der Wirkung einer Übung an den nicht nur vermuteten, sondern tatsächlichen Ort des Geschehens ist nicht Sache des Übenden.« Ähnlich wie es heißt: »Der Arzt behandelt, die Natur heilt«, so soll der sich (und nur sich selbst) in den Frieden einstimmende und einübende Mensch die daraus möglicherweise entstehende Transformation der Gesellschaft den energetischen und quasi feinstofflichen, überpersönlich wirksamen Kräften überlassen.
Die Einsicht »Frieden beginnt bei mir selbst« können wir alle sicher leicht nachvollziehen und annehmen. Ein zweiter Teil, nämlich das Jesus zugeschriebene Wort vom Hinhalten auch der zweiten Wange, erscheint uns heutzutage wenig akzeptabel und überhaupt nicht praktikabel, denn schließlich müssten wir aktiv gegen Terror und Tyrannei vorgehen.
Der Dalai Lama lebt seit Jahrzehnten vor, wie die Unterdrückung seines Volkes und Landes durch die chinesische Regierung sehr wohl immer wieder angeprangert und doch gleichzeitig das Ideal des gewaltlosen Widerstands aufrechterhalten werden kann. Und Sant Rajinder Singh wies vor den Vereinten Nationen im Frühherbst 2000 auf einen praktischen Yoga-Weg zum Frieden hin. Er sagte: »Trotz unserer äußeren Unterschiede nach Nation, Hautfarbe oder Religion sind wir wahrhaft

Brüder und Schwestern in der universellen Familie Gottes. Diese Erkenntnis ist die Frucht von Meditation über die innere Kraft Gottes, das innere Licht und die Himmelsmusik in uns. Die eigene innere Erfahrung des Göttlichen führt nicht nur zu bleibendem Frieden für uns selbst, sondern inspiriert uns, Liebe, Einheit und Frieden auszustrahlen und der gesamten Menschheit zu dienen.«

Wird manchen von uns diese stille Art des Friedens, der bei mir beginnt und von dort aus ausstrahlt, nicht als »zu wenig« erscheinen? Denken wir an Sokrates, der nicht gegen den (ungerechten) Schuldspruch aufbegehrte, sondern sein »Schicksal« annahm.

»Dein Wille geschehe«, so lautet eine Bekräftigungsformel christlicher Gebete. Lassen wir »seinen« Willen geschehen? Nehmen wir »seinen« Willen an?

Männer und Gewalt

Im Kontrast zu den oben vorgestellten eher geistigen Ansätzen darf eine gesellschaftliche Tatsache nicht übersehen werden: Mit sehr wenigen Ausnahmen sind es fast immer Männer, die Gewalt ausüben, die anderen Gewalt antun – schießende Terroristen und bombenwerfende Militärs, fanatische Religionsführer und ideologisch gefärbte Politiker, macht- und geltungssüchtige Wissenschaftler und macht- und geldsüchtige Wirtschaftsbosse.

Die Waffengewalt der letzten Hunderte von Jahren, vielleicht der letzten zwei, drei oder vier Jahrtausende, wurde von Männern geplant und von Männern ausgeführt. Zwar zählten auch Männer zu ihren Opfern, aber vor allem traf es Frauen und Kinder. Kriegsgewinnler waren meist Männer, Kriegsverlierer waren immer Frauen und Kinder.

Sind Männer prinzipiell genetisch oder sozial »fehlprogrammiert«? Die Geschichte scheint diese Frage zu bejahen.

Wie kann hier umgesteuert werden? Durch starke Frauen wie Golda Meir, Indira Gandhi und Margaret Thatcher offensichtlich nicht, weil ja auch sie sich der Gewalt als Mittel zur Durchsetzung von Zielen bedienten. Eher durch eine Erziehung und Kultur des Weiblichen, durch eine Wandlung und Durchdringung der Gesellschaft durch weiblich-nährende Prinzipien und Elemente – was von der etablierten Männerwelt in der Regel aber nie gefördert wird.

Ich habe nicht genügend Kenntnisse und Einfühlung, um diesen Gedanken weiter auszuführen, und hier wäre wohl auch nicht Ort und Raum dazu. Aber auf die Problematik, dass Gewalt sehr wohl geschlechtsspezifisch zu sein scheint, soll doch wenigstens nachdrücklich hingewiesen werden - selbst wenn das die positive Grundstimmung und die Hoffnung auf eine Veränderung, wie sie weiter oben in persönlichen Wegen zum Frieden zum Ausdruck kam, zunächst einmal wieder eintrübt.

Resümee

Es gibt keine einfachen Antworten, keine eindeutigen Handlungsanleitungen. Ich glaube, dass Chuck Spezzanos Wort ein Leitstern sein kann: *»Wenn sich lohnt, für etwas zu sterben, ist es dann nicht viel mehr wert, dafür zu leben?«*

Literatur

Chuck Spezzano: Wenn es verletzt, ist es keine Liebe. Via Nova, Petersberg, 6. Aufl. 2001.

Rajinder Singh: Die Weisheit der erwachten Seele. Urania, CH-Neuhausen, 3. Aufl. 2002.

Thich Nhat Hanh
Den Zorn annehmen

Ansprache in der Riverside Church, New York, am 25. September 2001

Achtsame Rede – Kommunikation wieder herstellen
Meine lieben Freunde, ich möchte Ihnen erzählen, wie ich praktiziere, wenn ich zornig werde. Während des Krieges in Vietnam gab es eine Menge Ungerechtigkeit, und viele Tausende – darunter Freunde von mir, viele Schüler von mir – wurden getötet. Ich wurde sehr zornig. Eines Tages erfuhr ich, dass die Stadt Ben Tre durch amerikanische Flugzeuge bombardiert worden war. Und die Stadt war zerstört worden. Der dafür verantwortliche Mann vom Militär sagte später aus, dass er die Stadt Ben Tre zerstören musste, um sie zu retten. Ich war sehr zornig.

Aber zu jener Zeit war ich schon ein Praktizierender, ein solider Praktizierender. Ich sagte nichts, ich handelte nicht, da ich wusste, dass zu handeln oder zu sprechen, während man zornig ist, nicht weise ist. Es kann eine Menge Zerstörung hervorbringen. Ich kam zurück zu mir selbst, erkannte meinen Zorn, nahm ihn an und schaute tief in das Wesen meines Leidens hinein.

In der buddhistischen Tradition haben wir die Übung des achtsamen Atmens, des achtsamen Gehens, um die Energie der Achtsamkeit zu erzeugen. Mit genau dieser Energie der Achtsamkeit können wir unseren Zorn erkennen, annehmen und umwandeln. Achtsamkeit ist die Art von Energie, die uns hilft, sich gewahr zu werden, was in uns selbst und um uns herum geschieht, und jeder kann achtsam sein. Wenn Sie eine Tasse Tee trinken und wissen, dass Sie eine Tasse Tee trinken, dann ist das achtsames Trinken. Wenn Sie einatmen und wissen, dass Sie einatmen, und Ihre Aufmerksamkeit auf Ihr Einatmen konzentrieren, dann ist das Achtsamkeit des Atmens. Wenn Sie einen Schritt tun und sich bewusst sind, dass Sie einen Schritt tun, dann wird das Achtsamkeit des Gehens genannt. Die grundlegende Übung in Zen-Zentren, in Meditationszentren ist die Übung der Erzeugung von Achtsamkeit in jedem Moment Ihres täglichen Lebens. Wenn Sie zornig sind, sind Sie sich gewahr, dass

Sie zornig sind. Weil Sie bereits durch das Üben die Energie der Achtsamkeit in sich erzeugt haben, besitzen Sie genug davon, um die Natur Ihres Leidens zu erkennen, es anzunehmen, tief zu betrachten und zu verstehen.

Ich war fähig, die Natur des Leidens in Vietnam zu verstehen. Ich sah, dass nicht nur die Vietnamesen litten; die Amerikaner litten genauso während des Krieges in Vietnam. Der junge Amerikaner, der nach Vietnam geschickt worden war, um zu töten und getötet zu werden, erduldete viel Leiden, und das Leiden besteht heute fort. Die Familie, die Nation leiden ebenfalls. Ich konnte erkennen, dass die Ursache für unser Leiden in Vietnam nicht die amerikanischen Soldaten sind – es ist die Art von Politik, die nicht weise ist; es ist ein Missverständnis; es ist Angst, die der Politik zugrunde liegt.

Viele in Vietnam verbrannten sich selbst, um zu einem Ende der Zerstörung aufzurufen. Sie wollten anderen keinen Schmerz zufügen; sie wollten den Schmerz auf sich nehmen, um die Botschaft zu übermitteln. Aber die Geräusche der Flugzeuge und Bomben waren zu laut. Die Menschen in der Welt jedoch, nicht viele von ihnen, waren fähig, uns zu hören. So entschloss ich mich, nach Amerika zu reisen und zu einem Ende der Gewalt aufzurufen. Das war im Jahr 1966, und deswegen wurde ich daran gehindert, nach Hause zurückzukehren. Und seit dieser Zeit lebe ich im Exil.

Ich konnte erkennen, dass der wahre Feind des Menschen nicht der Mensch ist. Der wahre Feind ist unsere Ignoranz, Diskriminierung, Angst, Begierde und Gewalt. Ich hasste nicht das amerikanische Volk, die amerikanische Nation. Ich kam nach Amerika, um für eine Art des tiefen Schauens zu plädieren, sodass Ihre Regierung diese Form der Politik revidieren könnte. Ich erinnere mich, dass ich den Verteidigungsminister Robert McNamara traf. Ich sagte ihm die Wahrheit über das Leiden. Er hörte mir lange und intensiv zu. Und ich war für seine Art des Zuhörens sehr dankbar. Drei Monate später, als der Krieg intensiver wurde, hörte ich, dass er von seinem Amt zurückgetreten war.

Hass und Zorn waren nicht in meinem Herzen. Deshalb hörten mir viele junge Menschen in meinem Land zu. Ich leitete sie an, dem Pfad der Versöhnung zu folgen, und zusammen halfen wir, eine neue Friedensorganisation in Paris aufzubauen. Ich hoffe, dass meine Freunde hier in New York fähig sind, dasselbe zu praktizieren. Ich verstand, ich verstehe

Leiden und Ungerechtigkeit; und ich fühle, dass ich das Leiden von New York, von Amerika zutiefst verstehe. Ich fühle, dass ich ein New Yorker bin. Ich fühle, dass ich ein Amerikaner bin.
Sie wollen sich Ihrer selbst ganz bewusst, ganz bei sich sein, um nicht so zu handeln, um nicht Dinge so zu sagen, wie Sie es täten, wenn Sie nicht ruhig sind. Es gibt Wege, zu uns selbst zurückzukommen und zu üben, sodass wir unsere Ruhe, unsere Stille, unsere Klarheit wieder entdecken. Es gibt Wege, die wir praktizieren können, um die wahren Gründe für unser Leiden zu verstehen. Und dieses Verstehen wird uns helfen, das zu tun, was getan werden muss, und nicht, was für uns und andere Menschen schädlich sein könnte. Lassen Sie uns eine halbe Minute lang achtsames Atmen praktizieren, bevor wir fortfahren.
In der buddhistischen Psychologie sprechen wir von Bewusstsein in Form von Samen. Wir haben den Samen des Zorns in unserem Bewusstsein. Wir haben den Samen von Verzweiflung, von Angst. Aber wir haben auch den Samen von Verstehen, Weisheit, Mitgefühl und Vergebung. Wenn wir wissen, wie wir den Samen der Weisheit und des Mitgefühls in uns wässern, wird sich dieser Same, werden sich diese Samen als machtvolle Energien manifestieren, die uns helfen, Akte des Vergebens und des Mitgefühls zu vollziehen. Das macht es möglich, unserer Nation, unserer Welt unmittelbar Erleichterung zu bringen. Dies ist meine Überzeugung.
Ich glaube fest daran, dass das amerikanische Volk viel Weisheit und Mitgefühl in sich trägt. Ich möchte, dass Sie das Beste von Ihnen sind, wenn Sie zu handeln beginnen, um Amerika willen und um der Welt willen. Mit Klarheit, mit Verständnis und Mitgefühl werden Sie sich den Menschen zuwenden, die bei Ihnen sehr viel Zerstörung und Leiden verursacht haben, und ihnen eine Menge Fragen stellen: »Wir verstehen nicht genug von eurem Leiden, sprecht zu uns darüber. Wir haben euch nichts getan, wir haben nicht versucht, euch zu vernichten, euch herabzusetzen, und wir verstehen nicht, warum ihr uns das angetan habt. Es muss sehr viel Leid in euch sein. Wir möchten euch zuhören. Wir können euch vielleicht helfen. Und zusammen können wir helfen, Frieden in der Welt zu schaffen.« Und wenn Sie aufrichtig, wenn Sie mitfühlend sind, während Sie diese Aussage machen, werden sie Ihnen von ihrem Leiden erzählen. Im Buddhismus sprechen wir von der Übung des tiefen Zuhörens, des mitfühlenden Zuhörens – eine wunderbare Methode, durch die wir die Kommunikation wiederherstellen können, Kommunikation zwischen

Partnern, Kommunikation zwischen Vater und Sohn, Kommunikation zwischen Mutter und Tochter, Kommunikation zwischen Nationen. Die Übung des tiefen Zuhörens sollte von Eltern, von Partnern praktiziert werden, damit sie das Leiden der anderen Person verstehen können. Diese Person mag unsere Ehefrau, unser Ehemann, unser Sohn oder unsere Tochter sein. Wir haben möglicherweise genug guten Willen, um zuzuhören, aber weil wir viel Zorn und Gewalt in uns tragen, haben viele von uns die Fähigkeit des Zuhörens verloren. Andere Menschen verstehen es nicht, freundliche Worte zu benutzen; sie beschuldigen und verurteilen. Und die Sprache ist oft verbittert und hart. Diese Art Rede wird immer Ärger und Zorn in uns auslösen und uns davon abhalten, tief und mitfühlend zuzuhören. Deshalb ist der gute Wille zuzuhören nicht genug. Wir brauchen ein wenig Übung, um mit Mitgefühl tief zuzuhören. Ich denke, ich glaube, ich bin der Überzeugung, dass ein Vater, der weiß, wie er seinem Sohn tief und mitfühlend zuhört, fähig sein wird, die Tür zum Herzen seines Sohnes zu öffnen und die Kommunikation wiederherzustellen.

Die Menschen in Ihrem Kongress und in Ihrem Senat sollten sich ebenfalls in der Kunst des tiefen Zuhörens, des mitfühlenden Zuhörens üben. Es gibt viel Leiden im Land, und viele Menschen fühlen, dass ihr Leiden nicht verstanden wird. Deshalb sollten sich Politiker, Parlamentsmitglieder, Kongressmitglieder in der Kunst des tiefen Zuhörens üben – ihrem eigenen Volk Gehör schenken, dem Leiden im Land Gehör schenken, weil es Ungerechtigkeit im Land gibt, weil es Diskriminierung im Land gibt. Es gibt sehr viel Zorn im Land. Wenn wir einander zuhören, können wir auch den Menschen außerhalb des Landes zuhören. Viele von ihnen befinden sich in einer verzweifelten Situation; viele leiden wegen Ungerechtigkeit und Diskriminierung. Das Maß an Gewalt und Verzweiflung in ihnen ist sehr hoch. Und wenn wir als Nation ihrem Leiden zuzuhören verstehen, können wir bereits sehr viel Erleichterung bringen. Sie werden fühlen, dass sie verstanden werden. Das kann bereits die Bombe entschärfen.

Ich rate einem Ehepaar immer, dass beide, wenn sie wütend aufeinander sind, zu ihrem Atem zurückkehren sollten, zu ihrem achtsamen Gehen, dass sie ihren Zorn annehmen und tief in die Natur ihres Zornes schauen sollten. Und es könnte ihnen gelingen, diesen Zorn innerhalb von fünfzehn Minuten oder innerhalb weniger Stunden umzuwandeln. Falls die beiden das nicht tun können, müssen sie jeweils der anderen Person sagen, dass sie leiden, dass sie zornig sind und dass sie die andere Person das wissen lassen wollen. Sie werden versuchen, es in ruhiger Form zu sagen: »*Liebling, ich leide, und ich möchte, dass du davon weißt.*« Und in Plum Village, wo ich lebe und praktiziere, raten wir unseren Freunden, ihren Zorn nicht länger als vierundzwanzig Stunden zu behalten, ohne es der anderen Person zu sagen. »*Liebling, ich leide, und ich möchte, dass du davon weißt. Ich weiß nicht, warum du mir so etwas angetan hast. Ich weiß nicht, warum du so etwas zu mir gesagt hast.*«

Das ist das Erste, das Sie der anderen Person sagen sollten. Und wenn Sie nicht ruhig genug sind, um es auszusprechen, dann können Sie es auf ein Blatt Papier schreiben.

Als Zweites können Sie sagen oder schreiben: »*Ich tue mein Bestes.*« Das heißt: »*Ich praktiziere, nichts im Zorn zu sagen, nichts im Zorn zu tun, denn wenn ich das täte, würde ich noch mehr Leiden erzeugen. Also nehme ich meinen Zorn an. Ich blicke tief in das Wesen meines Zorns.*« Sie sagen der anderen Person, dass Sie das Zu-fassen-Bekommen Ihres Zorns, das Verstehen Ihres Zorns üben, um herauszufinden, ob dieser Zorn Ihrem eigenen Missverständnis, Ihrer falschen Wahrnehmung, Ihrem Mangel an Achtsamkeit oder Ihrem Mangel an Geschick entsprang.

Und die dritte Sache, die Sie ihm oder ihr sagen könnten, ist: »*Ich brauche deine Hilfe.*« Wenn wir über jemanden in Zorn geraten, wollen wir gewöhnlich genau das Gegenteil tun. Wir wollen sagen: »Ich brauche dich nicht. Ich kann für mich allein sorgen.« – »Ich brauche deine Hilfe« heißt: »Ich brauche deine Übungspraxis, ich brauche dein tiefes Hinschauen, ich brauche es, dass du mir hilfst, diesen Zorn zu überwinden, weil ich leide.« Und wenn ich leide, besteht keine Möglichkeit, dass du glücklich sein kannst, denn Glück ist keine individuelle Angelegenheit. Wenn die eine Person leidet, ist es nicht möglich, dass Sie für sich allein wirklich glücklich sein können. Also wird es Sie selbst ebenfalls glücklich machen, wenn Sie der anderen Person helfen, weniger zu leiden, wenn Sie ihr helfen, zu lächeln.

Der Buddha sagte: »Dies ist wie dies, denn jenes ist wie jenes. Dies ist, weil jenes ist.« Die drei Sätze, die ich nun vorschlage, sind die Sprache der wahren Liebe. Sie werden die andere Person dazu anregen, zu üben, tief zu schauen, und zusammen werden Sie Verständnis und Versöhnung bewirken. Ich schlage meinen Freunden vor, diese drei Sätze auf ein Stück Papier zu schreiben und es in die Brieftasche zu tun. Jedesmal

wenn Sie auf Ihren Partner, Ihren Sohn oder Ihre Tochter zornig werden, können Sie das achtsame Atmen praktizieren, das Papier herausnehmen und lesen. Es wird eine Glocke der Achtsamkeit sein, die Ihnen sagt, was zu tun und was nicht zu tun ist. Dies sind die drei Sätze: »Ich leide, und ich möchte, dass du davon weißt.« – »Ich tue mein Bestes.« – »Bitte hilf.«
Ich glaube, dass bei einem internationalen Konflikt dieselbe Form des Praktizierens möglich ist. Aus diesem Grund schlage ich Amerika als Nation vor, dasselbe zu tun. Sie sagen den Menschen, von denen Sie glauben, dass sie der Grund für Ihr Leiden sind, dass Sie leiden, dass Sie sie das wissen lassen wollen, dass Sie wissen möchten, warum sie Ihnen das angetan haben, und Sie praktizieren das tiefe, mitfühlende Zuhören.
Die Qualität unseres Seins ist sehr wichtig, denn diese Frage, diese Feststellung ist keine Verurteilung, sondern die Bereitschaft, echte Kommunikation herzustellen. »Wir sind bereit, euch zuzuhören. Wir wissen, dass ihr viel gelitten haben müsst, um uns so etwas anzutun. Ich habt wohl geglaubt, dass wir der Grund für euer Leiden sind. So sagt uns bitte, ob wir versucht haben, euch zu vernichten, ob wir versucht haben, euch zu diskriminieren, damit wir verstehen können. Und wir wissen, dass wir vielleicht fähig werden, euch zu helfen, wenn wir euer Leiden verstehen.« Das ist, was wir im Buddhismus »liebevolle Rede« oder »rechte Rede« nennen, und sie hat den Zweck, Kommunikation entstehen zu lassen, Kommunikation wiederherzustellen. Und mit einer wiederhergestellten Kommunikation wird Frieden möglich.
In diesem Sommer kam eine Gruppe Palästinenser nach Plum Village und praktizierte mit einer Gruppe Israelis. Wir unterstützten ihr Kommen und ihr gemeinsames Üben. In zwei Wochen lernten sie, zusammen zu sitzen, zusammen achtsam zu gehen, zusammen schweigende Mahlzeiten zu genießen und still zu sitzen, um einander zuzuhören. Die aufgenommene Übungspraxis war sehr erfolgreich. Am Ende der zwei Wochen statteten sie uns einen wundervollen, wundervollen Bericht ab. Eine Frau sagte: »Thay, das ist das erste Mal in meinem Leben, dass ich erkenne, Frieden im Nahen Osten ist möglich.« Eine andere junge Person sagte: »Thay, als ich in Plum Village ankam, glaubte ich nicht, dass Plum Village etwas Reales ist, denn die Lage in meinem Land ist so, dass wir ständig in Angst und Zorn leben. Wenn deine Kinder in den Bus steigen, bist du nicht sicher, ob sie auch wieder nach Hause kommen. Wenn du auf den Markt gehst, bist du nicht sicher, ob du überleben und zu deiner Familie nach Hause zurückkehren wirst. Wenn du nach Plum Village

kommst, siehst du, dass die Menschen sich mit liebevoller Freundlichkeit anschauen, freundlich zu anderen sprechen, friedvoll gehen und alles achtsam tun. Ich glaubte nicht, dass so etwas möglich ist. Es schien mir nicht real zu sein.«

Aber im friedvollen Plum Village waren sie fähig, zusammenzusein, zusammenzuleben und einander zuzuhören, und schließlich kam das Verstehen. Sie versprachen, das Üben weiterzuführen, wenn sie in den Nahen Osten zurückgekehrt waren. Sie werden einen Tag des Übens pro Woche auf lokaler Ebene organisieren und einen Tag der Achtsamkeit auf nationaler Ebene. Und sie haben vor, in einer größeren Gruppe wieder nach Plum Village zu kommen, um das Üben fortzusetzen.

Ich denke, wenn Nationen wie Amerika solche Orte einrichten könnten, wo Menschen zusammenkommen und ihre Zeit mit dem Praktizieren von Frieden verbringen könnten, wären sie fähig, ihre Gefühle, ihre Ängste zu beruhigen, und friedliche Verhandlungen wären viel einfacher.

Achtsames Konsumieren – Gesunde Nahrung für Körper und Geist

Alle Dinge brauchen Nahrung, um lebendig zu sein und zu wachsen, auch unsere Liebe oder unser Hass. Liebe ist etwas Lebendes, Hass ist etwas Lebendes. Wenn Sie Ihre Liebe nicht nähren, wird sie sterben. Wenn Sie die Quelle, die Ihre Gewalttätigkeit nährt, beseitigen, wird Ihre Gewalttätigkeit ebenfalls sterben. Deshalb ist der Pfad, der vom Buddha aufgezeigt wurde, der Pfad des achtsamen Konsums.

Der Buddha erzählte die folgende Geschichte. Da war ein Ehepaar, das die Wüste durchqueren und in ein anderes Land gehen wollte, um Freiheit zu suchen. Sie hatten ihren kleinen Sohn sowie Nahrung und Wasser bei sich. Aber sie hatten nicht gut kalkuliert, und aus diesem Grund ging ihnen auf halber Strecke durch die Wüste die Nahrung aus, und sie wussten, dass sie sterben würden. Nach vielen Qualen beschlossen sie, den kleinen Jungen zu essen, um zu überleben und in das andere Land zu gelangen, und das taten sie dann auch. Und jedesmal wenn sie ein Stück Fleisch von ihrem Sohn aßen, weinten sie.

Der Buddha fragte nun seine Mönche: »Meine lieben Freunde, glaubt ihr, dass das Paar das Fleisch seines Sohnes gern gegessen hat?« Der Buddha sagte: »Es ist unmöglich, das Fleisch eures Sohnes gern zu essen. Wenn ihr nicht achtsam esst, dann esst ihr das Fleisch eures Sohnes und eurer Tochter, das Fleisch eurer Eltern.«

Die erste Art von Nahrung ist physischer Art. Wenn wir tief hinschauen, erkennen wir, dass Essen extrem gewaltsam sein kann. Die Unesco berichtet uns, dass jeden Tag 40 000 Kinder weltweit an Nahrungsmangel sterben. Jeden Tag 40 000 Kinder. Und das Getreide, das wir im Westen anbauen, wird hauptsächlich dazu verwendet, unser Vieh zu füttern. 80 Prozent von dem Mais, der in diesem Land angebaut wird, wird zur Fleischproduktion an das Vieh verfüttert. 95 Prozent des Hafers, der in diesem Land produziert wird, ist nicht für uns zum Essen gedacht, sondern für die Tiere, die als Schlachtvieh aufgezogen werden. Nach diesem neuesten Bericht werden 87 Prozent der landwirtschaftlichen Flächen in den USA zur Viehaufzucht genutzt. Das sind 45 Prozent der gesamten Fläche der USA.

Wasser: Mehr als die Hälfte des gesamten Wasserverbrauchs in den USA wird dazu benutzt, Schlachtvieh aufzuziehen. Man braucht etwa 9500 Liter Wasser, um ein Pfund Fleisch zu produzieren, aber nur 95 Liter, um ein Pfund Weizen zu produzieren. Eine vollkommen vegetarische Ernährung erfordert etwa 1100 Liter Wasser pro Tag, während eine fleischhaltige Ernährung mehr als 15 000 Liter Wasser pro Tag benötigt.

Verschmutzung: Die Aufzucht von Vieh zur Nahrungsproduktion verursacht mehr Wasserverschmutzung als alle anderen Industriezweige in den USA, denn das zu Nahrungszwecken aufgezogene Vieh produziert 130 mal mehr Exkremente als die gesamte menschliche Bevölkerung. Das heißt 87 000 Pfund pro Sekunde. Viel von dem Abfall aus der Farmindustrie und den Schlachthäusern gelangt in die Gewässer und Flüsse und verunreinigt Wasserquellen.

Abholzung: Jeder Vegetarier kann pro Jahr etwa 4000 Quadratmeter Baumbestand retten. Mehr als 100 Millionen Hektar Wald wurden in den USA gerodet, um Getreide anzubauen und damit Tiere für die Fleischproduktion aufzuziehen. Und etwa 1000 Quadratmeter Wald verschwinden alle zwei Sekunden. Die tropischen Regenwälder wurden ebenso zerstört, um Weidefläche für Vieh zu schaffen.

Fazit: In den USA werden mehr als 80 Prozent des angebauten Maises und mehr als 95 Prozent des Hafers an Tiere verfüttert, die zu Nahrungszwecken aufgezogen werden. Wir essen unser Land, wir essen unsere Erde, wir essen unsere Kinder. Und ich habe gehört, dass mehr als die Hälfte der Menschen in diesem Land übergewichtig ist.

Achtsames Essen kann helfen, das Mitgefühl in Ihrem Herzen zu wahren. Ein Mensch ohne Mitgefühl kann nicht glücklich sein, kann keine

Verbindung zu anderen Menschen und anderen Lebewesen aufnehmen. Und das Fleisch unseres eigenen Sohnes zu essen, das geschieht jetzt in der Welt, da wir das achtsame Essen nicht praktizieren.

Der Buddha sprach über die zweite Art von Nahrung, die wir jeden Tag konsumieren: Sinneseindrücke – die Art von Nahrung, die wir über den Weg der Augen, Ohren, der Zunge, des Körpers und des Verstandes in uns aufnehmen. Wenn Sie eine Zeitschrift lesen, konsumieren Sie. Wenn Sie fernsehen, konsumieren Sie. Wenn Sie einem Gespräch zuhören, konsumieren Sie. Und diese Dinge können sehr toxisch sein. Da kann es viel Gift geben, wie Begierde, Gewalt, Zorn und Verzweiflung. Wir lassen uns von dem vergiften, was wir an Sinneseindrücken konsumieren. Wir lassen unsere Kinder sich selbst durch diese Produkte vergiften. Deshalb ist es sehr wichtig, tief in unser Unwohlsein zu schauen, in die Natur unseres Unwohlseins, um die Quellen der Nahrung zu erkennen, die wir benutzt haben, um sie uns und der Gesellschaft zuzuführen.

Der Buddha hatte Folgendes dazu zu sagen: »Was auch immer entstanden ist – wenn du weißt, wie du tief in sein Wesen blicken und die Quelle seiner Nahrung ausmachen kannst, bist du bereits auf dem Pfad der Befreiung.« Was entstanden ist, ist unsere Krankheit, unser Unwohlsein, unser Leiden, unsere Gewalttätigkeit, unsere Verzweiflung. Und wenn Sie das tiefe Schauen, die Meditation praktizieren, werden Sie fähig, die Quellen der Nahrungsstoffe, der Nahrung zu identifizieren, die dies in uns hineingebracht haben.

Aus diesem Grund hat die gesamte Nation zu üben, tief in das Wesen von dem zu schauen, was wir täglich konsumieren. Und achtsam zu konsumieren ist der einzige Weg, um unsere Nation zu schützen, uns selbst und unsere Gesellschaft. Wir haben zu lernen, wie wir als eine Familie, als eine Stadt, als eine Nation achtsam konsumieren. Wir haben zu lernen, was zu produzieren ist und was nicht zu produzieren ist, um unsere Mitmenschen nur mit den Dingen zu versorgen, die nahrhaft und heilsam sind. Wir müssen es unterlassen, die Arten von Dingen zu produzieren, die Krieg und Verzweiflung in unseren Körper bringen, in unser Bewusstsein und in den kollektiven Körper und das kollektive Bewusstsein unserer Nation, unserer Gesellschaft. Und der Kongress hat das zu praktizieren. Wir haben Mitglieder des Kongresses gewählt. Wir erwarten von ihnen, dass sie tief praktizieren, dass sie dem Leiden der Menschen zuhören, dem wahren Grund ihres Leidens, und dass sie die Art von Gesetzen machen, die uns vor der Selbstzerstörung schützen.

Und Amerika ist groß. Ich bin überzeugt, dass Sie es schaffen und der Welt helfen. Sie können der Welt Weisheit, Achtsamkeit und Mitgefühl anbieten.

Heutzutage genieße ich Orte, wo die Leute nicht rauchen. Es gibt Nichtraucherflüge, die Sie genießen können. Vor zehn Jahren gab es solche Nichtraucherflüge nicht. Und in Amerika steht auf jeder Zigarettenschachtel die Mitteilung: »Vorsicht: Rauchen kann Ihre Gesundheit gefährden.« Dies ist eine Glocke der Achtsamkeit. Dies ist die Praxis des achtsamen Konsumierens. Sie sagen zwar nicht, dass Sie Achtsamkeit praktizieren, aber Sie praktizieren wirklich Achtsamkeit. Achtsamkeit des Rauchens ist, was Ihnen erlaubt zu erkennen, dass Rauchen nicht gesund ist.

In Amerika sind sich die Menschen der Nahrung, die sie essen, sehr bewusst. Sie wollen, dass jede Nahrungsmittelpackung gekennzeichnet ist, sodass sie wissen, was die Inhaltsstoffe sind. Sie wollen nicht die Art von Nahrung zu sich nehmen, die Gifte in ihren Körper bringt. Das ist die Praxis des achtsamen Essens.

Aber wir können noch weiter gehen. Wir können es besser machen, als Lehrer, als Künstler und als Politiker. Wenn Sie Lehrer sind, können Sie viel dazu beitragen, die Menschen für die Notwendigkeit des achtsamen Konsumierens zu wecken, denn das ist der Weg zur wahren Befreiung. Wenn Sie Journalist sind, haben Sie die Mittel, die Menschen zu unterrichten, sie für das Wesen unserer Situation zu wecken. Jeder oder jede von uns kann sich in einen Bodhisattva verwandeln, während er die Arbeit des Erweckens tut. Denn nur Aufwachen kann uns helfen, den Kurs zu stoppen, den wir eingeschlagen haben, den Kurs der Vernichtung. Dann werden wir wissen, in welche Richtung wir gehen müssen, um die Erde zu einem sicheren Ort für uns, für unsere Kinder und für deren Kinder zu machen.

Achtsames Wollen – Hass kann niemals Hass beantworten

Der dritte Nährstoff, von dem der Buddha sprach, ist das Wollen, die Tendenz unseres Willens. Das Wollen ist das, was Sie am liebsten tun möchten, Ihre tiefste Sehnsucht. Jeder von uns hat ein tiefstes Verlangen. Wir müssen es identifizieren, wir müssen es bei seinem wahren Namen nennen. Der Buddha hatte ein Verlangen: Er wollte all sein Leiden transformieren. Er wollte erleuchtet werden, um den anderen Menschen helfen zu können. Er glaubte nicht daran, dass er als Politiker vielen Menschen helfen könnte; aus diesem Grund wählte er den Weg eines Mönches. Es gibt solche unter uns, die glauben, dass Glück nur möglich ist, wenn sie eine Menge Geld bekommen, eine Menge Ruhm, eine Menge Macht oder eine Menge Sex. Diese Art von Verlangen gehört zu einer dritten Kategorie von Nahrung, von der der Buddha sprach.

Der Buddha bot folgendes Bild an, um seine Lehre zu illustrieren: Da ist ein junger Mann, der es liebt, lebendig zu sein; er will nicht sterben. Und da schleppen ihn zwei sehr starke Männer an einen Ort, wo sich eine Grube mit glühender Kohle befindet, und sie wollen ihn in die Glut werfen, sodass er sterben wird. Er leistet Widerstand, aber er muss sterben, weil die beiden Männer zu stark sind.

Der Buddha sagte: »Dein tiefstes Verlangen bringt dich entweder an einen Ort, wo Glück ist, oder in die Hölle.« Daher ist es sehr wichtig, in die Natur Ihres tiefsten Verlangens, Ihres Wollens, zu blicken. Der Buddha sagte, dass das Ersehnen Sie zu viel Leiden führt, wenn es sich um das Ersehnen von Wohlstand, Sex, Macht oder Ruhm handelt. Doch wenn Sie einen gesunden Wunsch haben – wie den Wunsch, Leben zu schützen, die Umwelt zu schützen oder Menschen zu helfen, ein einfaches Leben zu führen – und dabei genügend Zeit, um für sich selbst zu sorgen, um Ihren Lieben nahe zu sein und für sie zu sorgen, dann ist das die Art von Wunsch, der Ihnen das Glück bringt. Aber wenn Sie durch das Streben nach Ruhm, Wohlstand, Macht unter Druck kommen, dann werden Sie eine Menge leiden. Und das Verlangen wird Sie in die Hölle zerren, in die Grube mit glühenden Kohlen. Sie werden sterben müssen.

Es gibt überall auf der Welt Menschen, die Rache für ihr tiefstes Verlangen halten. Sie werden zu Terroristen. Wenn Hass und Rache unser tiefstes Verlangen sind, werden wir ebenfalls furchtbar leiden, wie die junge Person, die von zwei starken Männern weggezerrt wurde, die sie in die Grube mit der Glut werfen wollten. Unser tiefstes Verlangen sollte sich auf die Liebe richten, auf Helfen und nicht auf Vergeltungüben, nicht auf Strafen, nicht auf Töten. Ich bin überzeugt, dass die New Yorker diese Weisheit besitzen. Hass kann niemals Hass beantworten; alle Gewalt ist Ungerechtigkeit. Auf Gewalt mit Gewalt zu antworten kann nur mehr Gewalt und Ungerechtigkeit bringen, mehr Leiden, nicht nur zu anderen Menschen, sondern Leiden zu uns selbst. Das ist eine Weisheit, die in jedem von uns ist. Wir müssen tief atmen, ruhig werden, um den Samen der Weisheit zu berühren. Ich weiß, dass der Same der

Weisheit und des Mitgefühls des amerikanischen Volks viel Erleichterung bringen wird, wenn er eine Woche lang gewässert werden könnte. Er wird den Zorn und den Hass vermindern. Und Amerika wird in der Lage sein, einen Akt des Verzeihens zu vollziehen, und das wird Amerika und der Welt eine große Erleichterung bringen. Deshalb ist mein Vorschlag das Praktizieren des Stillseins, des Konzentriertseins, des Wässerns der Samen der Weisheit und des Mitgefühls, die bereits in uns sind, und das Lernen der Kunst des achtsamen Konsums. Das ist eine wahre Revolution, die einzige Art von Revolution, die uns helfen kann, aus dieser schwierigen Situation herauszukommen, in der Gewalt und Hass die Oberhand haben.

Nicola Waddington
Regenbogen über Ground Zero

Der 11. September 2001 ist ein Datum, das sich jedem von uns tief ins Gedächtnis eingegraben hat. Die Zahl Elf könnte auch bildlich für die beiden 110 Stockwerke hohen Türme stehen, die weit über die New Yorker Skyline hinausragten und an diesem Tag kurz hintereinander wie Kartenhäuser in sich zusammenfielen.

Wir vergessen Geburtstage, unseren Hochzeitstag und auch sonst vieles, das uns eigentlich am Herzen liegt und uns persönlich betrifft, aber diesen Tag werden die meisten von uns wohl in Erinnerung behalten. Bis in die tiefsten Seinsschichten hat dieses Ereignis die gesamte Welt getroffen und erschüttert, sodass viele sagen: »Nichts ist mehr so, wie es vor dem 11. September war.«

Warum hat der Einsturz der beiden Türme des World Trade Center – einmal abgesehen von der Tragödie des Verlusts vieler Menschen, die dabei umgekommen sind – so viel Unruhe, Trauer und Angst auf einer globalen Ebene ausgelöst? Und was spiegelt dieses Ereignis hinsichtlich unseres eigenen inneren Zustands wider?

Am Sonntag nach dem 11. September wurden die Kinder, die während eines Gottesdienstes an der Sonntagsschule teilnahmen, aufgefordert, ihre Eindrücke der Geschehnisse von New York mit Buntstiften zu malen. Alle Kinder haben, ohne besondere Ermunterung durch die Erwachsenen und ohne Absprache untereinander, über ihre Zeichnungen von hohen, brennenden Türmen, in die Flugzeuge flogen und aus denen Menschen fielen, große, leuchtende, farbenfrohe Regenbogen gemalt. Sie zeigen uns bildlich: In den dunkelsten Momenten unseres Lebens gibt es auch Licht und Hoffnung.

Höhen und Tiefen gehören zum menschlichen Dasein wie die Luft, die wir atmen, und die Erde, auf der wir gehen. Das macht die Kraft und den Reichtum des Lebens auf unserem Planeten aus. Manche von uns erfahren dieses Auf und Ab sehr intensiv. Einige scheinen nur auf der Sonnenseite zu leben, während es wiederum andere Menschen gibt, die lediglich Schattenseiten, Überlebenskämpfe oder Hunger kennen.

Diese wellenförmige Energie begleitet alles Lebende; wir können sie in der Natur beobachten: Waldbrände zerstören große Baumbestände; gleichzeitig gibt es aber Baumarten, deren Samen sich nur unter Hitze öffnen, um dann mit dem Keimen beginnen zu können. Tiere fressen Tiere, um zu überleben. Alles ist ein Teil der Evolution auf diesem Planeten.

In der Welt der Hochtechnologie, in der wir jetzt leben, fällt es oft schwer, noch ein Gefühl für die natürlichen Zyklen von Geburt und Tod, Zerstörung und Aufbau zu empfinden. Die Technik scheint alles möglich zu machen: Wir sind auf dem Mond gelandet, und Sonden erkunden den Planeten Mars. Wir sind über das Internet global miteinander vernetzt, und die Aktienmärkte haben in jüngster Vergangenheit eine nie gekannte Größe erreicht. In den Krankenhäusern verlängern wir Leben mit Hilfe hoch komplizierter Maschinen; der DNS-Code ist geknackt, und Wissenschaftler sind dabei, den ersten Menschen zu klonen. Scheinbar halten wir die Schlüssel in der Hand, die uns die Türen zu einem paradiesischen Leben öffnen. Der Mensch ist in seinem Fortschrittsstreben offenbar nicht aufzuhalten.

Und dann schaffen es zwei Terroristen in Amerika mit Hilfe einfacher Messer, zwei Flugzeuge von verschiedenen Flughäfen aus zu kapern und sie in kurzem zeitlichem Abstand jeweils in einen der Türme des World Trade Center zu steuern, und zwar so, dass beide Türme eine Stunde später in sich zusammenstürzen, wobei Tausende von Menschen in den Tod gerissen werden. Ein Ereignis, das auch bei wiederholter Betrachtung auf dem Fernsehbildschirm kaum fassbar ist.

Schlagartig wird klar, wie verwundbar wir bei allem Fortschritt eben doch sind. Wir haben keine Allmacht hier auf Erden; wir können letztendlich nur sehr wenig beeinflussen und kontrollieren. Für jeden von uns kann in jedem Augenblick das Leben eine unvorhersehbare Wendung nehmen. Von einer Schwingung der Macht fallen wir in eine Schwingung der Ohnmacht, die lähmend ist und Hilflosigkeit und Trauer auslöst.

Doch in unserer westlichen Kultur ist es nicht üblich, diese Stille auszuhalten, die sich dann ausdehnt und in der wir nur dastehen, bewegungslos, ohne klare Gedanken zu fassen. Wir sind es gewohnt, auf alles, was auf uns zukommt, mit Taten zu reagieren. Die Ohnmacht soll weichen, damit die Allmacht wieder hergestellt wird und wir wieder stabil sind in unserem Ich-Gefühl, in unserem Da-Sein.

So ist es verständlich, dass schnell Wut und Empörung über den Terror-

akt aufflammten und um sich griffen. Es ist nachvollziehbar, dass der kriegerische Aufruf, die Urheber dieser Gewalttat gnadenlos zur Rechenschaft zu ziehen und bis in den äußersten Winkel dieser Erde zu verfolgen, auf fruchtbaren Boden fiel. Damit ist die Kontrolle scheinbar wieder hergestellt; jetzt kann gehandelt werden, damit das Gefühl verschwindet, so verwundbar, verletzbar und hilflos zu sein.
An diesem Punkt mag jeder sich selbst prüfen, wie er auf den Terroranschlag reagiert hat. Wer von uns hat es geschafft, ruhig zu bleiben und sich nicht von einer Woge der Angst überrollen zu lassen?

Was sind die Wurzeln der weltweiten panischen Furcht vor weiteren Anschlägen? Was ist so bedrohlich, dass terroristische Organisationen es schaffen, ganze Nationen in Angst und Schrecken zu versetzen?
Es ist die Unvorhersehbarkeit der Angriffe, die so sehr an den Nerven zerrt und viele Menschen nicht in Ruhe und Frieden leben lässt. Es ist leichter, einem sichtbaren Feind gegenüberzustehen, als nicht einschätzen zu können, mit wem man es zu tun hat. In jedem Moment könnte aus jeder Richtung ein neuer Angriff kommen. Das bedeutet eine permanente Anspannung: auf der Lauer sein, alle Sinne nach außen richten, um nichts zu verpassen und um die Gefahr rechtzeitig zu wittern.
Doch in dieser Anspannung und Konzentration auf die äußere Wahrnehmung verlieren wir schnell den Kontakt zu unserem inneren Selbst, zu unserer Intuition und damit zu jenem göttlichen Licht, das uns durch unser Leben führt und das weiß, was für uns am besten ist. Es ist so, als würden wir orientierungslos durch einen dunklen Wald irren und hätten vergessen, dass wir Kompass und Taschenlampe im Rucksack mit uns tragen. Verzweifelt suchen wir nach dem Licht, das uns den Weg weist, und wir sehnen uns nach Führung und Rettung.
Wir greifen dann in unserer Not nach jeder Hand, ohne zu spüren, ob sie uns auch wirklich helfend gereicht wird. Wir vertrauen blind, weil wir unser eigenes Licht, das die Wahrheit erkennt, nicht mehr sehen. Schlimmstenfalls können wir Opfer von falschen Versprechungen, Manipulationen oder anderen verletzenden Handlungen werden. Bestenfalls ist es wirklich eine rettende Hand, die uns entgegengestreckt wird, so wie viele Menschen dank des Einsatzes anderer am 11. September den brennenden Türmen entkamen.
Angst hilft uns zu überleben. Sie ist ein wichtiges Warnsignal in gefährlichen Situationen. Doch wenn die Angst zu einem ständigen Begleiter

wird und auf subtile Weise unser Leben dauernd beeinflusst, befinden wir uns in einem unausgeglichenen Zustand, und wir erreichen den Gegenpol, die Liebe, nicht mehr.
Viele Menschen leben seit dem 11. September in einer Schwingung von Angst und Unsicherheit, wie es nun in der Welt weitergehen soll. Aber die Geschehnisse vom 11. September sind auch eine Chance. Sie geben uns die Möglichkeit zur Reflexion und Selbstbetrachtung. Wir können eine neue Richtung in unserem Leben einschlagen, wenn wir es wollen.

Die Tragödie von Manhattan hat uns gezeigt, wie schnell sich unser Leben von einem Moment zum nächsten ändern kann und wie wichtig es ist, im Hier und Jetzt ein erfülltes Leben zu führen. Es ist sinnlos, in den guten oder schlechten Zeiten, die der Vergangenheit angehören, zu verweilen oder nur auf die Zukunft zu hoffen. Die Vergangenheit liegt hinter uns, und was die Zukunft uns bringt, können wir nicht vorhersehen. Wir können das Kindesalter, das mittlere Alter oder das hohe Alter erreichen, wir wissen es nicht.
Keines der Opfer der Attentate hat bewusst damit gerechnet, dass der 11. September sein letzter Lebenstag sein würde. Einige von ihnen, die unmittelbar nach dem Aufprall der Flugzeuge die Todesgefahr und auch die Ausweglosigkeit ihrer Situation erkannten und ein Telefon bei sich hatten, nutzten die Möglichkeit, noch ein letztes Mal mit geliebten Personen zu sprechen. Der Wunsch, Gefühle der Liebe und Dankbarkeit auszudrücken, war plötzlich wichtiger als alles andere. Keiner von ihnen dachte daran, Geschäftliches zu regeln, sondern sie wollten die Botschaft »Ich liebe dich« weitergeben.
Wie oft vergessen wir, die Liebe auch wirklich zu zeigen, die wir im Herzen fühlen, und wie oft wird sie von Ärger, Enttäuschung und anderen negativen Emotionen überlagert? Wie oft sind wir zu stolz, um eine Entschuldigung auszusprechen, wenn wir anderen Verletzungen zugefügt haben, oder um anderen zu vergeben, die uns verletzt haben? Wir streiten und trennen uns wegen den kleinsten, unwichtigsten Dinge. Die Liebe gerät dabei in Vergessenheit.
Wir lassen unsere Wut und unsere schlechte Laune oft gerade an denjenigen aus, die uns am meisten bedeuten. Wie viele von den Opfern sind an diesem Tag in einer Schwingung der Gleichgültigkeit oder der Disharmonie aus dem Haus gegangen, ohne die übliche Umarmung oder

ohne Worte der Zuneigung, und wie groß ist das Bedauern der Hinterbliebenen, eine Gelegenheit verpasst zu haben, Liebe zu zeigen?
»Wie konnten wir uns nur wegen dieser Lappalie zanken, statt liebevoll miteinander umzugehen?«, werden sich die Betroffenen im Nachhinein fragen und es schwer haben, mit diesem bitteren Gefühl von Leere und Verlust fertig zu werden.
Am Ende unseres Lebens bedauern wir oft, mitmenschliche Beziehungen vernachlässigt zu haben. Es tut uns von Herzen Leid, dass wir unsere Liebe und damit auch unser inneres Licht nicht genug ausgedrückt und bewusst weitergegeben haben.
Hier können wir viel von kleinen Kindern lernen, die kein Zeitgefühl kennen und nur den Augenblick leben. Sie können zwar auch wütend, traurig oder ängstlich sein, aber in der Regel überwiegt ihr großes Bedürfnis, Liebe und Begeisterung auszudrücken. Jeden Morgen wachen sie auf und entdecken ihre wunderbare kleine Welt von neuem; das erfüllt sie mit Glück.
An jedem Tag bietet sich uns ebenfalls die Chance, unsere Daseinsfreude zu zeigen und die Dinge in einem neuen Licht zu sehen.

Anstelle der eingestürzten Zwillingstürme des World Trade Center ist jetzt nach den Aufräumungsarbeiten in New York ein leerer Raum entstanden, Ground Zero genannt.
Zero, die Zahl Null, wird als Kreis dargestellt. Er hat keinen Anfang und kein Ende und symbolisiert den ewigen Kreislauf des Lebens. Er erinnert uns an unser Sein jenseits der Materie als Seele, die ihren Platz in der Ewigkeit einnimmt. Der Zahl Null entspringen die übrigen Zahlen. Sie steht für den Neubeginn, für die Möglichkeit, alles bisher Gewesene in das Bewusstsein zu integrieren und neu darzustellen. Dies ist ein radikaler Schritt, der Verlust und Schmerzen mit sich bringt, der aber auch viel Potenzial in sich birgt.
Wenn wir versuchen, Liebe in unser Leben fließen zu lassen, und wenn wir uns Zeit nehmen, diese Liebe zu zeigen – uns selbst, unseren Kindern, Familienmitgliedern, Freunden, Nachbarn, Mitmenschen und den anderen Geschöpfen der Natur –, dann richtet sich unser Augenmerk nicht mehr nur auf die Schattenseite des Lebens, sondern wir sehen wieder Licht. Vor allem sehen wir unser eigenes Licht. Dann können wir neben unserer Arbeit, unseren Verpflichtungen und unseren alltäglichen Sorgen die bunte Vielfalt und Herrlichkeit des Lebens hier auf Erden

erkennen. Dann sehen auch wir, wie die Kinder, selbst in dunklen Zeiten noch Regenbogen.

Die Ereignisse vom 11. September 2001 sind ein eindringlicher Aufruf, uns weniger um die materiellen Dinge zu kümmern und uns dem Leben mehr mit Liebe zuzuwenden.
Wenn wir geboren werden, bringen wir nichts als unsere Fähigkeit zur bedingungslosen Liebe mit. Wenn wir sterben, können wir in unserem seelischen Herzen nur die Liebe mitnehmen, die uns im Laufe unseres Lebens geschenkt wurde, sowie das warme Gefühl des Erfülltseins, dass wir unsererseits so viel Liebe, wie es uns in diesem Leben möglich war, weitergegeben haben.

Byron Katie
Wahrheit in sich finden

Über das Auflösen von Projektionen

Byron Katie hat eine bemerkenswert wirksame, einfache Methode entwickelt, mit der Ängste und einschränkende Denkmuster aufgedeckt, untersucht und gelöst werden können. Im Rahmen von *The Work* – so der Name der Methode – werden zuerst die Gedanken, Gefühle und Meinungen zu einem Sachverhalt oder einer Person spontan und unzensiert niedergeschrieben; dann werden die verschiedenen Aussagen anhand von vier Fragen untersucht:

- Ist das wahr?
- Kannst du wirklich wissen, ob es wahr ist?
- Wie reagierst du, wenn du das denkst?
- Wer oder was bist du ohne diesen Gedanken?

In einem weiteren Schritt werden die niedergeschriebenen Aussagen umgekehrt, das heißt, als handelnde Person wird »ich« statt »er«, »sie«, »es« eingesetzt.
Auf diese Weise gelingt es dem Betroffenen, das Geflecht seiner vorgefassten Meinungen und Glaubensmuster – seine Story oder Geschichte – Schritt für Schritt offenzulegen und zu entwirren. Ein unkomplizierter Weg, um an Selbsterkenntnis zu gewinnen und die Chance zu persönlichem Wachstum, die der Situation innewohnt, zu ergreifen.
Der folgende Dialog ist eines von zwei Beispielen von *The Work,* die Byron Katie unmittelbar nach den Anschlägen vom 11. September auf ihrer Website veröffentlichte.

Emily: Seit dem terroristischen Angriff auf das World Trade Center vom vergangenen Dienstag lebe ich in der Angst, dass ich in der U-Bahn oder in meinem Bürogebäude direkt neben Grand Central und dem Waldorf Astoria getötet werde. Ich denke immer wieder daran, welch tiefe Narben dieser Verlust bei meinen Söhnen hinterlassen würde. Sie sind erst ein und vier Jahre alt.

Katie: Ja, mein Herz. Terroristen könnten dich also in der U-Bahn angreifen.

Emily: Hmm.

Katie: Kannst du mit absoluter Sicherheit wissen, ob das wahr ist?

Emily: Ob es möglich wäre oder ob es passieren wird?

Katie: Ob es passieren wird.

Emily: Ich kann nicht wissen, ob es passieren wird, aber ich weiß, dass es möglich ist.

Katie: Und wie reagierst du, wenn du diesen Gedanken hast?

Emily: Ich bin entsetzt. Ich fühle mich bereits jetzt traurig wegen des Verlusts – in Bezug auf mich selbst, meinen Mann und meine Kinder.

Katie: Und wie gehst du mit den Leuten in der U-Bahn um, wenn du so etwas denkst?

Emily: Ich fühle mich blockiert, sehr blockiert.

Katie: Wie gehst du mit dir selbst um, wenn du diesen Gedanken denkst und dich in der U-Bahn befindest?

Emily: Ich versuche, den Gedanken zu unterdrücken. Ich konzentriere mich sehr darauf, zu lesen und das zu tun, was ich gerade tue. Ich bin sehr angespannt.

Katie: Und wohin reist dein Verstand, wenn du angespannt bist und diesen Gedanken hast, während du in der U-Bahn liest?

Emily: Ich stelle mir nur die Gesichter meiner Kinder vor.

Katie: Du bist also ganz in Sachen Kinder beschäftigt. Du liest ein Buch in der U-Bahn, die voller Menschen ist, und in Gedanken hast du die Gesichter deiner Kinder vor dir – während du tot bist.

Emily: Ja.

Katie: Bringt dieser Gedanke Stress oder Frieden in dein Leben?

Emily: Ganz sicher Stress.

Katie: Wer wärst du in der U-Bahn ohne diesen Gedanken? Wer wärst du, wenn es dir nicht gelänge zu denken: »Ein Terrorist könnte mich in der U-Bahn umbringen?«

Emily: Wenn ich den Gedanken nicht denken könnte ..., du meinst, wenn mein Verstand das nicht tun würde? (Pause) Na ja, ich wäre so wie letzten Montag, bevor der Anschlag verübt wurde.

Katie: Also wäre es für dich in der U-Bahn ein bisschen angenehmer, als es jetzt der Fall ist?

Emily: Viel angenehmer. Ich bin seit Kindesbeinen mit dem U-Bahn-Fahren vertraut. Ohne diesen Gedanken fühle ich mich tatsächlich ganz wohl in der U-Bahn.

Katie: »Ein Terrorist kann mich in der U-Bahn töten« – wie würdest du das umkehren?

Emily: Ich kann mich selbst in der U-Bahn umbringen?

Katie: Ja. Das Töten passiert in deinem Kopf. Der einzige Terrorist in der U-Bahn bist in diesem Moment du selbst – wenn du dich mit deinen Gedanken in Angst und Schrecken versetzt. Was hast du sonst noch aufgeschrieben?

Emily: Ich bin wütend auf meine Familie – meinen Mann, meine Eltern, wir alle leben hier in New York City –, weil mir keiner hilft, einen Notfall-Plan aufzustellen, falls sich die Situation mit den Terroristen hier noch zuspitzt. Etwa einen Ort festlegen, an dem wir uns alle außerhalb der Stadt treffen können, Pässe in Ordnung bringen, Bargeld von der Bank holen. Ich bin wütend auf sie, weil sie so passiv sind, weil sie mich dazu bringen, dass ich mir blöd vorkomme, wenn ich versuche, einen Plan zu machen.

Katie: »Ich bin wütend auf meine Familie« – lass uns nur mal diesen Satz umdrehen. »Ich bin wütend ...«

Emily: Ich bin wütend auf mich, weil ich mir selbst nicht helfe, einen Notfall-Plan zu machen?

Katie: Kannst du das sehen? Hör auf, so passiv zu sein. Mach einen Notfall-Plan, nicht nur für deine Kinder und deinen Mann, sondern für deine gesamte Familie in New York. Mach einen Plan für jeden Einzelnen.

Emily: Das versuche ich ja, aber sie bringen mich dazu, dass ich mich ganz idiotisch fühle, wenn ich das tue. Darüber bin ich verärgert.

Katie: Offensichtlich brauchen sie keinen Plan. Und sie wollen keinen Plan. Du bist diejenige, die einen Notfall-Plan braucht, also mach einen Notfall-Plan für die Evakuierung von New York.

Emily (lachend): Das klingt so komisch.

Katie: Ja, das weiß ich. Ich habe festgestellt, dass Selbsterkenntnis oft in einem Lachen endet.

Emily: Aber ich bin immer noch wütend, dass sie mich dazu gebracht haben, mich wie ein Dummkopf zu fühlen.

Katie: Kannst du diesen Teil in dir finden, der ein Dummkopf ist?

Emily: Als es um den Jahrtausendwechsel ging, habe ich mich auch so angestellt. Ich denke, dass sie das mit mir schon einmal durchgemacht haben. Ich bin manchmal ein bisschen paranoid.

Katie: Also haben sie aus ihrer Sicht Recht. Sie haben ihren Standpunkt. Du könntest ganz ruhig an deinem Fluchtplan arbeiten, ohne von ihnen zu erwarten, dass sie ihn nutzen werden.

Emily: Ich würde meine Kinder dazu bringen, die Flucht zu ergreifen.

Katie: Weil sie klein sind. Du kannst sie unter beide Arme klemmen und wegrennen – sie einfach im Wagen anschnallen und dann losfahren.

Emily: Ich glaube, ich sollte lieber lernen, wie man Auto fährt. Ich habe keinen Führerschein.

Katie (lachend): Du bist wütend auf deine Familie, weil sie keinen Plan für den Notfall hat, und du hast keinen Führerschein?

Emily (lachend): Ja, das ist schon lächerlich. Ich verstehe. Ich verurteile sie und kann noch nicht einmal wegfahren, wenn's drauf ankäme. Wie konnte ich das bloß übersehen?

Katie: Lass uns einmal annehmen, du hättest den Führerschein und die Tunnel und Brücken wären alle geschlossen. Dann bräuchtest du einen anderen Plan. Du müsstest fünf weitere Jobs annehmen, um einen Privathubschrauber kaufen zu können.

Emily (lachend): Okay, okay.

Katie: Aber man würde auch Hubschrauber nicht fliegen lassen.

Emily: Nein. Wohl nicht.

Katie: Dann stehst du da. Vielleicht macht sich deine Familie aus diesem Grund keine Gedanken um einen Notfall-Plan. Sie sehen, dass die Tunnel noch geschlossen sind. Flugzeuge durften letzte Woche nicht starten. Es gibt keinen Ausweg. Vielleicht verstehen sie das. Vielleicht bist du die Letzte, der das klar wird.

Emily: Das könnte stimmen.

Katie: So müssen wir also genau dort Frieden finden, wo wir uns gerade befinden. Nach dem, was ich bisher mitbekommen habe, muss man für einen funktionierenden Notfall-Plan hellseherische Fähigkeiten besitzen, um vorab zu wissen, wann man sich davonmachen muss und welchen sicheren Ort man ansteuern kann.

Emily: Ein Teil von mir denkt, dass ich die Stadt jetzt verlassen sollte. Das Problem dabei ist natürlich: Wo ist es schon sicher? Wenn es um die notwendigen hellseherischen Fähigkeiten geht ...

Katie: Du musst also an deinen hellseherischen Fähigkeiten arbeiten. Aber soviel ich weiß, gewinnen Hellseher nicht im Lotto. (Gelächter)

Emily: Das stimmt.

Katie: »Du brauchst einen Notfall-Plan« – ist das wahr? Kannst du absolut sicher wissen, ob das wahr ist?

Emily: Ich glaube, dass es nicht mehr wahr ist. Das ist eine Art Erleichterung.

Katie: Oh, Süße, fühl das. Vielleicht ist es das, was deine Familie weiß.

Emily: Ich glaube, dass ich doch keine gute Planerin bin. Man muss keinen Plan haben.

Katie: Natürlich nicht. Du kannst die Realität nicht austricksen. Wo du in diesem Augenblick bist, dort könnte der sicherste Ort der Welt sein. Wir wissen es einfach nicht.

Emily: Ehrlich gesagt habe ich daran nie gedacht.

Katie: Wie würdest du dich also ohne den Gedanken »Ich brauche einen Notfall-Plan« fühlen?

Emily: Weniger ängstlich, weniger in Alarmbereitschaft, leichter. (Pause) Aber auch mehr durcheinander. (Weinend) Traurig. Sehr, sehr traurig. All diese Menschen starben. Meine Stadt hat sich verändert. Und ich kann nichts tun.

Katie: Okay, das ist also die Realität. Du kannst nichts tun. Das ist Demut. Für mich ist das keine schlechte Sache.

Emily: Ich bin nun mal so daran gewöhnt, aktiv zu sein, Dinge zu bewirken – zumindest für die Menschen, die mir nahe stehen, sie zu beschützen.

Katie: Und das Gefühl der Kontrolle zu haben. Das funktioniert für eine Weile. Aber dann holt uns die Realität ein. Wenn wir jedoch diese erstaunliche Fähigkeit nehmen, diese Tatkraft, und sie mit Demut mischen, dann ist das etwas. Dann können wir klar und hilfreich sein. »Ich brauche einen Notfall-Plan« – dreh das mal um.

Emily: Ich brauche keinen Notfall-Plan.

Katie: Fühl das. Es könnte genauso wahr sein. Es könnte wahrhaftiger sein.

Emily: Könnte sein. Ich kann sehen, dass es wahrhaftiger sein könnte.

Katie: Oh, mein Herz, ich auch. Deshalb fühle ich mich auch immer dort so wohl, wo ich gerade bin. Wenn du aus Angst davonläufst, dann rennst du geradewegs gegen eine Wand. Dann schaust du dorthin zurück, wo du vorher warst, und du siehst, dass es dort viel sicherer war. Wenn etwas geschieht, ohne dass du einen Notfall-Plan hast, dann wird es dir einfach einfallen, was zu tun ist. Es wird dir in den Sinn kommen. Du kannst genau dort, wo du bist, alles finden, was du wissen musst. Und in der Realität lebst du das bereits. Wenn du einen Stift brauchst, dann streckst du deine Hand aus und nimmst ihn dir. Wenn es dort keinen Stift gibt, dann gehst du dir einen holen. Und genauso sieht es in einem Notfall aus. Ohne Angst ist es dir genauso klar, was zu tun ist – als ob du nach einem Stift greifen und ihn zur Hand nehmen würdest. Mit Angst geht das nicht so leicht. Angst ist blind und taub. – Was hast du denn noch geschrieben?

Emily: Okay. Ich denke, dass die Terroristen in ihrem Hass und ihrem Bedürfnis, sich machtvoll zu fühlen, so verbohrt sind. Sie setzen alles daran, uns zu verletzen. Sie sind zu allem bereit – warum nicht auch zu Gift oder Autobomben? Sie sind bösartig, ignorant und, ja, sie haben Erfolg damit und sind machtvoll. Sie können dieses Land zerstören. Sie sind wie die Heuschrecken. Sie sitzen überall, sie verstecken sich und warten darauf, uns zu verletzen, uns zu zersetzen, uns zu töten.

Katie: Diese Terroristen sind also bösartig.

Emily: Ja.

Katie: Kannst du wirklich wissen, ob das wahr ist?

Emily: Ich denke, ich kann wissen, dass sie verbohrt sind. Sie kümmern sich nicht um die Auswirkungen der Gewalt auf uns.

Katie: Kannst du wirklich wissen, ob das wahr ist? Dass sie sich dessen nicht bewusst sind? Das ist ja wirklich gut, Süße. Kannst du wissen, dass sie Schmerz, Tod und Leiden nicht kennen?

Emily: Nein. Sie sind nicht so ignorant, weil sie so etwas wahrscheinlich erlebt haben. Ich kann zwar nicht wissen, ob es wirklich zutrifft, aber ich denke, dass sie es erlebt haben. Und darauf reagieren sie. Aber sie wissen nicht, dass Gewalt nie funktioniert.

Katie: Oder sie sind gar nicht so unwissend. Sie glauben an etwas, das deinem Denken entgegengesetzt ist: dass Gewalt funktioniert. Sie glauben, dass die ganze Welt ihnen das beigebracht hat. Dieser Gedanke hat sie fest im Griff.

Emily: Aber das funktioniert doch nicht wirklich. Um jemand anders verletzen zu können, muss man doch entweder verbohrt, verwirrt oder ein Psychopath sein.

Katie: Du könntest Recht haben, und eine Menge Leute würden dir zustimmen. Aber hier geht es uns nicht um richtig oder falsch.

Kommen wir also auf das zurück, was du geschrieben hast, und lass es uns umkehren.

Emily: Ich denke, dass die Terroristen in ihrem Hass und ihrem Bedürfnis, sich machtvoll zu fühlen, ganz verbohrt sind.

Katie: Kehr das bitte um.

Emily: Ich bin ganz verbohrt in meinem Hass und meinem Bedürfnis, mich machtvoll zu fühlen. Das ist wahr. Ich brauche meinen Notfall-Plan, um mich machtvoll zu fühlen.

Katie: Ja, und wie fühlt es sich an, zu hassen?

Emily: Es gibt mir für den Moment Macht. Ich meine, ich fühle mich dann weniger hilflos.

Katie: Und was passiert dann, wenn du hasst?

Emily: Ich stecke fest. Ich komme nicht weiter, und der Hass frisst mich auf.

Katie: Und du musst einen Weg finden, diese Position zu verteidigen. Du musst beweisen, dass du mit deinem Hass richtig liegst. Dass er berechtigt ist und sich lohnt. Und wie fühlt es sich an, so zu leben? Wie reagierst du, wenn du daran denkst, dass sie bösartig und verbohrt sind?

Emily: In dem Kontext, in dem wir sprechen, fühlt es sich tatsächlich sehr falsch an. Ich bin mir nicht mehr sicher, ob ich mich überhaupt noch so fühle.

Katie: Aber aus ihrer Position ist ihr Hass absolut berechtigt. Sie sind bereit, dafür zu sterben. Es ist eine Frage richtigen Handelns. Daran glauben sie. Sie lassen ihr Leben im wahrsten Sinne des Wortes zu Bruch gehen.

Emily: Ja.

Katie: Ihr Hass ist kein Hindernis für sie. So sieht das aus, wenn wir an einem Konzept anhaften. Und dieses Konzept lautet: Du bist das Böse, und ich werde sterben, um dich auszutreiben. Es ist für das Wohl der Welt.

Emily: Ich kann das sehen.

Katie: Mach weiter mit der Umkehrung.

Emily: Ich bin böse in meiner Unwissenheit ...

Katie: ... über die geistige Heimat dieser Leute. Sie kennen das Leid, das sie ihren Familien zufügen, wenn sie sich vorsätzlich umbringen.

Emily: Okay.

Katie: Einerseits sind sie nicht ignorant, andererseits sind sie es jedoch sehr wohl, weil ihre Gedanken nur zu noch mehr Leid führen. Kehr das weiter um, was du nach dem Bösen und ihrer Ignoranz geschrieben hast.

Emily: Sie sind böse, verbohrt und, ja, erfolgreich und machtvoll.

Katie: Und ich ...

Emily: Ich bin böse, verbohrt, erfolgreich und machtvoll?

Katie: Ja, in all deiner Selbstgerechtigkeit.

Emily: Oh, okay. Mein Notfall-Plan ist richtig, und andere Leute haben einfach keine Ahnung.

Katie: Lass uns weitermachen. »Sie sind wie die Heuschrecken« – dreh das um.

Emily: Ich bin wie die Heuschrecken, allgegenwärtig. Ich verstecke mich, ich warte darauf, mich zu verletzen, mich zu zersetzen, mich zu töten.

Katie: Ja.

Emily: Meine Gedanken sind wie Heuschrecken.

Katie: Genau. Deine nicht untersuchten Gedanken.

Emily: Richtig.

Katie: Und ich sehe in diesem Augenblick keine Terroristen, außer den einen, mit dem du lebst: du selbst.

Emily: Ja, das verstehe ich.

Katie: Ich lebe in Frieden, und jeder verdient das. Wir alle haben es verdient, unseren eigenen Terrorismus zu beenden.

Emily: Ich kann die Arroganz in dem, was ich bisher getan habe, erkennen.

Katie: Darin sehe ich die Möglichkeit zu einer Veränderung. Andernfalls sind wir wie altertümliche, primitive Wesen – alle bereit, für eine Sache zu sterben.

Emily: Inwieweit sind wir alle bereit, für eine Sache zu sterben?

Katie: Also, mein Herz, gesetzt den Fall, jemand ist hinter deinen Kindern her ... Lass das mal auf dich wirken.

Emily: Okay. Ja.

Katie: Ich meine, du bist sogar verärgert über deine Eltern, weil sie keinen Notfall-Plan ausarbeiten wollen. Und spür einmal, wie es sich anfühlt, gegen deine eigene Familie in den Krieg zu ziehen.

Emily: Ja.

Katie: Was ist los mit ihnen? Du würdest sie packen, aber sie schreien: »Lass mich bloß in Ruhe!« Doch du packst sie und schleppst sie raus – nur wohin? Wie es aussieht, wirst du sie genau in die Gegend bringen, die getroffen wird.

Emily: Das ist wahr. Das ist auch arrogant. Verrückt sogar.

Katie: Was hast du noch geschrieben?

Emily: Ich will nie wieder eine mit Asche bedeckte Person sehen, so wie an jenem Tag, als ich nach Hause ging. Ich will nie wieder eine Atemmaske sehen oder den Ausdruck von Schock ... Teil des Problems ist, dass die Medien die Bilder der einstürzenden Türme immer wieder und wieder gezeigt haben. Ich habe mich so gefühlt, als wäre das eine ganze Woche lang geschehen.

Katie: »Teil des Problems ist, dass die Medien es immer wieder und wieder gezeigt haben«. Kehr das um.

Emily: Ich habe es immer wieder und wieder gezeigt.

Katie: Ja. »Ich will, dass die Medien damit aufhören« – kehr das um.

Emily: Ich will, dass ich damit aufhöre.

Katie: Also arbeite an dir. Dein Verstand sind die Medien.

Emily: Ich bin mir nicht ganz sicher, wie.

Katie: Du könntest damit anfangen, diese Bilder in deinem Kopf zu untersuchen. Weil in der Realität jetzt niemand vor dir steht und mit Asche bedeckt ist. Es passiert hier nicht, nur in deinem Kopf. (Lange Pause) Okay. Lass uns zurückgehen und hinschauen. Beschreib die mit Asche bedeckte Person in deinem Kopf. Beschreib die Person, die dir am meisten zusetzt; die Person, die du tatsächlich gesehen hast.

Emily: Was mich am meisten getroffen hat, war der Mann, der an meinem Bürogebäude vorbeiging, als ich draußen saß und auf meinen Ehemann wartete – ein paar Stunden, nachdem die Türme vom World Trade Center eingestürzt waren. Ich arbeite in Midtown, also musste dieser Typ wohl mehr als sechzig Häuserblocks weit gegangen sein. Wir sahen auf unserem Weg nach Hause noch eine Menge anderer Leute, die mit Asche bedeckt waren. Dieser Mann trug jedoch einen teuren, gutsitzenden Business-Anzug und einen Aktenkoffer. Außerdem trug er eine dieser Atemmasken, die man im Fernsehen sieht. Und er war absolut grau – sein Kopf, sein Anzug, seine Schuhe, sein Aktenkoffer waren ganz mit Asche bedeckt. Die Asche war noch frisch. Wie ein Zombie ging er da lang, ohne nach rechts und links zu schauen. Er muss unter Schock gestanden haben. Er war offensichtlich den ganzen Weg von dem, was einmal das World Trade Center gewesen ist, zu Fuß gegangen. Alles lag im Sonnenschein, und alles hier in Midtown sah so normal aus, und dann ist dieser Geist vorbeigelaufen. Das traf mich härter als irgendein anderes Bild an diesem

Tag. Es traf mich schwer. Ich dachte: »Nun kommt es in meine Welt. Es ist hier.«

Katie: Gut, mein Herz. Jetzt möchte ich mir das einmal mit dir zusammen anschauen. »Er war wie ein Zombie« – ist das wahr?

Emily: Er hat bestimmt so ausgesehen.

Katie: Natürlich hat er das – denn wer erzählt hier die Geschichte? Der Mann hatte seinen Aktenkoffer dabei. Er dachte daran, ihn mitzunehmen. Vielleicht war er einfach dabei, nach Hause zu gehen. U-Bahnen fuhren ja nicht. Vielleicht wollte er zu seiner Familie, um daheim zu sagen, dass alles mit ihm in Ordnung ist.

Emily: Ja.

Katie: Er verhielt sich absolut intelligent. Er trug eine Atemmaske. Du nicht.

Emily: Hmm.

Katie: Soweit du das wissen kannst, hielt er sich besser als du.

Emily (nach einer Pause): Das könnte sein. Ich befand mich gar nicht in der Nähe der Unglücksstelle, aber ich saß da und fühlte mich unglaublich gestresst und ängstlich.

Katie: »Der Mann war wie ein Zombie« – wie reagierst du, wenn du das denkst?

Emily: Ich empfinde Entsetzen. Als ob es das Ende der Welt wäre.

Katie: Und wer wärst du, wenn du diesen Mann ohne den Gedanken: »Er sieht wie ein Zombie aus« beobachten würdest?

Emily: Ich würde nur denken: »Da ist ein mit Asche bedeckter Mann. Ich hoffe, dass er bald zu Hause ist.«

Katie: Ein wirklich kluger Mann. Kein Zombie. Er hat es aus dem Gebäude geschafft und sogar noch an seinen Aktenkoffer gedacht. Sein »Notfall-Plan« kam ihm unmittelbar in den Sinn. Ich glaube nicht, dass er einen Plan hatte wie: »Wenn das Flugzeug aufprallt und ich es nach draußen schaffe, dann denke ich nach meinem Notfall-Plan daran, dass ich meinen Aktenkoffer schnappe und nach Hause gehe.«

Emily: Er war vielleicht schon sechzig Häuserblocks weit zu Fuß unterwegs. Ich glaube, er war für mich sofort ein Symbol für das Geschehene.

Katie: Ja. Aber er könnte dich genauso leicht daran erinnern, wie effizient du sein kannst, wenn es zu irgendeiner Katastrophe kommt. Er hatte seinen Aktenkoffer. Er hatte es sechzig Häuserblocks weit geschafft. Aber wie erging es dir, als du ihn sahst?

Emily: Ich fühlte mich tatsächlich so, als würde ich einen Schock erleiden.

Katie: Ja. *Er* machte es prima. *Du* warst wie ein Zombie und hast es auf ihn projiziert. Falls du in einer Notlage Hilfe bräuchtest und du würdest ihn und dich dort stehen sehen, zu wem würdest du gehen?

Emily (lachend): Zu ihm. Das ist verblüffend. Ja, ich würde sicher zu ihm gehen.

Katie: Okay, mein Herz. Lass es uns also ganz sanft umkehren: »Ich bin bereit ...«

Emily: Ich bin bereit, wieder einer mit Asche bedeckten Person zu begegnen.

Katie: Ja, und sei es auch nur in deinem Kopf – weil du seit diesem Tag niemanden mehr gesehen hast, der so herumgelaufen ist, nur in dir selbst. Die Realität und die Story stimmen also niemals überein. Die Realität ist immer freundlicher. Und es wird ein Spaß sein, zu beobachten, wie sich das in unserem Leben darstellt, vor allem mit deinen Kindern. Sie werden von dir lernen, dass sie nicht auf der Hut sein müssen und einen Plan brauchen. Sie werden lernen, dass sie immer wissen, was zu tun ist. Sie werden erkennen, dass sie immer am richtigen Ort sind. Wo immer sie auch hingehen werden – es wird ihnen gut gehen. Wir Mütter können zu vorsichtig sein. Ohne dieses furchtsame »Ich brauche einen Notfall-Plan« könnten dir verschiedene gute Ideen kommen: ein Ort, an dem du deinen Mann treffen kannst, wenn die Telefone nicht funktionieren; fahren lernen könnte hilfreich sein, da deine Kinder aus dem Krabbelalter herauswachsen; ebenso ein paar Karten und ein andere Dinge im Auto griffbereit zu haben. Wer weiß, was einem ruhigen Verstand alles einfällt?

Emily: Danke, Katie. Ich hab's erkannt.

Katie: Oh, Süße, bitte sehr. Schön, dass du dich nur mit der reinen Wahrheit dieser Dinge zufrieden gibst.

Angelika Ißlinger
Der Fall der Muster

Die momentane Schwingung auf Erden ist die Vorbereitung zu der Transformation, die schon seit Anbeginn vorhergesagt wurde. Es ist die Zeit des großen Wandels. Alles wird sich um hundertachtzig Grad drehen. Große Verwirrung wird unter den Menschen eintreten, da die Orientierung an festen Strukturen nicht mehr funktioniert.
Der Weg geht über das uneingeschränkte Loslassen und das Annehmen, was ist und sein wird. Liebe und Vertrauen sind die Schlüsselworte dieses Weges. Heute meinst du noch, du siehst, was du siehst; morgen wirst du sehen, dass du nicht siehst, was du siehst. Es wird nicht mehr wichtig sein, was du siehst – es wird sein, was ist. Die Sonne wird noch auf- und untergehen, aber sie wird nunmehr in unseren Augen das sein, was sie schon immer war: ein Teil dessen, das uns Kraft gibt und ernährt.
Wir sind ein Teil von allem, und ohne uns würde es die Welt in dieser Form nicht geben, und wir könnten in dieser Form ohne die Welt nicht leben. Es gibt Unmengen von Realitäten, und unsere bisherige Realität bildet nur einen kleinen Teil der Wahrheit.
Die Angst des Menschen vor dem Loslassen besteht seit jeher. Er fühlt sich sicher, wenn er sich an etwas festhalten kann – an Menschen, Dingen, Bildern, Träumen und so weiter. Es ist aber nur eine Täuschung, dass er durch die verschiedenen Faktoren Halt bekommt.
Alles kann zerfallen, nur unsere Seele nicht. Die Seele wird getragen von der Liebe und ist eingebettet im Ganzen, im großen Meer der Energie – in Gott. Die Angst dient nur der Suche nach Erkenntnis und beruht auf einer Illusion. Die Erkenntnis soll uns zu uns zurückbringen, zu unserem wahren Selbst, und damit zu der Verbundenheit mit allem. Angst lebt außerhalb unseres wahren Selbst und ist somit eine Illusion.

Diese Zeilen hatte ich Anfang Juni 2001 niedergeschrieben. Nach den Anschlägen vom 11. September rückten sie mir wieder ins Bewusstsein. Nach meinem Empfinden sind sie eine Ermutigung, sich dem kollektiven Wachstums- und Entwicklungsprozess zu öffnen, von dem offenbar auch die Ereignisse von Manhattan ein Teil sind.
Die Bilder von den Türmen, die getroffenen wurden und einstürzten,

haben uns zutiefst erschreckt – und auch fasziniert. Die Intensität unser Reaktion ist verständlich. Wir waren entsetzt über den tragischen Tod so vieler Menschen. Uns wurde jedoch auch auf einer anderen Ebene in aller Eindringlichkeit vor Augen geführt, dass etwas künstlich Aufgebautes, etwas, dem wir durch unsere Gedanken und unser Handeln Kraft und Halt gegeben haben, jederzeit zusammenbrechen kann. Wir wurden damit konfrontiert, dass unsere Muster – die Muster unseres Denkens, Handelns und Fühlens –, die ebenfalls nur Konstrukte sind, kein zuverlässiges Fundament für unser Leben abgeben.
Unsere Betroffenheit angesichts der zusammenstürzenden Türme mag zu einem großen Teil daher stammen, dass unsere Muster nicht unserem wahren Wesen entsprechen und wir wissen, dass sie die Fassade sind, die uns jederzeit heruntergerissen werden kann.

Am 11. September ging in gewisser Weise die Sonne unter, und ein großer Schatten legte sich über die Welt. Dieses Ereignis, hat – für uns bewusst und unbewusst – auch andere Schatten aktiviert: unsere verdrängten Ängste.
Unmittelbar nach dem Attentat schien zunächst eine Art Stillstand eingetreten zu sein. Etwa eineinhalb Tage war nichts als fassungslose Betroffenheit zu spüren. Wenn man durch die Straßen ging, hatte man das Gefühl, sich in einem Vakuum zu bewegen. Die Stadt hielt den Atem an. Es war, als ob wir – unserer alten, »schützenden« Muster beraubt – ausgeliefert und gelähmt wären.
Aber nur kurze Zeit nach dem Schock traten die alten Muster wieder auf, intensiver und aggressiver als zuvor. Auf der äußeren Ebene der Politik hat Präsident Bush stellvertretend dafür gesorgt, dass die Mauern und Fassaden der alten Verhaltensmuster schnell wieder hochgezogen wurden.
Auf der individuellen Ebene der Persönlichkeit ließen sich nach den Anschlägen des 11. September verstärkt verschiedene Muster und Reaktionsweisen beobachten, beispielsweise:

1. Viele begannen, nach spirituellen Erklärungen zu suchen, um ihre Ohnmacht nicht zu spüren. Sie flüchteten sich in ihre eigenen Traumwelten und gingen so auf Distanz zum Geschehen. Für diese Menschen ist die Erde, wie sie sich ihnen darstellt, eine Bedrohung.

2. Andere fühlten sich nur noch hilflos und ausgeliefert. Sie begannen, nach einem Beschützer zu suchen, der ihnen aus ihrer Ohnmacht heraushelfen sollte. Auf der Ebene der Politik werden dann Rufe nach dem starken Mann laut.
3. Demgegenüber neigten manche zu Machtdemonstrationen, um ihre Ohnmacht dahinter zu verstecken und ihr Ausgeliefertsein nicht spüren zu müssen. Diese Menschen streben danach, die Kontrolle zu übernehmen und sich zu »bewaffnen«.
4. Viele identifizierten sich mit den Opfern der Anschläge und zogen so eine Parallele zu ihrem eigenen Leiden. Diese Menschen tendieren dazu, alles auf sich zu nehmen und in Bewegungslosigkeit zu verharren, bis eine Besserung der Situation eintritt. Auf diese Weise begeben sie sich immer wieder in die Rolle des Opfers.
5. Demgegenüber entfalteten andere große Aktivität und trachteten danach, der Ohnmacht über den Weg des perfekten Funktionierens zu entrinnen. Weil die Umwelt nicht perfekt ist, muss für diese Menschen wenigstens das eigene Leben möglichst perfekt und abgesichert sein.

Muster haben durchaus ihren Sinn. Wir haben sie aufgebaut, um zu überleben und um Schwierigkeiten zu meistern. Wirklich helfen können sie uns jedoch nur für eine gewisse Zeitspanne und in einer spezifischen Lebenssituation. Falls wir unser gesamtes Leben auf ihnen aufbauen, verlassen wir uns auf ein sehr unsicheres Fundament.
In der Konfrontation mit dem Neuen und beim Zusammensturz von alten Mustern gelangen wir an unsere (Überlebens-)Ängste. Wenn wir mit diesen Ängsten jedoch nicht umzugehen verstehen und wir sie nicht wandeln und lösen können, fühlen wir uns ohnmächtig. Wir werden wieder zu dem Kind, das aus einem Gefühl der Machtlosigkeit und des Ausgeliefertseins bestimmte Überlebensstrategien entwickelt hat – je nach Entwicklungsstand, Temperament und Charakter sehr individuelle Muster.
Wir alle haben irgendwann in unserer Kindheit solche Auswege gewählt, um damals bedrohlichen Situationen gewachsen zu sein. Diese Muster sind jedoch künstliche Gebilde, Übergangslösungen, Versuche, sich zu schützen. Machen wir sie aber zu unserem Lebensinhalt, blockieren wir unsere eigene Lebenskraft. Wir dürfen sie nicht mit unserem wahren Wesenskern verwechseln. Wir sind nicht unsere Muster. Wir

sollten vielmehr danach streben, unser eigentliches Wesen zu erkennen und zu leben.

Gehst du hinaus in die Welt, werden dir Macht und Ohnmacht begegnen. Bleibst du zu Haus und ziehst die Tapeten von den Wänden, blicken dir Macht und Ohnmacht entgegen.
Betrachtest du die Macht, wirst du die Ohnmacht darin erkennen. Untersuchst du die Ohnmacht, wirst du die Macht darin entdecken. Macht und Ohnmacht sind eins.
Die Angst vor der Macht und der Ohnmacht ist gleich stark. Aus der Macht und der Ohnmacht entspringt die Angst. Und die Angst wiederum ist die Triebfeder für Macht und Ohnmacht.

Unsere Muster des Verhaltens, Denkens und Fühlens sind Machtgebäude, errichtet aus der Erfahrung von Ohnmacht zu dem Zweck, Kontrolle und Schutz zu erlangen und um zu überleben. Auf der symbolischen Ebene spiegeln uns die Zwillingstürme wider, was mit diesen Mustern passieren kann und passieren wird. Denn neben der Angst und dem Bedürfnis nach Schutz treibt uns auch eine tiefe Sehnsucht nach unserem wahren Kern. Wir wollen mit ihm in lebendige Verbindung treten und ihn nach außen zeigen. Trotz aller Angst ersehnen wir es ja, dass die Fassade endlich herunterkracht, dass wir sie loslassen können und das Eigentliche sichtbar wird – und wir frei sind und uns endlich selbst spüren. In diesem Sinn könnte die Auflösung der oben genannten Muster so aussehen:

1. Ich bin bereit, das Leben auf der Erde anzuerkennen und mich damit zu verbinden. Das Spirituelle darf sich zeigen; es darf hier mitten unter uns, in der Welt sein. Stichwort: Erlaubnis.
2. Ich übernehme Verantwortung für mich. Ich lerne, meine eigene Stärke zu spüren. Stichwort: Selbstverantwortung.
3. Ich brauche keine Macht und Kontrolle über andere auszuüben. Ich erkenne meine Bedürftigkeit an, ich lasse mir helfen. Stichwort: Vertrauen.
4. Ich löse meine Mauern auf und blicke nach innen. Ich nehme mich wahr und zeige, was ich fühle und denke. Stichwort: Ausdruck.
5. Ich spüre die Sinnlosigkeit meines Perfektionismus. Ich erkenne meine wahren Bedürfnisse. Stichwort: Annahme.

Es gibt allerdings keine Patentrezepte, wie wir mit etwas so Komplexem und Individuellem wie unseren Mustern umgehen können, wie wir sie loslassen können, wenn es angebracht ist. Jeder wird seine eigenen Wege finden, wenn er dazu bereit ist, seinen Schatten zu erkennen und sein Licht zu zeigen.

Nun werden auf Ground Zero die Trümmer beseitigt. Bildlich gesprochen sind auch wir aufgefordert, unsere Angst vor dem eigenen Unbewussten zu überwinden, in den Keller zu steigen und aufzuräumen. Wir sind aufgefordert, unsere innersten Bedürfnisse zu erkennen und sie nicht länger aus Angst hinter Masken und Fassaden zu verstecken.

Die größte Angst der Menschen ist nicht, die Liebe zu verlieren, sondern ihre Macht und Kontrolle. Aber die Liebe ist die größte Macht; sie ist die größte Kraft. Sie will nichts, und trotzdem kann sie Berge versetzen.

Edwin Courtenay
Das violette Licht der Transformation

Ich hatte geplant, für eine Woche nach New York zu reisen. Mein Aufenthalt wäre genau in die Woche nach den Anschlägen gefallen.
Als ich erstmals von dem Unglück hörte, war mir sein Ausmaß zuerst nicht klar. Ich war den ganzen Tag in meine Arbeit vertieft gewesen, und ich hatte nur nebenbei von einem Freund gehört, dass etwas geschehen war. Ich dachte so etwas wie: »Das ist ja interessant, ich fahre nächste Woche dorthin, und mal sehen, ob ich was davon mitkriege.« Ich konnte mir überhaupt nicht vorstellen, dass es etwas so Dramatisches war. Erst als ich spät am Abend heimkam und die Nachrichten sah, realisierte ich, um was für ein gewaltiges Unglück es sich handelte.
Ich wollte noch immer nach New York reisen. Ich wollte fahren, weil ich dachte, dass es so gewollt sei und dass ich dort sein sollte, um Heilung zu senden und Heilarbeit zu tun. Meine Familie war von der Idee nicht sehr angetan, denn es gab Gerüchte, dass noch mehr terroristische Angriffe bevorstünden. Die Angst war groß, und meine Schwester und mein Bruder riefen mich an und sagten: »Flieg nicht!«
Meine Familie setzte mich also unter Druck. Aber ich wollte fahren. Mein Freund, mit dem ich die Reise geplant hatte, war nicht mehr so überzeugt. Er war sich nicht sicher, ob er mit der dort herrschenden intensiven Trauer und einer Atmosphäre tiefer Tragik fertig werden könnte. Es stellte sich jedoch heraus, dass unsere Fluggesellschaft sowieso alle Flug- und Hotelbuchungen storniert hatte. Es war uns gar nicht möglich zu reisen.
Ich war sehr enttäuscht, zu Hause bleiben zu müssen, weil ich wirklich dachte, dass ich vor Ort sein sollte.

In meiner ersten persönlichen Reaktion auf die Anschläge spürte ich das Entsetzen und die Tragik. Ich entdeckte in mir sehr viel Wut und Zorn. Ich konnte mir einfach nicht vorstellen, wie jemand zu solchen Gräueltaten fähig war – eine ganz normale menschliche Reaktion von vielen in dieser Zeit. Und als dann mehr Einzelheiten bekannt wurden, zum Beispiel von Menschen, die noch versucht hatten, über Handy mit ihren Liebsten zu sprechen oder ihnen eine Botschaft zu senden, fühlte ich diese ganze tiefe Traurigkeit. Ich war sehr angerührt, und ich dachte natürlich auch daran, was ich selbst in solch einer Situation getan hätte. Nach ein paar Tagen mochte ich gar keine Zeitungsberichte mehr lesen und nicht noch mehr Nachrichtensendungen hören. Ich fand das alles zu aufwühlend.

In der Nacht nach den Anschlägen ging ich ins Internet und guckte mir ein paar Seiten an, über die ich gewöhnlich mit Freunden aus Amerika, Holland und Deutschland kommuniziere, und ich war sehr berührt von dem Austausch, der dort stattfand. Botschaften des Trostes und des Mitgefühls flogen durch das Netz in alle Welt, und das fand ich sehr aufbauend und tröstlich.

In dieser Nacht sendete ich auch Heilung. Die Art von Heilarbeit, die ich praktiziere, beruht auf der Vorstellung, dass Heilung auch in die Vergangenheit geschickt werden kann. So konzentrierte ich mich auf die Phasen vor, während und unmittelbar nach dem Anschlag.

Nach dem Senden von Heilung erhalte ich immer hellsichtige Eindrücke, und als erstes sah ich, dass der Himmel über New York ganz violett war. Für mich ist Violett eine transformierende Energie; es ist eine Heilenergie, eine reinigende Energie. Es ist die Farbe, die mit der Macht des göttlichen Geistes verbunden ist.

Der erste überwältigende Eindruck war diese alles beherrschende Energie violetten Lichts. Und dann entdeckte ich, dass der Himmel voller Engelwesen war. Die Engel waren präsent. Ich hatte schon verschiedentlich Engel gesehen, auch Ansammlungen von Engeln, doch ich hatte noch nie so viele auf einmal wahrgenommen. Sie schienen den ganzen Himmel zu füllen. Ich sah, dass diese Engel Menschen kurz vor deren Tod von den Türmen nahmen, um ihnen zu helfen. Sie halfen ihnen, nicht mehr viel von dem Schmerz spüren zu müssen, den sie zu leiden hätten, bevor sie zerschmettert oder verbrennen würden. Die Engel hoben die Menschen aus ihrem physischen Körper; sie nahmen sie aus der physischen Form. Es war sehr erleichternd, das mitzubekommen, und es war sehr tröstlich zu sehen, dass die geistige Welt präsent war und half. Und dennoch hätte sie das Unglück nicht abwenden können. Aber die geistige Welt war da, wie auch die Polizei, die Feuerwehrmänner und all die Helfer da waren. Sie war da und tat das Ihre auf der geistigen Ebene, um die Menschen zu retten, die nicht physisch gerettet werden konnten.

In den Tagen nach den Anschlägen gab es einen regen Austausch im Internet, zum Beispiel von verschiedenen spirituellen Lehrern aus allen Ecken der Welt. Sie erläuterten ihre Sichtweise und versuchten, Führung und Erklärung anzubieten – in Bezug auf das Unglück, unsere Möglichkeiten, darauf zu reagieren, und wie wir das Ganze begreifen sollten.
Ich fand das anfangs etwas problematisch. Auf der persönlichen Ebene war ich zu diesem Zeitpunkt noch nicht bereit, das Geschehen aus einer spirituellen und göttlichen Perspektive zu betrachten, damit ins Reine zu kommen und den Terroristen zu vergeben. Es war für mich einfach noch nicht der Raum dafür vorhanden. Ich zweifelte daran, dass die anderen das schon konnten. Ich dachte, dass es nicht richtig sei, den Leuten gleich zu sagen, was sie fühlen oder denken sollten. Ich war vielmehr der Ansicht, dass es wichtig sei, dass die Menschen erst einmal ausdrückten, was sie fühlten, und dass sie nichts unterdrückten.
Ich hatte natürlich in dieser Zeit mit Menschen zu tun, die zur Beratung oder in Workshops und Ausbildungen kamen. Allgemein waren alle in ähnlicher Weise von den Geschehnissen berührt, manche waren sogar ziemlich außer sich. Einige sahen die Sache aus einer sehr geistigen Perspektive, aber andere waren vollkommen ungerührt, was ich seltsam fand. An manchen schien das Ereignis ganz vorbeigegangen zu sein. Einige sagten, dass sie die Nachrichtenbilder nicht für real gehalten hätten; sie hätten geglaubt, einen Film zu sehen. Sie bekamen einfach nicht mit, dass das Wirklichkeit war.
Ich hatte erwartet, dass viele zu dem Ereignis Fragen stellen würden, aber überraschenderweise taten das nur wenige Leute. Mich erstaunte es, weil bei der einzigen anderen großen Tragödie, die ich miterlebt hatte, beim Tod von Prinzessin Diana, jeder Fragen hatte und in dieser großen Welle von Kummer und Trauer nach Erklärungen suchte. Doch diesmal war es anders. Nach meiner Beobachtung war es eine persönlichere Angelegenheit. Die Menschen gingen nach innen und sprachen nicht so viel über ihre Emotionen. Es schien mehr eine innere Reise zu sein, die man durchlebte.
Eine andere Sache, die ich schwierig fand, war, dass im Internet so viel über die Prophezeiungen des Nostradamus kursierte. Man bezog die Anschläge darauf. Die Katastrophe sei in ihnen erwähnt worden, und eine weitere Prophezeiung mache Aussagen über einen dritten Weltkrieg und so weiter. Ich empfand das als etwas sehr Negatives. Mir schien, dass dieses Gerede nur noch mehr Angst und aggressive Energie erzeugen

würde. Ich schrieb an ein paar mir bekannte Leute, die diese Informationen verbreitet hatten, und sagte ihnen, dass so etwas falsch sei und nichts Gutes bringen würde.

Es vergingen ein oder zwei Wochen, bis jemand zur Beratung kam und mir Fragen zum 11. September stellte. Das war nun das erste Mal, dass ich mich zu diesem Thema für spirituelle Führung zu öffnen hatte. Vorher war ich durch meine eigenen Prozesse gegangen, und ich hatte gar nicht hören wollen, was meine geistigen Führer vorbringen würden, denn ich meinte, dass das, was immer sie sagen würden, so eine Art Entschuldigung sein würde. Und ich fühlte mich nicht in der Lage, das Geschehene zu rechtfertigen.
Doch in dieser Situation, als ein Klient mich fragte, hatte ich mich auf meine Fähigkeiten einzustimmen, und ich würde anhören, was sie zu sagen hätten. Und was sie dann sagten, war ziemlich überraschend. Überraschend deshalb, weil ich erwartet hatte, dass sie erklären würden, warum dies so hatte geschehen müssen, mit einer entsprechenden Erläuterung der Details. Doch sie sagten, dass das Ereignis weder so vorgesehen war, noch Teil des göttlichen Plans gewesen ist; das Göttliche hatte dies nicht ins Sein gebracht. Es war Menschenwerk, eine Kreation des Menschen, und das Göttliche wollte nicht die Verantwortung dafür zugeschoben bekommen. Das Göttliche wollte nicht, dass jemand meinte, dass es die Ereignisse erschaffen hätte. Das war so nicht geschehen. Doch es wurde erklärt, dass die göttliche Quelle natürlich gesehen hatte, was stattfinden würde. Aber das Göttliche besaß nicht die Macht, in den freien Willen der Menschen einzugreifen, und deshalb konnte es das Geschehen nicht abwenden. Es tat, was es konnte – davor, während und unmittelbar nach dem Ereignis –, um diese Situation aufzufangen und das Beste daraus zu machen und um so viel wie möglich zu helfen.
Meine geistigen Führer sagten mir, dass vor der Tragödie die Engel gekommen waren und dass ihre Energie da war, um die Betroffenen vorzubereiten. Und sie sagten mir, dass die betroffenen Menschen unmittelbar vor dem Geschehen in eine Art euphorischen Zustand versetzt worden waren, in eine Art von Frieden, Heiterkeit oder Freude, um ihnen den Übergang leichter zu machen. Die Menschen wurden auf geistigem Weg gerettet; sie wurden von Engeln und spirituellen Führern in die geistige Welt geleitet. Es wurde unablässig daran gearbeitet, diejenigen zu retten, die Gefahr liefen, verloren zu gehen.

Sie sagten, dass – wie auch anlässlich jedes anderen Unglücks – das Rettende außerdem darin bestand, dass die Menschen zusammenrückten – global, nicht nur national. Dieses Zusammenrücken überwindet religiöse, weltanschauliche und politische Grenzen. Ein tragisches Geschehen bewirkt oft einen großen Ausstoß von Liebe und befähigt die Menschen, Liebe und Zuneigung an weniger zahlreiche Bedingungen zu knüpfen. Menschen vermögen all die durch die Gesellschaft erzeugten Illusionen zu durchschauen, die uns davon abhalten, bedingungslos zu lieben.

Durch das Unglück gelang es, politische Überzeugungen und persönliche, religiöse, ethische oder gesellschaftliche Glaubensinhalte zu transzendieren. Unglück bringt die Menschen zusammen. Es schafft Eintracht. Außerdem sprachen meine geistigen Führer von der großen Liebe, die aus allen Winkeln der Erde nach Manhattan geschickt wurde.

Es ging auch um die Lektionen, die wir aus dem Geschehenen zu ziehen haben. Es sind Lektionen auf einer globalen Ebene sowie auf einer politischen und auf einer religiösen Ebene. Dinge müssen richtiggestellt werden. Falls die Dinge nicht in Ordnung gebracht werden, werden sie zu einer größeren Zerstörung führen, die von der Menschheit auf der Erde vielleicht nicht mehr zu ertragen wäre.

Die Botschaft lautete also im Kern, dass zum einen das Unglück durch die Menschen hervorgebracht worden war, durch ihren freien Willen. Sehen wir es als einen Weckruf, und erkennen wir, dass etwas geschehen muss, sonst trifft es das nächste Mal zum Beispiel diese Insel, dieses Volk, dieses Land. Es könnte diesen Teil der Erde treffen, und wir sind aufgefordert, etwas zu tun.

Die Botschaft bezog sich auch darauf, dass es nicht nur um Regierungen geht, die sich befehden, sondern um auch religiöse Einstellungen. Wir sollten uns klarmachen, dass die Erde nicht überleben kann, wenn es zwischen den verschiedenen Religionen keine Toleranz gibt. Etwas muss sich in dieser Hinsicht ändern. Es sollte so etwas wie einen religiösen Kompromiss oder eine Annäherung geben. In jenem Moment hatte jedoch die religiöse Intoleranz zerstörerische Kräfte hervorgebracht, und das ist natürlich nicht das, wozu Religion je dienen sollte. Wir sollten aber auch erkennen, dass die Religion oft nur ein Vorwand ist, um sich wegen ganz anderer Dinge zu streiten.

Zum anderen war der Kern der Botschaft, dass wir Menschen sehr bequem geworden sind, wenn es um unsere Familie und unsere Freunde

geht – bequem in der Weise, wie wir die Liebe betrachten. In unserem wunderbaren technologischen Zeitalter haben wir angefangen, uns für unverletzlich und unsterblich zu halten. Wir haben darüber vergessen, lebendige Beziehungen wertzuschätzen und zu pflegen.
Wir sollten nicht damit warten, einem Menschen zu sagen, dass wir ihn lieben. Haben wir doch den Mut, so etwas täglich zu tun, statt einem anderen nur in traurigen, dramatischen Momenten unsere Liebe zu bekennen! Denn dann ist der andere so tief in destruktive Emotionen verstrickt, dass er unsere Botschaft kaum aufnehmen wird. Wie anders wäre es, wenn wir so etwas in glücklichen Stunden täten oder es feiern würden. Für uns ist es wichtig zu erkennen, dass, wenn wir alles zu verlieren meinen, die Menschen, die wir lieben, unser Kostbarstes sind. Wir sollten auch in allen anderen Momenten unseres Lebens daran denken.
Meine geistigen Führer sprachen zudem über die Wunder der Kommunikation und über unser Zeitalter der Kommunikation. Die neuen Techniken hatten es manchen Opfern erlaubt, noch Nachrichten zu senden. Wir sollten dieses Zeitalter der Kommunikation feiern und die Möglichkeiten nutzen, Botschaften der Liebe, der Unterstützung und des Mitgefühls zu verbreiten – und zwar nicht nur in Zeiten großen Unglücks. Wir sollten es täglich tun, um diese globale Gemeinschaft zu erschaffen und zu stärken.

Soweit die Kernaussagen der Botschaften, die ich erhielt. Einige Punkte fasste ich zusammen und gab sie weiter. Denn nach einiger Zeit wollten immer mehr Menschen etwas über den 11. September wissen. In den Workshops und nach Vorträgen wurden nun viele Fragen gestellt.
Die Menschen fassten auch Vertrauen und begannen von ihren Vorahnungen, die sie damals gehabt hatten, zu sprechen. Sie erzählten von Träumen, Empfindungen. Sie berichteten auch davon, dass sie Stunden vor den Anschlägen entsprechende Dinge im Radio gehört oder im Fernsehen gesehen hätten. Es hatte offenbar eine Art Prä-Schockwelle gegeben.
Die Leute erzählten zudem davon, dass sie Heilung geschickt und Engel gesehen hätten. Einige hatten ebenfalls violettes Licht wahrgenommen. Vieles wurde ähnlich erlebt.

Einige Zeit später, vor allem als es zu dem Flugzeugabsturz über dem Stadtteil Queens gekommen war, gewann ich den Eindruck, dass New

York durch etwas hindurchging, das auf der Ebene von Karma lag – ein recht schweres Karma, ein kollektives Karma oder eines, das mit der speziellen geografischen Region zu tun hatte.
Kollektives oder Völkerkarma ist kein leichtes Thema, denn es scheint eine unfaire Sache zu sein. Doch wenn man in einer bestimmten Gegend geboren wurde oder wenn man in eine bestimmte Gegend zieht, wird man in das Karma dieses geografischen Ortes einbezogen oder dafür mit verantwortlich. Und auf unsere eigene Weise zahlen wir dann für etwas, das dort einmal stattgefunden hat oder das mit den Menschen zu tun hat, die vor Hunderten von Jahren dort einmal gelebt haben. Aus einer mehr weltlichen Sicht wären wir für lokale gesellschaftliche und wirtschaftliche Zustände mitverantwortlich, zum Beispiel Umweltverschmutzung, Kriminalität oder die Verkehrssituation. Aber auf der kosmischen Ebene bedeutet es, dass wir für das mitverantwortlich werden, was an einem Ort je geschah, und das gute oder schlechte Karma mittragen müssen, wenn wir uns in sein Kraftfeld begeben.
Ich war davon überzeugt, dass sich New York gerade mit einer schwierigen karmischen Situation auseinander zu setzen hatte. Es schien, dass New York karmisch oder energetisch für etwas zahlte beziehungsweise etwas zurückzahlte. Aber ich sah nicht, worum es ging, und bis heute habe ich keine Ahnung, was es war. Aber ich bin überzeugt, dass jemand, der historisch forschen würde, möglicherweise zu Rückschlüssen käme, was da eigentlich geschehen war.

Auch bestimmte Persönlichkeiten spielten eine Rolle. Ich sehe hier vor allem den Bürgermeister von New York, Rudolph Giuliani. Viele schienen sich auf ihn zu konzentrieren; er stand für die Menschen ganz groß im Mittelpunkt. Ich fand es interessant, dass der Anschlag so kurz vor dem Ende seiner Amtszeit geschah. Ich fühlte, dass der Anschlag für ihn auf der persönlichen Ebene eine echte spirituelle Herausforderung und Aufgabe gewesen ist. Es war für ihn sozusagen der spirituelle Knackpunkt, und dann übertraf er sich tatsächlich selbst. Für die Menschen wurde er zu einer Verkörperung ihres eigenen Muts und Elans. Ich denke, wenn er nicht so gehandelt hätte, wenn er zusammengebrochen wäre, hätte das einen ungeheuren Einfluss auf die Moral der Menschen gehabt. Sie nutzten ihn als einen Brennpunkt für ihre Hoffnungen, und sie betrachteten ihn als eine Art Führerfigur oder sogar als eine Art messianische Persönlichkeit.

Ich nahm auch die Feuerwehrleute, die Polizisten und die Fahrer der Rettungswagen wahr. Diese Einsatzkräfte wurden ebenfalls für die Menschen zu einem Brennpunkt großer Hoffnungen, Bewunderung und Stärke. Obwohl viele von ihnen starben, wurden die Feuerwehrmänner von den Menschen nicht kummervoll betrachtet. Es war vielmehr so, dass je mehr Verluste es unter den Rettern gab, desto mehr das Vertrauen und die Bewunderung stiegen, die die Menschen ihnen entgegenbrachten. Auch die toten Feuerwehrleute vermittelten Stärke. Darin bestand ihr Opfer. Ihr Tod war ein Zeichen ihrer Aufrichtigkeit, Zuverlässigkeit und Präsenz. Für mich waren die Feuerwehrleute, Polizisten und Krankenwagenfahrer eine Art physische Engel und der Fokus von viel Licht, Optimismus und Hoffnung. Ihre Opferbereitschaft erschuf etwas Besonderes.
Kürzlich wurde ich Zeuge, dass drei New Yorker Feuerwehrmänner nach England kamen, um eine Auszeichnung für ihren Einsatz in Manhattan entgegenzunehmen. Zwei aus England stammende Überlebende des Unglücks übergaben den Preis. Es war interessant zu sehen, wie verblüfft die Feuerwehrmänner waren. Sie schienen es tatsächlich sehr überraschend zu finden, mit Ehrungen überhäuft zu werden. Sie waren so bescheiden; sie hatten es nie erwartet, dass so viel Aufhebens um sie gemacht würde. In ihren Augen hatten sie einfach getan, was getan werden musste.

Wichtig waren nach meiner Einschätzung auch die einzelnen Menschen, die den Anschlag überlebt hatten; man las in den Wochen danach immer mehr von diesen Einzelschicksalen. Manche der Geschichten erinnerten an ein Wunder, zum Beispiel der Bericht von einer Frau im Rollstuhl, die von einem Mann etwa 56 Stockwerke hinuntergetragen worden war. Man hatte sie zuvor angewiesen, im Gebäude zu bleiben, aber sie wollte raus. Sie bestand hartnäckig darauf, und so übernahm es der Mann, sie nach unten zu tragen. Der Turm stürzte ein, kaum dass sie ihn verlassen hatten. Für mich war es ganz deutlich, dass einige dieser Menschen, die in den Türmen gefangen waren, überleben sollten.
Andere sollten nicht überleben. Ich war immer der Überzeugung, dass es für uns alle den einen Zeitpunkt gibt, zu gehen, und dass wir dem nicht ausweichen können. Wenn unsere Zeit gekommen ist, gehen wir. Bei einem Unglück ist das schwierig zu begreifen. Es wäre einfacher zu verstehen, wenn jemand an seinem Sterbetag alt und krank ist. Doch

wenn jemand durch einen Unglücksfall stirbt, glauben wir, dass ihm Zeit gestohlen wurde.
All die Geschichten von den wundersamen Rettungen aus den brennenden Türmen erschienen mir wie eine Bestätigung, dass einige dieser Menschen bleiben sollten, dass es für sie noch nicht Zeit gewesen ist und dass für andere ihre Zeit gekommen war. Ich fand diesen Gedanken in gewisser Weise tröstlich. Natürlich ist es tragisch, dass viele ihren Mann, ihre Tochter oder andere Nahestehende verloren haben, aber offenbar war es so gewollt. Und für die Hinterbliebenen war es gewollt, dass sie diese Erfahrung machten. So wie es sie verändert, wird es auch dementsprechend die Welt verändern.
Sogar innerhalb dieser Zerstörung, dieses Leids existiert Gott, ist die göttliche Quelle präsent.

Was das Datum 9.11. betrifft: Nach meinem nummerologischen Verständnis ist Neun die Zahl der Vollendung. Etwas kommt zum Abschluss. Es ist zwar zu Ende, aber es kann auf einer anderen Ebene neu beginnen. Die Elf ist mit einem der Erzengel verbunden, mit Uriel. Er ist der Engel der Erde.
Insgesamt betrachtet heißt das für mich, dass wir am Ende eines Zyklus angekommen sind und dass jetzt etwas Neues beginnen muss – etwas, das mit der Erde zu tun hat, mit der physischen Welt, nicht nur mit einer oder zwei Nationen. Es betrifft den gesamten Planeten.

Seit den Wochen und Monaten nach dem 11. September ist das violette Licht über Manhattan blasser geworden. Es ist nicht mehr die intensive Farbe, die ich anfangs sah. Doch offensichtlich gibt es dort noch eine energetische Präsenz. Solange die Rettungs- und Aufräumungsarbeiten weitergehen, so lange wird dort auch die Arbeit der geistigen Welt fortgesetzt, um für die Seelen zu sorgen, die noch erdgebunden sind, damit sie ihren Weg hinüber finden.
Es ist wichtig, anhand der Geschehnisse des 11. September unsere Menschlichkeit, unsere Zerbrechlichkeit und unsere Fehlbarkeit anzuerkennen. Wir sollten erkennen, wer wir sind. Es ist wichtig, dass wir die Gefühle, die in uns aufsteigen, wenn wir dramatische, tragische Dinge unmittelbar oder auch nur am Rande miterleben, ehrlich untersuchen, ausdrücken und erfahren. Ähnlich wie jene Menschen, die das Unglück von Manhattan erlebten und die Zorn, Wut und Entsetzen spürten und

sich ihrer Gefühle nicht schämten, sondern bereitwillig anerkannten, dass sie ein Teil von ihnen waren.
Erinnern wir uns daran, dass wir Menschen mit Gefühlen und Emotionen sind. Bleiben wir ganz bei uns, und versuchen wir nicht, bei dem, was uns widerfährt, jemand oder etwas anderes zu sein.
Bleiben wir ruhig, dann sehen wir, dass das göttliche Licht auch durch die tiefste Furcht hindurch zu strahlen vermag.

Sabrina Fox
Wo war Gott? Wo waren die Engel?

Ich lebe die meiste Zeit in Los Angeles, und in den Tagen nach den Ereignissen vom 11. September las und hörte ich viel über die dabei Verstorbenen und die tragischen Umstände ihres Todes.
Das Sterben sieht von außen oft anders aus, als es von innen gefühlt wird. Meine Engel baten mich, eine kurze Geschichte zu schreiben – eine Geschichte von einer Frau, die im World Trade Center ums Leben kommt, und die ich in der Ich-Form schreiben sollte.
Die Geschichte dieser Frau ist fiktiv, und doch – wer weiß das schon?

Das Aufwachen

Die Reise einer Seele am 11. September im Jahr 2001

Ich hatte keine Ahnung, dass das Sterben so einfach ist. Es fühlte sich so an, als ob ich schlichtweg aus einem Traum erwachen würde. Natürlich sah das Ganze von außen vollkommen anders aus. Eher gewalttätig und erschreckend. Ich glaube nicht, dass es häufig passiert, dass jemand stirbt, weil ihm ein Flugzeugflügel das Genick bricht.
Ich wollte mich gerade nach meiner Freundin Liz umdrehen, mit der ich seit zehn Jahren in derselben Firma arbeitete, als diese heiße Luft plötzlich da war. Es wurde ganz still. Nichts bewegte sich, niemand atmete. Ich sah plötzlich alles wie in einem Videofilm in Zeitlupe. Ich fühlte einen seltsam dumpfen Knall mit einer immensen Kraft an meinem Hinterkopf. Ich fiel nach vorn. Ich hatte überhaupt keine Schmerzen; ich war nur vollkommen überrascht.
Ich erinnere mich, dass ich meinen Körper ganz intensiv spürte und sich alles aufzulösen schien. Und dann verließ ich meinen Körper. Vor Jahren kaufte ich mir ein Negligé, das ähnlich leicht von meinen Schultern fiel – dieses Gefühl war fast das gleiche.
Ich kam leicht heraus.

Zuerst war mir nicht ganz klar, was passiert war. Ich beobachtete Liz, die verzweifelt versuchte, irgendetwas unter meinem zerbrochenen Schreibtisch hervorzuziehen. Es dauerte eine Weile, bis ich begriff, dass ich sie von oben betrachtete. Ich sah alles, als ob ich unter dieser

schrecklichen Neonbeleuchtung hängen würde, die mich schon immer gestört hatte.
Liz zog und rüttelte und schrie meinen Namen, und dann erkannte ich meine Stiefel. Meine sündteuren Cavalli-Stiefel, die ich mir zu meinem Geburtstag gegönnt hatte. Sie versuchte, genau diese Stiefel unter meinem Schreibtisch hervorzuziehen, und dann fiel es mir auf: Mein Körper hing noch an diesen Stiefeln.
»Ich bin tot.« Dieser Gedanke amüsierte mich, denn so hatte ich mir das weiß Gott nicht vorgestellt. So einfach. So schmerzlos. So leicht. Ich fühlte in mir eine unglaubliche Weite, als ob das ganze Universum in mir wohnen würde. Ich hörte Musik, und ich fühlte mich ganz aufgehoben und – seltsam frei und neugierig.
Ich wollte meinen Körper noch einmal ansehen, und kaum war der Gedanke gefasst, war ich ganz nah über ihm. Ich sah blass aus. Meine Augen waren offen und hatten diesen überraschten Ausdruck. Irgendwie dachte ich immer, dass Sterbende so aussehen würden, als ob sie gerade etwas unvorstellbar Schreckliches erblickt hätten. Ich hatte nichts Schreckliches gesehen. Ich war einfach herausgeschlüpft. Ich muss wohl ähnlich überrascht ausgesehen haben, als Jack mir damals beim Kochen einen Heiratsantrag machte.
Ich sah ein Loch an meiner rechten Schläfe und sah, dass ich blutete. Ich fühlte eine seltsame Distanz zu mir. So, als ob ich mich selbst als Bild in einer Ausstellung betrachten würde: die kleinen Falten auf der Stirn, das Muttermal am Kinn, die tiefbraunen Augen mit dem kleinen grünen Punkt auf der Seite. Ich fühlte keine Traurigkeit, sondern nur Dankbarkeit für diesen Körper, der mir sechsunddreißig Jahre lang zur Verfügung gestanden hatte.
Mir war jetzt auch klar, warum ich mit diesem Leben fertig war. Ich hatte gerade nach vielem Hin und Her eine Beförderung abgelehnt, weil ich dadurch noch weniger Zeit in meinem Leben gehabt hätte. Ich hatte angefangen, mich um mich selbst zu kümmern, und hatte sogar mit meinen Bildern, die ich privat malte, eine erste erfolgreiche Ausstellung. Ich hatte das geschafft, was ich mir vorgenommen hatte. Und ich wollte die Menschen mehr zusammenbringen. Und auch diesen Wunsch hatte ich durch mein öffentliches Sterben hiermit erfüllt.

Ich fühlte mich wohl. Ich fühlte mich vereint. Ich wusste, das alles gut war.

Ich versuchte festzustellen, wie ich jetzt aussah, und blickte an mir herab. Da kam eine Erinnerung hoch, die noch nicht klar fassbar war. So ähnlich, wie wenn ich mich nach dem Aufwachen bemühte, mich an meinen Traum zu erinnern und ihn doch nicht ganz zu fassen bekam. Ich schien keine Form zu haben. Es war so, als ob ich nur Augen und Wohlgefühl wäre und unter der Decke schweben würde.
Ich hatte auch Schwierigkeiten, mich für längere Zeit auf etwas zu konzentrieren. Das erinnerte mich an dieses schreckliche Fernglas, das ich einmal zu einem Madonna-Konzert mitgenommen hatte und das ich nie richtig scharf stellen konnte. Irgendwie bekam ich meine Umgebung nicht ganz scharf. Es kostete mich ziemlich viel Konzentration, an einem Fleck zu bleiben. Ich schien mich dauernd zu bewegen. Oder bewegte sich meine Umgebung?
Ab und zu sah ich unser Großraumbüro oder, besser gesagt, was davon noch übrig war. Und dann war plötzlich alles weg, und ich badete in Farben und Klängen. Dies alles war neu und doch vertraut.
Ich fühlte einen warmen und leichten Sog an meiner rechten Seite.

»Nein, noch nicht. Es ist zu früh«, sagte ich.
Der Sog hörte auf.

Ich sah unser Büro wieder klarer. Ich sah Liz und die anderen in einem riesigen Durcheinander rufen, laufen, weinen. Mein Kollege Tom stand neben seinem zerbrochenen Schreibtisch und war im Schockzustand. Er stand einfach da und bewegte sich nicht. Das machte er immer, wenn es irgendwo kriselte. Er hatte ein schwaches Herz und in sieben Jahren drei Bypässe bekommen. Tom sah aus, als ob er auf das Klingeln eines Weckers wartete, um endlich aufzuwachen.
Aber da war kein Wecker.

Ich hatte den Wunsch, ihm zu sagen, dass alles in Ordnung sei, und bei dem ersten Gedanken daran fand ich mich auch sofort an seiner Seite. Ich bewegte mich näher zu ihm hin, und es fühlte sich so an, als ob ich tief durch seine Haut hindurch ihn innerhalb seines Selbst berühren würde. Er bekam sofort eine Gänsehaut und fröstelte. Ich wusste plötzlich, dass auch er bald aus seinem Körper austreten würde. Ich sagte ihm – nicht mit Worten, aber einfach in Gedanken –, dass es Zeit sei, sich zu verabschieden. Und ich sagte ihm, dass ich auf ihn warten würde.

Ich fühlte plötzlich, dass da noch jemand war, und als ich mich weiter aufmachte, bemerkte ich dieses wundervolle strahlende Licht. Das war kein richtiger Körper, eher eine Flamme ohne ein Zentrum. Es hatte diese herrlichen Wellen, die sich zu Klängen zu bewegen schienen. Mir wurde plötzlich klar, dass dies ein Engel war.
Engel! Wie wundervoll! Ich hatte als Mensch nie welche gesehen. Natürlich hatte ich von ihnen gehört, und ja, sie hatten so etwas Ähnliches wie Flügel. Sie waren überall. Da waren so viele von ihnen, dass es mir schwer fiel, darunter noch meine Kollegen auszumachen.
Tom nickte plötzlich, so als ob er meine Nachricht empfangen hätte. Er setzte sich auf den Boden. Mir war ganz klar, was er jetzt tat – was wir alle tun, wenn die Zeit dafür gekommen ist: Wir danken für dieses Leben und betrachten es noch einmal, um neue Entscheidungen für später zu treffen.

Ich schwebte dahin und freute mich an den Engeln, als ich plötzlich Liz fühlte. Ihr Schmerz warf sich mit Wucht in mich hinein, und ich fühlte ihre Verzweiflung wie den Ton einer lauten, tiefen Trommel. Sie schrie: »NEIIIIIIIIIIIIIN!« – so als ob es niemals enden würde.
Ich wollte ihr nahe sein und war es auch sofort. Ich fühlte eine Dringlichkeit in mir, wusste, dass sie schnell diesen Raum verlassen sollte. Verschiedene Engel schienen ihr die gleiche Nachricht zu schicken, aber sie hörte sie nicht. Die Engel hatten sich alle hinter ihr versammelt, um sie zur Ausgangstür nach vorn zu bewegen, aber sie rührte sich nicht. Sie saß am Boden, meinen Kopf in ihrem Schoß, und versuchte, mit ihrer dünnen Jacke meine Wunde am Kopf zu verbinden.

»Ich bin nicht mehr drin«, sagte ich zu ihr, aber ich merkte, dass sie mich nicht hören konnte. Das überraschte mich sehr, denn Tom konnte mich so gut verstehen, und wir kannten uns doch kaum. Liz und ich waren von Kindesbeinen an befreundet. »Sie ist die Patentante meiner Tochter Jasmin, und dennoch kann sie mich nicht hören?«
Ich versuchte, näher an sie heranzukommen, aber da war ein seltsamer Widerstand. So sagte ich ihr noch einmal: »Ich bin nicht mehr da. Du musst jetzt gehen. Ich liebe dich!«
Keine Reaktion.
Sie weinte und hielt mich in ihren Armen. Ich habe ihr Gesicht noch nie so voller Schmerz gesehen, und dann hörte ich sie reden. Sie redete sehr

schnell, und zuerst dachte ich, dass sie mich jetzt verstehen würde. Aber dann war mir klar, dass ich ihre Gedanken hörte.
»O Gott, o Gott, ich kann doch nicht ohne sie gehen. Was sage ich Jack und Jasmin? Sie ist doch erst sieben. Sie braucht ihre Mutter. Sie kann nicht tot sein. Habe ich da nicht mal was im Fernsehen gesehen, dass manche Leute so in Schock sind, dass sie ihre Augen aufgerissen haben und nicht mal mehr blinzeln? O mein Gott! Monica! Steh auf, verdammt noch mal! Scheiße! Du kannst doch hier nicht einfach sterben. Spinnst du! Komm, mein Schatz, komm! Ich brauch' dich doch. Deine Familie braucht dich doch. Stirb mir jetzt nicht. Wir wollen doch noch so viel miteinander erleben. Komm jetzt, steh endlich auf. Wir müssen hier raus. Hörst du mich? Verdammt noch mal, hörst du mich? Gott, wo bist du, wenn ich dich brauche? Du kannst mir noch nicht meine beste Freundin nehmen! Jesus, Buddha oder wer da sonst noch ist, ich hab' noch nie um was gebeten. Nur dieses eine Mal. Ich bitte nicht nur für mich, bitte, gib mir meine Freundin zurück! Monica, beweg dich! Monica! Komm! Verdammt noch mal, beweg dich!«
Ich fühlte diese Schwere um sie herum, durch die ich einfach nicht hindurchdringen konnte. Jedesmal wenn ich näher kommen wollte, fühlte ich diese Welle von Schmerz, Terror und Angst. Sie blieb nicht an mir kleben, aber sie war schwer, zu schwer für mich.

Ich war nicht mehr an die Angst gewöhnt. Mir war klar, wie leicht mir das Sterben fiel, und ich wünschte nur, dass ich das eher gewusst hätte. Ich hätte mir viele Sorgen erspart.
Wieder fühlte ich diese Dringlichkeit, Liz zum Ausgang zu bewegen. Ich fühlte die Engel um mich herum und bemerkte plötzlich die Töne, die von ihnen kamen. Sie wurden lauter und drängender, und dann wurde es um Liz ganz still. Ein Zucken ging durch ihren Körper; sie schluchzte laut auf und warf sich über meinen Körper. Zur selben Zeit bekamen die Töne der Engel einen anderen Klang, und ich konnte sehen, wie diese Töne die dunkle Wolke um Liz durchdrangen und heller machten. Dies schien sie zu berühren. Eine Veränderung fand in Liz statt, und sie stand endlich auf. Etwas war anders in ihrem Blick, und ich war dankbar dafür. Die Wolke, die an ihr klebte, war lichter geworden.
Ich wünschte mir, dass meine Halskette, die ich zur Geburt von Jasmin von meinem Mann bekommen hatte, und mein Ehering zu meinem Mann und zu meinem Kind gehen würden, und im selben Moment öffnete sie

den Kragenknopf an meiner Bluse. Sie nahm meinem Körper meine Halskette ab und dann meinen Ehering. Ich fühlte eine tiefe Dankbarkeit. Irgendwie musste ich doch zu ihr durchgekommen sein.

Liz schaute sich um, und was sie sah, musste sie zutiefst erschrecken. Das Büro war nicht mehr wiederzuerkennen. Asche, Staub, kleine Flammen, Blut, Zerbrochenes – es sah aus wie auf einem Schlachtfeld.
Ich beobachtete die Engel, wie sie Liz nach draußen folgten, und grüßte Tom, der, seinen Körper verlassend, jetzt irgendwie neben mir war. Mir war klar, dass es Tom war, obwohl ich ihn nicht sehen konnte. Er hatte eine bestimmte Resonanz, jetzt noch klarer und wärmer als zuvor, die ich erkannte.
Wie ich schon sagte, sterben war sehr viel leichter, als ich dachte. Ich erinnerte mich jetzt auch, wer ich war: eine ewig lebende Kraft. Für immer da. Und wieder einmal hatte ich nur eine Reise, einen Traum, beendet. Bereit für einen neuen.

Ich fühlte diesen warmen und leichten Sog wieder.
»Noch nicht.«
Und wieder fühlte ich, wie dieser Sog sofort nachließ.

Ich konzentrierte mich auf meine Tochter Jasmin, und sofort war ich neben ihr in ihrer Schule. Sie war gerade am Malen. Ich schwebte leicht neben ihr und schickte ihr meine Liebe. Sie drehte ihren Kopf zu mir und schaute mich direkt an. Als ich in ihre Augen sah, erkannte ich die Weisheit ihrer Seele.
»Ich weiß, dass du nicht mehr im Körper bist«, sagte sie in Gedanken zu mir, »und das ist wichtig für meine Reise, für das, was ich hier erleben will. Und ich weiß, dass du immer bei mir bist.«
»Kümmere dich um deinen Vater. Zeige ihm, dass du dich noch an die Ewigkeit der Seele erinnerst.«
»Das werde ich tun.«
Ich fühlte diese unendliche Liebe und verschmolz mit ihr. Ich fühlte erneut nur Farben, Licht und Leichtigkeit.
Ein lautes Geräusch brachte meine Aufmerksamkeit wieder zu dieser Realität. Ihr Malstift war vom Tisch gefallen. Und mit dem nächsten Lidschlag hatten die Augen meiner Tochter wieder den Ausdruck einer Siebenjährigen. Als ob ein Vorhang die Tiefe ihres Wissens verbergen

wollte. Ein Vorhang, den die Seele zuzieht, um Platz für das Mystische zu lassen.

Ich wollte zu Jack, meinem Mann, und sofort war ich bei ihm. Er starrte auf die Nachrichtenbilder im Fernsehen, und ich fühlte seine Angst wie einen Panzer. Ich wusste schon, dass ich diesen Panzer nicht durchdringen konnte und dass ich warten musste, bis er weicher würde. Die Zeit wird dabei helfen.
Ich schickte ihm meine Liebe.
Das war alles, was ich tun konnte.

Dann fühlte ich den Sog wieder.
Und dieses Mal war ich bereit ...

Wäre es nicht wundervoll, wenn wir unser Sterben so erleben könnten? Was, wenn es so ist? Wenn all die anderen Dramen, von denen wir in den Nachrichten, in Krimis und Erzählungen hören, nicht zutreffen? Wenn wir uns wie damals als Kinder nur vor einem dunklen Schatten in unserem Schlafzimmer fürchten, der sich bei Tageslicht als schlampig aufgehängtes Hemd entpuppt? Kann es sein, dass Gott Sinn macht? Dass es da eine Logik, eine Weisheit, eine unendliche Liebe gibt, die für Herausforderungen, die wir erleben, sorgt? Und wenn ja, wozu?
»Warum lässt Gott so etwas zu?« Das ist die Frage, die ich immer wieder höre und die ich mir selbst früher so häufig gestellt habe. Gott ist offensichtlich jemand, auf den man sich nicht richtig verlassen kann und der einem aus heiterem Himmel plötzlich das eigene Leben oder einen geliebten Menschen nimmt. Schutzengel haben ihren Namen wohl auch zu Unrecht, denn offensichtlich beschützten sie keinen der Menschen, die am 11. September 2001 ums Leben kamen. Waren sie auf Urlaub?
Mein Verhältnis zu Gott war ein sehr schwankendes, vergleichbar mit dem zu einem Ex-Liebhaber: Ich erinnerte mich an die Zeit der ersten Verliebtheit, aber fühlte auch den großen Schmerz der Enttäuschung. So entstanden in mir eine tiefe Traurigkeit und Einsamkeit, die sich nur kurzfristig durch berufliche Erfolge oder eine neue Liebe aufheitern ließen.
Im Lauf der letzten zehn Jahre versuchte ich, Gott zu verstehen. Ich las, hörte zu, ging auf Workshops und für Tage in die Einsamkeit der Wälder.

Ich lernte in der Kirche, in Tempeln, unter den Sternen und beim Feuer. Ich fragte weise Männer und Frauen, Meister ohne Körper, die Stille der Nacht und die Zwischenräume meines Atems. Ich suchte nach Engeln, nach Jesus, nach Buddha, nach Gott und irgendwie auch nach mir ...
»Wer suchet, der findet«, hat uns Jesus versprochen, und ich habe für mich meine Antworten gefunden. Natürlich noch nicht alle. Es scheint so, dass an jeder Antwort fünf neue Fragen hängen.
Vielleicht klingen die Antworten, die ich fand, für Sie ebenfalls so logisch, wie für mich. Ich möchte meine Gedanken einfach nur mitteilen – ohne Sie von irgendetwas überzeugen zu wollen. Ich habe erfahren, dass Wahrheit immer mit einem Gefühl der Leichtigkeit kommt. Und jeder von uns findet seine Wahrheit selbst.

Für mich ist das Universum logisch.
Für mich ist Gott logisch.
Ich konnte mich noch nie mit dem Gedanken anfreunden, dass Gott all den Stimmungsschwankungen unterliegt, die im Alten Testament nachzulesen sind.
Der Gott, den ich liebe, ist ein anderer.
Wir sind ein anderer Gott.

Wir sind unsterbliche Seelen, die hier auf Erden immer wieder menschliche Erfahrungen suchen. Jeder von uns erlebt seine eigenen Herausforderungen. Einige von uns sind auf diese Erde gekommen, um Vergeben zu lernen, und dafür brauchen wir schmerzhafte Erfahrungen, damit wir etwas zu vergeben haben. Andere sind vielleicht hier, um Vertrauen zu lernen, Mitgefühl, Großzügigkeit, Selbstachtung oder Respekt für sich selbst und andere. Die Liste lässt sich seitenlang fortsetzen.
Jeder von uns findet sich in genau den Situationen wieder, die er braucht, um das zu lernen, was er als Seele lernen möchte, selbst wenn unsere Persönlichkeit sich mit dem Gedanken nur schwer anfreunden kann. Auch Länder haben diese Lehrpläne. Die USA lernen offensichtlich gerade, wie man mit Macht umgeht und welche Verantwortung dabei getragen wird.
Wenn wir geboren werden, erinnern wir uns noch daran, dass wir Seelen sind. Doch dann scheinen die meisten von uns es zu vergessen. Wir finden uns in diesem Traum vom Leben wieder und nehmen an, dass das alles ist, was es gibt. Und so fürchten wir uns vor dem Tod, vor dem

Ende, das seit dem Tag unserer Geburt wie ein Damoklesschwert über uns hängt. Wir versuchen, oftmals verzweifelt, diese Welt »sicher« zu machen. Wir wollen uns, unsere Kinder, Angehörigen und Freunde schützen: vor Schmerzen, vor Unfällen, vor tragischen Ereignissen, vor Krankheiten, sogar vor dem Tod.
Wir wollen uns alle »vor dem Leben schützen« – denn das Leben besteht aus Erfahrungen und Herausforderungen, die wir am liebsten vermeiden würden. Wir glauben, dass es unser Ziel ist, nur *angenehme* Erfahrungen zu machen. Natürlich wissen wir – aus unserer eigenen Geschichte und Erfahrung –, dass wir am meisten in Krisensituationen lernen. Wir erkennen dann, wer wir wirklich sind. Wir erkennen die Kapazität unserer eigenen Liebe, unserer Stärke und unserer Großzügigkeit. Wir wachsen über unser gewohntes Selbst hinaus. Gerade nach den Ereignissen vom 11. September gab es sehr viele Beispiele von Heldentum; es gab Menschen, die im Angesicht des Todes ruhig und gelassen Hilfe spendeten.
Diese Selbsterkenntnis ist unser Lehrplan. Das Leben hier auf Erden ist nicht sicher, denn es endet mit dem Tod. Nur unsere Seele ist »sicher«, da sie unsterblich ist. Solange wir versuchen, Sicherheit »in Körperform« zu kreieren, solange werden wir enttäuscht werden. Erst wenn uns klar ist, dass die einzige Sicherheit in dem Wissen des ewigen Lebens liegt, kehrt Frieden in uns ein.

Nicht selten sind wir von Katastrophen schockiert, denn wir befürchten, dass wir die Nächsten sein könnten. Hier geht es um die Angst um das eigene Leben, und das wird oft vermischt mit dem Mitgefühl für andere. Oftmals verwechseln wir auch Mitgefühl mit Mitleid. Mitgefühl bedeutet, dass wir mit den anderen fühlen. Wir können ihre Schmerzen, ihre Traurigkeit nachvollziehen, aber wir verlieren uns selbst nicht darin. So haben wir die Möglichkeit, zu trösten, zu umarmen, zu beten und für diejenigen da zu sein, die leiden. Es ist nicht notwendig mitzuleiden. Das ist so, als ob jemand ertrinkt und wir hinterherspringen und ebenfalls ertrinken wollen. Der Schmerz hat sich dadurch nur verdoppelt statt vermindert. Mitgefühl bedeutet, dass wir mit einem Rettungsring hineinspringen, um dem anderen zu Hilfe zu kommen.
Eines ist dabei ganz wichtig: Wenn Gefühle hochgekommen sind, hilft es nicht, sie zu unterdrücken. Im Gegenteil: Sie sind da, weil sie uns etwas sagen wollen. Gefühle wie Panik, Angst, Wut oder Verzweiflung müssen angeschaut werden. Aber wie?

Wir können uns in der Stille unserer Meditation fragen: »Wer in mir hat da Angst?«, und dann warten wir ab, was hochkommt. Oftmals kommen Erinnerungen hoch, die entweder aus unserem Vorleben (zum Beispiel aus der Kindheit) oder aus früheren Leben stammen. Wir sind dann in der Lage, uns selbst zu trösten. Wir bringen »unser Kind in uns nach Hause« – in das Wissen unserer Seele. Für viele von uns mag auch die Suche nach Gott beginnen. All diese »Warum nur?«-Fragen suchen nach einer Antwort.

»Wo waren die Engel der Menschen, die am 11. September gestorben sind?«
Sie waren da, wo sie immer sind: bei jedem Einzelnen. Auch hier gibt es eine Wahrheit, die immer gilt: *Engel sind nicht dazu da, uns das Leben abzunehmen.* Erinnern wir uns, dass wir ewig leben. So ist der Tod nur das Ende eines Traums, einer Reise. Wenn unsere Zeit gekommen ist, dieses Leben zu verlassen, dann begleiten uns unsere Engel auf die andere Seite. Sie sind bei uns, wenn wir, noch vor den körperlichen Schmerzen, unseren Körper verlassen und aus diesem Traum aufwachen. Die Seele verlässt den Körper, bevor die Schmerzen zu groß werden. Auch dafür wurde gesorgt. Wozu länger leiden?
Unsere Engel sind da, um uns zu unterstützen. Für die zurückgebliebenen Angehörigen und Freunde, und natürlich für uns alle, ist diese Hilfe der Engel jederzeit möglich. Wir werden unterstützt, wenn wir um Hilfe bitten. Die Unterstützung wird uns immer gewährt. Aber auch hier gilt, dass es nicht darum geht, uns die Erfahrungen abzunehmen. Aber wir können Weisheit, Wahrheit, Liebe und Trost darin finden.

»Warum passieren solche Ereignisse? Können wir nicht alle in Ruhe und Frieden miteinander leben?«
In Frieden miteinander leben – das ist es, was wir hier als Seelen gemeinsam kreieren wollen. Aber oftmals gelingt es uns nicht einmal, in unserer Familie oder mit den Nachbarn und Kollegen friedlich zu leben, geschweige denn mit uns selbst. Wie oft beschimpfen wir uns selbst, dass wir unfähig sind, nicht schön genug, nicht perfekt genug oder nicht liebenswert? Dass unsere Hüften zu breit und unsere intellektuellen Fähigkeiten zu schwach sind? Jeder von uns lernt, sich selbst zu akzeptieren und zu lieben, und dieser Schritt in den Frieden, der beginnt immer zuerst bei uns selbst.

Ich glaube nicht, dass es Fehler im Universum gibt. Wir sind nie am falschen Ort zur falschen Zeit.
Woher weiß ich, dass ich hier sein soll? Weil ich hier bin!
Byron Katie, eine wundervolle Lehrerin, erklärt: »Ich liebe die Realität. Alles ist, wie es ist.« Das versuche ich auch zu tun. Es ist übrigens gar nicht so einfach. Mir fällt immer wieder auf, wie gern ich mich mit der Realität anlege: »Es sollte nicht regnen!« – »Der Autofahrer sollte schneller über die Kreuzung fahren!« – »Mein Mann sollte mir besser zuhören!« Oder, was ich sehr häufig hörte: »Diese Terroristenattacke hätte nicht passieren sollen.«
Meiner Meinung nach gibt es keine Irrtümer und schon gar nicht beim Sterben. Jede Seele hat ihre eigene Aufgabe. Wir als Seelen entscheiden »vor diesem Leben«, was wir hier erreichen wollen. Einige von uns kommen für bestimmte Aufgaben zusammen. Sie haben – als Seelen – entschieden, diesen riesigen Schub zur Veränderung persönlich zu unterstützen. Sie sind bereit, ihr Leben bei diesen tragischen Ereignissen zu beenden, natürlich wissend, dass das wahre Leben ewig ist.
Diese Seelen sind nicht nur die Passagiere in den Flugzeugen und die Opfer unter den Trümmern; diese Seelen sind auch die Terroristen.

Gott hat nicht weggesehen, und die Engel waren nicht auf Urlaub. Es passieren Ereignisse in unserer Welt, um uns als Erdenbewohner weiterzuhelfen. Ist es nicht unser Wunsch, Frieden auf Erden zu schaffen? Und dazu brauchen wir Veränderungen. Wir lernen aus tragischen Ereignissen, wie wir uns als Menschen gemeinsam in Zukunft verhalten wollen. Erinnern wir uns an unsere eigene Vergangenheit und die Schrecken, die die Nazizeit hervorgerufen hat. Wir haben daraus gelernt, dass wir niemals mehr einer Einzelperson so viel Macht geben wollen, dass wir niemals mehr so lange warten wollen, bis wir eingreifen – eine Lehre, für die viele Menschen ihr Leben gegeben haben.

Die Welt bewegt sich in ein Zeitalter des Friedens, des Weltfriedens. Und dazu ist es notwendig, dass wir miteinander fühlen, denn dadurch wird die Welt vereint. Emotional wurde die Welt zum ersten Mal durch den Tod von Prinzessin Diana vereint. Kurz danach kam der Tod von Mutter Teresa. Jetzt wird die Welt politisch vereint. Wir kreieren damit unser »globales Dorf« und erkennen, dass wir alle eins sind und alle gemeinsam Frieden schaffen wollen. Natürlich wird es auch weiterhin Heraus-

forderungen geben. Je aktiver wir an diesem Frieden mitarbeiten, je lauter wir unsere Meinung sagen, je bestimmter wir die Gruppierungen unterstützen, die sich für einen Weltfrieden einsetzen, desto schneller wird er kommen. Ich bin eine große Befürworterin der Vereinten Nationen. Wir brauchen eine Welt-Regierung, in der die fundamentalen Rechte aller Lebewesen in allen Ländern geachtet werden, in der wir gemeinsam alles Lebende berücksichtigen, wenn globale Entscheidungen getroffen werden – eine Exekutive, die gemeinsam entscheidet, wohin Friedens- und Hilfstruppen entsendet werden.
Eine der größten Gewissensentscheidungen, die wohl jeder treffen muss, ist die Entscheidung für oder gegen einen Krieg. Gerade spirituell sehr aktive Menschen sehen häufig jede Form von Gewalt als falsch an. So habe ich früher auch gedacht. Ich habe meine Meinung dazu geändert. Manchmal ist ein kraftvolles Nein notwendig. Gebete, so machtvoll sie auch sind, schaffen es nicht allein, Frieden auf dieser Welt zu bewirken, denn sonst hätten wir ihn schon verwirklicht. Unser aktives Handeln gehört dazu.
Haben wir nicht das Recht, den Frieden zu verteidigen? Oder sollen die, die über weniger Skrupel verfügen, machtvoller sein als wir? Als Jesus davon sprach, die andere Wange hinzuhalten, meinte er damit, immer und immer wieder geschlagen zu werden? Das macht uns zu Opfern, und ich sehe spirituelle Meisterschaft nicht als Opfer. Die andere Wange hinhalten, das bedeutet für mich, nicht mit Wut, Hass oder Zorn den anderen anzugreifen, sondern mit Mitgefühl und Verständnis die Freiheit zu verteidigen. Im Tao Te King, einem wunderbaren weisen, alten chinesischen Buch von Lao Tse, steht Folgendes:
»Waffen sind die Werkzeuge von Gewalt. Alle ehrenhaften Menschen verachten sie. Waffen sind die Werkzeuge der Angst, ein ehrenhafter Mensch wird sie vermeiden, außer es ist eine schreckliche Notwendigkeit. Und er wird sie, wenn erzwungen, nur mit der höchstmöglichen Zurückhaltung benutzen. Frieden ist sein höchstes Gebot. Wenn also dieser Frieden zerbrochen ist, wie kann er dann zufrieden sein? Seine Feinde sind nicht Dämonen, sondern Menschen wie er selbst. Er wünscht sich nicht, ihnen einen persönlichen Schaden zuzufügen. Noch erfreut er sich an seinem Sieg. Wie kann er sich an seinem Sieg erfreuen oder an dem Töten von Mitmenschen? Er beginnt seinen Kampf gemessen, mit Kummer und großem Verständnis, so als ob er an einer Beerdigung teilnehmen würde.« (Übersetzt aus der von Stephen Mitchell herausgegebenen amerikanischen Ausgabe)

Die Welt verändert sich.
Immer.
Wir wachsen. Und manchmal mag das Wachsen wie ein Auseinanderfallen aussehen. Wenn wir umziehen, sehen wir uns schon in der neuen Wohnung. Doch der Umzug selbst ist oftmals hektisch: Dinge zerbrechen, gehen verloren, passen nicht mehr dazu. Wir sind hier in einem globalen Umzug. Die Welt, vorher eingeteilt in Gut und Böse, Reich und Arm, verändert sich gerade. Und diese Veränderungen sind nicht einfach. Viele Veränderungen ergeben sich durch dramatische Ereignisse. Das soll nicht heißen, dass wir für die Beteiligten kein Mitgefühl haben sollen. Im Gegenteil! Wir beten für sie. Wir spenden Blut, Geld, Zeit – was immer es ist. Das World Trade Center war ein Symbol für die Macht des Kapitals. Auch unsere Symbole verändern sich.

Ich bemühe mich, in mir Frieden und Ruhe zu finden. Ich bemühe mich, Spekulationen und Angriffe zu vermeiden, denn damit wird nur zusätzliches Drama kreiert. Ich versuche, nicht endlos zu wiederholen, was ich gehört habe, denn damit kreiere ich mehr Energie für Ängste. Ich möchte ein Hafen der Ruhe, der Liebe und des Mutes sein. Ich möchte, dass meine Gebete, meine Taten und meine Liebe das Netzwerk des Friedens unterstützen. In unseren Gebeten verbinden wir uns miteinander. Wir kreieren so einen neuen Traum für die Welt. Unsere neue Welt. Wir wissen, dass nicht nur Aktionen, sondern auch Gedanken und Worte Kraft haben. Ich möchte achtsam dafür sein, wohin ich meine Kraft lenke. Ich möchte aktiv mithelfen, dass sich in der Welt und in meinem Leben mehr Verständnis und Liebe entfalten.

So wie Jesus am Kreuz starb und uns das ewige Leben zeigte, so sind auch die Menschen, die bei den Anschlägen vom 11. September ihr körperliches Leben gelassen haben, nicht umsonst gestorben. Sie sind gestorben, um die Veränderung einzuleiten, die benötigt wird, um unsere getrennte Welt in eine vereinte Welt zu verwandeln. Ich empfinde tiefe Dankbarkeit für ihre Entscheidung und ihr Tun.

Danke.

Bert Hellinger
Versöhnung in der Seele

Fragen von Hans-Joachim Reinecke an Bert Hellinger zu den Anschlägen auf das World Trade Center und das Pentagon am 11. September 2001 und deren Folgen

Reinecke: Deine Arbeit konzentriert sich in letzter Zeit stark auf Ausgleich und Versöhnung. Du hast dabei oft darauf hingewiesen, dass es bei diesem Werk nicht nur im Familiengeschehen, sondern gerade auch bei der Lösung nationaler oder ideologischer Konflikte immer wieder auf die ernsthafte und friedliche Begegnung der Einzelnen ankommt. Nun gibt es sicherlich wichtige äußere Geschehnisse, durch die die Möglichkeiten solcher Begegnungen stark beeinflusst werden. So wurdest du gerade erst Ende August 2001 in einem Interview gefragt, ob die Änderung großer und konfliktträchtiger Glaubenssätze zum Guten, etwa auf internationaler Ebene, auch durch Katastrophen eingeleitet werden kann. Ich meine, die weltweiten Reaktionen zeigen, dass die Terroranschläge des 11. September und ihre Folgen mit Fug und Recht als eine solche weltbewegende Katastrophe bezeichnet werden können.
Was, glaubst du, sind die Chancen und Hoffnungen, die sich daraus letztlich für ein friedliches Zusammenleben der Völker und Menschen unserer Welt ergeben? Und: Ist eine solche Frage angesichts der vielen tausend Opfer sowohl des Anschlags als auch der folgenden, noch andauernden Geschehnisse überhaupt erlaubt?

Hellinger: Wenn ich mir das anhöre, dann sehe ich, dass ich da auf ein Feld geführt werde, wo ich mich zu großen Dingen äußern soll, die eigentlich über meinen Horizont gehen. Ich werde daher auf andere Weise an dieses Problem herangehen, Schritt für Schritt, und werde beim Wesentlichen beginnen.
Versöhnung beginnt in der eigenen Seele. Wem sie da gelungen ist, der kann dann von dort aus auch auf andere, auf größere Zusammenhänge Einfluss nehmen. In der eigenen Seele beginnt die Versöhnung bei den Eltern. Das erscheint merkwürdig. Aber wir können beobachten, dass viele versuchen, sich von ihren Eltern abgrenzen, als könnten sie das.

Denn dann müssen sie nicht anerkennen, dass wir alles Wesentliche von ihnen haben, ohne dass wir selbst etwas dazu tun konnten.
In der Seele kann diese Versöhnung zum Beispiel so vor sich gehen: Man verneigt sich vor den Eltern, stellt sich vor, dass hinter ihnen ihre Eltern stehen und hinter ihren Eltern deren Eltern usw. Und dann schaut man auf diese Tausende von Generationen, durch die das Leben fließt, bis es uns erreicht. Durch alle diese Generationen fließt es unbefleckt, uneingeschränkt. Es behält immer seine Fülle, unabhängig davon, wie die Einzelnen auch waren oder sind, die es empfangen und weitergegeben haben.
Wer so auf seine Eltern sieht, der kann und muss sich tief vor ihnen verneigen. Und zugleich, indem wir uns vor ihnen verneigen, verneigen wir uns auch vor dem Geheimnis des Lebens. Dann wird unsere Zustimmung zum Leben so, wie es zu uns von unseren Eltern kommt, zu einem tief religiösen Akt, zum eigentlichen religiösen Akt.
Wem das gelungen ist, der sieht und der muss anerkennen, dass für jeden anderen Menschen – aus welcher Kultur er auch stammt und was immer auch seine Religion ist oder seine Sprache oder seine Rasse – zutrifft, dass er genau den gleichen Vollzug leisten muss, damit er zu seinen Eltern, zum Leben und zu sich finden kann. Obwohl alle diesen gleichen Akt vollziehen und vollziehen müssen, ist das Ergebnis insofern verschieden, als sie aus verschiedenen Gruppen, verschiedenen Religionen, verschiedenen Völkern und verschiedenen Kulturen kommen. In diesem religiösen Akt sind sie miteinander verbunden und einander gleich. Im Ergebnis sind sie verschieden und voneinander getrennt.
In der Seele geht nun der Weg auf Versöhnung hin weiter mit einem nächsten Schritt. Ich muss anerkennen, dass jeder andere im Wesentlichen mir gleich ist, gleich in der ihm abverlangten Zustimmung zum allen gemeinsamen Leben und zu den je besonderen Eltern. Ich muss anerkennen, dass es in diesem grundlegenden Vollzug keine Unterschiede gibt, auch keine Wahlmöglichkeit, und dass die Ergebnisse, die aus den besonderen Umständen von Rasse, Schicksal und Kultur der verschiedenen Gruppen und Völker entstehen, untergeordneter Natur sind. Erst dann bin ich bereit und fähig, anderen Menschen als ebenbürtig zu begegnen, obwohl sie vielleicht in vieler Hinsicht von mir verschieden sind.
Also, das wäre der Weg, auf dem ich innerlich fähig werde, einem anderen, der anders ist, mit Achtung zu begegnen und ihn als ebenbürtig anzuerkennen.

Reinecke: Der Zusammenhang mit der möglichen besonderen Funktion der Katastrophe ist mir jetzt noch nicht ganz klar geworden. Können die Ereignisse des 11. September dazu beitragen, diesen Prozess der Versöhnung voranzutreiben?

Hellinger: Die Schlussfolgerung aus dem, was ich gesagt habe, wäre, dass man diese so genannten Terroristen genauso als Eingebundene in ihr System sieht, wie wir das in uns mit Bezug auf unser System erfahren. Und dass wir anerkennen, dass sie in dem, was sie tun, auf ihre Weise religiös sind, zutiefst religiös, auch wenn sich ihr Handeln gegen uns richtet. Daher sind sie auch auf ihre Weise gewissenhaft.

Reinecke: Religiös auch in einem weitaus tieferen Sinn, als es etwa in den Selbstzeugnissen der Attentäter aufscheint?

Hellinger: Ja – und so lautet meine nächste Schlussfolgerung: Wenn beide sich unausweichlich eingebunden wissen in das System, dem sie angehören, dann sind sie in dem, was sie anstreben, religiös. Also jene, die gegen diese Terroristen sind und sie bekämpfen wollen, und die, die hinter diesen Terroristen stehen und ihren Kampf unterstützen. Beide sind religiös auf ihre Weise. Um noch tiefer zu gehen und zu einem Verständnis in der Seele zu kommen, das auch hier Versöhnung anbahnt, müssen wir Abschied nehmen von unserer gewohnten Unterscheidung von Gut und Böse, und wir müssen Abschied nehmen von einem Bild von Gott, das ihn vereinnahmt für die Interessen unserer eigenen Gruppe und das ihn in gleicher Weise als Feind der anderen Gruppe sieht, die wir meinen, bekämpfen zu müssen. Dann müsste man anerkennen, dass beide, die einen wie die anderen, obwohl sie vordergründig ganz Entgegengesetztes wollen und tun, von einer sie übergreifenden größeren Macht gesteuert werden, vor der beide sich verneigen müssen, weil sie für sie nur Werkzeuge für andere Ziele sind. Erst mit dieser Einsicht und in dieser Haltung kann man sich einer solchen Katastrophe auf eine Weise stellen, die auf lange Sicht dem Frieden, dem Fortschritt und der Versöhnung dient. Dann haben wir die Opfer und ihre Angehörigen im Blick und können mit ihnen um sie trauern und ihr Leid mittragen als Mitfühlende – und zugleich können wir auch diese Angreifer als Opfer sehen, die sich in etwas anderes eingebunden erfuhren, die aus ihrer Sicht auch etwas Gutes bewirken wollten, aber zu Mitteln gegriffen

haben, die viele Unschuldige in den Tod rissen. Wenn man das sieht und anerkennt, hört unsere übliche Unterscheidung von Guten und Bösen auf.
Wenn man dieses Ereignis in diesem Sinne auf sich wirken lässt, sieht man, dass es als Ganzes, so schrecklich es auch war, in den vielen Seelen eine Veränderung zum Besseren bewirkt hat. Es führt zum Beispiel zu größerer Vorsicht im Umgang mit anderen, zu mehr Bescheidenheit, zur Anerkennung, dass wir auf viele andere angewiesen sind, über deren berechtigte Anliegen wir uns vielleicht vorher hinweggesetzt haben. Insofern hat dieses Ereignis vielleicht eine weltumspannende, besondere Wirkung.
So eine Wirkung kann von meiner Sicht her niemals von einem Einzelnen ausgehen. Sie kann nur einer größeren Kraft zugeschrieben werden, die alles, auch dieses Ereignis, steuert und *die die Einzelnen nur als Instrumente benutzt* – die einen als Opfer, die anderen als Täter.

Reinecke: Aktuelle Umfragen in den westeuropäischen Ländern lassen vermuten, dass sich ein wachsender Anteil der Bevölkerung gegen das anhaltende Bombardement Afghanistans ausspricht. Kritiker werten das als kurzsichtige Einstellung, die aus Eigennutz heute schon vergisst, was gestern noch so wichtig schien, sobald die unmittelbare Bedrohung vorbei ist. Ist diese Kritik berechtigt?

Hellinger: Ich sage einfach, dass wir tief in der Seele Mitmenschen sind und dass wir sowohl die einen Opfer beklagen als auch die anderen. Wir fühlen uns als Menschen mit beiden verbunden. Das ist eine menschliche Regung. Sie ist die eigentliche Voraussetzung für Versöhnung. Insofern halte ich das für eine wichtige Bewegung. Sie wirkt dämpfend auf jene mit überheblichen Vorgaben oder überheblicher Taktik im Sinne von: »Wir besiegen sie und rotten sie aus.« Sie werden damit in ihre Schranken verwiesen. Insofern hat diese Gegenbewegung in den Seelen eine heilsame Wirkung. Gleichzeitig muss man sehen, dass auch die anderen in ihre Schranken verwiesen werden müssen. Es ist für viele schwer einzusehen, dass oft erst Ohnmacht Frieden stiftet.

Reinecke: In einer Reihe von Aufstellungen hast du, wenn es im Sinne des Klienten angebracht war, auch ganze Nationen durch einzelne Stellvertreter darstellen lassen. Dabei trat oft zutage, wie sehr es selbst zutiefst verfeindete Länder nach Versöhnung drängt. Die Versuchung liegt doch nahe, solche Nationalkonflikte, ja selbst die gegenwärtige internationale Terrorismuskrise, mit dem auf individueller Ebene so effektiven Instrument der Familienaufstellung lösen zu wollen.

Hellinger: Wenn man das versuchen würde, wäre das aus meiner Sicht anmaßend.
Was passiert bei Aufstellungen, in denen man auch Nationen aufstellt? Nationen werden von mir fast nur im Zusammenhang mit einer Einzelperson aufgestellt, zum Beispiel bei jemand, der aus einer Familie stammt, in der die Eltern aus verschiedenen Nationen oder Religionen oder Kulturen kommen. Wenn sich daraus Probleme ergeben, dann stellt man also für die Einzelnen auch die verschiedenen Herkunftsländer oder Religionen seiner Eltern auf. Das Ziel ist aber immer, in der Seele des Aufstellenden das, was sich entgegenstand, zu versöhnen, sodass er beides annehmen kann, beides in seinen Unterschieden anerkennt und beides auf einer höheren Ebene auch miteinander versöhnt.
Manche haben nun die Vorstellung, dass eine solche Erfahrung und ein solches Bild auch in den Seelen derer, die politische Verantwortung haben, wohltuend wirken könnte. Aber von da aus politisches Handeln ableiten zu wollen, ginge viel zu weit. Dazu sind die politischen Prozesse viel zu komplex und von so vielen anderen Umständen abhängig, zum Beispiel von der Zustimmung der Bevölkerung oder großer Teile der Bevölkerung. Deswegen könnte erst, wenn in vielen Seelen so ein Prozess abgelaufen wäre, ein gewisser Druck auf die Politik ausgeübt werden, der politisches Handeln in dieser Richtung ermöglicht. Vorher kann ich mir das nicht vorstellen.

Reinecke: Kann das Familienstellen dann wenigstens zum besseren Verständnis von Großkonflikten beitragen? Und wenn ja, wer wäre fähig, zuzuhören? Ich denke da zum Beispiel an all die negativen Reaktionen auf die in Deutschland und anderswo geführte Debatte über eine mögliche gemeinsame Verstrickung des amerikanischen Präsidenten George W. Bush mit seinem großen Gegenspieler Osama bin Laden.

Hellinger: Dass die Extreme sich berühren, ist eine altbekannte Beobachtung. Beide sind überzeugt, dass sie dem Guten dienen. Insofern gibt es

eine Verbindung zwischen ihnen. Aber wenn die beiden nur auf sich schauen, hilft es wenig zu einer Lösung.
Ich habe in den USA eine Aufstellung gemacht, ganz nebenbei. Als ich dort mit Krebskranken gearbeitet habe, zeigten sich Wege, wie Täter und Opfer sich versöhnen können und müssen, damit etwas zu Ende kommt. Danach habe ich gesagt: »Stellen wir mal den 11. September auf.« Wir haben also zwei Personen einander gegenübergestellt. Es war unklar, wer sie waren. In meiner Seele war der eine Präsident Bush oder Amerika und der andere bin Laden oder seine Gruppe. Aber ich habe es nicht gesagt.
Der Vertreter Amerikas hat auf den Boden geschaut, was beim Familienstellen bedeutet, dass er auf einen Toten schaut. Daher habe ich einen Mann dazwischengelegt, der den Toten oder die Toten repräsentierte. Der Vertreter Amerikas ist ganz langsam zu Boden gegangen und hat sich diesem Toten zugewandt. Ab und zu hat er auch auf den Vertreter der Terroristen hinübergeschaut. Der aber hat erst lange in die Ferne geschaut. Dann ist auch er ganz langsam in die Knie gegangen und hat am Kopf des Toten vorbei seine Hand dem Vertreter Amerikas gereicht.
Also, im Angesicht der Opfer konnten beide einen Weg zur Versöhnung finden. Im Angesicht der Opfer – und das heißt hier natürlich auch, im Angesicht der Opfer auf beiden Seiten – können beide zur Besinnung kommen. Und das ist etwas, das ich in vielen Aufstellungen gesehen habe, in vielen Ländern.
Erst wenn man gemeinsam trauert um das, was geschehen ist, ohne jede Schuldzuweisung, ohne Vorwürfe an die andere Seite, wenn man gemeinsam trauert um das, was man selbst erlitten hat, und auch um das, was man anderen angetan hat, und dabei die Opfer auf beiden Seiten vor Augen hat, ist der Weg frei zum gegenseitigen Verständnis und zur Versöhnung.

Reinecke: Das leuchtet mir unmittelbar ein, und darum stelle ich noch einmal die Frage: Hätte diese Arbeit nicht eine ganz große Öffentlichkeit verdient? Wir leben doch im Zeitalter der Massenmedien. Wäre eine im Fernsehen übertragene Aufstellung der aktuellen Krise und ihrer Beteiligten nicht das ideale Mittel, um möglichst vielen Menschen schnell einen Weg zu Frieden und Versöhnung zu zeigen, allen voran den politischen Entscheidungsträgern?

Hellinger: Ja, schön wäre es. Aber so eine Aufstellung setzt natürlich ein Umfeld voraus, also eine innere Bereitschaft, sich für die tieferen Bewegungen der Seele zu öffnen. Sobald eine solche Aufstellung und eine solche Erfahrung benutzt wird zur Propaganda oder zur Beeinflussung einer großen Gruppe, kommt ein persönliches Interesse, ein persönlicher Machtanspruch ins Spiel, wenn auch vielleicht nur auf sehr verdeckte Weise, und das zerstört sofort jede Wirkung in der Tiefe der Seele. Dann wird das zum Spektakel und würde mit Recht abgelehnt.
Diese Einsicht und eine solche Erfahrung müssen ganz langsam in kleinen Gruppen wachsen. Erst wenn das viele Seelen erfasst hat, kann es sich ausbreiten. In der Gruppe, in der die vorhin beschriebene Aufstellung ablief, waren alle Teilnehmer Amerikaner. Es hat sie sehr berührt; in ihrer Seele ist etwas Gutes abgelaufen. Aber dass man daraus jetzt politisches Handeln ableiten kann oder es beeinflussen und darauf Druck ausüben will, das halte ich nicht für gerechtfertigt.

Reinecke: Afghanistan ist weit, viele Moslems in Deutschland und Europa dagegen sind uns nahe, wenn auch häufig nur im räumlichen Sinn. Gerade angesichts der Angst vor den so genannten »Schläfern« zeigt sich momentan selbst bei toleranten Menschen mehr oder weniger deutlich, wie schwierig die echte Integration zugewanderter Ausländer manchmal sein kann. Über bekannte Ursachen der Fremdenfeindlichkeit, wie zum Beispiel Angst oder schlichtes Unwissen, ist bereits viel gesagt worden. Welche Hindernisse eines friedlichen Zusammenlebens lassen sich darüber hinaus aus systemischer Sicht erkennen, und was können ausländische Mitbürger gerade jetzt selbst tun, um in Frieden in den Ländern zu leben, die sie aufgenommen haben?

Hellinger: Die Ausländer selbst können von sich aus wenig tun. Sie sind ja in der Minderheit. Erst muss sich die Mehrheit ihnen öffnen. Man öffnet sich ihnen, indem man ihre Besonderheit anerkennt, auch ihre besondere Religion und was damit verbunden ist. Wenn man dann ins Gespräch miteinander kommt – »Was können wir gemeinsam tun, damit die Vorurteile abgebaut werden?« –, dann können beide Seiten sich zeigen und füreinander öffnen. Das baut Vorurteile ab. Man kann in solchen Gesprächen dann auch auf die berechtigte Angst zu sprechen kommen, die viele hier im Land haben, dass sich dort extreme Gruppen einnisten können. Dann bekommen die ein Verständnis für diese Ängste, und dann haben Extremgruppen in diesen Kreisen weniger Chancen, als sie sie jetzt vielleicht haben. Denn diejenigen, die anerkannt sind, können auch mit der Mehrheit fühlen und werden sich dann eher gegen Extremgruppen abgrenzen.

Reinecke: Es scheint so, dass uns in Europa und in Deutschland die Ereignisse vom 11. September mehr berührt haben als eine Reihe anderer fernsehwirksamer Katastrophen, von denen wir in letzter Zeit erfahren haben. Der deutsche Bundeskanzler Schröder hat sich bald nach dem Anschlag und mehrfach in unerwartet eindeutiger Weise zu tatkräftiger Unterstützung der USA, auch durch militärische Einsätze, bekannt. Müsste man nicht eigentlich erwarten, dass diese »uneingeschränkte Solidarität« allen Opfern von Not und Elend auf der ganzen Welt immer und in gleicher Weise gelten sollte? Könnte man die außergewöhnlich starke Betroffenheit auch der deutschen Bevölkerung mit einer Art gemeinsamen Familiengewissens, zum Beispiel von USA und Europa, erklären, oder was ist es, das uns dieses Mal besonders mit den Opfern zu verbinden scheint?

Hellinger: Natürlich gibt es viele gemeinsame Wurzeln. Aber es genügt vielleicht an dieser Stelle zunächst, dass wir uns daran erinnern, wie viel wir Amerika und den amerikanischen Truppen verdanken. Wir haben uns aus vielen Konflikten heraushalten können, weil die Amerikaner ihren Kopf hingehalten haben. Und jetzt, da auf einmal die USA in einer gewissen Not sind, kommt diese Bereitschaft auch aus einem Gefühl der Dankbarkeit gegenüber dem, was sie für Deutschland getan haben. Ich denke hier zum Beispiel an die Berlin-Blockade und dass oft, als wir nicht tätig wurden, sie tätig geworden sind. In diesem Sinn halte ich diese Solidarität auch für angebracht und gut.
Gleichzeitig muss man aber auch bedenken, dass wir – während wir solches Mitleid haben mit den Opfern von New York – die Millionen Opfer, die in unseren Städten verbrannt sind, nicht mehr im Blick haben und sie noch nicht in angemessener Weise betrauert haben, wohl deswegen, weil wir uns zu sehr an anderen schuldig gemacht haben. Wir könnten daher den 11. September zum Anlass nehmen, auch ihnen die Ehre zu geben und um sie zu trauern.
Das würde dann vielleicht auch den Amerikanern oder den Briten oder anderen helfen, die bei diesen Bombardements doch auf unmenschliche

und oft unnötige Weise so viele Menschen zu Tode gebracht haben. Sie könnten dann auch anfangen, diesen Toten in die Augen zu schauen und gemeinsam mit uns um sie zu trauern. Das würde uns noch tiefer miteinander verbinden, als wenn wir einseitig nur um die Opfer dieses Anschlages am 11. September trauern.

Reinecke: Du bereist gegenwärtig die Welt und stellst deine Arbeit in vielen Ländern vor. Hast du in deinen jüngsten internationalen Workshops nach dem 11. September den Einfluss der Anschläge und deren Folgen gespürt? Und wenn ja, wie äußerten sich diese Geschehnisse in Aufstellungen oder bei den Menschen, die daran teilnahmen?

Hellinger: In Russland oder in Japan oder in Taiwan hatte das keinen Einfluss auf die Aufstellungen. In Amerika hatte es einen gewissen Einfluss, zum Beispiel in der vorhin erwähnten Aufstellung. Aber ich kann in diesem Zusammenhang ein weiteres Beispiel bringen, das auf einer anderen Ebene verdeutlicht, was ich vorher gesagt habe.
In Japan habe ich mit einer Frau gearbeitet, deren Großvater in Hiroshima beim Atombombenabwurf ums Leben kam. Ich habe einen Stellvertreter für den Großvater aufgestellt, einen Vertreter für die Atombombe und dazu noch die Klientin selbst. Die Klientin ging nicht etwa zu ihrem Großvater; sie stellte sich neben die Atombombe und hat sich dann hinter ihr versteckt. Es wurde deutlich, dass sie mit dem Angreifer identifiziert war oder dass die Wucht dessen, was da passiert ist, einen solchen Einfluss hatte, dass sie sich dahinter verstecken wollte.
Es ist auch auffällig, dass in Japan das Amerikanische überall hoch angesehen ist. Jeder Europäer, der dort herumläuft, wird sofort mit »Amerikaner« angesprochen. Wir sind zum Beispiel an einem Kindergarten vorbeigekommen, und die Kinder haben alle »Amerikaner!« geschrien.
Nun, in der Aufstellung stand die Atombombe ziemlich lange unbeweglich. Der Großvater ist auf den Boden gesunken, und ganz langsam hat sich die Atombombe ihm zugewandt, blieb aber sonst unbeweglich. Die Klientin ging nach einiger Zeit sehr zögernd zu ihrem Großvater und konnte zu ihm niederknien und um ihn trauern. Dann haben wir abgebrochen und nach einer Pause neu aufgestellt. Denn in dieser Aufstellung wurde klar: Die Atombombe war Amerika, und der Großvater war Japan. Japan war aber nicht nur Opfer, sondern auch Täter. Es hat ja

viele Völker überfallen, und man muss in diesem Zusammenhang auch den Angriff auf Pearl Harbor in die Betrachtung miteinbeziehen.
Ich habe also noch einmal den Vertreter für die Atombombe, diesmal als Vertreter für die USA, aufgestellt und den Stellvertreter für den Großvater als Vertreter für Japan und habe dann die Opfer beider Seiten vor sie gestellt, die der Japaner und die der Amerikaner. Nach einiger Zeit haben die Opfer einen Kreis um beide gebildet und sich dabei an den Händen gehalten. Dann standen sich Japan und die USA im Kreis der Opfer einander gegenüber. Der Vertreter der USA blieb unbeweglich. Ganz langsam ist der Vertreter von Japan dann auf die USA zugegangen. Als er nahe herangekommen war, hat Amerika ihm die Hand entgegengestreckt. Das war sehr eindrucksvoll, weil die historische Wirklichkeit ganz klar abgebildet wurde. Amerika war der zuerst Angegriffene. Deshalb musste Japan den ersten Schritt auf die USA zu machen. Erst dann konnte Amerika die Hand ausstrecken.
Das war für die Japaner, die zugegen waren, sehr bewegend und hat in der Seele ein tiefes Verständnis bewirkt, auch für die eigene Schuld. Sie konnten dann das Unglück von Hiroshima und Nagasaki in einen größeren Zusammenhang einordnen und konnten die Opfer von Hiroshima und Nagasaki zusammen sehen mit den Opfern der Angriffe der Japaner.

Reinecke: Ich glaube, dieses Beispiel lässt sich gut auf die gegenwärtige Situation übertragen. Zuletzt eine Frage, die vielen am Herzen liegt: Gibt es für Menschen, die sich nicht mit den Gefühlen ohnmächtigen Entsetzens und hilfloser Angst begnügen wollen, gegenwärtig die Möglichkeit, etwas zu tun? Soll man spenden, demonstrieren, kann man anderweitig Hilfe leisten, können die Menschen als Einzelne oder als Gruppe etwas tun, oder ist es womöglich sogar vermessen, auf den Gang der Dinge Einfluss nehmen zu wollen? Darf man schlussendlich überhaupt noch lachen, Feste feiern und seinen Geschäften nachgehen?

Hellinger: Das darf man auf jeden Fall tun. Sonst stellt man sich dem Leben entgegen. Tod und Leben gehören zusammen.
Eingreifen in den Lauf der Dinge können wir, die wir keine Macht haben, nicht. Aber für solche, die jetzt durch diese Auseinandersetzungen unschuldig in Mitleidenschaft gezogen werden, zum Beispiel die Flüchtlinge in Afghanistan, kann man etwas tun, indem man spendet. Insoweit kann man Solidarität zeigen mit denen, die ohne eigene Schuld auch

Opfer wurden. Das wäre für mich ein einfacher, schlichter Weg, etwas Gutes zu tun und der Versöhnung den Weg zu bereiten.
Vielleicht kann ich hier von einer meditativen Übung berichten, die ich in Stockholm mit einer Gruppe gemacht habe, als die Menschen in Europa gemeinsam der Opfer des 11. September schweigend gedenken wollten. Hier ist der Wortlaut:
Mir wurde zugetragen, dass heute um 12 Uhr in ganz Europa die Menschen drei Minuten schweigen werden, um damit der Opfer des Anschlags vom 11. September zu gedenken. Ich will mich dem mit euch anschließen, aber nicht nur durch Schweigen, ich möchte mich mit euch im Gedenken an diese Opfer etwas anders besinnen.
Schließt jetzt eure Augen. – Stellt euch vor, ihr geht mit mir ins Reich der Toten. – Dort schauen wir auf diese Toten, sowohl auf die Opfer als auch auf ihre Mörder, auf beide. – Dort liegen sie eng beieinander. – Vielleicht wenden sie sich einander zu, schauen sich an von Mensch zu Mensch. – Die Opfer schauen auf ihre Mörder, und die Mörder schauen auf ihre Opfer, bis sie erkennen, dass die anderen Menschen sind wie sie. – Die Mörder öffnen ihr Herz für ihre Opfer, und die Opfer öffnen ihr Herz für ihre Mörder. – Dann wenden sie sich um, schauen in die Weite bis zum Horizont und verneigen sich. – Plötzlich werden sie sich inne, dass sie alle in der Hand von Kräften sind, die über sie hinausreichen, die Opfer und die Täter. Beide erkennen: Sie standen im Dienst von etwas Größerem, dem sie völlig ausgeliefert sind, jenseits ihrer Absichten oder ihrer Ängste oder ihrer Hoffnungen und Pläne.
Wir können uns auch vorstellen: Was würde geschehen, wenn auch die Überlebenden, wenn auch die Familien der Opfer und der Täter sich gegen diesen Horizont hin wenden und sich vor einem verborgenen Geheimnis verneigen, sich ihm völlig überlassen und anvertrauen? – Und wenn auch wir uns mit ihnen vor diesem Größeren verneigen?
Wenn wir uns diesem anderen überlassen, bis wir im Einklang mit ihm sind, können wir leichter alle Gedanken an Rache hinter uns lassen, auch den Vorwurf, und werden fähig, dem Frieden zu dienen und der Versöhnung.

Erika Isolde Schäfer
Es fällt kein Blatt vom Baum ...

Eine familiensystemische Aufstellung zum Attentat

Es fällt kein Blatt vom Baum, ohne dass es nicht im Plan Gottes vorgesehen ist.
Alle Erfahrungen, die ein Mensch in seinem persönlichen Leben macht, alle Ereignisse in der Familie oder in größeren Gemeinschaften scheinen einem übergeordneten kosmischen Plan zu folgen, einer »größeren Seele«, wie es Bert Hellinger nennt, oder einer »zentralen Ordnung«, wie Werner Heisenberg es bezeichnet.
Beim Familienstellen und in der Arbeit mit der Reinkarnationstherapie bekommt jedes noch so schwere Schicksal plötzlich einen Sinn. Alles passt zusammen und strahlt durch jeden Einzelnen hindurch als Erfahrung. Dieses Schicksal macht die Einzigartigkeit und das Potenzial eines jeden Menschen aus.
Es erklingt wie eine große Symphonie, in der jeder Ton an seinem richtigen Platz ist und keiner fehlen darf. Im Leben eines Menschen tragen die harten Töne der schweren Momente ebenso zu dem wunderbaren Klang bei wie die weichen Töne der liebevollsten Stunden. Täter- und Opfertum verschmelzen zu überraschender Harmonie. Man kann vielleicht sogar sagen: Je bunter in Bezug auf Freude und Schmerz das Leben eines Menschen verläuft, desto reicher und voller der Klang.
Durch meine jahrelange therapeutische Arbeit ist in mir die Überzeugung entstanden, dass alles, was geschieht, sinnvoll ist und dass jeder Mensch direkt oder indirekt beteiligt ist an allem, was in der Welt vor sich geht.
Ich habe erfahren, wie heilsam es ist, die Sinnzusammenhänge und Ursachen von Traumen aufzudecken und sichtbar zu machen, welch enorme Heilenergie durch Heilbilder, die beim Aufstellen entstehen können, in Gang gesetzt werden kann und wie treffsicher geübte Stellvertreter die Personen und Ereignisse erleben, wenn sie aufgestellt sind.
Die Aufstellungsarbeit zeigt, dass jeder Mensch mit jedem verbunden ist. So wie in unserem physischen Körper alles miteinander verbunden und

aufeinander bezogen ist, das heißt, ein großes faszinierendes System bildet, so scheint es auch eine Art Weltkörper zu geben, in dem alles mit allem verwoben und vernetzt ist. Familien, Völker, die ganze Menschheit, aber auch Tiere, Pflanzen und Mineralien bilden ein großes Ganzes und schöpfen alle aus derselben Quelle. Was lag also näher, als zu versuchen, durch Aufstellungen den tieferen Sinn eines solch großen Ereignisses wie des Attentats vom 11. September ans Licht zu bringen und damit möglicherweise etwas Heilendes in Gang zu setzen?
Pythagoras sagte einmal: »Zeig mir den richtigen Ort und gib mir eine Stange mit der richtigen Länge, und ich kann die ganze Erde mit einem Finger aus den Angeln heben.« Entsprechend würde ich über die Aufstellungsarbeit sagen: Sollten wir den richtigen Punkt bei der Aufstellung finden, dann können wir mehr bewirken, als wir uns je vorzustellen vermögen.

Wir haben drei Aufstellungen zu dem Attentat vom 11. September gemacht. Die beiden ersten befassten sich mit den Motiven der Täter und der Drahtzieher, mit den Opfern, mit dem möglichen Einfluss des Attentats auf das Bewusstsein und auf die Einstellung verschiedener Länder zueinander sowie mit der möglichen Bedeutung des Attentats für die fünf Weltreligionen.
Hier möchte ich aus Platzgründen nur die dritte Aufstellung schildern und zunächst einige Anmerkungen zum Vorgehen machen.
Bei der Frage nach den Ursachen von Krankheiten hat sich in der Einzelarbeit mit Klienten das Aufstellen der einzelnen Körper der Aura sehr bewährt. Wie aus der östlichen Literatur bekannt ist, hat der Mensch nicht nur einen allgemein sichtbaren physischen Körper, sondern darüber hinaus noch vier weitere feinstoffliche Körper, nämlich den ätherischen, den emotionalen, den mentalen und den spirituellen. Wenn wir diese einzelnen Körper aufstellen, so wird sichtbar, welcher am meisten verletzt ist und bei welchem wir am sinnvollsten mit der Heilarbeit beginnen können.
Da das Attentat nicht eine einzelne Person, sondern die ganze Menschheit betrifft, übertragen wir dieses Modell entsprechend auf die Menschheit. In der Aufstellung stellen wir daher die Aura der Menschheit auf, das heißt die verschiedenen Bewusstseinsebenen dieser Aura.
Die Aura der Menschheit verfügt über eine weitere Bewusstseinsebene: das kosmische Bewusstsein. Auch diese Bewusstseinsebene stellen wir

dazu. Weiterhin werden wir im Verlauf der Aufstellung das Attentat und als Letztes den kosmischen Plan dazustellen.
Zum besseren Verständnis der Aufstellung werde ich im Folgenden genauer erklären, welche Funktionen die einzelnen Körper haben und was unter dem Bewusstsein dieser Körper zu verstehen ist.
Durch die Aufstellung hoffen wir zu erfahren, ob das Attentat vom 11. September im Bewusstsein der Menschen etwas verändert hat und wenn ja, auf welchen Ebenen. Wir fragen, ob es darüber hinaus Hinweise auf Verletzungen der verschiedenen Bewusstseinsebenen gibt und welche Heilimpulse in einem solchen Fall notwendig sind.

Die sechs Bewusstseinsebenen der Menschen
Da alle Menschen miteinander verbunden sind, können wir davon ausgehen, dass nicht nur der einzelne Mensch, sondern die ganze Menschheit eine Aura besitzt, bestehend aus der Summe aller Auren der Menschen.
Alles, was eine materielle Form besitzt, ist nach einem bestimmten Plan aufgebaut, hat eine vorgegebene Struktur. Man kann auch sagen, dass es »weiß«, wie es sich zu verhalten hat, um diese Form zu erhalten. Dieses innere Wissen nenne ich Bewusstsein. Ich gehe außerdem davon aus, dass nicht nur die Materie ein solches Bewusstsein hat, sondern auch alles, was im feinstofflichen, energetischen und Informationsbereich liegt. So glaube ich, dass der physische, der ätherische, der emotionale, der mentale, der spirituelle Körper unserer Aura je ein anderes Bewusstsein hat, das heißt, dass es sich nach einem eigenen, wissenden Plan verhält. Durch neueste Forschungen wissen wir, dass dieser »wissende Plan« nicht starr vorgegeben ist – auch nicht auf der materiellen Ebene.

Unter *physischem Bewusstsein* verstehe ich das Wissen jeder einzelnen Zelle in unserem Körper, welche Aufgabe sie in dem komplexen Gefüge des Körpers zu erfüllen hat. Außerdem hat jede Zelle den Plan des gesamten Körpers und, wie man heute weiß, auch des ganzen Universums gespeichert. Talbot nennt das »das holografische Universum«.
Über den physischen Körper können wir auch alle körperlichen Verletzungen, die wir in früheren Leben erfahren haben, abrufen; sie sind alle gespeichert.
Wenn ich das physische Bewusstsein der Menschen aufstelle, meine ich nicht nur das physische Bewusstsein der menschlichen Körper, sondern

darüber hinaus auch aller uns umgebenden Materie, so wie wir sie wahrnehmen, einschätzen, mit ihr verbunden sind und damit umgehen. Wie gehen wir mit materiellen Gütern um, mit Geld, mit Besitz, mit der Natur, mit den Mineralen, mit allem, was Form hat, was verdichtete Energie, sprich Materie darstellt?
Das bedeutet, dass ich mir erhoffe, durch die Aufstellung des physischen Bewusstseins etwas über den Umgang mit und die Einstellung der Menschen zu ihrem eigenen Körper und zur Materie im Allgemeinen zu erfahren. Außerdem interessiert mich, ob und wie gut das physische Bewusstsein mit den anderen Bewusstseinsebenen harmoniert. Schließlich hoffe ich zu erfahren, ob das Attentat an diesem Bewusstsein etwas verändert hat.

Der *ätherische Körper* ist mit bloßem Auge nicht mehr wahrnehmbar, allerdings kann man ihn durch die Kirlianfotografie abbilden. Dieser Körper umgibt den physischen Körper mit ganz feinen, ein bis zwei Zentimeter langen Energiefäden wie ein dichtes, unsichtbares, zartes Fell. Diese Fäden können im Idealfall ungehindert schwingen und alles Störende von außen abhalten. Sie dienen als Schutz für den physischen Körper und halten ihn zusammen. Sie sind aber auch Mittler zwischen Innen und Außen. Wie die Kirlianfotografie zeigt, ist dieser Körper jedoch oft verletzt, das heißt, die Fäden sind verklebt, oder sie fehlen streckenweise ganz.
Das *Bewusstsein des ätherischen Körpers* könnte man beschreiben als Wissen um das, was uns gut tut und was unseren physischen Körper gefährdet, was abgewehrt werden muss und was ungehindert passieren darf. Durch eine Testreihe mit dem Kirliangerät konnte ich darstellen, dass dieses Wissen in gewisser Weise beeinflussbar und abhängig ist von unseren Vorstellungen davon, was gut und schlecht für uns ist, sodass hier unser Glaube, unsere Fantasie, unsere inneren Bilder, unsere Vorurteile das primäre Wissen dieser feinen Härchen beeinflussen können.
Bei der Aufstellung des ätherischen Bewusstseins ist vor allem interessant, wie gut die Zusammenarbeit von physischem und ätherischem Körper möglich ist.

Der *emotionale Körper* schließt sich an den ätherischen an und ist viel größer als dieser, im Durchschnitt einen Meter breit. Diesen und die folgenden Körper können nur noch hellsichtige Menschen sehen.

Im Emotionalkörper ist das Gefühlspotenzial eines Menschen gespeichert. Man kann zum Beispiel erkennen, wie offen, beweglich, lebendig ein Mensch ist oder wie eng, starr und vorurteilsvoll.
Hier sind zudem alle mitgebrachten emotionsgeladenen Postulate und Vorurteile aus früheren Leben gespeichert. Auch die Wurzel aller Religionen liegt hier, das heißt die Sehnsucht des Menschen nach etwas, das über ihn selbst hinausweist, und wo er eine Heimat finden kann.
Ich hoffe, durch die Aufstellung des *emotionalen Bewusstseins* etwas zu erfahren über die Entwicklung der Menschen in Bezug auf mitmenschliche Beziehungen, auf Ängste, auf Wut, auf Annehmen können und die Fähigkeit zur Liebe, zum liebenden Annehmen allen Schicksals.

Der *mentale Körper* schließt sich wiederum an den emotionalen an und hat je nach Person eine größere oder kleinere Ausdehnung. In diesem Energiekörper sind die mentalen Abläufe gespeichert – alles, was mit der Fähigkeit, Ordnung und Überblick zu schaffen, zu tun hat. Auch hier sind viele Postulate und Vorurteile aus vielen Inkarnationen gespeichert. Hier sind das Denken, das Wissen, der Intellekt, die Wissenschaft angesiedelt. Aber auch die Fähigkeiten zur Führung, zur Macht, zur Erkenntnis, zu willentlichen Entscheidungen kommen aus diesem Zentrum.
Mich interessiert, welche Rolle das *mentale Bewusstsein* in unserer heutigen Zeit spielt. Wie verhält es sich gegenüber dem Attentat? Wird das Attentat eine Bewusstseinsänderung herbeiführen und die »Allmacht« des Intellekts etwas erschüttern?

Der *spirituelle Körper*, der sich an den mentalen anschließt, hat mit Transzendenz zu tun und soll den anderen feinstofflichen Körpern, ähnlich wie der ätherische dem physischen Körper, Schutz geben und zu den kosmischen Welten und zu dem großen kosmischen Plan Verbindung schaffen.
Das *spirituelle Bewusstsein* soll das Mitschwingen aller Körper mit dem großen kosmischen Plan ermöglichen. Dem spirituellen Bewusstsein hilft das kosmische Bewusstsein, den kosmischen Plan zu verstehen, damit es diesen an die anderen Körper weitergeben kann.
Viele spirituelle Praktiken, die es in fast allen Kulturen gibt, sind zu

Ritualen erstarrt und haben feste Vorstellungen geschaffen, wie der große Plan angeblich funktioniert. Die verschiedensten Religionen legen davon ein lebendiges Zeugnis ab. Alle festen Vorstellungen und Rituale kommen aus dem mentalen und emotionalen Bewusstsein und nicht wie die echte Spiritualität und Religiosität aus dem kosmischen Bewusstsein.
In der Aufstellung wollen wir sehen, wie reif und entwickelt das spirituelle Bewusstsein ist. Ist es in der Lage, eine Verbindung zum kosmischen Bewusstsein herzustellen? Wie weit kann es die Botschaften von dort an das mentale und die anderen Bewusstseinsebenen weitergeben?

Das *kosmische Bewusstsein* dient als Mittler zwischen dem kosmischen Plan und dem spirituellen Bewusstsein. Es ist frei von mentalen Strukturen, frei von Absicht. Es ist fließende Energie; nichts ist festgelegt, alles scheint sich kreativ aus dem Moment zu entwickeln. Für uns ist das schwer vorstellbar, da Nichtfestgelegtes vielen Menschen Angst macht. Den meisten geht es besser, wenn sie wissen: Morgen früh geht um so und so viel Uhr die Sonne auf, und wenn ich einen Stein fallen lasse, dann fällt er nach unten und nicht nach oben. Warum sollte das immer so sein? Existiert das nicht nur in unserer Vorstellung; kreieren wir das nicht alles selbst? Verdichten wir die Energie nicht in jedem Augenblick durch unsere Vorstellung zu dem, was uns dann als Materie erscheint? Es gibt Physiker, die das für möglich halten, und in der östlichen Philosophie ist diese Vorstellung als Maya (Illusion) bekannt.
In der Aufstellung wollen wir sehen, wie weit ein solches Bewusstsein bei den Menschen schon existiert und ob das Attentat bis in diese Bewusstseinsebenen hinein etwas bewirkt hat.

Viele namhafte Physiker wie Newton, Keppler, Planck und Einstein sprechen von einer *kosmischen Ordnung*. Die kosmische Ordnung, der kosmische Plan, scheint jedoch nicht starr festgelegt zu sein. Blicken wir nur in die Natur. Hier läuft zwar alles nach einem bestimmten Plan ab, aber in dem Plan liegt eine unendliche Kreativität und Variabilität. Keine Pflanze gleicht der anderen, keine Schneeflocke sieht aus wie die andere, und jeder Mensch unterscheidet sich deutlich von jedem anderen. Die kosmische Ordnung scheint eine unermessliche Kreativität und Lebendigkeit zu enthalten.

Die Astrologie hat den Versuch gemacht, den kosmischen Plan, dem der einzelne Mensch unterliegt, im Horoskop darzustellen. Wer sich mit Astrologie beschäftigt, kann besonders deutlich erleben, dass der kosmische Plan nicht festgeschrieben ist, sondern jedem Menschen immer wieder Entwicklungshilfen anbietet, die er ergreifen kann oder nicht. Wir bekommen alle Arten von Bällen zugespielt – wir können sie abwehren, ihnen ausweichen, sie übersehen, sie ergreifen und im günstigsten Fall damit spielen.
Man kann also sagen, dass vom kosmischen Plan der Impuls zu Wachstum und zu Kreativität kommt. Auf dieser Ebene fühlt sich alles an wie ein Spiel, und es entbehrt all der Ernsthaftigkeit, die wir uns immer wieder auferlegen.
Auch am 11. September wurde, wie mir scheint, der Menschheit ein Ball zugespielt. Milliarden Menschen haben alle gleichzeitig – und durch das Fernsehen ist das heute möglich – auf ein und dasselbe Ereignis geblickt und emotional reagiert. Das ist sicher eine machtvolle Energie, die im Bewusstsein der Menschen einiges bewegt haben mag. Vielleicht kann die Aufstellung ein kleines Schlaglicht auf dieses Phänomen werfen.

Die Aufstellung der Bewusstseinsebenen

Ich beschränke mich darauf, die wesentlichen Bilder der Aufstellung wiederzugeben.
Eine Frau wählt die Stellvertreter aus: Für das physische, das mentale und das kosmische Bewusstsein wählt sie je einen Mann, für das ätherische und das spirituelle Bewusstsein je eine Frau. Für das emotionale Bewusstsein sucht sie sowohl einen Mann als auch eine Frau aus; es wird also durch zwei Personen vertreten. Die Rollen für das Attentat und für den kosmischen Plan werden ebenfalls von zwei Frauen übernommen.
Dann stellt sie die Stellvertreter nach Gefühl in Beziehung zueinander im Raum auf – vorerst noch ohne Attentat und kosmischen Plan. Erst wenn die Dynamik sichtbar geworden ist, stellen wir das Attentat dazu, damit wir erkennen können, ob und was sich dadurch verändert. Den kosmischen Plan behalten wir uns zur Heilung vor.
Es ergibt sich folgendes Bild:

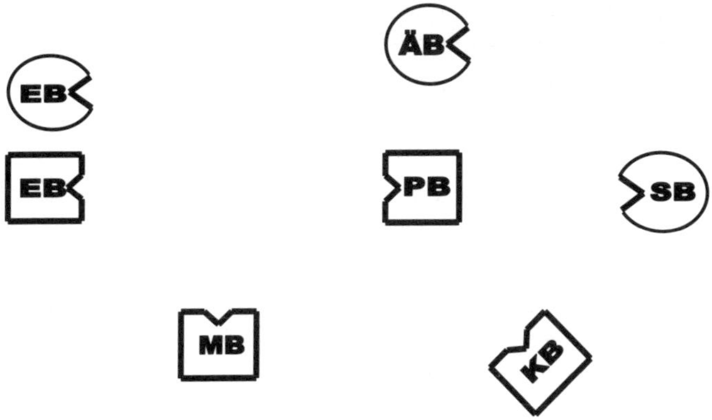

ÄB = ätherisches Bewusstsein; EB = emotionales Bewusstsein; KB = kosmisches Bewusstsein; MB = mentales Bewusstsein; PB = physisches Bewusstsein; SB = spirituelles Bewusstsein. Die männlichen Vertreter sind durch ein Quadrat und die weiblichen durch einen Kreis gekennzeichnet

Jetzt gebe ich die Anweisung, dass sich jeder seinen Platz suchen darf und sich sehr viel Zeit dafür nehmen soll, damit die Bewegung aus der Tiefe der Seele kommt.

Nach längerer Sammlung beginnt sich als Erstes das *männliche emotionale Bewusstsein* zu bewegen. Es folgt eine lange erfolglose Suche nach dem richtigen Platz. Es fühlt sich »verwirrt, aufgewühlt und angestrengt« und »sucht Halt«. Während der gesamten Aufstellung verliert sich diese Unruhe und Verwirrung nicht.

Am wohlsten fühlt es sich noch beim mentalen Bewusstsein; dort wird es jedoch als »lästig« empfunden. Zu seiner weibliche Seite findet es »keinen rechten Bezug«, obwohl es sich für diesen Teil interessiert. Es ist zu sehr mit sich beschäftigt.

Das *weibliche emotionale Bewusstsein* ordnet sich dem männlichen unter, obwohl es meist glaubt, die bessere Lösung zu haben, und oft gesammelter reagiert könnte: »Alleine habe ich keine Chance, aber wir müssen unbedingt etwas unternehmen.«

Die verzweifelte Suche des emotionalen Bewusstseins lässt auch das *physische Bewusstsein* unruhig werden. Es bekommt »furchtbare Magenschmerzen« und begibt sich ebenfalls auf Platzsuche. Schließlich steht es dem kosmischen Bewusstsein gegenüber und schaut es an. Das hat zur Folge, dass das kosmische Bewusstsein aus seiner Sammlung

herausgeht – es hatte lange meditativ die Augen geschlossen – und sich in Richtung Zentrum begibt. Dort sinkt es in sich zusammen, und das physische Bewusstsein versucht es zu stützen. Alle anderen sind jetzt auf dieses Geschehen bezogen und versuchen zu helfen oder schauen nur zu.
Das physische Bewusstsein fühlt sich dem kosmischen Bewusstsein sehr vertraut, »so als würden wir uns schon lange kennen. Hallo, hier bist du ja!«.
Das *kosmische Bewusstsein* hatte zunächst vor, außerhalb zu bleiben. Es wurde aber dann »von dem Blick des physischen Bewusstseins in die Mitte gezogen«. Es fühlt sich stark: »Auch als ich ohnmächtig wurde, habe ich große Stärke gefühlt. Ihr verwechselt alles, ihr habt keine Ahnung, ihr verwechselt Schwäche mit Stärke und umgekehrt. Das spirituelle Bewusstsein habe ich als besonders dumm erlebt, als es so an mir rumgezupft hat. Von wegen helfen – das hat keine Ahnung!«
Das physische Bewusstsein ist ihm »sehr sympathisch«, und das kosmische Bewusstsein hat das Gefühl, dass das physische Bewusstsein das einzige ist, das es versteht. Es möchte den Bewusstseinsebenen begreiflich machen, dass ihr Hauptproblem ihr falsches Zeitbewusstsein ist.
Das *ätherische Bewusstsein* fühlt sich traurig, allein und ohne Bezug. Es möchte dem physischen Bewusstsein helfen, »aber nur, wenn es Hilfe will«.
Das *mentale Bewusstsein* bewegt sich während der gesamten Zeit kaum. Nur am Schluss geht es näher an das Geschehen heran. Es sagt: »Ich bin sehr autark, das spirituelle Bewusstsein könnte ich allerdings ohrfeigen.«
»Ich dich auch«, kommt vom spirituellen Bewusstsein zurück.
»Ich fühle mich«, sagt das mentale Bewusstsein, »als hätte ich die Fäden in der Hand. Das spirituelle Bewusstsein will es mir streitig machen. Mich interessiert keiner. Ich bin fast autistisch. Ich mache, was ich will.«
Das *spirituelle Bewusstsein* fühlt sich nicht dazugehörig und will »raus in den Kosmos«. Schließlich bleibt es im System, »weil es dem kosmischen und dem emotionalen Bewusstsein so schlecht geht«. Es sagt: »Ich habe nur zum mentalen Bewusstsein etwas Bezug, dagegen bin ich jederzeit kampfbereit.« Für das Verhalten des kosmischen Bewusstseins hat es keinerlei Verständnis.

Das *kosmische Bewusstsein* hat den eigenen »Zusammenbruch« als sehr belebend erlebt: »Jetzt sehe ich klarer.« Bevor es wieder an seinen anfänglichen Platz zurückgeht, nimmt es noch kurz Kontakt zu dem mentalen und dem spirituellen Bewusstsein auf. Es kann das mentale Bewusstsein besser akzeptieren als das spirituelle, Letzteres ist ihm »zu verwaschen«.

Das *physische Bewusstsein* fühlt sich nach dieser Aktion »sehr einsam« und durch das emotionale Bewusstsein sehr angestrengt.

Das *männliche emotionale Bewusstsein* möchte »laut schreien vor Verzweiflung«.

Das *mentale Bewusstsein* meint: »Ich könnte das Problem schon lösen, aber sie müssten sich meiner Führung anvertrauen. Das spirituelle Bewusstsein ist eine Bedrohung, aber es dauert Lichtjahre, bis das spirituelle Bewusstsein eine Rolle spielen wird.«

Darauf antwortet das *kosmische Bewusstsein*: »Wenn ich aktiv werde, dann passiert es so schnell, so schnell könnt ihr gar nicht schauen.«

Auf diese Worte reagiert das spirituelle Bewusstsein *und sagt: »Meine Gebärmutter ist brodelnd heiß. Wenn wir beide (das kosmische und das spirituelle Bewusstsein) zusammenstehen würden wie ein Paar, dann wäre das der Beginn einer Lösung.«*

Folgendes Bild ist jetzt entstanden:

Bevor ich jetzt das Attentat dazustelle, möchte ich zusammenfassen, was sich bisher abgespielt hat. Es kann aber nur der Versuch einer Deutung sein, da man ganz außerhalb des Geschehens stehen müsste, um alles richtig verstehen zu können.

Der Idealfall wäre wohl, wenn alle Bewusstseinsebenen zusammenarbeiten würden, wenn sie sich gegenseitig ergänzen und befruchten würden und die Energie vom kosmischen Bewusstsein über das spirituelle, mentale, emotionale und ätherische zum physischen Bewusstsein fließen würde und von da aus wieder zurück im ewigen Wechsel.

Das Bild, das wir erleben, sieht ganz anders aus. Kaum ein Bewusstsein hat zu einem anderen einen wirklichen Bezug. Es gibt Machtkämpfe, Hilflosigkeit, Einsamkeit, Verzweiflung.

Am schlechtesten geht es dem emotionalen Bewusstsein, besonders die männliche Emotionalität ist schwer gestört. Das männliche emotionale Bewusstsein hört nicht auf das weibliche emotionale Bewusstsein, obwohl dort mehr Besonnenheit und Verständnis vorhanden sind. Das männliche emotionale Bewusstsein findet keine Orientierung und glaubt, noch am ehesten durch den Verstand beruhigt zu werden.

Der Verstand ist jedoch viel zu überheblich, ichbezogen und autistisch, um Kontakt mit anderen aufzunehmen, geschweige denn zusammenzuarbeiten. Der Verstand hat der Spiritualität, von der er befruchtet werden könnte, den Kampf angesagt. Hier wird uns plastisch vor Augen geführt, wie weit sich heute unser Denken von der Spiritualität entfernt hat, vielleicht könnte man auch sagen: das Wissen von der Weisheit. Wie gut hatten sich bei den Philosophen des Altertums noch Wissen und Weisheit harmonisch verbunden und gegenseitig befruchtet. Hier finden wir nur Kampf und gegenseitige Abwehr. Doch ohne die Spiritualität hat der Verstand nicht genügend Fülle, um sich mit der Emotionalität befruchtend zu verbinden.

An dem Kampf ist die Spiritualität jedoch nicht unschuldig. Sie möchte »in den Kosmos aufsteigen«, das heißt, sie hat wenig Interesse an allem Irdischen und lässt durch ihre Abgehobenheit die Wissenschaft allein. Zudem verhält die Spiritualität sich zuweilen kindlich und unreif, zum Beispiel wenn sie glaubt, das kosmische Bewusstsein wachrütteln und zu mehr Aktivität anhalten zu müssen. Das spirituelle Bewusstsein versteht nicht, welche Botschaft das kosmische Bewusstsein den Menschen durch sein Verhalten geben will.

Das physische Bewusstsein scheint das einzige zu sein, das die Botschaft des kosmischen Bewusstseins versteht und damit umgehen kann. Das kosmische Bewusstsein will nach meiner Wahrnehmung sagen: »Schaut her, alles ist relativ, ihr habt viel zu festgefahrene Vorstellungen. Wenn mein Körper zusammenfällt, ohnmächtig wird, fühle ich die meiste Kraft. Erkennt, welches Potenzial in solchen Erfahrungen liegen kann!

Überprüft auch eure Zeitvorstellungen; die Zeit ist nicht so begrenzt, wie ihr euch das vorstellt.«
Als ich diese Szene in der Aufstellung sah, musste ich unwillkürlich an ein Experiment denken, das ich einmal mit meinen Studenten gemacht habe. Ich ließ sie alle zwei Bilder malen. Eines hieß »Ich bin gesund«, das andere »Ich bin krank«. Wie groß war die Verblüffung für alle! Durchweg hatten die »Krankheitsbilder« mehr Dynamik, mehr Kraft, mehr Lebendigkeit. Die »Gesundheitsbilder« waren im Gegensatz dazu statisch, unlebendig.
Außer dem physischen Bewusstsein hat wohl keiner diese Botschaft verstanden, leider auch nicht das spirituelle Bewusstsein, das der Übermittler der Botschaften des kosmischen Bewusstseins sein sollte. Warum versagt die Spiritualität in unserer Zeit so grundlegend? Ist sie zu sehr mit alten Ritualen und Regeln behaftet? Oder ist sie durch die Hüter der Spiritualität, die Religionen, zu sehr auf Einseitigkeit, Macht und Kampf getrimmt worden?
Viele meinen heute, Spiritualität drücke sich in Entgrenzungs- und Erleuchtungserfahrungen aus. Nach meiner Vorstellung ist echte Spiritualität Durchdringung aller Körper mit einem höheren Bewusstsein.
Unser physisches Bewusstsein gibt sich jedenfalls alle Mühe, uns immer wieder durch Schmerzen, Verluste, Entbehrungen usw. auf die Relativität und die Vergänglichkeit der Materie hinzuweisen. Es arbeitet gut mit dem kosmischen Bewusstsein zusammen. Aber wir verstehen die Sprache nicht, weil das Verständnis von oben über das spirituelle, mentale, emotionale, ätherische Bewusstsein zum Körper gelangen und nicht direkt als ungefilterte, schmerzbringende Botschaft den physischen Körper treffen sollte. Das bedeutet, dass wir weiterhin viel leiden müssen, sowohl physisch als auch emotional.
Das ätherische Bewusstsein, das den physischen Körper schützen soll, ist dazu zwar bereit, aber zu sehr abhängig vom Zusammenspiel der anderen Körper. Das Befinden des ätherischen Bewusstseins, des Hüters unserer Gesundheit, wird also von der Fähigkeit und Reife vor allem des spirituellen Bewusstseins abhängig sein.

Das Attentat wird aufgestellt

Jetzt wird das Attentat (A) in die Mitte gestellt, und es gibt kein Bewusstsein, das sich nicht angesprochen fühlte. Nach viel Bewegung kristallisiert sich folgendes Bild heraus:

Das mentale Bewusstsein steht fest und unverrückbar rechts neben dem Attentat. Systemisch gesprochen heißt das: »Ich habe die Führung.« Es fühlt sich tief mit dem Attentat verbunden: »Das ist die totale Vereinigung, Verschmelzung, unbeirrbar.«
Auch das spirituelle Bewusstsein steht dicht bei dem Attentat und wechselt nur manchmal die Position. Das heißt, es steht davor, daneben, dahinter. Es sagt: »Als das Attentat kam, habe ich Freude verspürt. Ich habe einen starken Bezug dazu. Als das kosmische Bewusstsein hinter mir und ich vor dem Attentat stand, war das die beste Position. Es fühlte sich sehr erleichternd an.«
Als das Attentat hereingestellt wird, verlässt das kosmische Bewusstsein langsam seine Position und umkreist in großem Bogen alle Beteiligten und bleibt dann wieder in der Anfangsposition stehen. Plötzlich reagiert das männliche emotionale Bewusstsein panisch. Es rast durch die Menge und versucht, alle auseinander zu reißen. Das weibliche emotionale Bewusstsein macht zunächst mit, dann will es das männliche emotionale Bewusstsein besänftigen, aber es gelingt ihm nicht.
Eindrucksvoll ist, wie alle Bewusstseinsebenen sich nach dem Angriff des emotionalen Bewusstseins stillschweigend wieder auf ihren alten Platz begeben. Immer wieder greift das männliche emotionale Bewusstsein an und sagt: »Ich möchte alles in die Luft sprengen. Ich weiß aber nicht, warum, denn das Attentat interessiert mich nicht.«
Die Angriffe veranlassen das kosmische Bewusstsein, näher zu kommen. Es stellt sich mit dem Rücken hinter das mentale Bewusstsein.
Schließlich stellt sich das physische Bewusstsein dem männlichen emotionalen Bewusstsein in den Weg. Das bewirkt, dass die Wut des männlichen emotionalen Bewusstseins in Trauer übergeht und es dem physischen Bewusstsein weinend in die Arme fällt. Es wird zusätzlich gehalten vom weiblichen emotionalen und vom ätherischen Bewusstsein. Letztendlich können sie ihm aber auch nicht helfen. Die kurze Entspannung durch das Loslassen im Schmerz geht schnell vorüber, und das männliche emotionale Bewusstsein beginnt wieder vor Wut zu rasen und erneut loszurennen.
Jetzt nehmen alle ihre Position um das Attentat herum ein, auch das physische Bewusstsein mit seiner ätherischen Begleitung.
Das Attentat fühlt sich »vom mentalen und vom kosmischen Bewusstsein in Liebe getragen«. Es fühlt keinen Unterschied zwischen diesen beiden Bewusstseinsebenen.

Das kosmische Bewusstsein bemerkt, dass sowohl das Attentat als auch das mentale und das emotionale Bewusstsein Gott spielen wollen. Das spirituelle Bewusstsein erscheint ihm jetzt wichtig und hilfreich. Das mentale Bewusstsein allerdings sei gefährlich, »weil alle auf der Erde es so wichtig nehmen«.
Das Bild sieht jetzt so aus:

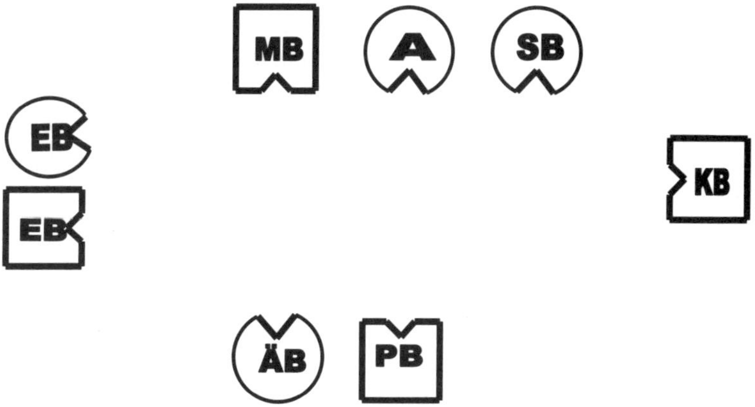

Als Nächstes stelle ich den kosmischen Plan auf. Mit seiner Hilfe möchte ich versuchen, ein Heilbild zu finden.

Bevor wir zum letzten Abschnitt übergehen, möchte ich noch einmal versuchen zu deuten, was das Attentat im Bewusstsein der Menschen bewegt hat.
Leicht zu verstehen ist das Verhalten des männlichen emotionalen Bewusstseins. Jeder von uns hat es in den letzten Monaten deutlich erleben müssen. In blinder Wut wurde auf Afghanistan, den erstbesten Verdächtigen, Bomben geworfen und »alles in die Luft gesprengt«.
Das männliche emotionale Bewusstsein ist absolut isoliert, ein Amokläufer. Es hat den Kontakt zu allem verloren – eine Situation, die wir aus dem Leben kennen, wenn jemand von seiner Angst überfallen wird und nicht mit ihr umgehen kann.
Kann die Menschheit tatsächlich noch so wenig mit Schmerz und Schicksalsschlägen umgehen? Ist die Trennung zwischen Verstand und Gefühl tatsächlich so groß geworden? Wenn man in manche unserer Kliniken blickt, scheint sich dieses Bild tatsächlich zu bestätigen. Die

große Heilkraft, die durch unsere Emotionen kommen kann, hat in der Medizin oft keinen Stellenwert mehr. Apparate haben den Vorrang.
Diese unbeschreibliche Angst des emotionalen Bewusstseins, ist sie tatsächlich nur eine Reaktion auf den 11. September, oder handelt es sich um eine viel tiefer sitzende Angst, die in dem Attentat nur ihr Ventil gefunden hat?
»Das Attentat stört mich überhaupt nicht. Ich weiß nicht, warum ich alles durcheinander hauen muss«, sind die Worte des emotionalen Bewusstseins. Und wenn wir uns erinnern, hat es schon im ersten Teil geäußert: »Ich möchte nur schreien.« Heißt das nicht vielmehr, dass wir in einer Zeit leben, in der das Emotionale zu wenig Raum hat, zu wenig wichtig genommen wird? Denken wir zum Beispiel an unsere Schulen: Es wird nur Leistung bewertet. Aufgaben sollen möglichst schnell intellektuell begriffen und reproduziert werden. Wie wichtig es ist, eine Aufgabe auch emotional zu begreifen, ist in Vergessenheit geraten. Das schöpferische Träumen, das lange und liebevoll bei einer Aufgabe Verweilen haben keinen Stellenwert mehr. Maschinen ersetzen den liebevollen Kontakt zu den Dingen, zu den Menschen, zu den Aufgaben. In einer »Wegwerfgesellschaft« wird der emotionale Bezug zu den Dingen unserer Umgebung immer oberflächlicher, und wir werden emotional immer unsicherer und können mit Schmerz und Tod immer weniger gut umgehen.
Warum nun fühlt sich das mentale Bewusstsein mit dem Attentat so eng verbunden? Ich denke, dass so präzise ausgeführte Gewalt nur von einem starken, autistischen mentalen Bewusstsein ausgeführt werden kann, das von seinen übrigen Körpern abgetrennt ist. Es ist ein Meisterwerk der Technik, ein Triumph der Präzision, ein Gefühl der absoluten Macht.
Immerhin wurden das spirituelle und das ätherische Bewusstsein, die Filter und Hüter unserer Gesundheit und unseres Lebens, durch das Attentat besonnener.
Wenn das spirituelle Bewusstsein seinen Platz nahe bei dem Attentat hat, dann kommt dem wohl eine ganz andere Bedeutung zu, als wenn das mentale Bewusstsein nahe bei dem Attentat steht. Das spirituelle Bewusstsein setzt sich mit dem Attentat aktiv auseinander, indem es alle möglichen Positionen einnimmt und das Attentat prüft. Es bekommt »eine heiße Gebärmutter«, das heißt, das Attentat ruft zu einer gewaltigen Transformation auf, zur Geburt von etwas Neuem. Der Streit mit

dem mentalen Bewusstsein um die Vormachtstellung ist vorüber, und eine Verbindung zum kosmischen Bewusstsein wird eingeleitet. Allerdings ist immer noch die Suche nach kosmischer Entgrenzung vorherrschend und nicht die Hinwendung zu den Bereichen, die das spirituelle Bewusstsein dringend brauchen. Wenn sich das spirituelle Bewusstsein zum mentalen, emotionalen, ätherischen und physischen Bewusstsein wenden würde, könnte sich das mentale Bewusstsein in dieser Form nicht mehr halten.

Die Freude, die das spirituelle Bewusstsein empfindet, als das Attentat auftaucht, kann damit zu tun haben, dass es nach einer großen Erschütterung fast immer einen Anstieg der Spiritualität, der Besinnung und der Sammlung gibt.

Nun bleibt noch die Frage, warum das Attentat sowohl zum mentalen als auch zum kosmischen Bewusstsein so viel Zuneigung empfindet und warum es sich durch beide gleichermaßen getragen fühlt.

Für mich heißt das, dass beide - sowohl das kosmische als auch das mentale Bewusstsein - gleichermaßen für das Attentat verantwortlich sind. Das kosmische Bewusstsein ist der Initiator und das mentale Bewusstsein das ausführende Organ. Mit anderen Worten: Die Menschheit hat eine Chance bekommen, einen Entwicklungsschritt zu machen; sie hat einen dieser Bälle aus dem kosmischen Plan zugeworfen bekommen.

Der kosmische Plan wird dazugestellt

Auf den kosmischen Plan (KP) reagiert zuerst das mentale Bewusstsein. Es nimmt das Attentat an der Schulter und führt es hinter den kosmischen Plan. Bald gesellen sich das kosmische und das spirituelle Bewusstsein dazu.

Auffällig ist, dass die beiden Vertreter des emotionalen Bewusstseins nach außen gehen und sich ganz abwenden. Das Attentat und das mentale Bewusstsein bleiben verbunden.

Langsam beginnt der kosmische Plan, die gesamte Szene zu umkreisen. Nacheinander folgen ihm das kosmische und das spirituelle Bewusstsein.

Jetzt wird das Attentat unruhig und begibt sich auf die Suche. Es interessiert sich plötzlich für das emotionale Bewusstsein, das wieder näher gekommen ist. Durch das Herumirren wird das Attentat deutlich schwächer.

Eine erstaunliche Stille, Gesammeltheit und Ruhe breiten sich im ganzen Raum aus.
Langsam formiert sich eine Reihe. Ganz rechts steht das kosmische Bewusstsein, daran schließen sich das spirituelle und das mentale Bewusstsein an. Die beiden Vertreter des emotionalen Bewusstseins stehen der Reihe gegenüber.
Sowohl das spirituelle als auch das kosmische Bewusstsein wollen das emotionale Bewusstsein in die Reihe holen. Es gelingt ihnen nicht. Erst als das mentale Bewusstsein dem emotionalen Bewusstsein die Hand reicht, kommen beide und stellen sich in die Reihe. Das Attentat ist in der Zwischenzeit niedergesunken. Es versucht hochzukommen, aber es gelingt ihm nicht.
Jetzt kommt das physische Bewusstsein und kniet sich zum Attentat nieder. Es nimmt es in den Arm, und das Attentat weint. Das Attentat sagt: »Ich verliere meine Schlagkraft. Wenn Ruhe, Sammlung und Besonnenheit eintreten, dann habe ich keine Chance mehr.«
Schließlich bilden alle eine Reihe. Rechts außen steht der kosmische Plan, dann folgen das kosmische, das spirituelle und das mentale Bewusstsein sowie das männliche und das weibliche emotionale Bewusstsein.
Das physische und das ätherische Bewusstsein stehen der Gruppe gegenüber; sie stehen dort wie Eltern vor ihren Kindern. Die beiden meinen, dass sie sich noch nicht einreihen können.
Das Attentat spielt praktisch keine Rolle mehr.

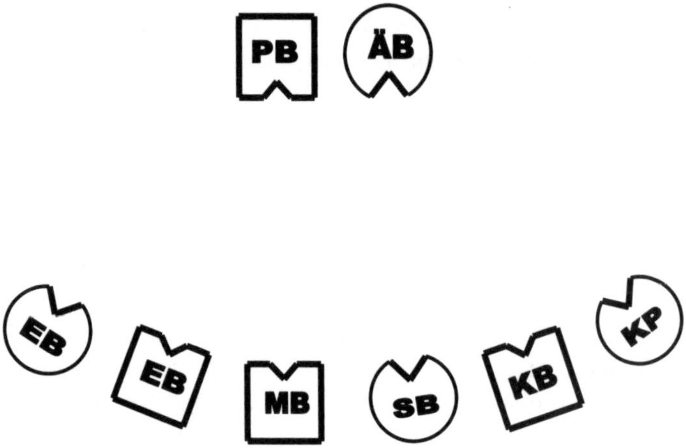

Was ist hier geschehen? Wie konnte dieses wunderbare Heilbild entstehen?
Ich denke, dass diese Form der Heilung in dem Moment möglich ist, wenn der kosmische, hinter allem Geschehen stehende Plan von den Menschen erkannt und in die Erfahrung gebracht wird. Heilung heißt hier: Jedes Bewusstsein holt sich Kraft von dem nächsthöheren oder besser feinstofflicheren und gibt sie an das nächsttiefere, grobstofflichere weiter.
Bedeutsam erscheint mir, dass sich die Heilung von oben nach unten vollzogen hat. Zunächst sind das kosmische Bewusstsein und das spirituelle Bewusstsein dem kosmischen Plan gefolgt; sie haben ihn plötzlich verstanden. Die Eintracht dieser beiden und die damit zusammenhängende Verunsicherung des Attentats, des Symbols für Gewalt, haben das mentale Bewusstsein geschwächt und dadurch zur Einsicht gebracht. Plötzlich spürte das mentale Bewusstsein, dass es das emotionale Bewusstsein an seiner Seite braucht.
Das mentale Bewusstsein beschreibt seine Stellung in der Reihe folgendermaßen: »Als ich in der Reihe stand, durchflutete mich ein Wohlbehagen und die Sicherheit, den richtigen Platz zu haben. Eine bis in die Haarspitzen reichende Entspannung machte sich breit. Dann hatte ich Sehnsucht nach dem emotionalen Bewusstsein, nach Vollständigkeit.«
Es war deutlich zu sehen, dass das emotionale Bewusstsein nur durch das nächsthöhere, nämlich das mentale Bewusstsein hereingeholt werden konnte. Nur wenn unser mentales Bewusstsein die Wichtigkeit der Emotionen erkennt, kann es sich frei entfalten, und nur durch die Heilung des mentalen Bewusstseins können die Emotionen gesunden. In der Aufstellung sahen wir das daran, dass das emotionale Bewusstsein nur durch das mentale Bewusstsein an seinen Platz geholt werden konnte.
Das emotionale Bewusstsein war während der gesamten Zeit im Schock, in »der totalen Ohnmacht und Depression«. Aus diesem Zustand konnte das physische Bewusstsein es zwar kurzzeitig holen, indem es sich liebevoll um das Attentat gekümmert hat. Die eigentliche Heilung konnte aber erst durch das mentale Bewusstsein erfolgen.
Bleibt noch die Frage, warum der kosmische Plan beim emotionalen Bewusstsein eine so tiefe Depression ausgelöst hat.
Wir wissen aus der Psychotherapie, dass an dem Punkt, wo das alte Muster, die alten Vorstellungen, nach denen wir bisher unser Leben ausgerichtet haben, nicht mehr tragfähig sind, vorübergehend eine Depression

eintritt, da das Neue oft noch nicht genügend in Sicht ist. Unser emotionales Bewusstsein scheint also durch das Attentat am stärksten betroffen und zur Transformation aufgerufen zu sein. Das gelingt, wie wir gesehen haben, aber nur mit Hilfe der oberen Zentren. Über den Körper, wie das in vielen Therapien versucht wird, ist es nicht oder nur kurzfristig möglich.
Nun mag sich mancher fragen, was mit dem physischen und dem ätherischen Bewusstsein ist. Warum stehen sie den anderen gegenüber und nicht in der Reihe? Sie scheinen eine Sonderrolle zu spielen.
Die beiden sind die Alten, Erfahrenen. Über sie sind wir hier auf der Erde angekommen. Sie haben durch ihr Alter auch die größte Weisheit. Über den physischen Körper machen wir unsere meisten Erfahrungen. Nur wenige Menschen ändern sich ohne Krankheiten und materiellen Verlust. Der physische und der ätherische Körper stellen sich immer wieder bereitwilligst zur Verfügung, um uns Erfahrungen zu ermöglichen.
Dem physischen und dem ätherischen Bewusstsein geht es nur gut, wenn sich ihre Kinder gut entwickeln. Sie nehmen ihren Kindern vieles ab. Sie leiden, wenn diese leiden, und sie müssen oft zuschauen, wenn sich ihre Kinder aus Unwissenheit an den Rand des Abgrunds begeben. Aber sie sind immer da, wenn es einem der Kinder schlecht geht. Wir haben es in der Aufstellung deutlich gesehen. Noch scheinen sie die wichtigsten Lehrer der meisten Menschen zu sein. Über den Körper lernen wir, zu leben und uns zu entwickeln.
Das physische Bewusstsein kann sich erst dann in die Reihe stellen und sich auf seinem Altenteil ausruhen, wenn die anderen Körper die Verantwortung übernommen haben, das heißt, wenn sie erwachsen geworden sind. Das bedeutet, dass es unserem Körper, der Natur und aller Materie erst dann wirklich gut geht, dass wir zum Beispiel immer gesund sein können, wenn wir unsere feinstofflichen Körper besser verstehen und gelernt haben, besser damit umzugehen. Das wird wohl noch eine Weile dauern.

Die Aufstellung hat uns alle sehr bewegt. Es wurde uns bildhaft vor Augen geführt, woran wir alle kranken, aber auch, wie viel positive Entwicklung – hier vor allem auf der Ebene des spirituellen Bewusstseins der Menschen – durch solch einen schweren Schicksalsschlag in Gang gesetzt werden kann.
Vielleicht tragen diese Aufstellung, die sechzig Personen, die der Auf-

stellung beigewohnt haben, und all die Leser, die diese Aufstellung beim Lesen anteilnehmend mitverfolgen, mit dazu bei, dass sich das Bewusstsein der Menschheit ein wenig weiter in Richtung Heilung bewegt.

Ute Manan Schiran
Jenseits der Eindeutigkeit

Fragmente und Assoziationen

»Lasst uns die Atome aufzeichnen, wie sie ins Bewusstsein fallen, und in der Reihenfolge, in der sie einfallen; ... auch wenn es widerspruchsvoll und zusammenhangslos erscheint ...«
Virginia Woolf, Die schmale Brücke der Kunst

Ich setze voraus: dass Leser/Leserinnen aus einer westlichen, weißhäutigen Kultur sich der Taten bewusst sind, die in ihrem Namen von den Regierenden ihrer Länder begangen wurden und werden.
Zwar ist mir durchaus bewusst, dass viele Richtungen und Praktizierende dessen, was Spiritualität genannt wird, einen weiteren Ausbeutungszweig gegenüber anderen Kulturen, Menschen, gegenüber Natur und unsichtbaren Existenzen gesucht und gefunden haben; dass dort die energetische Bewegung des HABEN-WOLLENS, der inflationären Bedürftigkeit und der Egomanie keinen Augenblick infrage steht. Aber ich setze voraus, was vielleicht unwahrscheinlich und dennoch möglich ist: eine Sensibilität für den Terror, der in unserem Namen, im Namen der Freiheit/Gottes oder anderer Ideale heute noch immer – ungebrochen und im Augenblick unerträglich verstärkt – seit fünfhundert Jahren allen anderen, allen Andersdenkenden, Andersfarbigen, Andersglaubenden, Anderslebenden gegenüber betrieben wird.

Was immer durch das Prinzip der Rückkopplung auf uns kommt, gekommen ist und uns mit bestimmt, ob wir es zur Kenntnis nehmen oder nicht – es gibt keine Wirklichkeit, keine Komplexität, die uns nicht zwingen würde, »... zum Blick auf diese Herrschaftsgeschichte. Und diese Geschichte ist die einzige nicht veränderbare Identität, die wir haben und die eine Antwort verlangt« (Christina Thürmer-Rohr).

Diese unsere westliche Geschichte ist immer ein Teil der Kettfäden, die die Muster mitbestimmen in den Bewegungen, den Stimmen, den

Färbungen und Gerüchen, die uns anwehen; den fassbaren Niederschlägen und Hagelschauern, die sich daraus destillieren und die wir die konkrete Wirklichkeit nennen.
Diese als Teile des Kettfadengewebes kenntliche Geschichte einbeziehend, versuche ich die Bruchstücke, aufblitzenden Erkenntnisse, vagen Gerüche, grellen Schlaglichter, leisen Lieder, die Farben und verschwommenen Konturen meiner Assoziationen aufzuzeichnen.
Nicht, um eine Bedeutung des Ereignisses vom 11. September 2001 zu finden, noch um ihm einen SINN zu geben; nicht, um ein haltbares Gebäude daraus zu zimmern, sondern um beizutragen zu den vielfältigen Wahrnehmungen, die in jedem neue, unterschiedliche Assoziationsketten freisetzen, damit wir »... ein Miteinander von Körpern zu sein haben sowie Punkte, zwischen denen ein umherirrender Sinn Raum greift, sich aufteilt und sternförmig zersplittert« (Jean-Luc Nancy).

In der Welt meiner All-täglichkeit gibt es keine Stromkabel, keinen Wasserhahn, keine Geräte für das, was heutzutage globale Information, globale Vernetzung genannt wird.
In der Welt meiner All-täglichkeit höre ich den Schrei der Falkin, das hohe Wimmern der Adler, das Geläute der Glocken, die den wandernden Schafen um den Hals gebunden sind. Ich erlerne KORE-spondenz und Transparenz. Sinne, sich öffnend, ersetzen *den* Sinn, *die* Bedeutung. Mühsam schäle ich mich aus der Schale des kulturell bedingten starren Blickes der eingefahrenen Gedanken, des modischen Geschmacks- und Tastsinns.
Mein Gehör hat sich am leichtesten und erleichtert den Stimmen von Wind und Wetter zugewandt; dem, was in Wolken, im Regen, im Blau, in der Böe, in dem Rauschen von Blättern und Flüstern von Gras zu hören ist.
Die Eintragungen vom 10. September 2001 in meinem Tagebuch lauten: »... der Wind trägt mir seltsame Stimmen zu. Aus dem Rascheln der Mispelbäume und der Schwarzpappelblätter bildet sich ein Gesang, den ich nicht zu entziffern vermag, der aber, je länger ich lausche, mir die Härchen auf den Unterarmen und im Nacken aufstellt ... Ich gehe meiner täglichen Arbeit nach, vergesse Wind und die Stimmen von Blättern, von Bäumen, bis eine kurze Brise mich wieder schlägt mit der Furcht, die von diesem Rauschen, von diesem Geflüster und Knistern genährt wird. Nicht immer ist Windstimme so, nicht immer flüstert's von Furcht in den Blättern von Bäumen ... und nachts, als Wind und Blätter verstummt

sind mit ihrem mich fröstelnd machenden Lied, kommen die Eulen und Käuze und rufen und fliegen lautlos und große Schatten werfend über den Hof.
Tag und Nacht also und aus allen Richtungen des Himmels wird mir Unheim-liches zugetragen.«

»Von Zeit zu Zeit befinden wir uns auf sinnlich wahrnehmbare, physische Weise außerhalb unserer Selbst und außerhalb des blinden Dahingleitens unserer kleinen Zeitspanne. Wir sehen die Nacht, die sie säumt, in dieser aber nicht die Zukunft, sondern die Ankunft von etwas oder jemandem: dessen, was zwar immer noch wir selbst und die Welt wären, doch als von anderswoher ergriffen, anderswohin, in ein ungeahntes Anderswo verschoben« (Jean-Luc Nancy).

Das mag in Bezug auf die Ereignisse des 11. September zu ruhig, zu poetisch klingen – aber dort, wo man sich nicht im aufgepeitschten Wirbel, nicht in den Zentren emotionaler Stürme befand, war eine tiefe Ruhe, eine glänzende Dunkelheit, eine weite Stille.
Am 11. September nachts (ich habe keine Nachricht über die Vorgänge in New York) notiere ich: »Eine ungeheure Stille; nicht draußen, da rufen die Eulen und schrillen die Zikaden, sondern irgendwo anders, pulsierend, weit und dunkel ... eine Passage, ein Ort der Begegnungen, ein TOR/ein Riss in den Welten; schwebend und weit und jenseits von Formen, und dennoch, oder gerade deshalb voller Wahrscheinlichkeiten, vager Möglichkeiten, feiner Schatten. Wo bin ich? Welchen Begegnungen, welcher Konferenz wohne ich bei?«

Etwas an dieser Nacht erinnert mich an die Empfindungen bei der Beschattung der Sonne durch die Mondin am 11. August 1999. Ich vermute ein Zusammenspiel.

Zwei Tage später haben mich die Nachrichten erreicht: Ein Brief ist voll davon.
Ich starre auf die Worte. In all dem Aufgewirbelten, was diese Fakten – schwarz auf weiß und im Telegrammstil geschrieben – in Bewegung setzen: Staunen, Schrecken, Ungläubigkeit (weit jenseits des Fassungsvermögens), eine Blödheit, als hätte mich jemand mit gewaltigem Hieb auf den Kopf geschlagen.

Im Laufe des Tages beginnt ein Gemurmel in mir. Da bleibt vor allem nur: Zwillinge, Türme, Zentrum, Tote. Mehr ist da erst mal nicht. Eben gerade so viel, als käme eine nach dem niederschmetternden Schlag, den Kopf noch benommen schüttelnd, schwankend wieder auf die Beine und zur Besinnung, und diese Worte, Bruchstücke ohne Zusammenhang, kommen angetaumelt mit ihr.

Abends, noch immer unfähig, auch nur mehr als eben Bruchstücke vorüberziehen zu lassen, entstehen folgende Zeilen:

Als wir für einen Augenblick in der
Dunkelheit und Stille aller Möglichkeiten trieben,
während wir starben in den Resten der Zwillingstürme
und den Trümmern des fliegenden Blechs,
öffnete sich ruhig die Blüte des vergessenen Traums,
errichteten wir ein Gebäude anderer Art,
setzten wir staunend frei, was gefangen war,
entschied eine Anzahl von Wesenheiten,
elektrische Impulse zu setzen,
die unseren Atem in Gang brachte,
unsere Herzen schlagen ließ,
ungeahnte Bahnen unserer Gehirne öffnete.
Die Unterschiede sind gravierend,
aber dennoch so fein abgestimmt,
dass wir nicht mehr als nötig erschrecken.
Die Frage bleibt:
Wen trafen wir?
Was teilten wir?
Wer sind wir nun?

In der Reibung scheinbar unvereinbarer Kräfte – die sich nur in den äußersten, simpelsten Schichten als Feindschaften abbilden lassen – beginnt, Neues zu keimen. Ein Symbol der Machtbündelung, des monopolisierten Handels ist gestürzt: von wem, bleibt vage, wird von den Verteidigern des Monopols schnell zu einem Gesicht, in einem Außen angesiedelt. Empfunden kann werden: gestürzt von einem Zusammenspiel, das sich keineswegs in polarisierten Freund-/Feindbildern erschöpft/erschöpfend erklärt.

Ein PAAR ist gestürzt und mit ihm alle Ergänzungsmodelle wie das obige, wie »gut und böse«, »schwarz auf weiß«, »Liebe und Hass«, »Krieg und Frieden«. Eine Zwillingseinheit der Festschreibungen, der Rollenzuweisungen, der Monopole ist – präzise getroffen – zusammengebrochen.

Die Vertreter der Monopole versuchen ihr Äußerstes zu tun, um diese Art der Fütterung, der Energiebewegung aufrechtzuerhalten. Aber es scheint, als hätten sie selbst in der Dynamik ihrer geheimen Machenschaften, den ihren offenkundigen und publikumspräsentierten Erklärungen zuwiderlaufenden Strömungen etwas übersehen, das sich gegen sie wendet. Aus dem eigenen Innersten heraus, aus dem geheimgehaltenen Gebilde, dem verborgenen Organismus heraus, der sich über die Erde breiten will, aus diesem nimmersatten, alles verzehrenden Hunger nach mehr, ist etwas entstanden, das diese Art Interessen nicht vertritt, nur die Dynamik nutzt.

Es gibt eine kritische Masse. Wenn sie überstiegen wird, bricht sie zusammen. Ein Zentrum, das keine KORRES-pondenz zur Peripherie halten kann, zerfällt. »Doch gelangt es zugleich an ein äußerstes Ende, wo ihm nichts mehr entgegengesetzt ist, wo es durch nichts mehr gerechtfertigt wird: das ist der double bind, der sich langsam und in aller Stille anbahnt, während man noch immer bekennt, hier an den Sozialismus, dort an den Humanismus zu glauben« (Jean-Luc Nancy). Oder an die Freiheit oder an Gott oder an eine andere Stimme oder an das Gute ...

Alle Erklärungen, alle Überlegungen, alle Sinnhaftigkeit und alle Bedeutungszuweisungen mögen ihre Teilwahrheiten behaupten können, solche, die wir als »politisch« bezeichnen, und solche, die wir als »esoterisch« betrachten. Und dennoch: In aller Sinnfindung, Bedeutung, Erklärung der Phänomene klafft ein mit kausalen Mitteln nicht zu stopfendes Loch, ein unerklärbares, gähnendes Unfassbares, dem wir analytisch und linear, polarisierend und/oder von einem einzigen Standpunkt aus nicht näher kommen.

Es mag nicht leicht sein, diesen Abbruch, dieses Unfassbare, Nichtzuzuordnende als solches zu behandeln, dem Unbegründbaren Raum zu geben – das, was uns beunruhigt, wo wir Fragen haben, die wir nicht zu formulieren wissen, wo uns Ahnungen plagen, die kaum zu greifen sind, in der Landschaft zu belassen, ohne sie in ein bis dahin gültiges Gewebe ordnen zu wollen. Aber es scheint mir die einzige Chance zu sein, die

Kraft, die da frei geworden ist, nicht wieder in die sattsam bekannten Kanäle zu binden.

Uns Unsicherheit zu gestatten ist eine Tugend, derer wir bedürfen, da eine Kraft in Bewegung geraten ist, die die Beweglichkeit jedes Körpers, die Vielfalt der KORE-spondenzen benötigt – wollen wir nicht am Stoffwechsel unserer eigenen starren Weltgebilde/Vorstellungen zerschellen.

Das Fremde ist erst einmal nichts anderes als fremd. Wir empfinden diese Anwesenheit, diesen flüchtigen, aber immer wiederkehrenden Geruch, diesen Hauch von etwas, das nicht befriedigend geklärt ist. Mehr vielleicht erst einmal nicht. Diese Flüchtigkeit kann noch keinen Namen erhalten. Benennung ist immer zugleich Vereinnahmung, eine Entschärfung der Fremdheit, eine Beruhigung des Rätsels. Wir müssen warten und hören, bis uns zuwächst, was wir nicht erfahren durch die Methoden der Aufklärung, des Beschreibens, Untersuchens, Vermessens. Der Grund, von wo aus diese Methode praktiziert wurde, ist erschüttert. Der Grund, auf dem das Paar, die Zwillinge, einander gegenüberstanden – in Unversöhnlichkeit als Dualität oder in einer unendlichen Gebundenheit der gegenseitigen Bedingtheit –, ist erschüttert. Sie sind in EINS gefallen, nicht mehr voneinander geschieden. Und EINS ist kein Zentrum, kein das Eine/die Eine/der Eine. EINS ist eine Möglichkeit der Ungeschiedenheit, sie gehört »... hin zu den Anfängen, den Geburtsmomenten, in die Nähe der nicht gebundenen Energie, den auslösenden Spannungen, in die Verirrungen und Erschütterungen der Anfänge« (Jean-Luc Nancy). So sind uns die bekannten Paradigmen der Wahrheiten, Moralbegriffe, Weltanschauungen, Glaubensvorstellungen, exoterischen und esoterischen Konzepte nicht hilfreich in der Berührung mit dem, was uns fremd ist an den Vorkommnissen, was wir nicht erklären, aufklären können.

Auf diese Weise müssen wir uns daran gewöhnen, dass etwas offen bleibt, unübersichtlich, nicht eingebunden in bekannte Ordnungen und Gesetzmäßigkeiten, die aufgestellt wurden. Es sieht so aus, dass wir das Mögliche nicht in eine ferne oder nahe Zukunft verlegen, sondern dem fluidalen Bereich des Möglichen Jetztzeit einräumen sollten.

Es gibt einen Unterschied zwischen den Bereichen des Möglichen und der Vision, der gravierend ist: Die Vision ist eine Vorstellung, wie die Welt sein soll, ein Akt des Willens, des bildhaften Denkens in die

Zukunft hinein; ein Entwurf menschlicher Geister oder – wo nicht das – eine menschliche bildhafte Übersetzung. Der Bereich des Möglichen ist eine Kontinuität, eine Gegenwärtigkeit jenseits der Formen, ein Bereich der Potenzen, der Wirbel/Mäander von Kräften. Die Gewissheit des Möglichen ist aus Augenblicken der sinnhaften, sinnlichen KORE-spondenzen gespeist; leitet sich von den Augenblicken der Transparenz her, in der alle Sinne lebendig pulsieren. Alles, was aus diesen Räumen des Möglichen aufscheint, ist in irgendeiner Form auf eine/einen zugekommen, hat sich ereignen können, KORE-spondieren können im Offenen. Das Offene aber ist kein Zustand der Beliebigkeit, keine indifferente Dumpfheit. Das Offene hat Membranen, beinhaltet die Kraft der Grenzen:

»... nicht Stacheldrähte errichten wir, nicht Gatter und Zäune, nicht Staudämme und Häuserzeilen. Nicht die Ausrottung von Umherziehenden, Nomad/innen, Fremden meinen wir. Von Grenzen sprechen wir: Mäandern, Schneckenhäusern, von Bergen und Schluchten, von Höhlenwänden und Haut. GRENZE: GRANNE; GRÜN, Membran: schwingend und beweglich, Stimme erzeugend.«*

Es ist nicht allein das Prinzip des Paares, des Zwillings, der kausalen Bezogenheit erschüttert – weitreichend und nachhaltig –, es ist auch das Prinzip des Zentrums und damit der Peripherie erschüttert und wird ebenfalls, bei aller gewalttätigen und verstörten reaktionären Sisyphusarbeit, nicht zu halten sein.

Ob wir die Naturwissenschaften oder die Herrschaftsstrukturen betrachten, unser Verständnis von Beziehungen oder vom Stoffwechsel unseres Körpers – diese beiden Prinzipien sind Kernstücke der Welt, wie wir sie sehen und verstehen. (Ich spreche immer nur von westlicher Weltanschauung und Weltgestaltung, nicht von anderen Modellen, die mir bei weitem nicht so eingebrannt sind.)

»Das sind die aufgeschichteten Scheiterhaufen, gestern wie heute: gestern Frauen, heute Rinder und Schafe – der Beginn und das Ende einer Zeit, die sich selbst und Natur/Erde von außen betrachten, beurteilen, wägen und messen will. Aus der Hand geschlüpftes Unwesen. (...) Wir haben das Wissen tiefliegend in uns – Ahninnen, die über dem ErINNERn erwachen – heute –, aus diesem GRUND steigt eine Kontinuität der KORE-spondenz. Wir sind nicht mehr auf Seiten Humboldts des Huma-

nisten: Mensch, der sich gegenüberstellte, gegen die Natur, um sie klassifizieren und einordnen zu können.
Die Zeit hat diese Falte, dieses von sich selbst Abgewandte, das sich als scheinbarer Freund und Bewunderer mit Messlatte, Hammer und Messer an sich selbst machte, um das im Dunkel Liegende nicht zu ergründen, sondern ans Licht zu zerren, mit einer Faltung überdauert.
Die Schizophrenie des sich selbst Gegenüberstehenden hat sich erschöpft. Was fremd war und entzaubert und enträtselt werden sollte oder ermordet, ist fremd geblieben und lebt ...«**

Dass viele von uns die Ereignisse des 11. September 2001 als »Zeichen auf vielen Ebenen« wahrnehmen, ist sicher unbestreitbar. Wenn wir nicht eine Ebene herausgreifen, sondern nur der Erschütterung folgen, diese Erschütterung – ohne sie in Gefühle oder Bedeutungsmuster bekannter Strukturmodelle einzubauen – weiter und weiter ihre Kreise ziehen lassen, so verläuft sie auch nach Monaten noch nicht einfach in ein »Sich-wieder-Glätten«, »Sich-wieder-Einpendeln« auf das Niveau des Vorher. (Der durch die Ereignisse begründete Krieg ist nur eine Wellenbewegung, und diese ging nicht vom Ereignis aus, sondern bediente sich der Umstände als willkommenen Vorwand.)
Der Schlag auf, der Flug ins Zentrum des westlichen Symbols für globale Handelsmacht ist ein komplexes Ereignis. Wir können es wie eine Anzeigerpflanze sehen: Es zeigt, dass Kräfte im Spiel sind, die sich den gebräuchlichen Mustern entziehen, dass neue Muster die Schwelle der sichtbaren Wirksamkeit überschreiten.
Diese Muster, Möglichkeiten sind immer vorhanden – bis jetzt vielleicht geahnt, von Einzelnen begrüßt, von wenigen ersehnt, von vielen gefürchtet, lange Zeit gebannt gewesen, ausgewiesen, an die Peripherie und über den Rand hinaus gejagt, aber vorhanden.
Der Riss in New York sagt nichts anderes, als dass die Paradigmen, die Symbole, die Betrachtung und die Gestaltung der Welt, wie wir sie gewohnt sind, unhaltbar geworden sind, dass ungeahnte Veränderungen heraufdämmern; dass wir gut daran tun, die alten Gegensatzpaare ad acta zu legen – sowohl die, die uns in den Bindungen der so genannten Liebe dienten, als auch die, die uns aus den Gebundenheiten der Unversöhnlichkeit aufgetragen sind.
Dass jene, die an der Aufrechterhaltung dieser Muster ihr Verdienst, ihre Ehre, ihre Werte und Besitztümer messen, alles daransetzen werden,

diese Bindungswinkel/energetischen Fließgewichte so zu belassen, und dafür Grauenvolles in Kauf nehmen, ist nichts Neues. Aber die Revolution – falls man die steigende Bewegung anderer Muster und das Speisen derselben als solche bezeichnen kann – ist nicht auf das *Gegenüber* angewiesen.

Literatur

Ute Manan Schiran: Mermaid und Lilith begegnen einander. *Schicht II Fragmente, KNOCHENGESANG. **Schicht I Fragmente, erzählt von den VIER WINDEN. Unveröffentlichte Texte.

Christina Thürmer-Rohr: Verlorene Narrenfreiheit. Essays. Berlin 1994.

Jean-Luc Nancy: Weltenwechsel, in: Lettre internationale, Nr. 44, 1999.

Marko Pogačnik
Der Knackpunkt der Wandlung

Eine geomantische Betrachtung

Aus geomantischer Sicht gibt es kein Ereignis innerhalb des Erdraumes, das nicht mit der Geschichte des Planeten verwoben ist. Wir mögen gänzlich davon überzeugt sein, dass es, wie im Fall des 11. September 2001, ausschließlich um zwischenmenschliche Konflikte geht, und doch spielen sich diese Konflikte innerhalb des mehrdimensionalen Erdkosmos ab und werden durch die subtilen Muster der planetaren Entwicklung mitgetragen. Es gibt unter den von den Menschen ausgelösten Ereignissen sogar solche, die eine entscheidende Rückwirkung auf die Erdevolution ausgeübt haben und deren weiteren Verlauf prägen. Meiner Erfahrung nach handelt es sich bei der Katastrophe von New York um ein Ereignis dieser Art.

Bevor ich jedoch meine Erfahrungen und Eindrücke schildere, möchte ich einige klärende Gedanken vorausschicken. Im Sinne der Mehrdimensionalität des Raumes und des Lebensgewebes zeigt jedes Ereignis verschiedene Gesichter und kann auf verschiedenen Ebenen geistig angesiedelt und verstanden werden. Obwohl ich mich bei meiner Schilderung nur einigen dieser Schichten widme, heißt das nicht, dass andere, die dabei nicht zur Sprache kommen oder nur flüchtig erwähnt werden, unwichtig sind. Wenn man zum Beispiel von den positiven und lebensfördernden Gesichtspunkten der New Yorker Tragödie spricht, bedeutet das nicht, dass diejenigen Aspekte dieses Ereignisses übersehen werden, die einen kriminellen Charakter tragen. Ich sehe es vielmehr als selbstverständlich an, dass im Rahmen der ethischen und rechtlichen Normen, die die gegenwärtige Zivilisation aufgestellt hat, die Täter sich für ihre Tat zu verantworten haben.

Umgekehrt empfinde ich es gegenüber der göttlichen Vollkommenheit des Lebens als verantwortungslos, wenn man nur die negativen Teilaspekte einer Erfahrung in den Vordergrund schiebt und dabei ihre feineren Schichten, die langfristig eine klärende Erlösung oder Heilung der Weltlage hervorbringen können, einfach übersieht.

Was meine persönliche Erfahrung betrifft, so habe ich die Katastrophe vom 11. September genau einen Monat zuvor erlebt. In der Nacht vom 11. auf den 12. August erhielt ich einen Traum, der sich gar nicht in meine damaligen Lebens- und Wandlungsprozesse einordnen ließ:
Ich lebe mit meiner Familie auf einem Plateau oberhalb einer gewaltigen Großstadt. Plötzlich, ohne jeglichen logischen Grund, beginnt meine Tochter, bitterlich zu weinen. Nach wenigen Augenblicken geht das Weinen in ein untröstliches Klagen über. Dabei beginnt sie, sich einen Pfad hinunter in Richtung der großen Stadt zu bewegen. Je näher sie der Stadt kommt, desto stärker und erschütternder wird ihr Heulen. Ich laufe ihr nach und versuche, sie zu trösten und dabei herauszufinden, was die Ursache für das Klagen ist. Trotz meines Bemühens bleibt mir die Ursache völlig unverständlich.
Rückschauend kann man die Botschaft des Traumes gut verstehen. Es wurde mir mitgeteilt, dass ein Ereignis zu erwarten ist, auf das wir in unserem wachen Bewusstsein vollkommen unvorbereitet sind und das in seiner Tragik den Rahmen jeglicher Vorstellung sprengt.
Dem folgte am 30. August ein erklärender Traum. Die Ursache des heranrollenden Ereignisses wurde mir so dargestellt, dass es im Verlauf der gegenwärtigen Erdwandlungen zu einem scheinbar unüberwindbaren Gegensatz der Kräfte gekommen ist, der unbedingt gelöst werden muss. Einerseits ist im Rahmen der gegenwärtigen Erdwandlung die Wandlung des subtilen Körpers der Erde so weit fortgeschritten, dass die neue Ordnung des Erdkosmos reif geworden ist, sich nach außen zu manifestieren. Andererseits verharrt die Menschheit innerhalb des engen Korsetts mentalen Bewusstseins, durch das den Menschen jegliche Sensibilität für die epochale Wandlung der Erde und der Natur genommen wird. Die Gegensätze haben sich so weit verschärft, dass die Gefahr des »zweiten Todes« eingetreten ist. Mit dem Begriff des zweiten Todes bezeichne ich die Gefahr des Auslöschens der seelisch-geistigen Identität des Menschen.
Und was ist mit dem Begriff der epochalen Wandlung der Erde gemeint? Ich beziehe mich dabei auf die Wandlungen innerhalb des Erdkosmos, die nach meiner inneren Uhr im Herbst 1997 ihren Anfang nahmen. Seitdem kann ich regelmäßige Wandlungsphasen wahrnehmen, die offensichtlich dazu führen, dass die Erde nach und nach in eine neue Entwicklungsstufe hinübergeführt wird. Die Wandlungen werden als epochal wahrgenommen, weil es nicht nur um Teilveränderungen geht,

denen die Erde sowieso ständig unterworfen ist. Diesmal handelt es sich um eine komplette Umstrukturierung des Erdraumes; dadurch ist zu erwarten, dass die Mehrdimensionalität des Erdkosmos in all ihrer Komplexität manifestiert wird.

Zu der Umstrukturierung des Erdraumes gehören die in regelmäßigen Abständen aufeinander folgenden Umpolungen im Raum, so wie auch die subtilen Vorgänge, die ich mit dem Begriff der Raumumstülpung bezeichne. Man könnte sagen, dass dabei die Rollen der einzelnen Polaritäten zeitweilig ausgetauscht werden. Was vorher oben wahrgenommen wurde, wirkt nun von unten, und umgekehrt. Es kommt zum Beispiel dazu, dass dasjenige, was vorher in der unteren Schale der Unterwelt versiegelt war, einem nun am Himmelsgewölbe begegnet. Was vorher im Schattenraum hinter dem Rücken verborgen ins Schweigen getaucht war – um es auf den menschlichen Körper zu beziehen –, mag von nun an als eine Inspiration auf dem Lebensweg der wachen Gegenwart wirken.

Dadurch kommt es nach und nach zu einer kaum vorstellbaren Abrundung des Raumes. Himmel und Erde sind voneinander nicht mehr getrennt, sondern tauschen ihre Rolle sogar gegenseitig aus. Man kann damit die Erde gar nicht mehr nur als Erde bezeichnen. »Erdkosmos« scheint der einzig angemessene Ausdruck zu sein, um die neue Ordnung zu beschreiben.

Was die seelisch-geistige Ebene betrifft, kann ich von einer grundlegenden Wandlung des Erdbewusstseins berichten, die sich innerhalb der erwähnten Zeitspanne abgespielt hat. Die Erde hat angefangen, eine neue Bewusstseinsebene zu manifestieren, die ich als »Tochter der Erde« bezeichne. Bildlich gesprochen hat die alte Gaia, die bislang vollständig auf die Entwicklung ihrer Lebensreiche konzentriert war, einen Wandlungsprozess ausgelöst, durch den sie sich als ein kosmisches Weisheitsbewusstsein wiederfindet. Dadurch öffnen sich die Wege zu der zukünftigen kreativen Partnerschaft zwischen den Evolutionen – Tiere, Menschen, Elementarwesen –, die die Erde zu ihrer Heimat gewählt haben. Eingehüllt in die Atmosphäre der Liebe und Weisheit der Tochter der Erde sollte es uns endlich gelingen, Frieden auf Erden zu schaffen.

Im Einklang mit dieser Ausrichtung vollzieht sich auch innerhalb der Welt der Elementarwesen ein Wandlungsvorgang, durch den es der Intelligenz der Erde ermöglicht wird, sich mit den neuen Aufgaben, die die zukünftige Partnerschaft zwischen den Evolutionen verlangt, auseinander zu setzen. Ein neuer Strang der Evolution der Elementarwesen wird gebildet, der eine Qualität der bislang unter den Elementarwesen unbekannten Individuation verkörpert, was die erwartete Zusammenarbeit mit dem hoch individualisierten Bewusstsein des Menschen möglich macht. Man kann die liebevolle Nähe der Naturwelt, die sich seit neuestem den Menschen zeigt, kaum in Worte fassen.

Und der Mensch? Der moderne Mensch verharrt starr in seinen dogmatisch untermauerten Religionsvorstellungen. Für den modernen Menschen bleiben Erde und Natur weiterhin ein Objekt seiner Manipulation – sei es im Sinne der Ausbeutung oder im Sinne der ökologischen Maßnahmen. Der moderne Mensch hält strikt an der Trennung zwischen der irdischen Profanwelt und der geistigen Jenseitswelt fest und bewegt sich fast ausschließlich auf der Schiene des verstandesorientierten Bewusstseins. Eine allgemeine Unempfindlichkeit gegenüber der Lebensganzheit ist die Folge.

Die Gegensätzlichkeit, in die die Erde und der Mensch in diesem Augenblick der Evolution geraten sind, mag so, wie ich sie beschreibe, übertrieben klingen. Aber genau so wurde mir in dem Traum die Lage dargestellt, die uns der Gefahr des »zweiten Todes« aussetzt. Als Schutzmaßnahme, die uns vor dem Abgrund retten kann, wurde mir danach eine logisch kaum nachvollziehbare Lösung vorgestellt: Die Menschheit soll in eine Notsituation versetzt werden, durch die in einem einzigen Augenblick starke Gefühle des Erbarmens frei werden. Eine weltweite »Explosion« des Mitgefühls würde die drohende Kluft für eine kurze Zeitspanne überbrücken, sodass in diesem Moment Fundamente für eine langfristige Lösung gelegt werden könnten.

Ich hatte zu jener Zeit noch keine Ahnung, wie ein so delikater Wendepunkt im Prozess der Wandlung von Erde und Mensch zustande kommen kann. Als eine Antwort auf diese Ungewissheit wurde mir in der nächsten Nacht ein Traum zuteil. In ihm wurde mir die Vorgehensweise dargestellt, durch die das tragische Ereignis vom 11. September zustande kommen würde. Leider konnte ich aufgrund des Traumes die physischen Umstände nicht identifizieren, durch die das Geschehnis später manifestiert wurde, geschweige denn den Ort oder das Datum:

In der Bildersprache des Traumes dargestellt, lasse ich mein Auto für wenige Augenblicke auf einer steilen Auffahrt zu einem hohen Gebäude stehen. Es ist offensichtlich verboten, dort zu parken. Ich muss jedoch unbedingt in das Gebäude rennen, um etwas zu erledigen, und da kein Parkplatz zu finden ist ... Die Handbremse ziehe ich fest an, aber ich vergesse, das Fenster hochzukurbeln. Ein Mann kommt vorbei, entdeckt, dass das Autofenster offen ist, und greift unbemerkt zur Handbremse, löst sie und verschwindet. Das Auto beginnt langsam rückwärts zu rollen und stürzt zum Schluss über den Straßenrand in die Tiefe.

Als ich eilig zurückkomme, ist das Auto verschwunden. Ich gucke über den Rand des Abgrundes und sehe ihn verwandelt in einen Haufen von Trümmern. Genau so einen Haufen habe ich in New York drei Wochen nach dem Anschlag vom 11. September an der Stelle der beiden Türme gesehen.

Einer schon lange zuvor getroffenen Verabredung folgend, bin ich am 1. Oktober 2001 nach New York gereist, um mit meinem Manhattan-Stadtheilungsworkshop fortzufahren. Einige Tage später bot sich mir dann die Gelegenheit, den so genannten Ground Zero, wo die Türme des World Trade Center standen, zu besuchen. Dabei ließ ich mich nicht von der allgemein herrschenden Neugierde absorbieren, sondern ich achtete auf die seelische Qualität des Ortes. Es war zu meiner Überraschung das Gefühl einer ergreifenden Gnade zu spüren, das vom Ort der Tragödie ausging. Um zu erforschen, wie es zu diesem wohltuenden Gefühl kommen konnte, und um die Lage von innen zu »sehen«, öffnete ich die Augen meiner Seele.

Was ich wahrnahm, war eine Lichtpräsenz – dem Gefühl nach so hoch, wie es die beide Türme waren –, von der die Qualität der Gnade ausging. Spontan erkannte ich in ihr die Präsenz der Jungfrau Maria, wobei mein Bewusstsein meinte, sie könnte gleichwohl mit der Kuan-yin der chinesischen Tradition oder mit der buddhistischen Tara gleichgesetzt werden. Maßgebend war ihre Qualität des Mitgefühls, die den Raum umgab und durchstrahlte.

Was ich an dem Platz als einem seelisch-geistigen Brennpunkt des Mitgefühls wahrgenommen habe, konnte ich auch im Alltag der Stadt erkennen, manifestiert durch Massenrituale, die die Menschen spontan ausführten. Auf dem Union Square, am Columbus Circle und an anderen Stellen in der Stadt wurden ständig Kerzen für die Opfer angezündet, sakrale Bilder aufgestellt, Symbole der Liebe und Fürsorge für die Toten angebracht und vieles andere mehr. Die Bewohner von Manhattan erzählten mir, dass noch nie zuvor so innige Bande der Liebe zwischen den

Mitbewohnern der unglücklichen Stadt entstanden sind wie in den Tagen nach der Katastrophe.
Noch maßgebender als die Berichte der New Yorker waren für die Beurteilung der Wahrhaftigkeit meiner Vision meine geomantischen Erfahrungen im Central Park mitten in Manhattan. Während der vorangegangenen zwei Jahre hatte ich den Central Park als kraft- und gefühlsmäßig verschlossen erlebt. Es war äußerlich schwierig gewesen, dort Plätze zu finden, durch die es einem möglich wäre, an die verschiedenen Schichten des Stadtraumes heranzukommen. Diesmal, im Oktober 2001, war die Lage ganz anders. Während der Vorbereitungen für die Raumheilungsworkshops im Central Park bemerkte ich sofort, dass die Insel für meine Untersuchungen offen war. Es fiel mir relativ leicht, verschiedene geomantische Systeme und Brennpunkte, die mit der Stadtganzheit zu tun hatten, zu entdecken und zu erkennen.
In diesem Zusammenhang möchte ich den Kraftkanal erwähnen, der eine Art Wirbelsäule von Manhattan darstellt. Der Kanal kommt durch die Einatmung der kosmischen Kräfte am Kopf der Insel zustande – dort, wo sich der Battery Park befindet; es ist der südlichste Punkt von Manhattan. Die Wirbelsäule verläuft von dort über den Standort der beiden ehemaligen Türme des World Trade Center und weiter durch den Central Park bis zum Inwood Hill Park an der nördlichen Spitze der Insel. Hier kommt die Ausatmung seiner Kräfte in die Erdtiefe zustande. In den vorangegangenen Jahren war die Präsenz des Kraftkanals im Raum Manhattans zwar zu spüren gewesen, aber seine Tätigkeit schien gelähmt zu sein.
Im Oktober 2001 stimmte ich mich erneut auf den zentralen Kraftkanal Manhattans ein. Als den Ort des Kontaktes verwendete ich den Generalakupunkturpunkt für Manhattan, der sich im Central Park in der Nähe des Metropolitan Museums befindet. Ich war überrascht, wie stark der Kraftstrom präsent war. Dabei erhielt ich ein inneres Bild: das Bild des mythischen Schwertes Excalibur, das inzwischen aus dem Granitgestein von Manhattan herausgezogen worden ist. Sein vibrierendes Kraftpotenzial steht für die befreite Schwingung des zentralen Kraftkanals von Manhattan. Meiner Einsicht nach wurde die Befreiung durch das Ereignis vom 11. September 2001 bewirkt.

Wie kann man sich so etwas vorstellen, ohne dass dadurch die Gräueltat der Massenmörder gerechtfertigt wird?

Ich hatte dazu zwei Visionen erhalten, beide nach dem Attentat. Ich möchte zuerst jene erwähnen, die mir aus der Entfernung zuteil wurde, nachdem ich nach Europa zurückgekehrt war und in Köln ein Seminar zum Thema »Selbstheilung der Erde und des Menschen« hielt. Dabei arbeiteten wir auch an einer Übung, die ich »Die Träne der Gnade« nenne und die aus meinem neuesten Buch »Die Tochter der Erde« stammt. Bei dieser Übung wird ein Ort ausgewählt, der eine Not leidet. Die Hände werden auf die Herzebene gehoben, sodass sie einen horizontalen Kanal bilden. Danach wird die »göttliche Jungfrau« (die Seele des Universums) um eine Träne der Gnade gebeten, die mit Hilfe der Imagination zu dem ausgewählten Ort geleitet wird.

Eine Teilnehmerin schlug vor, dass die Gruppe die Träne der Gnade zu den Ruinen des World Trade Center in New York leiten sollte, weil sie spüre, dass es dort noch manche Seelen der Verstorbenen gäbe, die leiden würden. Ihr Vorschlag wurde akzeptiert, und während der folgenden Augenblicke war die Aufmerksamkeit der Gruppe auf den Ort des Anschlages in New York konzentriert. Ich habe bei dem Ritual eine Vision gehabt, die so überwältigend war, dass ich sie während des späteren Erfahrungsaustausches vor der Gruppe gar nicht schildern konnte. Ich brauchte mehr Zeit, um die Vision in das Gesamtbild einordnen zu können.

In dem Moment, als die Träne den Ort der Tragödie berührte, lüftete sich mir die Lichtpräsenz, die beschriebene Säule der Gnade, für einen Sekundenbruchteil wie ein Schleier – wobei der Ort weiterhin in die wohltuende Schwingung des Mitleids gehüllt blieb. Es wurde mir ein Einblick in den Abgrund des Todes gewährt, der sich durch den Massenmord aufgetan hatte. Die Dunkelheit des Todes, die ich wahrnahm, war tiefer als die Schwärze der finstersten Nacht. Die einzig zutreffende Assoziation dazu wäre die der Kreuzigung Christi.

In der Sprache der Seele symbolisiert die Kreuzigung die erste Phase des dreigliedrigen Wandlungsvorganges, ohne den die seelisch-geistige Entwicklung des Menschen nicht möglich wäre. Die erste Phase dient der Konfrontation mit all dem Alten, über das der Mensch durch seine Entwicklung hinausgewachsen ist und das es loszulassen gilt. In der zweiten Phase kommt zu einer Wiederverbindung mit verschiedenen Ausdehnungen des Alls und zu der Erfahrung der sich neu offenbarenden Ganzheit. Aufgrund der Wiederverbindung wird die dritte Phase des Wandlungsvorganges möglich, durch die eine neue Stufe des Seins und Bewusstseins verwirklicht werden kann.

Es handelt sich jedoch bei der Wandlung um keinen logisch nachvollziehbaren Prozess, sondern um eine mystische Erfahrung. Sie ermöglicht es uns im entscheidenden Moment der persönlichen Entfaltung, in einen neuen Daseinszustand versetzt zu werden; sie ermöglicht es, sozusagen einen Quantensprung in der Entwicklung zu vollziehen.
Zu der ersten Phase des Wandlungsprozesses gehört unumgänglich, dass in irgendeiner Weise der Tod erfahren wird. Es kann sich dabei um den Zusammenbruch der persönlichen Glaubensmuster handeln. Oder man erlebt vielleicht durch gewisse Umstände einen vorübergehenden Verlust des Bewusstseins, durch den die todesnahen Erfahrungen zustande kommen können. Es kann aber auch sein, dass man mit einer Tragödie konfrontiert wird, bei der durch das Sterben vieler Menschen die Pforte des Todes so weit aufgerissen wird, dass jemand in seiner Imagination geistig und emotional in den Todesvorgang mit hineingetragen wird.
Letzteres ist meiner Erfahrung nach bei der Tragödie der beiden Türme und der darin verwickelten Menschen geschehen. Es geschah jedoch nicht nur auf der persönlichen Ebene, sondern es wurde der ganzen Menschheit zuteil. Die moderne Entwicklung in der Informationsübertragung machte es möglich, dass durch die Tragödie vom 11. September Millionen von Menschen weltweit fast zeitgleich den Abgrund des Todes erfahren konnten.
Dabei sollte man sich darüber im Klaren sein, dass der »Abgrund des Todes« identisch ist mit dem Pulsschlag der Ewigkeit. Da der Mensch durch das Geborenwerden in der Welt der Materie sozusagen die Dimension der Ewigkeit verlassen muss, wird sie durch den Augenblick des Todes natürlicherweise wieder erreicht. Aus dem Blickwinkel der verkörperten Welt betrachtet, stürzt der Mensch im Augenblick seines Todes in einen dunklen Abgrund. Umgekehrt wird derselbe Vorgang seitens der Seele – wie beschrieben in den Berichten über Nahtoderfahrungen – als ein seliges Sichauflösen im himmlischen Licht erlebt.
Übertragen auf das tragische Ereignis vom 11. September hieße es, dass die von Millionen Menschen weltweit erlebte Todesnähe bewirkte, dass die dichten Schichten des mentalen Bewusstseins, in das wir Menschen wie in ein Korsett eingezwängt sind, für einen Sekundenbruchteil gelüftet worden sind. Wir haben in diesem Moment alle das Gesicht der Ewigkeit geschaut. Obwohl das unbewusst geschah – während unser waches Bewusstsein ins Chaos und in eine extreme Ungewissheit

gestürzt wurde –, ist es zu einer körperlich verankerten Erfahrung der Vollkommenheit gekommen, die nie mehr ausgelöscht werden kann.
Dabei wurden zweierlei Dinge erreicht. Erstens: Durch den Moment des Kontakts mit der Unendlichkeit hat die Menschheit eine Wiederverbindung mit dem Urgrund unseres Seins erlebt, wodurch die oben beschriebene Gefahr des »zweiten Todes« erfolgreich überwunden wurde. Dadurch wurde der Weg für die Fortsetzung der Wandlung von Erde und Mensch geöffnet. Ich spüre eine tiefe Dankbarkeit für jene, die ihr Leben geopfert haben, damit wir alle leben können.
Zweitens geschieht in einem solchen Fall noch etwas Wunderbares. Durch den furchtbaren Einbruch der göttlichen Kraft und Vollkommenheit werden in einem einzigen Moment Unmengen an Negativität verbrannt, die die Menschheit in sich und um sich herum angehäuft hat. Meist handelt es sich um die Last der Selbstverleugnung, die die Menschheit durch ihr Denken, Fühlen und Handeln unendlich anwachsen ließ. Man hat keine Vorstellung davon, was dabei alles umgewandelt und erlöst werden konnte. Auch dafür meine tiefe Dankbarkeit; Ehre gebührt den Verstorbenen.

Die zweite Vision, die ich nach dem Attentat erhalten habe, ermöglichte mir einen Einblick in das Geheimnis, wie es dazu kam, dass eine kriminelle Tat wie die vom 11. September rechtzeitig umgewandelt werden konnte, damit sie letztendlich doch dem Guten diente. Genauer gesagt meine ich, dass der göttlichen Gnade so eine Kraft und Weisheit innewohnt, dass sie fähig ist, sogar ein Verbrechen zu durchlichten und es in einen Akt der Erlösung umzuwandeln. Ich fühle mich bei dieser Aussage unterstützt durch die Worte der Offenbarung des Johannes, Kapitel 17, Vers 17, die in der Übersetzung von Emil Bock lauten: »Denn der Vatergott hat ihren Herzen einen Willen eingepflanzt, nach dem sie zuletzt doch in seinem Sinne handeln müssen. So dienen sie diesem einen Sinne auch, indem sie ihr Reich in den Dienst des Tieres stellen, bis die Ziele der Worte Gottes erfüllt sein werden.«
Um der Klarheit willen möchte ich bemerken, dass in dem Zitat mit »sie« Menschen gemeint sind, die falsche Vorstellungen über den Sinn des Lebens hegen oder zerstörerische Ziele verfolgen. Ich verstehe darunter die Planer und Ausführenden des Attentats vom 11. September. Sie sind diejenigen, die »ihr Reich in den Dienst des Tieres stellen«.
Die erklärende Vision dazu wurde mir durch einen Traum zuteil, den ich

am 22. September, elf Tage nach dem Attentat, empfing. Die Vision stellt die übliche Vorstellung infrage, dass es bei dem Anschlag einfach um eine Auseinandersetzung zwischen den Kräften des Guten und den Kräften des Bösen ging, wobei die einen Opfer und die anderen Täter waren. Die Hintergründe des Attentates wurden mir so dargestellt, dass die Unterscheidung zwischen den Guten und den Bösen transzendiert wurde. Ich musste realisieren, dass es sich dabei um einen Zusammenprall von zwei nur scheinbar gegensätzlichen Kräften handelte, die eigentlich zwei Pole des entfremdeten Bewusstseins des neuzeitlichen Menschen darstellen:

Ich befinde mich in einem schmutzigen, öligen Wasser, um das Duell zweier »Riesen« zu beobachten, die – bis zu den Knien im Wasser stehend – auf Leben und Tod gegeneinander kämpfen. Ein außerhalb stehender Rundfunksprecher begleitet den Kampf und schreit seinen Kommentar aufgeregt wie bei einem Fußballspiel.

Die Tatsache, dass ich das Duell aus der Tiefe des Wassers beobachte, soll wohl bestätigen, dass es neben der sichtbaren Ebene der Weltereignisse, die von den internationalen Medien ununterbrochen kommentiert wird, noch eine andere Ebene gibt. Es handelt sich um Vorgänge innerhalb des emotional-energetischen Feldes (Astralfeldes) der Menschheit, die von uns gewöhnlich nicht wahrgenommen und deswegen zu wenig beachtet werden.

Nach einer Weile kommt in der Auseinandersetzung der beiden »Riesen« der Augenblick, der meiner Ansicht nach dem 11. September gleichzusetzen ist: Der Kommentator gibt in größter Aufregung kund, dass einer der Kämpfer tödlich verwundet wurde. Danach folgt eine absolute Stille. In dem Moment tauche ich aus dem Wasser auf, und ich sehe den modernen Menschen am Ufer des Gewässers sitzen, in dem gekämpft wurde. Ich erkenne ihn als solchen an seinem Anzug, der frisch aus dem Kaufhaus stammt. Er greift in seine Tasche, holt seine Brille heraus und setzt sie auf die Nase. Ich spüre, wie verwundert er ist, dass er plötzlich sehen kann. Von den beiden Kämpfern ist auf der äußeren Daseinsebene nichts zu spüren.

Um die Botschaft des Traumes der Interpretation zugänglich zu machen, möchte ich zuerst die Rolle der zwei in den erbarmungslosen Kampf verwickelten »Riesen« charakterisieren. Aufgrund der Namen, die durch den Kommentator ausgerufen wurden, und anderer Zeichen, die dabei auftraten, behaupte ich, dass die zwei verfeindeten Kämpfer zwei voneinander getrennte Aspekte des neuzeitlichen menschlichen Bewusstseins darstellen. Dass sie sich in öligem Wasser befinden, heißt, dass ihre schizophrene Gegensätzlichkeit uns Menschen gar nicht bewusst ist, sondern in das Unterbewusstsein gedrängt wurde.

Einerseits haben wir es mit der Macht des Kapitals und der globalen Wirtschaft zu tun, wofür das World Trade Center stehen würde. Ich denke dabei an die Ausnutzung der weltweiten wirtschaftlichen Beziehungen mit dem Ziel der Vermehrung von weltlicher Macht und materiellem Reichtum, was zur Ausbeutung der Individuen und Kulturen führt. Die treibende Kraft ist dabei ein Bewusstsein, das sich ausschließlich auf die Verstandeskräfte des Menschen beruft und dabei eine mentale Reinheit vortäuscht, was durch die logische Nachvollziehbarkeit seiner Vorstellungsmuster bewerkstelligt wird. Dabei wird die dem Herzensgefühl offenbare Tatsache verdeckt, dass es sich um eine extreme Entfremdung gegenüber der Lebensganzheit handelt, durch die die Träger und gleichzeitig Gefangenen dieses verkapselten egozentrischen Bewusstseins emotional leiden. Dieses Leid wird durch eine geradezu fantastisch verfeinerte Technik verdeckt, die einen fasziniert und gleichzeitig noch tiefer in die eigene Entfremdung hineinführt. Kybernetik ist ein Beispiel dafür.

Andererseits haben wir es mit Menschen zu tun, die in ihrer Hingabe und in ihrem Tun absolut und exklusiv dem Gott ergeben sind und in diesem Sinn sich selbst als Gotteskrieger betrachten. Die Taliban stehen als ein Symbol dafür. Sie merken nicht, dass sie sich in ihrer Hingabe auf einen Gott beziehen, der ihren eigenen Gottesvorstellungen entwachsen ist und der durch ihre eigenen Intentionen in seiner Eigenart bestimmt wird. Es handelt sich, wie bei dem oben beschriebenen Gegenpol, um einen Trick des verstandesorientierten Denkens, durch das der neuzeitliche Mensch – der Mensch des eisernen Zeitalters – gekennzeichnet ist. Verhaftet in der subjektiv-objektiven Distanz kann er nicht unterscheiden, ob seine religiöse Verbindung sich auf die Urquelle allen Seins bezieht oder auf die Vorstellungsmuster von der Urquelle, die »seine« Religion im Rahmen ihrer Theologie festgelegt hat. Gerechtigkeitshalber muss ich betonen, dass nicht nur der Islam, sondern auch das Christentum derselben Zwiespältigkeit der mentalen Entfremdung unterliegt.

Indem ich mich noch einmal auf die prophetische Aussage der Offenbarung des Johannes berufe, möchte ich darauf verweisen, dass die Gegenkraft, die der wesentlichen Wandlung des Menschen und des Erdkosmos

entgegenwirkt, auch dort im 13. Kapitel durch zwei voneinander getrennte Aspekte dargestellt wird. Sie verkörpern jedoch ein und dieselbe Kraft und kooperieren auch untereinander. Es handelt sich einerseits um ein Tier, das aus dem Meer emporstieg. »Das hatte zehn Hörner und sieben Häupter und trug auf den Hörnern zehn Kronen, und auf seinen Häuptern standen Namen der Feindschaft gegen den Geist.« Andererseits geht es um den Aspekt des falschen Propheten, der aus der festen Erde emporstieg: »... und hatte zwei Hörner, sodass es ähnlich aussah wie ein Lamm, aber seine Sprache war wie die eines Drachen.«
Dass die beiden Polaritäten unseres schizophren auseinander geratenen Normalbewusstseins am 11. September aufeinander prallten und sich dadurch als solche offenbarten, war ein gewaltiger Schock für uns alle – unabhängig davon, ob diese schockierende Botschaft später bewusst verarbeitet worden ist oder ob darauf einfach emotional reagiert wurde. Die verblüffende Mischung von List, hoher technischer Kenntnis und Gewalt, durch die das Attentat ausgeführt wurde, zeugt davon, dass die beiden Polaritäten untereinander auf eine unbewusste Weise kooperierten, um sich letztendlich gegenseitig eine tödliche Wunde zu schlagen. Dass die materialistisch ausgerichteten Kräfte weltweit im lebenszerstörenden Sinn tätig sind, ist uns aufgrund der sich vertiefenden ökologischen Probleme schon vorher bewusst gewesen, auch durch die negativen Auswirkungen der Globalisierung der Wirtschaft. Man hat jedoch kaum geglaubt, dass die geistige Entfremdung des modernen Menschen so weit gelangt ist, dass sie fähig ist, an den Fundamenten unserer zivilisierten Welt zu rütteln.

Als ich am 20. September 2001 vor die Wahl gestellt wurde, ob ich angesichts der gefährlichen Weltlage in die USA fliegen sollte oder nicht, wurde mir ein Traum geschenkt, durch den ich beruhigt, aber gleichzeitig auch gewarnt wurde. Seine Botschaft bezieht sich nach meiner Einschätzung auf die komplizierten Folgen des Attentats. Dazu zähle ich die verschärfte Kontrolle der Lebensvorgänge seitens des Verstandes, die Beschneidung gewisser Bürgerrechte und letztlich die Kriegsführung in Afghanistan:
Ein großer Adler setzt sich auf meinen Kopf. Zu meinem Erstaunen ist er jedoch zahm wie eine Henne. Er macht sich klein und presst sich so dicht an meinen Kopf wie möglich. Dabei rutschen seine Flügel so tief herab, dass sie mir die Sicht zu verdecken drohen. Immer wieder muss

ich die Federn zur Seite schieben, um sehen zu können. Es gibt aber keine Anzeichen dafür, dass der Adler meinen Kopf je verlassen möchte. Es scheint, als ob er bei mir am besten aufgehoben wäre. Er stößt seine Krallen so tief in meine Kopfhaut hinein, dass sie noch lange schmerzte, nachdem ich erwacht war.

Wie lautet die Botschaft des Traumes, wenn man sie in die logische Sprache übersetzt? Den Kräften, die gegen die Wandlung der Erde und des Menschen dadurch opponieren, dass sie die alten Muster aufrechtzuerhalten versuchen, wurde durch den Zusammenprall ihrer Polaritäten am 11. September ihre reale Macht entzogen. Es ist zwar möglich, dass sie seitdem ihre vermeintliche Übermacht noch konsequenter demonstrieren werden. Es wäre aber ein Fehler, wenn man dieser Demonstration mehr Gehör schenken würde als nötig. Es wäre sinnlos, gegenüber den Kräften, die die alten Muster fortschreiben, in Furcht zu verfallen oder sich in Auseinandersetzungen mit ihnen zu verwickeln.

Stattdessen sehe ich es als sinnvoller an, dass jeder beharrlich seine oder ihre Wiederverbindung auf allen Ebenen anstrebt und sie im eigenen Leben zu verwirklichen sucht. Im Licht der Botschaft vom 11. September sind es zwei Themen der Arbeit an sich selbst, die dabei besonders im Vordergrund stehen. Es sind die Aufgabenbereiche, durch die die positiven Folgen des tragischen Ereignisses gefördert werden. Damit sich die positiven Folgen langfristig durchsetzen können, wäre es notwendig, dass die beiden Themen von immer mehr Menschen weltweit wahrgenommen und in ihrem Alltag realisiert werden.

Zum einen gilt es zu lernen, auf die Stimme der eigenen ewigen Seele zu hören und ihrer Führung zu folgen. Sie offenbart sich durch die holografische Sprache der Ereignisse, die unser Leben unerwartet durchlichten oder gar erschüttern. Sie offenbart ihre Botschaft durch Träume der Nacht oder Intuitionen des hellen Tages. Ihre Stimme ist durch Herzimpulse wahrnehmbar oder durch die innere Stille. Um einer weiteren Katastrophe wie der vom 11. September vorzubeugen, müssten wir lernen, der Stimme der Seele – der Ewigkeit in uns – Gehör zu schenken, und dadurch vermeiden, dass ihre segensvolle Präsenz im persönlichen und öffentlichen Leben unterdrückt wird.

Zum zweiten gilt es, daran zu arbeiten, dass die Synthese der gefühls- und verstandesmäßigen Kräfte und Intentionen vorankommt. Bildlich gesprochen geht es um die Wiederverbindung von Kopf und Bauch, die ihre Synergie im Herzen finden. Anders ausgedrückt, geht es um die

Synthese von Himmel und Erde in uns. Wenn wir nach und nach dazu fähig werden, dass durch unsere Gedanken geliebt und durch unsere Gefühle imaginiert wird, dann ist die tödliche Kluft überbrückt, die uns zu selbstmörderischen Taten treibt – eine davon war die vom 11. September 2001. Die verschärften Gegensätze bei den Kräften unserer Welt können in der jetzigen Phase der Entwicklung nicht anderswo überbrückt werden als in der inneren Welt von vielen Individuen, letztendlich in uns allen.

Ruediger Dahlke
Daran krankt die Welt

Der 11. September als Symptom

In den Tagen nach den drei Donnerschlägen des 11. September wurden wir mit Bildern des Zusammenbruchs der Symbole unserer Ersten Welt überschüttet. Mit fast masochistischer Lust haben uns die Medien immer wieder die Agonie der beiden Symbole für Wirtschaft (Word Trade Center) und Militärmacht (Pentagon) vorgeführt, die die US-Welt bedeuten.
Die Frage, ob das auch unsere Welt war, die da in die Brüche ging, haben die Politiker der Nato flugs beantwortet, indem sie sich und alle Bürger innerhalb der Nato ebenfalls für angegriffen erklärten. Jeder muss aber wohl noch einmal für sich selbst entscheiden, ob Welthandelszentrum und Pentagon auch die Symbole seiner Welt waren.
In der Ersten Welt hatten die Menschen mehrere Schocks zu erleiden: zuerst die Nachricht von den Attentaten, dann die endlos wiederholten Bilder vom Sturz der Symbole und schließlich auch noch die Auswirkungen der Schockwellen auf die Wirtschaft. Natürlich besteht zwischen solchen Ereignissen kein kausaler, sondern ein synchroner Zusammenhang, der seinen eigenen Gesetzen gehorcht. C. G. Jung hat sich in seinem Werk ausführlich mit ihnen beschäftigt. Diese Zusammenhänge zu verkennen wäre naiv.
Wer um die Macht der Symbole weiß, muss in diesen Zeiten für die Handels- und Militärmacht USA schwarz sehen – obwohl im Moment das (Kriegs-)Glück den USA scheinbar hold ist und obwohl Präsident Bush eine unglaubliche Steigerung des US-Rüstungsetats ebenso problemlos durchzusetzen vermochte, wie er auch ganz nebenbei Geld für seine »Star-wars«-Ideen lockerzumachen verstand.

Bei aller Beweisnot ist der Westen inzwischen sicher, dass islamische Terroristen und Fundamentalisten hinter den Anschlägen von New York steckten. Die El Qaida sowie das Taliban-Regime in Afghanistan wurden als Übeltäter und Manifestationen des Bösen identifiziert, das es auszurotten gilt. Das Vorhaben, die grausamen Taliban aufs Haupt zu schlagen, erregte außer bei islamischen Fundamentalisten wenig Anstoß und schon gar keine Abscheu. Die große Mehrheit der Afghanen hat ja auch die Befreiung vom Joch der Taliban dankbar angenommen. Hier könnte man fast Argumente für den US-Krieg gegen die »Achse des Bösen« wittern.

Doch mit Bomben lässt sich das Böse – wer oder was darunter auch immer verstanden wird – nicht aus der Welt schaffen. Damit wird im Gegenteil vor allem Öl auf die Feuer der Fundamentalisten in anderen Staaten gegossen und ihnen so neues Kanonenfutter für weitere wahnwitzige Selbstmordkommandos zugetrieben. Diese Menschen haben nichts mehr zu verlieren, aber aufgrund ihres Missverständnisses der Lehren des Koran alles zu gewinnen.

Die Taliban hatten alles daran gesetzt, auf dem *Fundament* ihrer heiligen Schrift eine »ideale« religiöse Gesellschaft zu etablieren. In fundamentalistischem Eifer waren sie allerdings bereit gewesen, die Gebote ihrer heiligen Schrift skrupellos zu brechen. Der angeblich edle Zweck heiligte ihnen zum Schluss alle Mittel. Dabei zielt der Koran, wie alle heiligen Schriften, auf Frieden und innere Befreiung. Man kann jedoch heilige Schriften auch wörtlich nehmen, sie rein äußerlich interpretieren und damit missverstehen.

Die Globalisierung treibt die Heimatländer der islamischen Fundamentalisten in immer schlimmere Krisen; auf äußeren wirtschaftlichen Ebenen sehen sie keine Chance. So werden sie noch leichter fanatischen religiösen Führern aufsitzen und meinen, dass der Dschihad als äußerer Krieg zu verstehen ist. Jeder Sufi wird jedoch erläutern, dass die »große Anstrengung«, so die wörtliche Übersetzung von Dschihad, nichts anderes als der Kampf mit dem eigenen Ego ist. Wer in diesem innerseelischen Kampf fällt, dem wird im Koran tatsächlich das Paradies versprochen.

Terroristen, die sich in US-Flugzeugen oder israelischen Cafés in die Luft jagen und zu Massenmördern werden, glauben sich auf dem Weg in den Himmel. Vor solchen Selbstmordattentätern gibt es keinen hundertprozentigen Schutz, und statt kriegerisch zu reagieren und Vergeltung zu üben, sollten wir uns lieber fragen, woher solches Elend wie der terroristische Fundamentalismus im tieferen Sinn kommt.

Der weltweite Fundamentalismus ist nach meiner Einschätzung das Ergebnis und die Reaktion auf große und tiefe Frustrationen. Die meis-

ten fundamentalistischen Strömungen dürften entstanden sein, weil ihre Vertreter begriffen haben, dass weiterer Fortschritt im Sinn der reichen Länder sie immer weiter von ihren ursprünglichen (religiösen) Werten wegführt und nicht annähernd die gemachten Versprechungen erfüllt.
Von der Globalisierung haben die armen Länder ungleich weniger profitiert als die reichen, wenn überhaupt. So haben verschiedene Gruppen den Rückwärtsgang eingelegt, und sie versuchen nun, die »guten alten Zeiten« wieder aufleben zu lassen. Da das in der Regel auf Widerstand vor allem der Jugend stößt, wählen sie zusehends radikalere Methoden, um ihre Ziele zu verfolgen. Damit werden sie jedoch langfristig keine echten Chancen haben, sich an der Macht zu halten, wie etwa das Beispiel des Iran zeigt. Die Erfahrung, dass rigide Regime ungeliebt und langfristig instabil sind, treibt jedoch Fundamentalisten wie die Taliban zum Äußersten.
Letztlich handelt es sich bei den von »Gotteskriegern« verübten Grausamkeiten wohl um verzweifelte Amokläufe. So neu und fremd ist dieses schreckliche Phänomen nicht, schon die Reformation brachte solche kämpfenden Eiferer etwa in Gestalt der Hussiten hervor, ebenso die Restauration, die Inquisition; in Himmlers SS-Orden waren sie ebenso anzutreffen wie in Stalins Geheimdienst.

Nach den terroristischen Anschlägen haben wir den USA »uneingeschränkte Solidarität« gelobt. Solidarität müsste sich eigentlich auf Hilfe für die Schwachen beziehen, die man als Starker zum Beispiel in einer Solidargemeinschaft wie einer Versicherung mit unterstützt. Jetzt wurde dieser Begriff in sein Gegenteil verkehrt. Unsere Solidarität gilt der stärksten Nation in einem Kampf gegen Terroristen aus den ärmsten Ländern. So hat es in Afghanistan inzwischen schon deutlich mehr Opfer unter der Zivilbevölkerung gegeben, als bei den Terrorakten in den USA zu Tode kamen. Aufgrund der selbst auferlegten Pressezensur von Medien wie CNN hören wir nur kaum mehr davon. Über so genannte Kollateralschäden wird wenig berichtet, das hat sich im Golfkrieg nicht bewährt.
Selbst wenn wir Solidarität mit den USA als den Stärksten üben, könnte das ganz anders geschehen – immerhin haben auch sie uns erst vor fast sechzig Jahren aus den Fängen der selbstverschuldeten Nazidiktatur gerettet, als sie kämpfend in die Länder ihrer Vorfahren zurückkehrten. Damals mussten die USA sich gegen Deutschland wenden, um es zu

retten. Sollte es womöglich heute unsere Aufgabe sein, dass wir uns gegen ihren so (vor-)schnell erklärten Krieg wenden, um nun sie zu retten? Es ist noch immer Zeit, denn nach Afghanistan ist Amerikas Hunger auf Vergeltung ja bei weitem nicht gestillt. Selbst Länder wie der Iran, der sich schon wieder deutlich in unsere Richtung orientiert und der versucht, den Fundamentalismus aus eigener Kraft zu überwinden, werden von Bush in seine »Achse des Bösen« einbezogen.

Auch wenn wir den Attentatsopfern in den USA und ihren Angehörigen unsere Anteilnahme und unser Mitgefühl schenken, können wir doch nicht die Toten der Naturkatastrophen vergessen, die vor allem dem wirtschaftlichen Amoklauf der Fortschrittsländer anzulasten sind. Am 11. September sind auf dieser Welt ungleich mehr Kinder verhungert, als Menschen in den USA umkamen – so viele mehr –, und das geschieht jeden Tag. Es ist zum nicht geringen Teil Auswirkung unserer Wirtschaftspolitik im Rahmen der Globalisierung. Wenn Präsident Bush unsere Solidarität wünscht, sollten wir – bei dieser Gelegenheit und dieser Welt zuliebe – auch seine aus blankem Egoismus aufgekündigte Solidarität mit dieser Erde einfordern.

Selbst wenn wir erkennen können, welche brutalen, unmenschlichen Methoden die Terroristen und ihre fundamentalistischen Gesinnungsgenossen anwenden und was für grässliche Mörder sie sind, brauchen wir den USA doch nicht in einseitig funktionale und zudem hoffnungslose Maßnahmen zu folgen, die das Elend langfristig nicht mildern, sondern eher vergrößern werden. Wir müssen weiter Fragen stellen und sollten uns das nicht verbieten lassen. Vorwürfe, pietät- oder treulos zu sein, sollten uns nicht davon abhalten, kritisch zu bleiben und das große Ganze im Auge zu behalten.

Jetzt sind wir mit drei furchtbaren Schlägen aufgewacht für die schreckliche Situation unserer Welt. Warum eigentlich erst jetzt? – das ließe sich sogleich fragen. Die Antwort ist einfach: weil es nun erstmals US-Amerikaner getroffen hat. Der Wirbelsturm Mitch hat kürzlich in Mittelamerika über 100 000 Menschenleben gefordert, aber das waren keine US-Amerikaner, sondern nur »Zweite-Klasse«-Amerikaner. Auch die letzte Katastrophe in Südindien hat viel mehr Menschenleben gekostet als das September-Attentat in den USA, aber das waren nicht einmal Amerikaner. Bei den Toten gibt es offenbar solche erster und zweiter Klasse, und bei den Lebenden ist es leider genauso. Dass die Umwelt-

katastrophen letztlich genauso Menschenwerk sind wie die Terroranschläge, könnte außerdem jeder wissen, der sich heute ein wenig für diese Erde und ihre Ökologie interessiert.
Die Welt ist verletzlicher geworden und im höchsten Grad gefährdet. Diese Erkenntnis ist nicht neu. Die Terroristen haben es nur auf schreckliche Weise noch einmal gezeigt. Sie sind keineswegs der einzige und schon gar nicht der entscheidende Grund für unsichere Situationen. All die hausgemachten Naturkatastrophen, die nach den Statistiken der großen Versicherer in beängstigender Weise zunehmen, hätten es ebenso und viel früher zeigen können. Der wesentliche Unterschied ist nur, dass wir, die Bürger der Ersten Welt, sie auf dem Gewissen haben und insbesondere die der USA.
Um dem Ganzen die Krone aufzusetzen, hat George W. Bush gleich zu Beginn seiner Präsidentschaft klargemacht, dass ihm die Interessen der Welt im Vergleich zu den US-Wirtschaftsinteressen kaum am Herzen liegen. Das Wohl von Milliarden Menschen auf diesem Planeten zählt in seinen Augen viel weniger als die Vorteile von US-Konzernen. Unter ihm soll die »corporation nation«, wie der US-Ökonom Charles Derber sein Heimatland bedauernd nennt, auf Kosten der Welt weiter expandieren und neue Triumphe feiern. Was sich für US-Konzerne auszahlt, müssen wir schon längst alle bezahlen. Das wird nicht dadurch falsch, dass es unter anderem auch Osama bin Laden verkündet. Für die Massen der islamischen Welt ist Osama bin Laden heute schon ein Held. Darüber können wir wütend sein, aber wir sollten es zur Kenntnis nehmen.
Die Schäden im Ökosystem Erde gehen unproportional stark auf das Konto der USA, die wie kein anderes Land diesen Planeten ökologisch verwüsten und bei den sowie nur bescheidenen Reparaturversuchen weniger Solidarität mit ihm an den Tag legen als jedes andere entwickelte Land. Ist das jetzt wirklich alles durch den Terror anders und vergessen und verziehen? Ist durch die Attentate aus Bush plötzlich ein Freund unserer (Um-)Welt geworden? Wir könnten und sollten den Opfern von New York und Washington unser ungeteiltes Mitgefühl schenken, ohne dabei zu übersehen, dass die USA nicht nur Probleme haben, sondern selbst eines der Hauptprobleme sind.

Wenn wir versuchen wollen, entgegen dem breiten so genannten Mainstream nicht einfach blind hinter den USA her in schreckliche Fallen zu tappen, müssen wir weitere kritische Fragen stellen. Was wollten die

Terroristen erreichen? Die USA treffen und ihnen zeigen, dass auch sie gefährdet sind? Wenn ja, ist es ihnen auf der ganzen Linie gelungen. Warum aber wollen Terroristen überall auf der Welt die USA treffen? Könnte das auch mit den USA selbst zu tun haben, mit ihrer Art, mit ihrem Lebensstil auf Kosten anderer? In der Regel sind an einem Konflikt ja immer beide Seiten beteiligt; das zeigen praktisch alle Partnerberatungen in jedweder Praxis und auch die rückschauende Geschichtsbetrachtung. Oder ist es in diesem Fall wirklich nur die Bosheit und kalte Grausamkeit von Verschwörern gegen die Menschheit, gegen die Freiheit und die Menschenrechte? Letzteres wollen uns neben den amerikanischen leider auch die europäischen Medien fast unisono weismachen.
Es scheint wieder eine Zeit anzubrechen, in der Politiker den Stammtischen nacheifern und sich unter dem Banner des Guten auf einfache Denkschemata zurückziehen. Diese Tendenz bestimmt in Deutschland das Niveau einer Diskussion, die eigentlich keine mehr ist. Präsident Bush benennt einen Feind und fordert: »Gesucht – tot oder lebendig!« Das ist beklagenswerterweise sein Niveau, und wahrscheinlich kann er auch wirklich nicht anders, aber müssen wir uns dem so blind anschließen? Vielleicht könnten wir uns doch noch erlauben, auch die Frage zu stellen, wie die USA zu ihrer Rolle in dieser Eskalation gekommen sind.
Seit dem Ende des Zweiten Weltkrieges, für dessen noch glimpflichen Ausgang wir Deutschen ihnen nicht dankbar genug sein können, tun die USA so, als würden für sie andere Regeln auf diesem Planeten gelten als für den Rest der Welt. Die Deutschen haben zusammen mit fünf weiteren reichen Staaten (Frankreich, Großbritannien, Italien, Japan, Kanada), die sich zu der G7-Runde zusammengeschlossen haben, das Glück, dass die USA sie in der ersten Reihe mitspielen lassen – in einem Spiel, dessen Regeln die USA bestimmen und das sich für sie und uns gut auszahlt. Somit sitzen wir im selben Boot, wenn auch auf einem Platz von US-Gnaden. Eigentlich sind es natürlich nie G7-Gespräche, sondern bestenfalls 1 plus 6 Gespräche, wobei die sechs anderen Länder die USA nicht annähernd aufwiegen.
Terroristen kommen vor allem aus den armen und ärmsten Ländern, oder es sind Gebildete und vergleichsweise Privilegierte, die sich mit den Armen und Unterdrückten der ärmsten Länder solidarisieren. So hat der zum Hauptschurken stilisierte Osama bin Laden studiert und war ein erfolgreicher Bauunternehmer; die Todespiloten waren Akademiker und hatten zum Teil ihre Ausbildung in Deutschland erhalten. Das Phäno-

men, dass sich junge Menschen aus der Mittelschicht unter Hintanstellung ihrer persönlichen Interessen und sogar ihres Lebens für eine Idee opfern, ist bekannt. Es gibt viele Beispiele dafür: Ernesto Che Guevara war ein junger Arzt, der sehr bewusst sein Leben im Kampf gegen die Ungerechtigkeiten opferte, wie auch Camillo Torres, der junge Priester, der sich auf die Seite der Guerilla stellte – beide in Lateinamerika und beide letztlich im Kampf gegen die USA und ihre Konzerne sowie gegen die von ihnen gestützten autoritären Regime. Beide sahen mit den konstruktiven Möglichkeiten ihrer Berufe offenbar keine Chance mehr, gegen das übermächtige System aus Staats- und Konzernmacht anzugehen. Beide verloren ihr Leben und wurden zu Legenden, gerade auch bei der Jugend der reichen Staaten.

Die islamischen Terroristen sind in ihren Ländern ebenfalls auf dem Weg, zu Legenden zu werden; Osama bin Laden ist schon heute bei den einfachen Menschen vieler islamischer Staaten ein Volksheld, auch wenn deren Herrscher gegen den fundamentalistischen Terrorismus, der sie selbst bedroht, Front machen. Wenn aber idealistische junge Menschen keine Wege mehr sehen, sich für ein menschenwürdiges Leben zu engagieren, flüchten die Mutigsten unter ihnen leicht in Verzweiflungsaktionen.

Wie unangemessen das simple Schwarzweißdenken des US-Präsidenten ist, verrät schon die jüngste Geschichte der USA. Über viele Jahrzehnte hinweg haben die US-Präsidenten von den Menschenrechten geredet, während sie nicht nur in ihrem Hinterhof Lateinamerika, sondern überall auf der Welt jedwede autoritäre und nicht selten faschistoide Macht unterstützten, solange sie ihnen nur willfährig war. Eine Reihe von Diktatoren, die oft zugleich Massenmörder waren, etwa vom Kaliber eines Pinochet, stehen für diese Zeit. Kann es da böser und völlig ungerechter Zufall sein, dass sich in vielen Ländern Bewegungen bildeten, die ihren meist ohnmächtigen Zorn gegen die USA richteten? Diese haben sich fast überall auf der Welt Feinde gemacht. Auch unter diesem Gesichtspunkt ist die Situation nicht so neu. Viele US-Bürger dürften sich daran noch aus der Zeit des Vietnamabenteuers erinnern.

Was wollten die Terroristen wohl wirklich erreichen neben der konkreten und symbolischen Ohrfeige für die USA? Vielleicht wollten sie ihren Landsleuten Mut machen und zeigen, dass selbst die USA verletzbar sind. Das haben sie erreicht. Wahrscheinlich wollten sie die USA auch reizen, um sie aus der Reserve zu locken und noch verletzbarer zu machen. Das ist ihnen ebenfalls gelungen, denn die USA reagieren extrem gereizt. Und wahrscheinlich wagen die USA sich nun immer weiter hinaus und machen sich so erst richtig verletzlich: 90 Prozent der US-Bevölkerung wollen militärische Vergeltung, 70 Prozent sind bereit, eigene Verluste dafür in Kauf zu nehmen. Präsident Bushs Popularität ist seit seiner Kriegserklärung um 30 Prozent gestiegen.

Was werden die weiteren, vielleicht sogar von den Terroristen beabsichtigten Konsequenzen sein? Immerhin waren die Anschläge ebenso feige wie raffiniert durchgeführt und auf hohem Organisationsniveau sowie mit großer Intelligenz geplant. Man kann davon ausgehen, dass die Terroristen über die langfristigen Konsequenzen nachgedacht haben. Offenbar haben sie ihr »Insiderwissen« sogar an den Börsen genutzt. Bisher haben wir ihnen in fast allen Punkten unbewusst zugearbeitet. Ob es aber weiterhin zu verkraften sein wird, ihnen ins offene Messer zu laufen, sollten wir überlegen.
Was immer die USA und ihre Verbündeten tun, es wird die Massen in den islamischen Staaten mit Sicherheit weiter gegen sie aufbringen und damit neue Kamikazekrieger mobilisieren.
Ob die USA weiter bomben oder gar mit Elitetruppen in weitere Länder einmarschieren werden – der Antiamerikanismus in den islamischen Staaten wird dadurch rapide wachsen. Schon jetzt ist ein Drittel der Menschen dieser Welt Moslems, und diese nehmen im Vergleich zu den Christen überproportional zu. Mit militärischen Schlägen werden sie, die schon jetzt höchst ablehnend auf die USA reagieren, weiter herausgefordert. Sie mögen als bislang noch ziemlich hilflose und wehrlose Massen wenig ins Kalkül der westlichen Politiker einbezogen worden sein, aber aus ihren Reihen rekrutieren sich die Selbstmordattentäter der Zukunft, und damit müssen wir ihnen jetzt Beachtung schenken.
Mit diesen verzweifelten Selbstmordattentaten haben die sich wehr- und hilflos Fühlenden erstmals eine Kampfmethode gefunden, gegen die wir keinen sicheren Schutz entwickeln können. Doch solange die Antwort auf Terrorakte immer nur kriegerisch ist, wird sich die Spirale der Gewalt weiterdrehen. Die reichen Länder haben dabei schlechte Karten, denn warum sollten verzweifelte und zum Äußersten entschlossene Menschen die einzige Kampfmethode aufgeben, die ihrer Meinung nach Wirkung zeigt?

Es gibt wenige Argumente, den USA in ihren Kreuzzug gegen das Böse, in ihren »heiligen Krieg«, zu folgen. Wer nicht begreift, dass dieser trotz der Schrecklichkeit der Attentate und trotz der abstoßenden Verbrecherbanden, die hinter den Attentätern stehen mögen, nicht gerecht ist, könnte wenigstens verstehen, dass er militärisch und politisch langfristig aussichtslos ist.
Außerdem könnte einem bewussten Menschen zu denken geben, dass die führenden Waffen produzierenden Länder vor allem christliche sind, während es sich bei den importierenden vorrangig um islamische Länder handelt. Weder ist die Waffenproduktion christlich zu rechtfertigen, noch ihr Einsatz islamisch. Bei den »Christen« in der Ersten Welt muss hinter ihren Geschäftsinteressen alles zurückstehen, und die Muslime in der Dritten Welt, die mit Koransprüchen auf den Lippen vor allem Waffen kaufen, haben sicher auch nicht gerade religiöse Absichten.
Für Bushs Krieg gibt es außer deutscher und europäischer Nibelungentreue und dem Rache- und Vergeltungsgedanken wenig Argumente. Gegen den Krieg gibt es viele. Die USA, die ihr außenpolitisches Fähnchen ständig nach dem jeweiligen Wind drehen und dabei auch schon auf schwache Brisen reagieren, haben den Gegner meist selbst aufgerüstet. Sie haben die Taliban trainiert und mit ihren modernen Stinger-Raketen bewaffnet, als diese vor nicht so langer Zeit gegen die damalige Sowjetunion zu Felde zogen. Sie haben aber auch den Irak gegen den Iran aufgerüstet, um ihn dann im Golfkrieg so spektakulär wieder »abzurüsten«. Und auch die Waffen, die Nato-Soldaten den islamisch-albanischen UCK-Rebellen abnehmen mussten, stammten wesentlich von den USA, verteilt im Kampf gegen Milosevics Jugoslawien.
Es soll auch deutsche Politiker geben, denen diese Zusammenhänge aufgefallen waren und die das hinter vorgehaltener Hand sogar in Mikrofone geflüstert haben. Heute aber ist so etwas vergessen und muss hinter der geforderten Solidarität zurückstehen.

Was braucht unsere Welt jetzt? Was brauchen die Menschen wirklich? Menschen werden immer dann krank, wenn sich in ihnen eine Kluft bildet. Die Krankheit versucht dann, diese Kluft wieder zu schließen; sie ist somit ein Weg, eine Chance, heiler zu werden. Das hat uns jedenfalls die Erfahrung im Umgang mit den Ansätzen von »Krankheit als Weg« bis zu »Krankheit als Symbol« gelehrt.

Wenn sich ein Patient den »Abgrund«, die »Kluft« in seinem Leben nicht mehr bewusst macht, übernimmt der Körper das Thema und verkörpert es. Die sich daraus entwickelnden Symptome hindern den Betroffenen, so weiterzumachen wie bisher. Ganz ähnlich zielen Symptome der Erde, des Makrokosmos, darauf, ausgleichend zu wirken. Jede sich vertiefende Kluft führt zu Spannungen, die sich irgendwann in Symptomen äußern und zur Entspannung drängen. Wie ein epileptischer Anfall löst auch ein Erdbeben Spannungen, die sich aufgebaut haben. Was wir Menschen dann als (Erdbeben-)Katastrophe erleben und fürchten, ist für die Erde eine Notwendigkeit.

Auch zwischen Arm und Reich auf der Welt wächst die Kluft und erzeugt Spannungen, die ebenfalls zur Entladung tendieren. Ebenso finden wir überall auf der Welt einen immer tiefer werdenden Graben zwischen weiblichen Yin- und männlichen Yang-Kräften. Außerdem wächst die Kluft zwischen Form und Inhalt.

Es stehen uns grundsätzlich zwei Möglichkeiten offen, um mit den daraus entstehenden Problemen und (Krankheits-)Symptomen umzugehen. Wir können auf dem bekannten (allopathischen) Weg gegen die Symptome zu Felde ziehen und versuchen, ihren Ausbruch zu bekämpfen, ihn zu unterdrücken und so unmöglich zu machen. Das hieße, wir würden versuchen, uns gegen alles Fremde abzuschotten, alle Terroristen zu verjagen und zu vernichten, unsere Grenzen dichtzumachen, aufzurüsten usw. Wir sind daran gewöhnt, solche Strategien zu wählen, um unser Heil zu finden.

Dieses Muster erkennen wir auch im Märchen von Dornröschen, das nebenbei den Übergang vom Matriarchat zum Patriarchat beschreibt: Das Königspaar bekommt nach langer Zeit des Wartens endlich das ersehnte Kind. Zur Taufe werden die Feen des Landes geladen, aber leider hat man nur zwölf Teller, und so kann die dreizehnte Fee nicht eingeladen werden. Eine eigenartige Situation für einen Königshof, aber hier geht es um etwas ganz anderes, nämlich die Umstellung von der weiblichen Welt auf die männliche. Die zwölf Sonnenmonate beschreiben das Jahr auf männliche, die dreizehn Mondmonate auf weibliche Weise. Es ist also ganz bewusst eine Veränderung von der Dreizehn zur Zwölf geplant. Durch den Ausschluss der dreizehnten Fee wird dieser Teil des Weiblichen zum Nichtakzeptierten, also zum Schatten. Er ist damit aber nicht aus der Welt geschafft, im Gegenteil: Die nicht geladene dreizehnte Fee wird als Schattenwesen unberechenbar und gefährlich.

Tatsächlich platzt sie in die Tauffeier und verdammt das Königskind dazu, mit sechzehn, von einer Spindel gestochen, tot umzufallen.
Nun versucht der König in (arche-)typisch männlicher Weise mit funktionalen Mitteln, diesen Schicksalsspruch zu verhindern. Er fragt sich nicht, wie er den Fluch heraufbeschworen hat, sondern nur, wie er dessen Folgen vermeiden kann. Das Vorgehen ist bekannt und typisch: Alle Spindeln im Reich werden verbrannt, wodurch das Prinzip bald in Vergessenheit gerät und folglich erst recht bedrohlich wird. Demgegenüber wären bekannte Gefahren nur noch halbe Gefahren. Natürlich taucht nach sechzehn Jahren trotz aller Vorsichtsmaßnahmen doch eine Spindel auf, und die Königstochter sticht sich daran. Das Märchen will uns damit offensichtlich sagen, dass funktionale Maßnahmen uns nicht in die Lage versetzen, eine Bedrohung in den Griff zu bekommen und einem einmal heraufbeschworenen Schicksal zu entgehen.
Das klassische allopathische Vorgehen, das sich gegen die auftretenden Probleme auf ihrer materiellen Erscheinungsebene wendet und das die moderne Medizin beherrscht, hat offensichtlich seine Schattenseiten. Die große Mehrheit der Menschen und ihrer Politiker vertraut aber trotzdem in geradezu naiver Weise weiter darauf. Der Versuch, alle Krankheitskeime abzutöten, ist ähnlich zum Scheitern verurteilt wie der, allen Terroristen den Garaus zu machen. Langsam setzt sich sogar bei Schulmedizinern die Erkenntnis durch, dass es besser wäre, das Milieu so zu stärken, dass Bakterien und Viren keine Chance haben. Entsprechend sollten die US-Militärs begreifen, dass unser aller einzige Chance darin liegt, dem Terrorismus mit Bildungs- und Entwicklungsmaßnahmen zu begegnen.
Der westlichen Welt und allen voran Präsident Bush erscheint der Terrorismus wie ein bösartiges Krebsgeschwür, das mit militärischen »Operationen« ausgemerzt werden muss. Auch die Schulmedizin würde so vorgehen, obwohl Radikalbehandlungen mit Chemotherapie bei Krebs das Grundproblem oft nicht in den Griff bekommen, sondern den Patienten eher schwächen.
Eine andere Strategie würde darin bestehen, die Symptome nicht zu unterdrücken, sondern ihre heilsame Botschaft zu verstehen und umzusetzen.

Jede nach der Bedeutung der Ereignisse des 11. September forschende Methode böte mehr Chancen als der Krieg, allerdings erforderte dies ein

Umdenken. Auf dem Weg der Deutung ließe sich erkennen, dass den fanatisch gläubigen Islamisten die westlichen Mammon- und Wissenschaftsgläubigen gegenüberstehen. In den modernen Wohlstandsgesellschaften der USA und Europas glauben zwar schon viele Jugendliche nicht mehr an Religion, aber umso heftiger an Geld, Luxus und High-Tech.

Bush und bin Laden vertreten extreme Interessengegensätze; die Mitte scheint auf der ganzen Linie verloren zu sein. Tragisch, dass wir solchen Menschen gestatten, den Weltfrieden zu bedrohen.

Solange wir in der Ersten Welt nur der Quantität nachjagen und die Qualität in allen möglichen Lebensbereichen vergessen, besteht keine Chance auf eine bessere Weltordnung. Seit 1960 hat sich die Kluft zwischen Arm und Reich noch einmal verdoppelt, und zwar völlig gleichgültig, welcher Couleur die gerade amtierenden Politiker waren. Bei den Wahlen haben wir diesbezüglich schon lange keine Wahl mehr. In Deutschland sind alle wesentlichen Parteien in Regierung und Opposition der gleichen Meinung – dass sie sich nämlich neben der US-amerikanischen keine eigene leisten wollen.

Eine Globalisierung auf menschlicher und sozialer Ebene, statt nur auf wirtschaftlicher, würde helfen, dem Terrorismus Nährboden zu entziehen. Wir können uns jetzt dafür entscheiden, Brücken der Verständigung und des Ausgleichs zu bauen, um die Kluft, die unsere Welt zu zerreißen droht, zu überwinden. Oder wir können weiterhin Ungerechtigkeiten ignorieren und mit immer massiveren sicherheitstechnischen und militärischen Maßnahmen den Status quo zu erhalten suchen. Wenn wir allerdings an das Märchen von Dornröschen denken, kann so etwas nur um den Preis geschehen, dass später noch viel größere Probleme auf uns zukommen – und wir den kommenden Generationen schwere Hypotheken hinterlassen. In diesem Spiel kann langfristig keiner gewinnen. Es können jedoch Teile der »corporation nation« in Industrie und Welthandel kurz- und mittelfristig von den Rüstungsgeschäften profitieren, und sie scheinen sich derzeit leider wieder – wie bisher immer – durchzusetzen.

Das wahrscheinlichste Szenario ist die weitere Verfolgung von Sündenböcken, ob man ihnen etwas nachweisen kann oder nicht. Dabei wird viel Porzellan zwischen den islamischen Nationen und der westlichen Welt zerschlagen werden. So ähnlich wie bei jenem Sikh, der in den USA gleich nach dem Attentat erschossen wurde, offenbar nur, weil er einen Turban trug. Und wenn man sich jetzt in Ländern wie Deutschland auf die Suche nach den so genannten Schläfern macht, muss das die Stimmung vergiften und zu Zerreißproben zwischen den entsprechenden Nationalitäten führen.

Wenn wir nicht aufpassen, ist die Welt bald wirklich jenes Jammertal, das die Taliban schon jetzt in ihr sehen und aus ihr machten. Wenn uns dagegen an dieser Welt liegt, müssten wir sie in eine friedlichere verwandeln mit weniger tiefen Gräben zwischen Nord und Süd, zwischen Reich und Arm. Hier ließe sich besonders leicht erkennen, dass die Lösung in der Mitte liegt. Weder geht es darum, alles Weltliche zu verdammen, noch darum, die materielle Welt zu vergöttern, wie es bei uns geschieht.

Was können Einzelne angesichts der Gefahr der Eskalation der Gewalt bis hin zum Weltkrieg jetzt tun?

- Wir könnten auf der Stelle damit beginnen, Worte wie Kreuzzug und Krieg zu durchschauen, und aufhören, die New Yorker Bilder des Grauens in die Köpfe zu zementieren.
- Die Terroristen und viele Fundamentalisten sprechen von heiligem Krieg, wir sollten es ihnen nicht gleichtun. Der Klügere gibt nach, und der Stärkere hätte auch die Chance dazu. Niemand kann heilige Kriege in der äußeren Welt gewinnen. Heiliges ist Vollkommenes, völlig Geheiltes. Durch Kriege – gleich welcher Art – werden Wunden geschlagen; sie sind kaum je geeignet, zum Heil zu führen. Sehr selten können sie ein extremes Ungleichgewicht wieder ins Lot bringen wie etwa der Krieg der Alliierten gegen den Faschismus. Der Kreuzzug der USA ist keinesfalls heilig; er ist sogar ausgesprochen unheilig, denn er bedroht den Frieden und das Heil der Welt.
- Wir könnten uns dagegen wehren, dass in Deutschland Kritik am US-amerikanischen Stil und an unserer Nibelungentreue inzwischen mit Pietätmangel verwechselt wird. Ich kann ganz entschieden den Terrorismus verurteilen und genauso entschieden gegen den kriegerischen US-Kreuzzug sein. Selbstverständlich habe ich Mitgefühl mit den Toten von Manhattan und genauso selbstverständlich mit all den vielen Toten der bereits länger existierenden Umwelt- und Klimakatastrophe sowie mit all den täglich an unserer Weltwirtschaft Zugrundegehenden. Auch wenn das in Deutschland jetzt anders dargestellt wird, ist es möglich, mitzufühlen und seinen Verstand wach zu halten und sich gegen eine Gefahr intellektuell aufzulehnen.

- Wir könnten uns fragen, wie sehr wir einseitig engagiert sind und was das bedeutet. Jede Einseitigkeit verrät ein eigenes Problem. Bedingungslose Parteilichkeit, wie sie momentan in Europa so hoch im Kurs steht, ist immer ein Zeichen, dass man auf einem Auge blind ist. Mit solch einer Haltung tragen wir zur Verschärfung globaler Konflikte bei.
- Wenn Osama bin Laden uns anklagt, dass wir das arabische Öl stehlen, sollten wir uns wenigstens beim Tanken überlegen, was daran wahr sein könnte und wer wie viel von dem Geld bekommt, das wir für das Benzin zahlen. Wir würden feststellen, dass nur ein verschwindender Bruchteil in die Produktionsländer geht. Den Löwenanteil nehmen sich die Finanzminister der Ersten Welt und den erklecklichen Rest die Konzerne der Ersten Welt. Für die Mehrheit der Menschen der Dritten Welt, die Armen der Welt, bleibt davon gar nichts. Wir könnten uns auch klarmachen, dass wir mit dem Kauf fast jedes handgewebten Teppichs wahrscheinlich die Kinderarbeit unterstützen, wenn nicht sogar die (Kinder-)Sklaverei. Auch der Kakao, den unsere Kinder trinken, wird in Afrika nicht selten von Kindersklaven geerntet. Bei den Arbeiten zu meinem Buch »Woran krankt die Welt?« stellte ich erschüttert fest, dass es im Augenblick über 200 Millionen Sklaven auf dieser Welt gibt, die vor allem in der Dritten Welt für die Erste schuften.
- Statt unser Heil allein darin zu suchen, jene zu jagen und »unschädlich zu machen«, die im Augenblick mit der Lunte spielen, sollten wir darangehen, das Pulverfass zu entschärfen. Sonst werden sich immer wieder neue »Frevler« finden und unser Leben in eine Hölle von Unsicherheit und Angst verwandeln.
- Jeder Einzelne könnte sich fragen, wie er zu Ausländern und wie er zum Fremden in sich selbst steht. Bin ich für Integration oder Ausgrenzung? Wie viel Frieden habe ich in mir? Wo neige ich zur Projektion, zur Schuldzuweisung? Die Antworten auf diese Fragen zeigen mir mein Problem, dort liegt mein Schatten, dort bräuchte ich Therapie. Überall, wo ich die andere Seite nicht mehr sehen kann, wird ein Problem offenbar und gleichzeitig deutlich.
- Ich könnte mich über diese Welt informieren, über die Globalisierung und ihre Folgen. Ich könnte mir darüber Gedanken machen, dass in der G7-Gruppe der reichsten Nationen kein einziger Afrikaner, Araber, Chinese und überhaupt kein einziger Muslim sitzt, obwohl ein

Drittel der Menschen Muslime sind. Immerhin sind es diese sieben, die die Welt regieren. Sie sind nicht demokratisch legitimiert, sondern bestimmen einfach durch ihre ökonomische Macht das Geschick unserer Welt. Wollen wir das wirklich weiterhin mit diesen Konsequenzen?

Brigitte Hamann
Krieg und Frieden beginnen im eigenen Haus

Der 11. September 2001 ist ein Mahnmal, das uns zeigt, was geschieht, wenn wir gleichgültig sind für das Leid unseres Nachbarn, sei es der nebenan oder in einem anderen Land, gleichgültig für das Leid von Menschen überhaupt, das Hass erzeugt und zu Racheakten und Grausamkeiten führt. Er schärft unseren Blick für die Tatsache, dass die Formel »Nicht hier, sondern dort und weit weg« nicht mehr gilt und in Wahrheit noch nie gegolten hat. Durch ein Ereignis wie das des 11. September erleben wir auch unsere eigene innere Zerrissenheit deutlicher, den Unfrieden, den wir vielleicht mit uns selbst herumtragen, die Zerstörung und die Furcht.

Der 11. September 2001 fordert uns auf, Bewusstsein dafür zu entwickeln, dass jeder von uns von allem betroffen ist, was in der Welt geschieht, und dass auch jeder von uns mitverantwortlich ist. Wir *alle* haben Anteil an der Entstehung von allem, was geschieht, was auch immer es sein mag, sei es durch aktive Beteiligung, durch die Kraft unserer Gedanken und ebenso auch durch Gleichgültigkeit, die wir gegenüber Entwicklungen an den Tag gelegt haben. Auch die resignierte Haltung, dass wir ohnehin nichts tun können, gibt der Energie der Gewalt Entfaltungsraum. Indem wir ihr nichts entgegensetzen, räumen wir ihr den Platz ein, um zu wachsen.

Doch das, was wir ihr entgegensetzen, kann nicht so sein, dass wir »Gleiches mit Gleichem vergelten«. Unser Bewusstseinsraum muss mit etwas anderem gefüllt werden: Es geht darum, unser Denken und Fühlen frei zu halten von der Energie der Gewalt, ohne deswegen die Augen vor dem zu verschließen, was in der Welt geschieht. Wir müssen eine Brücke zwischen den scheinbar unvereinbaren und gegensätzlichen Tatsachen finden, dass es nicht genügt, wenn wir uns auf uns selbst konzentrieren und für uns Verantwortung übernehmen, da wir auch in der Verantwortung allem Existierenden gegenüber stehen, und dass *trotzdem der Friede immer nur im eigenen Haus beginnen kann* (Karl Jaspers). Der Friede, den wir mit uns selbst schließen, ist der Friede, der sich in die

Welt erstrecken kann. Nur wenn jeder von uns Frieden in sich schafft, kann sich auch die Welt zum Frieden hin verändern, denn wir sind Teil des Bewusstseins der Welt.
Wir mögen uns fragen, was wir an der Gewalt in Afghanistan, im Nahen Osten, in den Gefängnissen Südamerikas verändern können. Uns sind die Hände gebunden, so glauben wir. Wir haben an den Frieden gedacht, dafür gebetet, ihn uns gewünscht. Was ist daraus geworden?
Sicher ist es dem Einzelnen kaum möglich, an diesen Situationen direkt sichtbar etwas zu verändern. Und doch kann jeder von uns etwas dazu beitragen. Wir alle können unseren Beitrag leisten, indem wir uns der Gewalt bewusst werden, *die jeden Tag unter uns stattfindet* – zwischen Eltern und Kindern, Vorgesetzten und Untergebenen, Paaren, gegenüber Tieren –, und nicht zuletzt die Gewalt, die wir gegen uns selbst einsetzen, um verborgene Schuldgefühle und Bußwünsche zu mindern.
Gewalt findet in vielen unterschiedlichen Formen statt: körperlich, seelisch, aber auch in der Sprache und Kommunikation. Die Bereitschaft in uns, Gewalt hinzunehmen oder auch selbst auszuüben, und sei es nur im Kleinen, geht auf tief verborgene Verletzungen und Entbehrungen zurück, die wir erlitten haben. *Jeder Angriff ist ein Hilferuf* ist eine der wichtigsten Aussagen aus »Ein Kurs in Wundern« (Greuthof Verlag, Gutach).
Die Gewalt, die täglich stattfindet, ist die Wurzel für Enttäuschung, Hass, Machtgelüste und Rachegedanken. Sie als gegeben hinzunehmen ist der Nährboden für Gewalt in dem größeren Rahmen der Völker und Nationen. Ihr zu begegnen hat nichts mit einem übergeordneten, theoretischen Konzept »Frieden in der Welt« zu tun, das für die meisten Menschen ohnehin nicht wirklich fassbar ist, sondern mit etwas, das ihr Leben in jedem Augenblick betrifft. Hier geht es darum, Bewusstsein dafür zu schaffen, dass wir alle in der Tiefe unserer Seele vereint sind, eins in unseren Sehnsüchten, unserem Wunsch nach Liebe, nach Würdigung, eins in unserer Furcht. Alle Menschen werden durch dieselben elementaren Motivationen angetrieben, sie wählen nur unterschiedliche Formen des Ausdrucks. Wir glauben nur, dass wir getrennt vom anderen sind und dass sein Leben das unsere nur in dem engen Rahmen tangiert, in dem wir in direkter Beziehung zu ihm stehen und so eine Einflussnahme zulassen. Es fällt uns schwer zu begreifen, dass jedes kleinste Ereignis sich auch in irgendeiner Form auf unser persönliches Leben auswirkt.

Der einzelne Mensch ist die Keimzelle des Ganzen. Das Bewusstsein vieler Einzelner erschafft das Bewusstsein, das in der Welt herrscht. Wenn jeder von uns daran arbeitet, sein eigenes Bewusstsein und das anderer für diese Tatsache zu wecken, entsteht der Bewusstseinswandel, der nötig ist, um wirklichen Frieden herbeizuführen.

Die Veränderung tief verwurzelter Überzeugungen und Verhaltensweisen geschieht nicht über Nacht. Sie ist ein Prozess, der sich langsam durch bewusst-sein entwickelt. Der Beitrag des Einzelnen ist ein Beitrag, wie Mahatma Gandhi ihn für Indien geleistet hat: Durch konsequenten Gewaltverzicht schuf er eine Atmosphäre, in der die Kräfte der Unterdrückung schließlich resignieren mussten; die Engländer zogen sich zurück. Auf dem Weg zu diesem Frieden gab es viele Märtyrer, die ihr Leben für dieses Ziel gegeben haben. So sind auch die Opfer des 11. September Märtyrer, die ihr Leben dafür gegeben haben, dass jeder von uns sein Bewusstsein neu ausrichten kann und dass der Welt eine neue Chance zum Frieden gegeben wird. Indem wir unsere eigene Furcht konfrontieren, nehmen wir Anteil an ihrer Furcht, und indem wir Anteil an dem nehmen, was sie erlebt haben, wächst unser Bewusstsein für die Sinnlosigkeit gegenseitiger Zerstörung.

Indem wir achtsam mit uns selbst und unseren Gefühlen umgehen, entwickelt sich in uns die Fähigkeit, auch unseren Mitmenschen und ihren Gefühlen gegenüber wirklich achtsam zu sein. Dies ist eine Achtsamkeit, die nicht dadurch motiviert wird, dass wir beim anderen ein bestimmtes Resultat erzielen möchten. Es ist reine, zweckfreie Achtsamkeit, aus Zuneigung und Respekt sich selbst und dem anderen gegenüber oder, genauer gesagt, aus Liebe heraus geboren. Die Inder nennen diese Liebe *ahimsa*. Es ist die Liebe, die aus dem Wissen entsteht, dass wir alle aus derselben Quelle stammen, also alle Schwestern und Brüder sind.

Alles, was ist, entspringt unserem Denken und unseren tiefsten, verborgenen Glaubenssätzen. Wenn wir gleichgültig sind, geben wir fanatischem Denken Raum, wenn wir selbst fanatisch denken, nähren wir alles Fanatische mit unserer Energie. Die Lösung kann nur darin bestehen, ohne Hass an der Vision des Friedens und dem Bewusstsein der Einheit alles Seins festzuhalten, unbeirrbar von dem, was geschehen mag, so wie Mahatma Gandhi an seiner Vision eines freien Indiens festgehalten hat, ohne Gewalt mit Gewalt zu vergelten. Veränderung findet statt, wenn Bewusstsein geweckt wird – und das zu tun ist unsere einzige wirkliche Chance. Veränderung kann *nur* durch Bewusstsein entstehen. Wenn wir wollen, dass sich in unserem Leben etwas verändert, müssen wir unser Bewusstsein verändern. Wir müssen uns bewusst machen, was wir mit uns und unserem Leben tun, nach welchen Regeln wir es erschaffen, welche Muster dahinter stehen. Wenn wir diese Muster in der Rückschau unseres Lebens und in Ruhe betrachten, einfach als etwas, das in unserem Leben existiert und es bisher gesteuert hat, erkennen wir ebenso klar, was wir verändern wollen und wie diese Veränderung aussehen soll. *Wenn wir wollen, dass sich in der Welt etwas verändert, müssen wir unser Bewusstsein verändern. So tragen wir dazu bei, dass Bewusstsein unter den Menschen geschaffen wird.* Äußere Maßnahmen, die wir ergreifen, um Elend zu mildern, sind wichtig und notwendig. Doch die Wurzel ist die Veränderung des Bewusstseins, durch das wir begreifen, dass wir alle eins sind.

Die Gleichgültigkeit, das Dominanzstreben, die Ausbeutungsmentalität oder auch die Verachtung, die wir einzelnen Menschen, Minderheiten und ganzen Völkern gegenüber an den Tag legen, führt zu ohnmächtiger Wut, aufgestauter Aggression und dem Bedürfnis, die Macht an sich zu reißen. So zementieren wir einen Zyklus von Gewalt. Doch wir erleben und erfahren uns durch den Gegensatz, und höchste Gewalt ruft das höchste Bedürfnis nach Frieden hervor. Vielleicht braucht der Mensch Gewalt, um sich seiner tiefen Sehnsucht nach Frieden bewusst zu werden und um bereit zu sein, die entsprechenden Schritte einzuleiten, um zum Frieden aktiv beizutragen und die dafür nötigen Opfer zu bringen.

Die transitierende astrologische Konstellation Saturn/Pluto, die die Zeitqualität prägt, in die auch die Ereignisse des 11. September und der Angriff auf Afghanistan fallen, kann Willkür, Repression und Fanatismus ausdrücken. Sie ist jedoch auch die Konstellation eines unbeirrbaren Verantwortungsgefühls für uns selbst und für alles, was existiert, sowie der Bereitschaft, in unserem Tun Verantwortung für uns und für die Gestaltung unseres Lebens zu übernehmen. Sie macht uns deutlich, dass das, worauf jeder Einzelne sein Bewusstsein lenkt und was er tut, das Geschehen in der Welt mit entscheidet. Niemand ist unwichtig, auch wenn ihm von außen betrachtet die Möglichkeiten zu fehlen scheinen, um den Lauf der Geschichte zu beeinflussen, denn jeder von uns beeinflusst alles und immer.

Zum Abschluss möchte ich eine kleine Geschichte erzählen, deren Quelle unbekannt ist und die ich auf der Website www.zeitzuleben.de gefunden habe. Sie fasst in einfacher und klarer Form zusammen, worum es mir in diesem Beitrag geht:

Ein kleiner Junge kam zu seinem Vater und wollte mit ihm spielen. Der Vater hatte aber keine Zeit und auch keine Lust dazu. Also überlegte er, wie er den Jungen beschäftigen könnte.
In einer Zeitschrift fand er eine detaillierte Abbildung der Erde. Dieses Bild riss er heraus und zerschnitt es in viele kleine Teile. Die gab er dem Jungen, und er dachte, dass sein Sohn nun mit diesem schwierigen Puzzle eine Zeit lang beschäftigt sein würde.
Der Junge setzte sich in eine Ecke und begann, das Puzzle zusammenzusetzen. Nach wenigen Minuten kam er zum Vater und zeigte ihm das fertige Bild.
Sein Vater fragte ihn überrascht, wie er das so schnell geschafft habe.
Das Kind sagte: »Ach, auf der Rückseite war ein Mensch abgebildet. Den habe ich richtig zusammengesetzt. Und als der Mensch in Ordnung war, war es auch die Welt.«

Franz Alt
Sei klüger als dein Feind! Frieden durch Gerechtigkeit

Gibt es eine Politik der Bergpredigt als Antwort auf den 11. September?

In den letzten zwei Jahrzehnten wurde die Bergpredigt für mich die Magna Charta einer Politik für Frieden, Gerechtigkeit und Bewahrung der Schöpfung. Es kommt freilich bei diesem Text nie auf exegetische Spitzfindigkeiten, sondern allein darauf an, dass es gelingt, dieses uralte Programm des Meisters aus Nazareth heutig, konkret und praktisch zu machen.

Was also ist die Jesus-Strategie im Atomzeitalter, im Zeitalter von himmelschreiender Ungerechtigkeit zwischen reichen und armen Gesellschaften, im Zeitalter weltweiter ökologischer Zerstörungen und in der Zeit nach dem 11. September?

Erstens: Frieden nach den Terroranschlägen in den USA

George W. Bush hat einen zehnjährigen Krieg gegen den Terrorismus angekündigt. Wenn Krieg geführt wird, ist die Frage nach dem Frieden von existenzieller Bedeutung. Wir leben im Atomzeitalter! Ein Krieg kann das Ende der Menschheit bedeuten. Welche Vision vom Frieden kann jetzt im Angesicht der zerstörten Sicherheitsutopie in den USA bestehen?

Einerseits Schutz vor weiterem Terrorismus und andererseits keine unbedachte Eskalation der Gewalt. Kann George W. Bush diese Aufgabe bewältigen? Vom Präsidenten hängt es jetzt hauptsächlich ab, ob die USA in ihrer Trauer wüten oder in ihrer Wut trauern werden.

Als Gouverneur von Texas hat der 43. US-Präsident die höchste Zahl von Todesurteilen aller US-Bundesstaaten gebilligt. Er befürwortet die Todesstrafe noch heute. Das heißt, er begrüßt, dass Menschen sich selbst zu Herren über Leben und Tod machen. Kann dieser Präsident Racheaktionen hinreichend widerstehen? Wird er seine verständlichen Rachegefühle so verarbeiten können, dass daraus eine konstruktive Friedenspolitik, ja sogar eine neue Kultur des Friedens erwachsen kann? Eine Chance auch inmitten dieser schrecklichen Krise! Von Revanche oder Rache ist in der Bergpredigt so wenig die Rede wie im internationalen Völkerrecht.

Nach allem, was die USA am 11. September 2001 erleiden mussten, wäre es für George W. Bush die wichtigste und schwierigste Aufgabe gewesen, sein Volk zu beruhigen. Das Moskauer Desaster in Tschetschenien hätte Washington lehren können, wohin blindes Drauflosschlagen und schiere Gewalt-Politik führen können.

Die Vereinigten Staaten von Amerika fühlten sich mit Hilfe von Atombomben und Atomraketen, Flugzeugträgern und dem größten Militäretat der Welt nahezu unverwundbar. Das Land hat einen Präsidenten, der noch mehr Sicherheit sogar mit Hilfe der Militarisierung des Weltraums versprach. Und jetzt diese Katastrophe! Dieser Schlag in ein fast absolutes Sicherheitsempfinden! Dieser unsägliche und durch nichts zu rechtfertigende Terrorakt musste gerade in den USA zu einem von außen nur schwer verständlichen Trauma führen. Die kollektive Seele der USA ist tief verletzt. Es ist nur realistisch, wenn der US-Schriftsteller Paul Auster jetzt »zweifellos schreckliche Folgen« eines Gegenschlags mit »noch mehr Gewalt, noch mehr Toten und mehr Schmerz für alle« voraussagt. In solchen Zeiten fallen Reaktionen aus Vernunft, Besonnenheit und Verantwortung schwer. Das wäre in einer schweren persönlichen Krise nicht anders.

Was also ist jetzt zu tun? Gilt das alttestamentarische »Auge um Auge, Zahn um Zahn« oder das jesuanische »Überwindet das Böse durch das Gute«? Oder einfach gefragt: Ist in Kriegs- und Krisenzeiten das Gebot aller Religionen und Weisheitslehren aller Zeiten »Du sollst nicht töten« außer Kraft gesetzt?

Solche Fragen sind keine theologischen Schattenspiele und erst recht keine politische Folklore. George W. Bush soll einmal gesagt haben, er frage sich oft: »Was würde Jesus dazu sagen?« Ja, was würde er wohl jetzt sagen? Das lässt sich nicht nur nachlesen, sondern auch nachempfinden. »Aug' um Auge« – das könnte bedeuten, dass die ganze Welt blind wird. Die Frage aller Fragen bleibt freilich: Wie ernst sind solche religiösen Aussagen wirklich gemeint? Tragen sie im Ernstfall? Der Ernstfall war jetzt wirklich da. Europäische Intellektuelle können weder den Nahost-Konflikt noch die Motive von Osama bin Laden, noch die

Empfindungen von George W. Bush verstehen, wenn sie nicht endlich einsehen, dass Religion – auch wenn wir sie als noch so fundamentalistisch und mystisch-irrational abtun – in anderen Weltgegenden eine weit größere Rolle spielt als in Europa – auch in den USA.
»Heilige« Kriege – furchtbar genug – gibt es nicht nur für fundamentalistisch islamische und zionistische Kreise, sondern auch in fundamentalistisch christlich-amerikanischen Kreisen. Anders ist es nicht zu verstehen, dass der amerikanische Kongress George W. Bush »zum Krieg ermächtigt« hat. Auf die Rache der USA in Afghanistan reagierten fundamentalistische Taliban-Sprecher wiederum mit Racheschwüren. Dies war vorhersehbar. Bush wollte »mit allen Mitteln zurückschlagen«. Und ein Taliban-Sprecher in Kabul sagte: »Wir werden mit anderen Mitteln Rache nehmen, sollte Amerika angreifen.« Das bisherige Ergebnis dieser Politik: Die Taliban-Krieger haben in den USA etwa dreitausend unschuldige Menschen getötet und anschließend die USA in Afghanistan etwa fünftausend unschuldige Menschen. Aber es soll ja weitergehen – auf beiden Seiten!

Rache, Rache, Rache! Jetzt wollen wieder alle aufrüsten! Haben wir die Uhren um tausend Jahre oder nur um zweihundert Jahre zurückgestellt? Es reicht offenbar nicht, dass fünfzehn Millionen Menschen im Ersten Weltkrieg und fünfzig Millionen im Zweiten Weltkrieg ermordet wurden. Dresden und Hiroshima, Auschwitz und Nagasaki können heute leicht übertroffen werden. Die Atommächte haben noch immer so viel Vernichtungspotenzial, dass die gesamte Menschheit etwa dreißigmal ausgerottet werden kann.
Nicht nur, dass sich die Atomstaaten – allen voran die USA unter Präsident Bush – weigern, selbst atomar abzurüsten; sie experimentieren weiterhin mit biologischen Waffen und glauben, nach der Militarisierung der ganzen Welt jetzt auch noch den »Weltraum« militarisieren zu müssen. Weit und breit ist in der gesamten US-Politik nichts von Jesu Hinweis zu spüren: »Wenn du willst, dass der andere etwas tut, dann tue dies selbst.« Wer wirklich abrüsten will, muss abrüsten! Aber George W. Bush hat den US-Verteidigungshaushalt um 48 Milliarden Dollar erhöht.

Osama bin Laden und seine Anhänger faseln vom »heiligen Krieg«. Das ist zweifellos geisteskrank. Aber was ist George W. Bushs Wort vom »Kreuzzug«? Wes Geistes Kind sind wir? Wir, die »zivilisierte Welt« – wie es in den Tagen nach dem 11. September immer wieder auch aus deutschem Politikermund hieß. Der Führer dieser zivilisierten Welt, dem sich zunächst alle westlichen Politiker glaubten unterordnen zu müssen, hat angekündigt, einen »monumentalen Krieg gegen das Böse« führen zu wollen. Wir, die Guten – dort die Feinde, die Bösen! Wann je war es vernünftig, hilfreich oder auch nur realistisch, die Welt in Gut und Böse, in schwarze und weiße Schafe einteilen zu wollen? Wann je konnte Krieg mit Krieg oder Terror mit Terror besiegt werden? Wann je hätte Gewalt etwas anderes zur Folge gehabt als neue Gewalt? In Japan gibt es »Rote Zellen«; sie propagieren heute noch »Rache für Hiroshima und Nagasaki«.

Erst rüstet die »zivilisierte Welt« die Taliban mit Waffen auf wie einst den Iraker Saddam Hussein, um danach sowohl die Taliban-Regierung als auch Saddam Hussein und zugleich noch den Iran und Nordkorea zum Erzfeind und Teufel zu erklären. Was hat diese geisteskranke Politik zweihundert Jahre nach der Aufklärung mit Vernunft und Verstand und was zweitausend Jahre nach Jesus mit Ethik und Religion zu tun?

Am 11. September 2001 haben Bin Ladens Gesinnungsfreunde in New York einen Massenmord verübt. Als Antwort darauf haben Bushs Soldaten etwa fünftausend Menschen in Afghanistan ermordet. Man darf die dreitausend Toten von New York nicht mit den fünftausend Toten von Afghanistan »verrechnen« – das ist wahr. Wir müssen die beiden Zahlen addieren, wenn wir die Tragödie verstehen wollen. Massenmord gegen Massenmord? Wohin soll diese Politik im Atomzeitalter noch führen?

Im Sommer 2001 hat George W. Bush der erstaunten Welt erklärt, die USA könnten sich Klimaschutz finanziell nicht leisten. Das sei für die US-Wirtschaft zu teuer. Aber nach den Terroranschlägen bewilligte der amerikanische Kongress – mit nur einer Gegenstimme – 40 Milliarden Dollar für einen länger anhaltenden Krieg – gegen wen auch immer und mit welchen Mitteln auch immer. Wie demokratisch sind fast einstimmige Parlamentsbeschlüsse, wenn es um Krieg oder Frieden geht?

Eine Politik der Bergpredigt hätte der Option folgen müssen: Lieber zwei Jahre verhandeln, als ein Jahr bomben. Konkret und praktisch heißt das:

- keine Rache, die den Prinzipien der Gerechtigkeit widerspricht,
- kein Krieg gegen die Zivilbevölkerung,

- kein Frontkrieg gegen die islamische Welt,
- Uno und Völkerrecht endlich stärken,
- statt einer militärischen Anti-Terrorkoalition eine weltweite Anti-Hungeraktion.

Wir brauchen im 21. Jahrhundert eine Politik der Bergpredigt. Die Jesus-Strategie »Liebt eure Feinde« meint ja nicht, dass wir uns von Gewalttätern alles gefallen lassen sollten, aber sie meint sehr entschieden: Sei klüger als dein Feind!
Der Meister aus Nazareth war ein großer Realist, kein Utopist. Seine Visionen einer besseren Welt können heute hilfreich sein. Buddha und Jesus sind und bleiben die Visionäre einer Welt mit mehr Güte, Liebe, Toleranz und Menschenfreundlichkeit. Die Bergpredigt ist kein Heimatroman.
Tröstlich ist, dass Bushs Gegenspieler Al Gore am 20. September 2001 in Basel in siebzig Minuten vierzehnmal gesagt hat: »Wir müssen uns ändern.« Der Mann hat in den USA mehr Stimmen bekommen als der derzeitige Präsident. Es gibt auch das andere Amerika.

Zweitens: Gerechtigkeit
Haben wir in der »zivilisierten Welt« noch die Fantasie, uns vorzustellen, was passieren könnte, wenn die USA und England, Frankreich und Deutschland wenigstens Teile ihrer Militärhaushalte dafür ausgegeben hätten und dafür ausgeben würden, dass auf dieser Welt kein Kind mehr verhungern oder verdursten muss?
Es ist ein durch nichts zu rechtfertigender Skandal, dass es auf unserer Erde mehr Sprengstoff als Nahrungsmittel gibt. Zur Zeit irren in Afrika achtzehn Millionen Wasserflüchtlinge umher– sagt Klaus Töpfer, und er spricht zu Recht von einer ökologischen Aggression der Reichen gegen die Armen. Auch das ist Terror. Wer hört denn heute noch auf diese Hilfeschreie zugunsten der Ärmsten auf unserem geschundenen Planeten? Dabei wissen wir längst, dass es auf dieser Erde nicht zu wenig Wasser, sondern einen falschen Umgang mit Wasser gibt, der korrigierbar wäre mit entsprechenden Mitteln, die heute aber weltweit in Hochrüstung gesteckt werden. Wenn sich dieser Irrsinn jetzt noch verstärkt, wird das Leid von Millionen Menschen noch größer. Und Unsicherheit und Angst nehmen noch mehr zu – wahrscheinlich auch der Terror. Was empfehlen deutsche Christdemokraten in dieser Situation, also jene Partei, die sich

schon mit ihrem Namen auf Jesus beruft? Wolfgang Schäuble: »Europa braucht mehr Waffen.«
Im Jahr 2000 wurden allein in den armen Ländern Afrikas zweieinhalb Millionen Menschen umgebracht mit Waffen, die in reicheren Ländern produziert worden waren. Wo war die Hilfe, wo auch nur der Aufschrei der »zivilisierten Welt«? Wo ist der politische Wille, Waffenproduktion und Waffenexporte zu verbieten? Täglich verhungern auf dieser Erde mindestens hunderttausend Menschen – wo sind die Sondersendungen im Fernsehen wie nach dem 11. September? Wo die Milliarden Dollars an Hilfe?
Gerechtigkeit heißt: Nur wenn die Armen eine neue Perspektive haben, kann es den Reichen weiter gut gehen. Der Hinweis auf diese Tatsachen hat mit Verständnis für Terroristen natürlich nichts zu tun. Weder Verständnis noch gar Einverständnis, sondern verstehen wollen, um Alternativen zu finden, ist unser Thema.
Die deutschen Bundeskanzler Helmut Schmidt, Helmut Kohl und Gerhard Schröder haben auf internationalen Konferenzen 25 Jahre lang feierlich und eindrucksvoll versprochen, Deutschland werde 0,7 Prozent seines Bruttosozialprodukts für Entwicklungshilfe in den armen Ländern einsetzen. Im Jahr 2000 waren es 0,28 Prozent, 2001 und 2002 noch weniger. Dabei weiß jedes zwölfjährige Schulkind, dass unser materieller Wohlstand auch darauf beruht, dass wir Dritte-Welt-Ländern unverschämt wenig Geld für ihre wertvollen Rohstoffe zahlen. Darf man an diese Fakten in der »zivilisierten Welt« noch erinnern, oder ist dieses Erinnern schon Verrat am jetzt zu führenden »monumentalen Krieg«? Die geistigen Stahlhelme, die jetzt aufgesetzt werden, der Kulturkampf gegen die »Achse des Bösen« (wo ist zwischen Nordkorea, Irak und Iran eine Achse?), zu dem jetzt geblasen wird, werden sie unsere Ohren gegenüber den Hilferufen der Armen vollends verstopfen?

Drittens: Bewahrung der Schöpfung

Das Überleben der Menschheit hängt zum erstenmal von einer radikalen geistigen und seelischen Umkehr ab. Im neuen Jahrtausend wollen bis zu 10 Milliarden Menschen materiell so leben wie heute 800 Millionen in den Industriestaaten. Dafür ist unser Planet nicht geschaffen. Wie und von wem können wir die überlebensnotwendige Veränderung lernen?
Die Schlüsselfrage für das Überleben der Menschheit ist die Energie-

frage. Heute verbrauchen wir weltweit an einem Tag so viel Energie aus Kohle, Erdgas und Erdöl, wie die Natur an diesen wertvollen Rohstoffen in 500 000 Tagen angesammelt hat. Deshalb wird nach Auskunft des Weltenergierats in etwa 40 Jahren das Erdöl, in 50 Jahren das Erdgas, in 60 Jahren das Uran für den Betrieb von Atomkraftwerken und in etwa 120 Jahren die Kohle verbraucht sein. Und was dann? Wovon wollen wir dann leben und wie arbeiten?

Die hundertprozentige Umstellung auf erneuerbare Energieträger, die umweltfreundlich, preisgünstig und unerschöpflich sind, zeigt den Fluchtweg aus der Energiesackgasse und aus dem Treibhaus. Nach dem 11. September 2001 darf man hinzufügen, dass eine Energiepolitik ohne Öl den Terroristen ihre ökonomische Basis entziehen würde: Millionen Petrodollars. Zudem: Windräder und Solaranlagen sind keine Angriffsziele für Terroristen.

Heute produzieren wir pro Tag global etwa 100 Millionen Tonnen Treibhausgase durch das Verbrennen von Öl, Gas, Kohle und Benzin. Die Techniken zum Gewinnen von Energie aus Sonnenlicht, Wind- und Wasserkraft sowie aus nachwachsenden Rohstoffen sind längst bekannt; sie funktionieren in Modellen hervorragend. In Österreich wird der gesamte Energieverbrauch bereits zu 23 Prozent, in den skandinavischen Staaten zu 15 Prozent aus umweltfreundlichen Energiequellen gewonnen, doch in Deutschland erst zu 4 Prozent.

Klima- und umweltverträgliche Technik ist also bekannt und vorhanden, doch sie allein wird uns nicht retten. Den eigentlichen Rettungsanker müssen wir woanders suchen. Wie also schaffen wir den generellen Durchbruch zu einem Wirtschaften im Einklang mit der Natur?

Mitten in der Bergpredigt sagt Jesus einen Satz, der ein ethisches Fundament für das Solarzeitalter werden könnte: »Unser himmlischer Vater lässt seine Sonne scheinen auf böse wie auf gute Menschen.« (Matthäus 5,45)

Das heißt: Die Sonne scheint für alle. Es gibt keine RWE-Sonne, keine PreußenElektra-Sonne und keine Bayernwerk-Sonne, sondern nur unser aller Sonne – die Voraussetzung für alles Leben, die unendliche Energiequelle.

Die Sonne schickt uns jeden Tag 15 000-mal mehr Energie, als alle Menschen zur Zeit verbrauchen. Und das macht sie noch etwa 4,5 Milliarden Jahre – kostenlos und umweltfreundlich. Das ist eine grundsätzlich andere Perspektive, als sie Öl, Gas, Kohle oder Atomenergie uns bieten.

Meine Vision: In den nächsten fünfzig Jahren werden in Deutschland aus 24 Millionen Gebäuden 24 Millionen kleine Solarkraftwerke. Es gibt keinen Weltfrieden ohne Frieden mit der Natur. Die alles entscheidende politische Frage des 21. Jahrhunderts wird heißen: Krieg um Öl oder Frieden mit Hilfe der Sonne?

Die äußere Energiekrise ist ein Abbild unserer inneren Energiekrise. Wir resignieren viel zu oft und zu schnell in Krisensituationen, auch in der ökologischen Krise. Und zwar deshalb, weil wir in unserem Inneren mindestens ebenso viel psychische Energie brachliegen lassen, wie wir bisher im Äußeren die Solarenergie vernachlässigt haben. Es gibt also gar keine Energiekrise, wir haben nur die eigentlichen natürlichen Energiequellen übersehen. Darauf macht uns Jesus mit seinem unvergesslichen Bild von der Sonne für alle aufmerksam.

Die Entdeckung der inneren psychischen Sonnenenergie wird ebensolche revolutionären Veränderungen zur Folge haben wie in Zukunft die Nutzung des Sonnenlichts zur Strom- und Wärmegewinnung und zum Antrieb unserer Fahrzeuge. »Innen wie außen« – das wussten schon die Mystiker des Mittelalters und alle Weisheitslehrer aller Kulturen zu allen Zeiten. In dieser Tradition macht uns der ökologische Jesus auf die ethische Basis einer künftigen Sonnenstrategie aufmerksam: Sonnige Menschen setzen auf Sonnenenergie.

Die Lösung steht am Himmel – innen wie außen. Jesus zeigte vor zweitausend Jahren die spirituelle Basis einer solaren und ökologischen Politik für das dritte Jahrtausend. Denn: Siebzig Prozent aller Umweltprobleme sind Energieprobleme. Und alle Umweltprobleme sind der Spiegel von Innenweltproblemen. Wer diese Jesus-Strategie versteht, nimmt Abschied vom alten Motto: »Macht euch die Erde untertan.« Die ganze Intention des ökologischen Jesus meint dies: »Macht euch der Erde untertan.«

Das gesamte Neue Testament ist voller ökologischer Bilder. Jesus spricht von Sonne und Samen, von Wind und Wasser, vom Säen und Ernten, von Leben und Licht, von den Strömen lebendigen Wassers, von den Lilien des Feldes und den Vögeln des Himmels, von Brot und vom Backen, von der Weisheit und vom Weizen, von Gott und Gras. Jesu Theologie ist Öko-logie und Vita-logie.

Ganz konkret und praktisch könnte diese Erkenntnis für die Kirchen bedeuten: Macht Solaranlagen auf eure Kirchendächer, und bietet dem

Heiligen Geist endlich Landeflächen. Er will ja schon immer – nun lasst ihn endlich auch. Die Lösung aller Energieprobleme steht am Himmel. Öffnet euch für die kosmische Energie, wie es Jesus in der Bergpredigt vorschlägt. Mit unserer heute vorherrschenden materialistischen Philosophie kommen wir zwar auf den Mond, aber nicht in den Himmel. Die solare Energiewende, die ökologische Verkehrswende, die biologische Landwirtschaftswende, die Wende zum ökologischen Bauen und die ökologische Wasserwende habe ich detailliert in meinem Buch »Der ökologische Jesus – Vertrauen in die Schöpfung« beschrieben. Ich will nicht sagen, dass alle Umweltschützer fromme Christen werden müssen, aber es wäre mit Sicherheit hilfreich, wenn alle Christen Umweltschützer im Sinne des ökologischen Jesus werden würden.

Viertens: Sei klüger als dein Feind!

Auch der ewig missverstandene Hinweis Jesu in der Bergpredigt: »Wenn dich einer auf die rechte Wange schlägt, dann halte ihm auch die andere hin«, ist nichts für Naive, wie es zunächst scheinen mag. Es könnte nämlich sein, dass wir im Atomzeitalter irgendwann gar keine Wangen zum Hinhalten mehr haben, wenn wir nicht lernen, klüger, rationaler und besonnener zu reagieren, als unsere Feinde agieren.

Der große politische Psychotherapeut aus Nazareth schlägt vor, die Welt nicht mehr in Gute und Böse einzuteilen, sondern das Böse zunächst immer in uns selbst zu suchen und zu überwinden. Die Paranoia der Terroristen kann nur durch Besonnenheit von gewissenhaft Verantwortlichen besiegt werden. Hört auf mit der eigenen Idealisierung – schlägt der Bergprediger vor. Entdeckt vielmehr den bin Laden *in* euch!

Ganz nüchtern definiert Jesus »den Feind« im apokryphen Thomas-Evangelium so: »Dein Feind – er ist wie du.« Für die meisten Menschen ist dieser realistische Hinweis eine Zumutung. Die Bösen – das sind noch immer die anderen, die Unzivilisierten zum Beispiel. Das Böse aber in sich selbst zu erkennen und zu akzeptieren, seinen eigenen Schatten zu sehen und darüber zu springen, das ist die unabdingbare Voraussetzung für eine Kultur des Friedens, heute mehr denn je. Und Schatten gibt es weltweit.

Solange wir meinen, mit gleicher Münze den äußeren Feinden zurückzahlen zu müssen, durchbrechen wir nicht den Teufelskreis der Gewalt. Wir fördern ihn – und schaden uns damit selbst. Wir machen das Elend noch größer. Es könnte sehr schnell und sehr leicht dazu kommen, dass eine Politik der Rache und der Vergeltung noch viel mörderischer sein wird als das, was man selbst erlitten hat. Für die Eskalation einer Krise gibt es ebenso Ursachen und Verantwortliche wie für die jetzt notwendige Deeskalation.

Amerika muss mit der ganz neuen Erkenntnis leben: Wir sind sehr mächtig und sehr, sehr ohnmächtig zugleich. Diese Erkenntnis ist politisch nicht weniger schmerzlich als im privaten Leben. Diese Leiderfahrung könnte helfen auf dem Weg zu einer neuen Politik.

Im Nahen Osten ist ein gerechter Ausgleich zwischen Israel und Palästina überfällig. Ohne Nahost-Lösung kein Weltfrieden! Hier die Ursachen des Konfliktes bekämpfen zu helfen, direkt vor unserer europäischen Haustür, das ist primär Aufgabe einer gemeinsamen europäischen Politik.

Spätestens jetzt im Atomzeitalter werden wir lernen müssen, dass eine neue Politik besonnenen Handelns hilfreicher ist als die alte Politik der Vergeltung. Kriege sind nicht naturbedingt. Auch heute nicht. Frieden bleibt möglich. Allerdings: Frieden ohne mehr Gerechtigkeit wird es nicht geben. Und Frieden mit der Natur ist Voraussetzung für den Weltfrieden. Michail Gorbatschow und Nelson Mandela haben in unserer Zeit gezeigt, wie eine intelligente Politik der Bergpredigt heute aussehen könnte.

Monika Lamberts-Hengster/Karl Schmied
Die Kraft des Mitgefühls entwickeln

»Glauben Sie, Dinge geschehen aus einem bestimmten Grund? Was war dann der Grund für die Anschläge?« wurde Thich Nhat Hanh, vietnamesischer Mönch und Meditationsmeister, in einem Interview nach den Attentaten des 11. September gefragt. Seine Antwort: »Der wahre Grund für unsere momentane Situation ist unser Modell des Konsums.«
Obwohl es uns Menschen in den Industrieländern relativ gut geht, machen wir uns ständig Sorgen. Wir haben große Angst zu verlieren, was wir erworben haben. Wir haben Angst vor Dieben, vor beruflicher und persönlicher Konkurrenz, vor Krankheit und Tod, vor Veränderungen aller Art, vor allem Unbekannten und ganz besonders vor Freiheit, Vertrauen und Liebe. Diese Furcht und Unsicherheit machen uns auf Dauer misstrauisch, einsam und hart, im Extremfall gefühllos und oft sogar gewaltbereit. Ein Ereignis wie das des 11. September trifft dann unseren empfindlichsten Nerv; es aktiviert unsere tiefsten Ängste.

Nichts haben, nichts sein – unsere tiefsten Ängste
Wir Menschen der westlichen Welt, die oft als Gier- und Neidgesellschaft bezeichnet wird, leben meist in großer innerer Distanz zu uns selbst und der Natur. Wir fühlen uns hauptsächlich dem Profit, unserem Vergnügen und persönlichen Vorteilen verpflichtet. Wir leiden dabei vor allem an dem ersten der drei Übel, die es nach der buddhistischen Lehre zu überwinden gilt, der Gier. Hass und Unwissenheit, die beiden anderen Übel, sind Teil dieser einseitigen Orientierung auf Konsum und Habenwollen.
»Wer bin ich, wenn ich bin, was ich habe, und dann verliere, was ich habe?« fragte der Sozialphilosoph Erich Fromm und kam durch seine psychologischen Forschungen zu einer ähnlichen Diagnose unseres selbstsüchtigen Konsumverhaltens.
Ist uns diese Selbstsucht angeboren, ist sie unveränderlich unser einziger Antrieb? Die Gesellschaft geht heute tatsächlich davon aus. Doch wenn diese Einschätzung zuträfe, dann wäre äußerer Friede nur in Form von Waffenstillständen möglich, und Angst – die Krankheit unserer Zeit

mit ihren Folgen Gewalt, Abwehr, Abhängigkeit und Rivalität – wäre unvermeidbar und stets präsent.
Wenn wir unsere Identität und Lebensform im Haben und Mehr-Haben suchen, ist die Gefahr, etwas zu verlieren, für uns eine echte existenzielle Bedrohung. Sie macht so viel Angst, dass selbst Gewalteinsatz akzeptiert wird, um Eigentum und Besitz zu schützen und zu bewahren. Folglich kann es weder zwischen Einzelpersonen noch innerhalb der Familien, noch zwischen Völkern dauerhaften Frieden geben.
Gleichgütig, wie viel ein Mensch oder ein Volk hat, es wird niemals genug sein, denn die Gier wird von unbegrenzten und damit unerfüllbaren Wünschen gespeist. Das, was wir besitzen, wird nie ausreichen; immer verlangen wir nach mehr. Jeder muss sich in dieser Situation vor der Aggression des anderen fürchten und dauernd abwehrbereit sein. Der Schwächere oder der Benachteiligte wird zwangsläufig neidisch, unglücklich, bitter und vielleicht sogar bösartig.
Ein Teufelskreis von Gewalt und Angst entsteht im Inneren und schließlich auch im Außen. Weil wir uns selbst so unter Druck setzen und unseren Besitz permanent gefährdet sehen, nehmen wir zu noch mehr äußeren Sicherheitsmaßnahmen Zuflucht. Sie bleiben jedoch immer Scheinlösungen. Sie führen nur tiefer in die Abhängigkeit von etwas, das niemals inneren Frieden, also wirksamen Schutz vor der Angst, bieten kann.
Natürlich können wir mit mehr Geld mehr Waffen zur Verteidigung anschaffen, mit mehr Wissen und besserer Bildung unsere Überlebenschancen erhöhen. Die Abhängigkeit von der Welt des Konsums, die der Buddha als Gier und andere Religionen als Habgier bezeichnen, beschränkt sich aber nicht nur auf sichtbare äußere Erscheinungen. Es ist eine generelle Haltung: Ich habe nicht nur mein Haus, mein Bankkonto und mein Auto, sondern ich habe auch meinen Körper, meine Gefühle, meine Gedanken, meine Vergangenheit, meine Nationalität, meine Stellung, mein Wissen, meine angeborenen oder erlernten Fähigkeiten, meine Familie und Freunde, meinen Arzt, meinen Bäcker, meine Gesundheit und meine Krankheiten, meine Religion, meinen Weg, meinen letzten Willen, mein Paradies, meine Belohnung im Jenseits – letztlich also immer wieder mich selbst, mein Ego, meine Identität.
Habe ich das alles wirklich? Was bin ich dann damit?
Das alles als meinen Besitz anzusehen, der mir Macht über die Objekte meiner Wahrnehmungen verleiht, ergibt natürlich nur Sinn, wenn ich

diesen Objekten eine eigenständige Substanz und Dauerhaftigkeit beimesse. Besitz hat keinen Wert, wenn die Dinge, einschließlich meiner eigenen Identität, gar nicht beständig sind, wenn mein vermeintliches Haben, das mir meine gesamte innere Identität und äußere Existenz sichert, nur eine vorübergehende Phase, ein kurzer Moment in einem Prozess von Veränderung, von Kommen und Gehen ist. Die Illusion der Dauerhaftigkeit und der Eigenständigkeit sämtlicher Erscheinungen zu durchbrechen, das war das elementare Anliegen Buddhas.

Wer sind wir?

Wenn wir uns vorstellen, dass die Dinge und auch wir selbst eine eigenständige, von allem anderen getrennte Identität und eine Dauerhaftigkeit besitzen, dann werden wir unsere Beziehungen zur Welt und zu ihren Erscheinungen immer im Sinn des Konsumverhaltens gestalten. Wir teilen dann die Welt in Subjekt und Objekt und machen damit alles zum Ding. Wir glauben, es mit festen, uns nützlichen, kontrollierbaren Objekten zu tun zu haben. Folglich werden wir immer mehr abhängig von deren Besitz. Man kann oft schon sagen, die Dinge haben uns, und nicht umgekehrt.

Aber alles Besitz- und Machtstreben kann uns die unstillbare Angst nicht nehmen, früher oder später alles wieder zu verlieren. Was sind wir dann? Aus dieser Perspektive des Konsums: nichts.

Wenn die Symboltürme unserer heutigen Haltung des Konsums zerstört werden können, dann trifft uns das doppelt. Nicht nur die vermeintliche Sicherheit der technisierten Welt erweist sich als wirkungslos. Auch die innere Sicherheit, an die wir uns gehalten haben, war niemals das, was wir dachten.

Sind wir denn so voller Berechnung und Gier?

Die Lebensweise unserer Gesellschaft macht uns das glauben. Doch es gibt auch die gegenteilige Erfahrung, denn in Wirklichkeit sind wir keineswegs so hoffnungslos selbstsüchtig und machtbesessen, wie viele annehmen. Wir sind allerdings auch nicht über die restliche Welt erhaben und so besonders hoch entwickelt, wie wir es gern behaupten. Wir sind außerdem nicht starr; wir können immer noch dazulernen und uns verändern.

Gerade in Notlagen und unter schwierigsten Bedingungen gab und gibt es bedingungslose Hilfsbereitschaft und Liebe, Freigebigkeit und Mitgefühl. Zu allen Zeiten haben sich Individuen und Gruppen von leistungs-

und besitzorientierten Systemen abgewandt und andere Lebensformen erdacht, erprobt und umgesetzt. Die Kraft, der Wunsch und das Bemühen, auch heute einen lebendigen Buddha oder einen lebendigen Jesus in uns zu wecken und zu nähren, ist vorhanden und vor allem als Reaktion auf Gewalt und Terror bei vielen Menschen spürbar.
Der Wunsch, liebend und menschlich zu sein, die Sehnsucht nach Einheit und Solidarität, ist ebenso ein Same in unserem Bewusstsein wie Hass und Gewalt. »Das Böse existiert. Gott existiert ebenfalls. Das Böse und Gott sind zwei Seiten in uns. Gott ist das große Verstehen, die große Liebe in uns. Das ist es, was wir auch als den Buddha, den erleuchteten Geist bezeichnen, der fähig ist, die Unwissenheit zu überwinden«, erläutert Thich Nhat Hanh auf die Frage, ob er Terroristen als böse Menschen betrachten würde.

Die Sehnsucht nach Einssein

Gibt uns der Konsum denn, was wir uns wünschen?
Der Buddha zog sich aus seiner Welt des Luxus und der Selbstsucht, in die er als Prinz hineingeboren worden war, zurück. Er hatte dort eben nicht alles gefunden, was er sich als Mensch wirklich wünschte. Auch wir haben in unserem an Konsum orientierten Leben nicht alles. Viele wissen aufgrund ihrer Konsummentalität gar nicht, warum sie trotz äußeren Reichtums unglücklich sind. Der noch offen gebliebene Wunsch – die Sehnsucht nach dem Spirituellen, nach dem Heilen und Gesunden – wird allerdings in unserer Gesellschaft leider fast als krankhaft, zumindest aber oft als lächerlich und naiv angesehen.
Die Bereitschaft, zu schenken, zu lieben, zu teilen, zu verstehen und für andere Opfer zu bringen, ist jedoch nicht naiv oder von abgehobener Realitätsferne. Sie ist keineswegs nur Mönchen oder Krankenschwestern vorbehalten, sondern in jedem von uns vorhanden und vor allem in kleinen Kindern noch sichtbar lebendig. Sie ist ebenso eine menschliche Eigenschaft wie die, sich zu bereichern oder über andere herrschen zu wollen. Das Ausmaß, in dem die Liebes- und Opferbereitschaft heute verdrängt und vergessen wird, ist allerdings erstaunlich.
Und kennen wir nicht alle die Sehnsucht, unser Gefühl der Abgetrenntheit von der Natur und den Mitmenschen zu überwinden? Weil wir als Menschen denken können und im Vergleich zu anderen Spezies relativ frei von instinkthaftem Verhalten sind, empfinden wir oft Einsamkeit

und Isolation. Wir alle wünschen uns jedoch Zusammengehörigkeit, Solidarität und Einssein.
Einsamkeit und Isolation zu durchbrechen ist eines unserer tiefen Bedürfnisse, und es löst in uns sowohl die höchsten als auch die niedrigsten Verhaltensweisen aus. Unser Wunsch nach Solidarität kann beispielsweise zu Abgrenzung, Fremdenfeindlichkeit und Fanatismus führen; er kann aber auch Hilfsbereitschaft, Liebe, Mitgefühl, Opferbereitschaft und Verständnis wecken.
Unsere Sehnsucht nach Einheit bringt uns oft dazu, von der Meinung anderer abhängig zu werden, und in unserem Drang nach Anpassung lassen wir uns von Wirtschaft, Mode und Medien zu Profitzwecken ausnutzen. Mancher opfert bereitwillig die eigenen Bedürfnisse, um nicht als Außenseiter zu gelten. Die zugrunde liegenden Ängste, ausgestoßen und missachtet zu werden, sind sehr real und sehr menschlich, denn im Extremfall hängt von der Hilfe und Solidarität der anderen ja tatsächlich das Überleben ab.
Hier hätten gerade die Glaubensgemeinschaften eine große Verantwortung. Bei ihnen kommt es jedoch besonders leicht zu extremer Abgrenzung. Das Gefühl, dass die eigene Gruppe, bestimmte Glaubensinhalte, ein bestimmter Weg oder gar bestimmte Riten und Rituale die einzig richtigen sind, macht uns fundamentalistisch und fanatisch. Alles außerhalb der definierten Lehre wird abgelehnt und bekämpft. Welche Glaubensgemeinschaft ist heute ganz frei davon?
Eine ehrliche Zusammenarbeit innerhalb der Völker, Kulturen und Religionen ist erst möglich, wenn eine lebendige und menschliche Spiritualität in den Vordergrund rückt. Statt an überholten hierarchischen Traditionen zu kleben, sollten gerade die Vertreter aller Glaubensrichtungen die persönlichen Erfahrungen mit den positiven Kräften des Menschlichen, also mit dem lebendigen Buddha und dem lebendigen Jesus in uns Menschen fördern. Erst wenn wir wirklich die Energie der Achtsamkeit, sozusagen den Heiligen Geist in unserem Innern, erleben, wissen wir aus dem eigenen Erfülltsein heraus, was zu tun und was besser zu lassen ist.

Wir werden, was wir tun

Wir sind sehr vom Konsumverhalten und der habsüchtigen Einstellung der Mehrheit geprägt. Da ist es gar kein Wunder, dass die andere Seite – die des Seins, der spirituellen Existenz, des Lebens in Einheit und ohne

Unterscheidung zwischen Mein und Dein, zwischen mir und der Welt im Geist der Liebe – kaum eine Chance hat.
Wir sind, was wir tun, was wir hören und lesen, womit wir uns jeden Tag umgeben. Wir werden so, wie wir uns nach dem Beispiel der Eltern, der Freunde, Lehrer, Vorbilder und heute besonders der Medien verhalten. Damit formen wir wiederum die kollektiven Verhaltensweisen der Gesellschaft.
Einerseits besteht die Welt aus uns, aus jedem Einzelnen und allen anderen Wesen und Erscheinungen; andererseits bestehen wir selbst aus der Welt, also aus all den Dingen, Gedanken, Einflüssen und Energien in und um uns. Dies gilt entlang der Zeitlinie – wir sind auch unsere Vorfahren; und es gilt auf der Ebene des Miteinanders – wir sind alles, was gerade existiert. Mit jedem Atemzug tauschen wir uns aus. Aber auch mit jedem gehörten oder gesprochenen Wort nehmen wir etwas in uns auf und geben etwas an andere weiter. Alles ist in allem enthalten, alles bedingt und durchdringt sich gegenseitig und webt unaufhörlich das Muster des Lebens. Wird uns dieser tiefenökologische Aspekt des Lebendigen zur eigenen Erfahrung, dann können wir gar nicht anders, als uns mit allem verbunden zu fühlen und Mitgefühl und Verständnis zu entwickeln, denn immer handelt es sich auch um uns selbst.
Die Selbstverantwortung, das zu werden, was ich wirklich sein kann und auch will, ist eine Hauptanforderung des Buddhismus an uns und wird in den Worten des Buddha: »Komm und sieh und versuche es selbst« deutlich. Unablässig fordert er uns auf, durch eigene Übung zunächst die innere Haltung und dadurch dann das äußere Verhalten zu transformieren.
Die meisten Versuche gewaltsamer Rebellionen gegen Konsum, Ungerechtigkeit und Ausbeutung sind dagegen zum Scheitern verurteilt. Sie misslingen nicht nur wegen Übertreibung und falscher Einschätzung der eigenen Möglichkeiten, sondern auch wegen der Unfähigkeit der Rebellen, aus eigenem innerem Frieden zu handeln.
Vielleicht wünschen wir uns eine andere, eine sinnhaftere Lebensweise. Vielleicht haben wir ein ganz besonders großes Bedürfnis nach Einheit, Gerechtigkeit und Liebe. Wenn wir aber mit den Mitteln der Gier- und Machtgesellschaft agieren, hilft das nicht wirklich. Gewalt erzeugt immer nur wieder Gewalt. Selbstaufopferung im Rahmen von Terroraktionen bewirkt meist nur, dass sich derselbe unerwünschte Zustand nur noch deutlicher manifestiert – jetzt nur unter anderen Vorzeichen.

Vielleicht ist die Selbsttötung für Terroristen die höchste Form, eine Art von Einssein mit ihren Zielen zu erleben. Haben sie die Fähigkeit verloren, menschlich zu handeln, zu fühlen, zu verstehen, zu lieben?
Oft wissen wir gar nicht, wie wir mit unseren Bedürfnissen nach Liebe und Verstehen konstruktiv umgehen sollen. Die meisten von uns konnten es nicht erlernen, weil zum Beispiel Nächstenliebe keineswegs allgemein als ein menschlich notwendiges Bedürfnis akzeptiert ist. Dass wir selbst keine terroristischen Akte begehen, liegt oft nur daran, dass wir noch auf der Seite derer stehen, die genug oder sogar mehr »haben«. Es ist nicht unbedingt ein Ausdruck unserer fortgeschritteneren Entwicklung in puncto Liebe und Verstehen. Wer weiß, was wir täten, wenn wir auf der anderen Seite stünden!

Äußerer Frieden – innerer Frieden

Wenn wir die Seite des Verstehens und der spirituellen Werte, des Friedens und der Gewaltlosigkeit nicht mit entsprechenden Methoden, also mit dem in uns ebenfalls vorhandenen und ebenfalls gewünschten friedvollen und gewaltfreien Potenzial fördern lernen, wird der Kreislauf von Gier, gewaltsamem Umsturz, Terror nie unterbrochen.
Natürlich müssen wir auch etwas *haben* und besitzen, da wir körperliche Wesen sind, die Nahrung, Kleidung, Schutz vor Witterung und Vorräte für Notzeiten brauchen. Wir müssen zudem Fähigkeiten und Kenntnisse erwerben, um einen Beitrag für die Welt leisten zu können. Aber wir brauchen nicht so viel, wie wir meinen, und wir brauchen nicht unbedingt mehr als andere. Was wir vor allem benötigen, ist die andere, die spirituelle Dimension unseres Daseins. Wir brauchen sie, um die Vollkommenheit freizusetzen, die nach buddhistischer Auffassung in allem, auch in uns, existiert. Dazu bietet uns der Buddha viele Übungen und den Kontakt zu tiefen Einsichten, die darauf abzielen, eine andere Qualität in uns zu wecken.
Solange nur die materielle Seite gefördert wird, können wir aus unserem selbst erbauten Gefängnis nicht heraus. Immer werden wir uns nur mit dem identifizieren, was wir haben oder gern hätten. In uns gibt es jedoch auch den Samen von Verstehen und Mitgefühl, der gegenseitigen Anerkennung, der Achtung vor jeder Art Leben und der Würde aller Menschen. Solidarität, Gerechtigkeit und Dialogbereitschaft sind Eigenschaften, die immer vorhanden sind.
Wir sehnen uns nach Liebe, Gemeinsamkeit und Angstfreiheit, wün-

schen eine echte Sicherheit, die aus der inneren Entwicklung zum wirklichen, lebendigen Menschen kommt. Viele Menschen wollen ihr Leben vertiefen und suchen die Berührung mit der transzendenten Dimension des Seins, die sie in ihren besten und glücklichsten Augenblicken vielleicht bereits erleben konnten – wenn keine Wünsche nach einem Mehr den Prozess des Lebens im Hier und Jetzt blockierten.

Thich Nhat Hanh sagt, dass das Durchbrechen unserer Mauern keine Frage von Wundern oder Gnade, sondern eine der Übung ist. Wenn wir die an Besitzdenken, Konkurrenzängste und Machtstreben geknüpften Verhaltensweisen so gut verinnerlichen konnten, warum dann nicht auch die der Liebe und des Verständnisses?

Dazu müssen wir jedoch bei uns selbst anfangen, weil eine Beeinflussung anderer, selbst aus den besten Absichten heraus, wirkungslos ist, denn sie verändert nicht das Bewusstsein des anderen auf der Ebene des Seins. Wie jedes Lernen verlangt auch dieses Einüben viel Geduld und ständiges Bemühen.

Die verwandelnde Kraft des Mitgefühls

Der Buddha sagte, dass dies ist, weil jenes ist, und dies ist nicht, weil jenes nicht ist. Damit ist gemeint, dass zu einer bestimmten Situation immer eine Vielzahl von Ursachen führt. Auch die Terroranschläge können nicht nur auf einzelne Personen und deren Geisteszustand, auf bestimmte Regierungen und politische Systeme allein zurückgeführt werden. Letztlich trägt jeder Einzelne von uns eine gewisse Mitverantwortung – durch die Art seines eigenen Lebens und Konsums. »Weil es den Reichtum hier bei uns gibt, gibt es die Armut in den weniger entwickelten Ländern«, sagt Thich Nhat Hanh. Weil wir unser gefühlloses Besitzdenkens kultivieren und nichts anderes anbieten, reagieren andere, die die Welt vor uns und dieser Lebensweise retten wollen, mit Neid, Terror, Gewalt und Selbstzerstörung.

Deshalb ist es wichtig, hier und heute mehr und bessere Bedingungen für Frieden und Gewaltfreiheit zu schaffen. Wir brauchen eine Umgebung, die friedvolle Eigenschaften fördert und besonders Kinder und Jugendliche in dieser Richtung anleitet. Die verletzenden und zerstörerischen Anlagen sind auch immer in uns selbst vorhanden. Wir müssen also lernen, uns mit diesen Seiten auseinander zu setzen. Das ist weder leicht, noch liegt es so im Trend wie etwa Trainingsprogramme zur Motivations- oder Verkaufsförderung. Aber genauso wie die Fähigkeiten der

Konsumgesellschaft können auch die einer konstruktiven, liebevollen und mitfühlenden Gemeinschaft gelehrt und gelernt werden.
Ein schönes Vor-Bild dafür ist der Bodhisattva Maitreya. Ein Bodhisattva ist eine transzendente Gestalt im Buddhismus, die die besten und vollkommensten menschlichen Eigenschaften in Form eines Ideals verkörpert und sozusagen bildlich nach außen bringt.
Maitreya ist das Ideal eines fühlenden, konstruktiv liebenden und tief verstehenden, also bewussten Menschen in seiner vollkommensten Ausprägung. Er verkörpert die Fähigkeit, allen Wesen aus tiefem Mitgefühl zu helfen und sie zur Befreiung anzuleiten. Diese Symbolgestalt steht für den dynamischen Prozess der buddhistischen Lehre und damit für weite Offenheit und liebevolle Zuwendung zu allem, was existiert. Damit verkörpert Maitreya genau die Fähigkeit zu wahrem innerem Frieden, der für alle Bemühungen um einen Frieden im Außen unverzichtbar ist.
Buddhistische Symbolgestalten sind jedoch keine verehrungswürdigen Wesen außerhalb von uns, die es anzubeten gilt. Vielmehr sind sie als Eigenschaften in uns selbst zu begreifen. Sie müssen in uns lebendig werden, um zu existieren.
In dem Maß, wie wir den inneren Frieden in unserem Herzen entstehen lassen können und damit fähig werden, zu verstehen und die Situationen in der Welt liebevoll zu verändern, wird Maitreya als unser eigenes menschliches Potenzial existent. Diese Idealgestalt verkörpert ein Wesen, das nicht von der Lebensweise der Gier und des Habenmüssens, von unserer materiellen, konsumorientierten Welt gefangen ist. Sie gibt diese Welt jedoch nicht auf, sondern versucht, sie zu verwandeln.
Als Mensch besäße Maitreya die Fähigkeit, immer wieder die so genannten vier unermesslichen Geisteshaltungen – Liebe, Freude/Mitfreude, Mitgefühl und Gleichmut – hervorzubringen. Da auch in ihm die Anlagen zu Gier und Hass vorhanden sind, besteht die wahre Kunst des gesamten buddhistischen Übungsweges darin, diese nicht gewaltsam zu eliminieren und zu unterdrücken, sondern sie in Achtsamkeit und Gewaltfreiheit wie Kompost in gesunde und nahrhafte Früchte unseres Menschseins zu verwandeln – so wie aus Ruinen und Schutt auch wieder sinnvolle und vielleicht für alle Menschen der Welt hilfreiche Bauwerke entstehen können.

Wighard Strehlow
Die Botschaft heißt Liebe

Nach einer Vision der Hildegard von Bingen

Die Ereignisse des 11. September können uns Wege zu einem erfüllteren Leben weisen. Mit dem Attentat wurden neue spirituelle Kräfte sichtbar, die uns wachrütteln. Sie fordern uns auf, unser bisheriges »normales« Leben hinter uns zu lassen. Wir können in eine neue Zukunft blicken – eine Zukunft, in der wir verstehen, aus der Liebe heraus zu leben. Plötzlich wird klar, dass diese Fähigkeit von Anfang an in der Tiefe unserer Seele vorhanden war und nur darauf gewartet hat, von uns entdeckt zu werden.

Diese neue Energie, die durch die Ereignisse des 11. September freigesetzt wurde, kann uns helfen, unser Leben zu meistern – auch dann, wenn wir durch die dunkelsten und bittersten Stunden gehen. Durch diese Energie vermögen wir jedoch auch die Blockaden zu beseitigen, die uns bisher daran gehindert haben, ein glückliches und selbstbestimmtes Leben zu führen. Nach der Prophetin und Visionärin Hildegard von Bingen (1098–1179) gibt es insgesamt 35 dieser existenziellen Konflikte, Lebenslügen und Fallen, die unser Leben blockieren können. Die Gier nach materiellem Reichtum ist nach Hildegard von Bingen die stärkste und rücksichtsloseste Kraft, die uns daran hindert, ein liebevolles Leben zu führen.

Hildegards Aussagen zu Religion, Kunst und Medizin sind in ein spirituelles, kosmisches Weltbild eingebettet. Sie gab bereits vor 900 Jahren umfassende Hinweise für ein ganzheitliches Denken und Handeln. Hildegard war die gesuchte Beraterin des mächtigen Kaisers Friedrich I., Barbarossa, sowie mehrerer Päpste und bedeutender Persönlichkeiten aus ganz Europa.

Hildegard interessierte sich für die Kernfragen der Menschheit, für das, was Heilung bewirkt und die Gesundheit erhält. Für sie war es entscheidend, dass der Mensch wieder seinen ursprünglichen Platz in der kosmischen Ordnung einnimmt. Ihre Lehren werden gegenwärtig neu geschätzt, weil Hildegard ein Lebensgefühl beschreibt, nach dem sich die Menschen heute sehnen.

Das zentrale Thema aller Menschen ist die Liebe. Sie ist Gottes ursprüngliche Idee; aus seinem Wesen geht sie hervor. Gott ist die Quelle der Liebe, aus der er den Menschen und das Universum schuf. Das menschliche Dasein beruht auf Liebe; der Mensch kann nicht ohne die Liebe existieren.

Auch Hildegard hat sich in ihrem langen Leben immer wieder Gedanken zur Liebe gemacht. Bei ihr ist die Liebe die Sehnsucht nach der Zärtlichkeit und Umarmung Gottes, denn: »Jeder Mensch braucht den Kuss und die Umarmung seines Schöpfers.«

Hildegard stellt die Gottes- und Nächstenliebe, wie sie in der Bibel beschrieben wird, in den Mittelpunkt; die Fähigkeit zur Liebe wird bei ihr zu einem Zentrum für alles, was für unser Leben wichtig und entscheidend ist. Auf dem Gegenpol zu dieser himmlischen Liebe finden wir die Liebe zum Materiellen, zu Geld und Besitz, sie steht im Fokus der Anschläge vom 11. September.

Die Welt hat sich seit dem 11. September radikal verändert. Die Türme von Babylon, Ikonen des materiellen Reichtums, sind kurz hintereinander in sich zusammengefallen. Das Pentagon, Hauptsitz der militärischen Stärke, wurde mitten ins Herz getroffen. Wir trauern um die unschuldigen Opfer des internationalen Terrorismus, der auf dem Boden eines materialistischen Weltbildes entstanden ist.

Wie eine Seuche hat die Gier nach materiellem Reichtum die gesamte westliche Welt infiziert und die Menschheit in zwei Lager gespalten: in Arme und Reiche. Die Reichen missbrauchen ihre Überlegenheit, um die restliche Welt auszubeuten, statt ihren Wohlstand dafür einzusetzen, den Hunger, die Armut, das Leiden und die Unwissenheit auf der Erde zu beseitigen.

Die Liebe zum materiellen Reichtum ist nach Hildegard von Bingen die Quelle aller Perversionen in den unterschiedlichen menschlichen Lebensbereichen. In ihren Visionen sah sie alle anderen seelischen Schwächezustände als Folge des Materialismus.

Wenn der Mensch den Sinn des Lebens nur noch am Erfolg seines Gewinnstrebens festmacht, entsteht ein Teufelskreis aus Besitzgier und tiefstem Weltschmerz. Dieser Teufelskreis kann nur durchbrochen werden, wenn wir die Kräfte und Stärken suchen, die hinter jeder einzelnen Schwäche zu finden sind. Hildegard beschreibt 35 Gegensatzpaare von Schwächen und Stärken; es sind modern formuliert:

1. Liebe zum materiellen Reichtum – Liebe zum Himmlischen (spirituelle Liebe)
2. chaotischer Lebensstil – Disziplin
3. Vergnügungssucht – Bescheidenheit
4. Unbarmherzigkeit – Barmherzigkeit
5. Resignation, Frustration – Gottvertrauen, einen Sieg vollbringen
6. Zorn, Wut, Aggression – Geduld
7. Zynismus – Sehnsucht zur Ewigkeit
8. Gefräßigkeit – Enthaltsamkeit
9. Verbitterung – Großzügigkeit
10. Unzuverlässigkeit – Güte
11. Lüge und Betrug – Wahrheitsliebe
12. Streitsucht – Friedensliebe
13. Unglückseligkeit – Glückseligkeit
14. Maßlosigkeit – das rechte Maß (Ausgeglichenheit)
15. Seelenlosigkeit – Seelenheil
16. Hochmut – Demut
17. Neid – Nächstenliebe
18. Ruhmsucht – Ehrfurcht vor Gott
19. Ungehorsam – Gehorsam
20. Unglaube – Glaube
21. Verzweiflung – Hoffnung
22. Luxusstreben – das einfache Leben lieben
23. Ungerechtigkeit – Gerechtigkeit
24. Schwäche – Stärke
25. spiritueller Blackout – Heiligkeit
26. Unbeständigkeit – Beständigkeit
27. sich Sorgen machen – Sehnsucht nach dem Himmel
28. Hartherzigkeit – Herzensgüte
29. Sucht und Abhängigkeit – Freiheit von der Sucht
30. Disharmonie – Harmonie
31. Respektlosigkeit – Ehrfurcht, Respekt
32. Vagabundieren – Stabilität
33. Magie – Gottesverehrung

34. Geiz – Genügsamkeit
35. Weltschmerz – himmlische Freude

Die Liebe zum materiellen Reichtum steht für Hildegard an erster Stelle der menschlichen Schwächen. Denn sobald Geldgier und uferloses Gewinnstreben die Politik, Medizin, Wirtschaft, Wissenschaft, Technologie und Kunst beherrschen, geht die Kraft dieser Lebensbereiche für die Menschheit verloren.
Der durch Wissenschaft und Wirtschaft erworbene Reichtum sollte allen Menschen dienen, nicht nur einer kleinen Minderheit. Sonst entfernt sich der Mensch von seiner ursprünglich liebevollen Bestimmung und wird zu einem Monstrum, das sich an den Leiden und der Unwissenheit seiner Mitmenschen bereichert. Ja, viel schlimmer noch: Dieses Monstrum kreiert Systeme, die dazu dienen, mit dem Leiden der Menschheit viel Geld zu verdienen. Dazu gehören das Anstiften von Kriegen und Konflikten, die immer nach demselben Schema ablaufen. Ein »Dämon« wird unterstützt und aufgebaut – Milosevic, Saddam, bin Laden – und schließlich verteufelt und bekämpft. Es wird zum »heiligen Krieg« aufgerufen, und mit Steuergeldern werden Feldzüge organisiert, an denen vor allem die Waffenindustrie verdient. Schließlich wird das zerstörte Land mit Steuergeldern wieder aufgebaut. Es gibt kein Unternehmen, mit dem so viel Geld gemacht werden kann wie mit dem Krieg!

Wenn man wirklich den Sinn und die Botschaft des 11. September verstehen will, muss man den Terror und die Gewalt als Folgen der materiellen Besitzgier sehen. Das World Trade Center, das Zentrum der Weltwirtschaft, ist ein Symbol für die Ausplünderung der Menschheit durch eine Minderheit, die sich grenzenlos bereichert. An einem einzigen Tag fließen durch die New Yorker Bank 140 000 Transaktionen im Gesamtwert von 900 Milliarden Dollar. Ein Bruchteil davon würde schon genügen, um zu verhindern, dass jeden Tag 50 000 Menschen verhungern müssen.
Die Mehrheit der Menschheit hat gar keine Chance, am Wohlstand teilzuhaben, weil die Wirtschaft der westlichen Welt den Völkern der Dritten Welt die Rohstoffe, Bodenschätze und landwirtschaftlichen Produkte für Hungerbeträge abknöpft, um sie zu Höchstpreisen zu verkaufen. Das attackierte World Trade Center war sowohl ein konkretes Zentrum als auch ein Symbol für diese Art des Wirtschaftens.
Die Opfer vom 11. September sind uns eine Mahnung, umzukehren, den

wahren Sinn des Lebens zu erkennen und unser Handeln daran auszurichten. Dieser Sinn besteht darin, den Reichtum der Welt zum Wohl aller einzusetzen, die Stärken der Menschen überall auf der Welt zu fördern, statt ihre Schwächen auszunutzen.
Im letzten Moment, als manche Opfer im World Trade Center keine Hoffnung auf Rettung mehr sahen und erkannten, dass sie jetzt sterben mussten, griffen sie zum Handy, um ihren Liebsten die Botschaft zu sagen: »Honey, I love you!« Müssen wir alle erst mit dem Rücken zur Wand stehen, um die Raffgier in die Liebe zu verwandeln? Das Wichtigste im Leben ist eben nicht das Geschäft, sondern der Reichtum unserer Liebesfähigkeit und die Kunst, damit Menschen zu gewinnen.
Der symbolische Untergang des materiellen Reichtums, der Sturz der Türme des World Trade Center, verwandelte New York am 11. September in einen Ort der Trauer. Aber es öffnete sich auch eine Tür der Hoffnung, der Liebe füreinander und der Solidarität. Das ist das Vermächtnis der Opfer der Tragödie.

In einer Vision beschreibt Hildegard das Spannungsfeld zwischen der Liebe zum Himmel auf der einen und der Liebe zum Materiellen auf der anderen Seite. Hildegard will uns damit die Augen für die Erkenntnis öffnen, dass das schöne und gute Leben durch die Liebe zum materiellen Reichtum zerstört wird.
Wir leben heute in einer Welt, in der Geld das Denken und Handeln beherrscht und nur das, was man zählen, messen und anfassen kann, zu existieren scheint. Der größte Irrtum der westlichen Welt besteht darin, zu glauben, dass wir durch materiellen Wohlstand glücklich werden können. Doch das Glück suchen wir vergeblich im materiellen Reichtum. Die Gier nach materiellem Reichtum führt in die Katastrophe. Glück, Lebensfreude und Harmonie gedeihen dagegen auf dem Boden der Liebe. Hildegard spricht zu uns in Bildern und Symbolen. Die Besitzgier wird als nackter Mensch dargestellt. Er umklammert mit Armen und Beinen einen Baum und reißt alle Früchte ab: »Ich reiße den Reichtum der Welt an mich. Warum sollte ich dahinkriechen, da ich doch voller Lebenskraft strotze? Warum sollte ich wie ein Greis altern, da ich doch noch ein Jüngling bin? Ich müsste töricht sein, wenn ich nicht nach Reichtum und Geld streben würde. Solange ich kann, will ich den Reichtum der Welt genießen. Ich kenne nur dieses materielle Leben, alles andere ist Selbsttäuschung.«

Seiner Früchte beraubt, verdorrt jedoch der Baum. Er verliert seine Wurzeln und stürzt plötzlich in die Tiefe – genauso stürzte innerhalb von nur einer Stunde das World Trade Center, das Symbol für den materiellen Reichtum, zusammen, wobei es Tausende unschuldige Menschen mit sich in die Tiefe riss.
Hildegards Vision vom innerlich nackten reichen Mann erinnert uns an den Materialisten von heute und seine Sucht nach noch mehr Geld und Besitz. Mit Geld kann man scheinbar alles kaufen: Sex, Politik, Wissenschaft und Macht. Der materielle Hunger kennt kein Ende. Ein Wunsch erzeugt den nächsten.
Aber was ist der Mensch? Sein Haus, sein Auto, sein Geld, seine Aktien – sein ganzer materieller Reichtum? Das wirkliche Leben ist doch vollkommen anderer Art! Es basiert auf dem unvergänglichen inneren Reichtum, wobei die stärkste Kraft die Liebe ist.
In Hildegards Vision kommt die himmlische Liebe zu Wort: »Du musst blind sein, wenn du glaubst, dass Reichtum glücklich macht. Du suchst nicht das wahre und schöne Leben, das in seiner Frische und Jugendkraft niemals vergeht und selbst im hohen Alter nicht stirbt. Du lebst im Dunkeln, weil dir die Erleuchtung fehlt! ... So stürzt du in den See des Verderbens ... Ich aber bin das Fundament für das harmonische Zusammenleben. Ich bin mit der echten Lebensfreude verbunden, die das Universum durchströmt. Ich liebe das wahre Leben und verachte alles, was das Leben zerstört. Ich bin der Spiegel aller spirituellen Kräfte ...«
Keine andere Kraft dieser Welt kann unser Leben so tief greifend verändern und bereichern wie die Liebe. Wir erreichen Erfüllung, wenn wir wie Hildegard grenzenlos lieben: »Die Liebe überflutet das All, von den tiefsten Tiefen bis hoch zu den Sternen. Allen ist sie liebend zugetan, da sie dem höchsten König den Friedenskuss gab.«

Der Einfluss negativer Kräfte auf den Menschen wird in der Regel durch den Teufel oder durch Dämonen symbolisiert. Es bezieht sich auf die Erfahrung, dass der eigene freie Wille immer wieder von verschiedenen äußeren, scheinbar fremden Kräften beeinflusst wird. Dabei zerstören sich die Menschen in den meisten Fällen selbst – durch Autoaggression, weil im Menschen gleichzeitig Gutes und Böses nebeneinander existieren.
Die Sucht nach materiellem Reichtum ist zu einer der Hauptursachen dieses »inneren Selbstmords« geworden. Die Besitzgier gehört zu den

modernen Dämonen, die den Menschen ständig neue Wünsche einflüstern. Diese Stimmen artikulieren sich auf der Grenze vom Bewusstsein zum Unterbewusstsein, und der Mensch handelt danach, ob er es weiß oder nicht. Dämonen verlieren aber ihre Macht, wenn man ihre verborgenen Kräfte aufdeckt und sie wie im Märchen Rumpelstilzchen beim Namen nennt.

Alles Unausgesprochene, alle Gedanken, Gefühle und Geisteshaltungen üben eine magische Wirkung aus und beeinflussen unser Nervensystem. Das zentrale Nervensystem steuert über das vegetative Nervensystem alle körperlichen Funktionen und Organe. Durch negative Einflüsse und Stress sinkt zum Beispiel der Interferonspiegel, wodurch die körpereigene Abwehrkraft geschwächt wird. Es liegt auf der Hand, zwischen seelischen Belastungen und körperlichen Krankheiten einen Zusammenhang zu sehen. Hildegard von Bingen war die Erste, die systematisch Krankheiten als Folge des Lebensstils beschrieben hat.

In ihrer visionären Schau sieht Hildegard die Krankheitsfolgen des Materialismus in Zusammenhang mit »kaltem und glühendem Feuer«, die als Symptom bei allen Entzündungen und Infektionen auftreten. Durch die Autoaggression produziert das körpereigene Immunsystem zu viele Abwehrstoffe, die die Zellen und Organe angreifen und sie vernichten können. Der Körper begeht unfreiwillig Selbstmord. Grundsätzlich kann jedes Organ und jedes Gewebe angegriffen werden; es kann sich entzünden und zerfallen. Sogar der Zellkern, Sitz des Erbguts, kann von diesen Abwehrstoffen zerstört werden, wodurch die Körperzellen dann krebsartig entarten.

Die Gier nach materiellem Reichtum und spiritueller Blackout sind konkret mit der Erkrankung des autonomen Nervensystems in der Region der Halswirbelsäule, speziell mit Schäden am ersten Halswirbel – dem Atlas – verbunden. Diese Nervenregion kontrolliert alle fünf Sinnesorgane und die Gesichtsmuskeln sowie die Durchblutung beider Arme und des Herzens. Bei Fehlstellung können Sehstörungen, Kopfschmerzen, Migräne, Herzschmerzen, Herzschwindel, Herzschwäche und Taubheitsgefühl ausgelöst werden.

Die körperlichen Leiden, hinter denen sich stets seelische Ursachen verbergen, sind jedoch gleichzeitig Chancen zur Heilung. Sie bieten die Möglichkeit, hinter dem scheinbar Negativen das eigene Potenzial zu entdecken. Hinter jeder Schwäche verbirgt sich eine aufbauende Botschaft.

Ein Baum muss nicht sterben, wenn im Herbst seine Blätter abfallen. So wie es in der Natur keinen endgültigen Tod gibt, sondern stets Transformation, setzen auch die Körperzellen beim Absterben Substanzen frei, die die Heilung vorantreiben. Hildegard von Bingen nannte diese Kraft *viriditas,* die Kraft des Lebens und Überlebens.

Das Böse hat somit im Leben die Aufgabe, das Gute hervorzubringen. Der Sinn des Lebens besteht nach Hildegard darin, aus Fehlern und Irrtümern zu lernen, hinter dem Bösen das Gute zu entdecken und hinter dem Feind den Freund zu erkennen. Dadurch können wir innerlich wachsen und das Fliegen lernen: »Du bist der Adler, der in die Sonne schaut. Dein rechter Flügel dient zur Erkenntnis des Guten, dein linker zur Erkenntnis des Bösen. Hüte dich, einen Flügel abzuschneiden, sonst stürzt du ab!«

Zweitausend Jahre haben die Menschen vergeblich versucht, das Böse auszurotten, indem sie die Menschen in Gute und Böse eingeteilt haben. Aber das kann nicht gelingen, weil wir alle beides in uns haben, um uns zu entscheiden. Im Dialog zwischen Gut und Böse liegt die Möglichkeit zur Heilung. Wie?

Alle Menschen sehnen sich nach Liebe. Jeder spürt instinktiv, ob er geliebt wird oder nicht. Liebe kann man nicht besitzen, kaufen oder erzwingen. Sobald Liebe mit Besitz verwechselt wird, stirbt sie. Unsere Welt hat die Liebe mit einer Ware verwechselt, daher scheint sie uns auch zu mangeln.

Die Menschen hungern nach Liebe und leiden an Lieblosigkeit, am meisten leidet ihr Herz. Wen wundert es, dass die Herzkrankheiten den ersten Platz auf der Liste der Zivilisationskrankheiten einnehmen und in der westlichen Welt die Herzkliniken wie Pilze aus der Erde schießen – sind sie nicht ein Symbol für die Liebesunfähigkeit unserer Gesellschaft?

Man kann niemanden zur Liebe zwingen, aber man selbst kann aus der Liebe heraus leben und damit Menschen gewinnen. Darin liegt der Sinn des Lebens. Je mehr liebende Beziehungen wir verwirklichen, desto stärker verbreitet sich die Liebe. Kein Mensch kann sich der Liebe entziehen, wenn man ihn mit Liebesbeweisen überschüttet. Das geschieht immer dann, wenn die Zauberworte ausgesprochen werden: »Ich liebe dich.« Mit diesen drei Wörtern verändert sich die ganze Welt – Wunden heilen, Tränen fließen, und das Leben wird kraftvoll, hell und glücklich.

Je mehr Sie lieben, desto mehr werden Sie empfangen. Der 11. September mahnt uns, jetzt unser Herz für die Liebe zu öffnen.

Gabriele Kuby
Kein Frieden ohne Umkehr

Das Wachstum der Natur und die Entwicklung der Geschichte geschehen nicht gleichförmig. Lange Zeit tut sich scheinbar nichts. Dann plötzlich ein Quantensprung. Die Terrorakte vom 11. September sind ein solcher Quantensprung. Sie erfüllen uns mit Entsetzen und Abscheu vor Menschen, die fähig sind, ein solches Verbrechen jahrelang zu planen und durchzuführen, und mit Mitleid mit den Opfern, die in diesem Inferno den Tod fanden.

Täglich sind wir mit Nachrichten über den Tod unschuldiger Menschen in Kriegen, Massakern, Naturkatastrophen konfrontiert. Der Tod der Opfer des infamen Terrors in Amerika erschreckt uns deswegen zutiefst, weil jeder von uns in einem der Flugzeuge hätte sitzen oder sich im Trade Center hätte befinden können. Der Satz: »Nichts mehr wird so sein wie vorher« heißt: Wir werden uns nie wieder so sicher fühlen wie vor dem 11. September, denn: *Es könnte auch mich treffen.* Der 11. September hat uns aus dem Schlaf der Unsterblichkeit gerissen.

Wenn die Zentren der amerikanischen Weltmacht zum Einsturz gebracht werden, dann ist Krieg, ein Krieg, der von einem unbekannten Gegner geführt wird. Die Gefahr eines jeden Krieges ist es, dass die Dynamik der Zerstörung sich verselbstständigt, das Böse wütet durch das Böse, bis der Tod selbst schließlich Einhalt gebietet.

Eine tiefere Demütigung für die amerikanische Nation lässt sich nicht denken. Die Realsymbole der amerikanischen Macht sind getroffen. Realsymbol heißt: Das Symbol enthält, was es darstellt. In den Türmen des Trade Center arbeitete das Gehirn der Wirtschaftsmacht Amerika, im Pentagon sitzt das Gehirn der Militärmacht Amerika. Um der Botschaft den i-Punkt aufzusetzen, zerstörte auch noch eine Autobombe Teile des Außenministeriums. Die teuflische Perfektion des Anschlags verschlägt der Welt den Atem.

Von »Zivilisationsbruch« ist die Rede. Ja, Krieg ist immer ein Zivilisationsbruch. Aber der Begriff soll vermitteln, dass hier eine Tat von nie da gewesener Abscheulichkeit geschehen ist. War der Knopfdruck des amerikanischen Piloten Thomas Ferebee weniger abscheulich, mit dem er am 6. August 1945 die Plutoniumbombe (»Little Boy«) über Hiroshima ausklinkte, die 151 000 Menschen in Sekundenschnelle den Tod brachte, oder – drei Tage später – die Uranbombe über Nagasaki, die 70 000 Menschenleben in einem Augenblick auslöschte? Warum ist immer nur von Pearl Harbor die Rede?

Asymmetrie des Krieges – Asymmetrie von Arm und Reich

Unter dem Entsetzen und dem Abscheu über die Ruchlosigkeit des Anschlages wird die Frage zum Verstummen gebracht, was denn die Ursache des Hasses ist, der sich gegen Amerika, gegen die westliche Zivilisation richtet. Nur das Gesicht des Krieges hat sich gewandelt, weil – anders als in den Weltkriegen – das technologische Niveau der Zivilisationen, die hier gegeneinander kämpfen, so unterschiedlich ist. Die neue Realität hat einen neuen Begriff hervorgebracht: Von »asymmetrischem Krieg« ist die Rede.

Die fallenden Türme des World Trade Center und die einstürzenden Mauern des Pentagon sind Ausdruck eines Meers von Hass, der sich auf dieser Welt gegen Amerika als mächtigstem westlichem Staat richtet. Hass wächst proportional zur Ungerechtigkeit der Machtausübung und der Ohnmacht der Missbrauchten.

Wie steht es mit der Gerechtigkeit auf unserem Globus?

Dem Jahresbericht des UN-Entwicklungsprogramms (UNDP) zufolge haben 1,3 Milliarden Menschen weniger als einen Dollar pro Tag zum Leben, obwohl sich der Pro-Kopf-Verbrauch weltweit seit 1950 versechsfacht hat. 826 Millionen Menschen sind unterernährt. Die Zahl der unterernährten Menschen allein in Afrika ist in den letzten 28 Jahren um das Doppelte auf 215 Millionen gestiegen. Obwohl sich der Verbrauch an Süßwasser weltweit seit 1960 verdoppelt hat, fehlt es 1,3 Milliarden an Süßwasser. 2,4 Milliarden Menschen haben keinen Zugang zu medizinischer Grundversorgung; 20 Prozent der Weltbevölkerung verbrauchen 86 Prozent der Ressourcen. Das reiche Fünftel der Bevölkerung konsumiert 58 Prozent der Energie, die ärmsten 20 Prozent der Menschen haben dagegen nur 4 Prozent zur Verfügung, obwohl weltweit 1995 doppelt so viel Energie verbraucht wurde wie vor 15 Jahren. Das UNDP spricht von »wachsendem Ungleichgewicht«. Wie viel hoffnungsloses Elend, wie viel namenloses Leid steckt hinter diesen Zahlen!

Wie kommt es zu dieser immer weiter wachsenden Ungleichheit? Liefern die armen Länder der Welt ihre Rohstoffe und ihre Weltmarktsgüter freiwillig in den Vereinigten Staaten und den anderen reichen Ländern ab?

Haben sie etwas mitzureden bei der Festsetzung der Preise? Haben sie etwas mitzureden bei der Festsetzung der Arbeitslöhne in den so genannten Billiglohnländern? Haben die Länder der Dritten Welt eine Chance, sich der Schulden/Armutsspirale zu entwinden? Ist das Wirtschaftssystem, das die westlichen Länder in den letzten Winkel dieses Globus vorangetrieben haben, mit den ökologischen Gegebenheiten unserer Erde vereinbar? Ist es ein Wirtschaftsystem, das dem Wohl der Menschen dient? Die Antwort auf alle diese Fragen ist Nein.
Die Tatsache, dass der derzeitige Präsident des mächtigsten Staates dieser Erde seine Macht benutzt, um die Klimakonvention und das atomare Gleichgewicht einseitig aufzukündigen, in der Hoffnung, mit einem neuen Raketenschild Amerika gegen die Angriffe von »Schurkenstaaten« zu schützen, wirft die Frage auf, welches Interesse Amerika am Wohl von Menschen hat, die nicht Amerikaner sind. Um Gelder für »Star Wars« zu mobilisieren hat die US-Regierung eine Schrift mit dem Titel »Vision für 2020« veröffentlicht. Darin heißt es: »Die Globalisierung der Weltwirtschaft wird die Kluft zwischen den Habenden und den Habenichtsen weiter vergrößern. Deswegen hat die US-Regierung die Mission, die Weltraum-Dimension der militärischen Operationen zu beherrschen *(to dominate the space dimension of military operations)*, um die Vereinigten Staaten vor dem Rest der Welt zu schützen« (siehe »10 Things to Know About Terrorism«, von Mark LeVine, Professor für Geschichte an der University of California; www.alternet.org).
Der größte Exportartikel der Vereinigten Staaten sind Waffen: Zwischen 1993 und 1997 verkaufte die US-Regierung Waffen im Wert von 190 Milliarden Dollar an fast jede Nation der Welt. An einigen Stellen dieser Erde kehren sich die Waffen nun gegen ihre Verkäufer, so in Afghanistan: Es sind amerikanische Waffen, mit denen die Taliban kämpfen.
Unser demokratisches Willensbildungssystem ist – trotz allem Bekenntnis zu humanistischen Werten – nicht in der Lage, das Wachsen der globalen Ungleichheit umzukehren. Könnte es etwas damit zu tun haben, dass unsere Auffassung von Freiheit der individuellen Anhäufung von Reichtum keine Grenzen zu setzen vermag und dass die Macht, die sich so zusammenballt, von keiner demokratischen Instanz mehr kontrolliert werden kann? Die drei reichsten Menschen der Welt besitzen so viel wie das Bruttoinlandsprodukt der 48 ärmsten Länder zusammen, und ein Prozent der Weltbevölkerung hat so viel Einkommen

wie die ärmsten 57 Prozent der Weltbevölkerung. Wie beeinflusst dieses eine Prozent die Geschicke der Völker?
Stephen Walt, Professor für Internationale Politik an der Harvard Universität, sagt im unterkühlten Ton des Analytikers: »Ich denke, dass dieses Ereignis die Amerikaner daran erinnern wird, dass unser weltweites Engagement nicht kostenlos ist. Die USA sind das mächtigste Land der Welt, haben an vielen Orten Interessen, nehmen Stellung zu vielen Problemen. Andere Länder oder Gruppen stimmen mit uns nicht überein. Amerika hat sich selbst getäuscht, wenn es gedacht hat, dass seine Aktionen ohne Auswirkungen auf das eigene Land bleiben. Was unser Land international unternimmt, hat Konsequenzen, über die wir nicht nachgedacht haben. Unglücklicherweise ist dies genau die Lektion, die die Terroristen uns wohl erteilen wollten ...« (»Die Zeit«, 13.9.2001).
Welche Interessen? An welchen Orten? Mit welchen Konsequenzen? Man sollte die Länder fragen, in denen Krieg und Armut herrschen.
Gewiss verdanken wir den Amerikanern, dass unser »Tausendjähriges Reich« nur zwölf Jahre alt wurde, aber welcher Art ist die Freiheit, für die Amerika damals und heute kämpft? Es ist die Freiheit des kapitalistischen Marktes und – nun kommt ein Tabubruch mit dem Zeitgeist – die Freiheit zur himmelschreienden Sünde. Der amerikanische Begriff von Freiheit und die amerikanische Art, Freiheit gesellschaftlich zu verwirklichen, bestimmt alle westlichen Gesellschaften. In diesem von Gott gelösten Freiheitswahn ist das Christentum im Begriff zu versinken.
Wenn man das Wort Kapitalismus in den Mund nimmt, ist man sofort im Verdacht, ein Kommunist zu sein, und wenn man davon spricht, dass eine Freiheit, die der Sünde Tür und Tor öffnet, eine zerstörerische Freiheit ist, wird man als Fundamentalist gebrandmarkt, das heißt als einer, der wie islamische Fanatiker bereit ist, religiöse Werte mit Gewalt durchzusetzen. Diese Sicht verstellt den Blick auf die Notwendigkeit des Wandels der westlichen Gesellschaft, ja aller Gesellschaften. Unsere Zivilisation liegt auf Kollisionskurs mit Gott, mit der Menschenwürde und mit der Natur. Das kann nicht gut gehen. Und es geht nicht gut. Die geschichtliche Herausforderung besteht darin, die Zehn Gebote als Fundament der Freiheit *freiwillig* anzunehmen. Auch wenn dieser Satz sternenweit von der Realität entfernt zu sein scheint, könnte er doch wahr sein. Der Terrorismus wird diese Umkehr nicht erzwingen können. Wie groß muss die Not werden?
Jeder von uns möchte lieber in Amerika leben als in Kuba, lieber in

Deutschland als im Iran, lieber in einem reichen westlichen Land als in einem armen der Dritten Welt. Wir alle profitieren von dem fetten Stück der Weltressourcen, das wir nach den Regeln des freien kapitalistischen Weltmarktes an uns reißen. Es *zwingt* uns in westlichen Gesellschaften keiner, Gott zu lästern, abzutreiben, Unterhaltung mit Bildern der Gewalt und Unzucht zu produzieren und zu konsumieren, unsere Kreativität für Zigarettenwerbung, das Klonen von Menschen oder das Ersinnen neuer Massenvernichtungsmittel zu investieren, aber all dies wird vom Wertekonsens unserer Gesellschaft getragen. Der Wertekonsens besteht darin, dies alles zu *dürfen,* um die Freiheit und den Reichtum und den Spaß des Individuums zu mehren.

Aber wir werden nicht froh dabei. Woher die Angst? Woher die endemische Depression in unserer Spaßgesellschaft? Wer zahlt die Zeche? Die Antwort ist klar: Die Zeche unserer Fun-Gesellschaft zahlen die armen Länder dieser Erde, deren Armut in der Regel durch ein korruptes, von den Vereinigten Staaten gestütztes, diktatorisches Regime stabilisiert wird.

Als der Kommunismus die Massen hinter seinen Fahnen versammelte, verlief die Front zwischen Arm und Reich *innerhalb* der industrialisierten Gesellschaften. Die kommunistische Ideologie versprach den ausgebeuteten Massen das Heil aus Menschenhand und hetzte sie nicht nur auf gegen die Reichen, sondern auch gegen Gott. Als sie merkten, dass aus dieser Fahne ein diktatorisches Joch wurde, hatte es sich bereits um ihren Hals geschlossen. Überflüssig wurde der Kommunismus in dem Maß, in dem sich die Arbeiterklasse in den westlichen Gesellschaften aus der Verelendung erhob und soziologisch verflüchtigte: Alle haben so viel Wohlstand, dass sie noch keine Not dazu treibt, an Verhältnissen zu rütteln, in denen – wie in Amerika – 2,7 Prozent der Bevölkerung zwei Drittel des Gesamtvermögens besitzen. (Auch das könnte sich ändern, denn inzwischen leben in den USA 20 Prozent der Bevölkerung unter der Armutsgrenze.) Die Front ist verschoben vom Inland in die große weite arme Welt. Ist es nicht ein gefährlicher Realitätsverlust, wenn diese Asymmetrie hinter dem asymmetrischen Krieg nicht gesehen wird?

Habgier – der Motor des Kapitalismus

Der Motor des kapitalistischen Wirtschaftssystems ist eine Eigenschaft des Menschen, die zu früheren Zeiten als Laster bezeichnet wurde, nämlich die Habgier. Laster lasten auf dem Menschen und ziehen ihn nach unten. »Als Hauptsünden werden sie deshalb bezeichnet, weil sie weitere Sünden, weitere Laster erzeugen«, erklärt der Katechismus. Weil unser Wirtschaftssystem mit der Kraft im Menschen arbeitet, die kein Genug kennt, weil es ein System ist, das ohne Wachstum zugrunde geht, deswegen breitet es sich in den letzten Winkel unserer begrenzten Wohnstätte Erde aus. Mehr an sich zu reißen, wo man die wirtschaftliche (und im Notfall die militärische) Macht hat, gilt als legitim und ehrenwert und ist durch unsere Gesetze abgesichert.

Das kapitalistische Wirtschaftssystem erlaubt es, dass Einzelne so schwindelerregend reich werden, wie die Türme des World Trade Center hoch waren, die von Larry Silverstein zwei Monate vor ihrer Zerstörung für sieben Milliarden Mark gekauft wurden. Geld wird durch den Handel mit Geld verdient, nein, nicht verdient, aber doch irgendwie gemacht, in einer Größenordnung, dass ganze Volkswirtschaften, ja die Weltwirtschaft durch die unkontrollierbare Börsenspekulation von Privatpersonen zusammenbrechen können.

In einer Welt, in der sich die Schere zwischen Reich und Arm immer mehr öffnet, lebt unsere Wirtschaft davon, dass sie mit den subtilsten Methoden der Manipulation, genannt Werbung, die Menschen zum Konsum von überflüssigen Produkten verführt. Der Chefökonom der Deutschen Bank sagte zwei Tage nach den Anschlägen: »In einer solchen Situation verzögern sich Käufe, die als Luxus eingestuft werden, und damit wird eine in der Stagnation befindliche Wirtschaft weiter gebremst. Dies ist dann der eigentliche Auslöser für schlechte Wirtschaftsdaten, nicht die aktuellen Ausfälle« (»Die Tagespost«, 15.9.2001). Im Klartext: Unsere Wirtschaft lebt vom Luxus.

Es ist ein Wirtschaftssystem, das der chronischen Arbeitslosigkeit nicht Herr wird. Der technologische Fortschritt, einst von der Hoffnung getragen, er könnte den Menschen von sklavischer Arbeit befreien, wird von der Gier vereinnahmt und erzeugt statt größerer Freiheit wachsende Arbeitslosigkeit.

Hören wir, wie Henry Miller im »Wendekreis des Steinbocks« den Tanz um das goldene Kalb beschreibt:

»Nacht, wieder Nacht, die unberechenbare leere, kalte, mechanische Nacht von New York, in der es keinen Frieden, keine Zuflucht, keine Vertraulichkeit gibt ... Mit Geld durch das nächtliche Gewimmel zu wandern, geschützt durch das Geld, eingewiegt vom Geld, verdummt durch das Geld, das Gewimmel selber Geld, selbst der Atem Geld, nirgendwo das kleinste einzige Ding, das nicht Geld ist, überall Geld, Geld und nochmals Geld, und noch nicht genug, und dann kein Geld oder ein wenig Geld, oder mehr Geld, aber Geld, immer Geld, und ob du Geld hast oder keines, Geld ist's, was zählt, und aus Geld wird Geld, aber was ist es, was aus Geld Geld macht?«

Ein solches Wirtschaftssystem kann mit der Natur nur im Krieg sein, denn die Natur ist ein wunderbarer Organismus zyklischer Erneuerung innerhalb der nicht überschreitbaren Grenzen der Materie. Es ist ein Krieg gegen unsere Mutter Erde, die uns nährt, und gegen den Schöpfer, der uns diese herrliche, einzige und einzigartige Erde anvertraut hat. Der heilige Augustinus sagt: »Wie soll dir das unterworfen sein, was unter dir ist, wenn du nicht dem unterworfen bist, was über dir ist?« Die ökologischen Schreckensmeldungen sind nicht mehr täglich in den Schlagzeilen, seit die Grünen an der Macht sind – eine eigenartige Korrelation –, aber eine Umkehr gibt es nicht, vielmehr die Aufkündigung der Klimakonvention zur Senkung des Schadstoffausstoßes durch Präsident Bush. Die gravierendste Folge des ökologischen Raubbaus ist die Erwärmung der Erdatmosphäre um 5 bis 7 Grad. Sie wird Millionen Menschen den Tod bringen und das Angesicht der Erde noch in diesem Jahrhundert für immer verändern.

Seit der Kommunismus mit Gottes Hilfe im Westen ohne Blutvergießen zusammengebrochen ist, gibt es keine ideologische Alternative mehr zum Kapitalismus, der sein Netz über den gesamten Globus geworfen hat. (Dass China mit einem Fünftel der Weltbevölkerung noch immer eine menschenverachtende kommunistische Diktatur ist, war kein Hinderungsgrund, dieses Land im September 2001 in die Welthandelsorganisation aufzunehmen und neuerdings gemeinsam mit ihm gegen den Terror zu kämpfen.) Unser schöpferischer Geist ist von der normativen Macht des Faktischen wie hypnotisiert. Es gibt keinerlei Vision eines Wirtschaftssystems, das eine Basis von globaler Gerechtigkeit und Frieden sein könnte. Nur noch die Stimme des Papstes, eines einsamen Rufers in der Wüste, fordert die Wahrung der Würde aller Menschen, globale Gerechtigkeit und Verantwortlichkeit gegenüber unserem Schöpfer. Besteht eine Chance, dass wir die Umkehr vollziehen, *bevor* uns Not und Krieg und Tod dazu zwingen?

Am »Tag danach«, dem 12. September 2001, hatte Gott seiner Kirche in der Lesung aus dem Kolosserbrief (3,1-11) Folgendes zu sagen:

»Schwestern und Brüder! Ihr seid mit Christus auferweckt; darum strebt nach dem, was im Himmel ist. Wo Christus zur Rechten Gottes sitzt. Richtet euren Sinn auf das Himmlische und nicht auf das Irdische! ... Darum tötet, was irdisch an euch ist: die Unzucht, die Schamlosigkeit, die Leidenschaft, die bösen Begierden und die Habsucht, die ein Götzendienst ist.«

Und im Evangelium desselben Tages lehrt Jesus:

»Selig, ihr Armen, denn euch gehört das Reich Gottes. Selig, die ihr jetzt hungert, denn ihr werdet satt werden. Selig, die ihr jetzt weint, denn ihr werdet lachen ... Aber weh euch, die ihr reich seid; denn ihr habt keinen Trost mehr zu erwarten. Weh euch, die ihr jetzt satt seid; denn ihr werdet hungern. Weh euch, die ihr jetzt lacht; denn ihr werdet klagen und weinen. Weh euch, wenn euch alle Menschen loben; denn ebenso haben es ihre Väter mit den falschen Propheten gemacht.« (Lukas 6,20-26)

Welche Werte verteidigen wir?

Am »Tag danach« sagte Bundeskanzler Schröder:

»Die terroristischen Schläge ... sind also auch Anschläge gegen unsere eigene Freiheit, gegen unsere eigenen Werte, die wir mit dem amerikanischen Volk teilen. Deshalb leisten wir Beistand. Es geht hier um die Verteidigung all dessen, was unsere freiheitliche und offene Gesellschaft im Kern begründet, und das dürfen wir in unserem eigenen Interesse nicht preisgeben.«

Welche Werte sind das, die unsere freiheitliche und offene Gesellschaft im Kern begründen? Welche Antwort haben unser Bundeskanzler und unsere Minister, die es bei ihrer Vereidigung für überflüssig hielten, Gott um Hilfe zu bitten, darauf? Die Antwort dürfte sein: Freiheit und Toleranz. Betrachtet man die Folgen, so ist nicht zu übersehen, dass der Kern unserer freiheitlichen und offenen Gesellschaft faul ist:

Die Familien zerbrechen. Jedes Jahr produziert an die 200 000 seelisch tief verwundete Scheidungskinder. Hunderttausende von Frauen töten ihre ungeborenen Kinder. Die Medien pumpen Unzucht und Gewalt ins Volk. Pornographie und seelenzerstörender Missbrauch der Sexualität sind allgegenwärtig und erscheinen normal. Die homosexuelle Partnerschaft wird vom Staat der Ehe gleichgestellt. Prostitution gilt seit kurzem nicht mehr als sittenwidrig. Immer mehr und immer jüngere Jugendliche werden kriminell und viele flüchten in die Drogen. Wissenschaftler wollen den Menschen klonen. Die Geburtenrate liegt auf Aussterbekurs.

Die Kirchen sind gelähmt, unfähig, das Abgleiten in eine neuheidnische Gesellschaft aufzuhalten. Lange vor dem 11. September hat Papst Johannes Paul II. dies alles auf den Begriff gebracht: Wir leben in einer »Kultur des Todes«. Wie lange noch, wie lange wird Gott das alles zulassen? Haben wir uns das nicht oft gefragt?
Der moralische Verfall der Gesellschaften, die als christlich gelten, ist für islamische Völker ein offenkundiger Beweis für die Überlegenheit ihrer eigenen Religion. Es sind Völker, die beten und fasten. Bin Laden erklärte nach dem Beginn des Krieges gegen Afghanistan: »Diese Ereignisse haben die ganze Welt in zwei Lager geteilt: das Lager der Gläubigen und das Lager der Ungläubigen ... Jeder Muslim muss danach drängen, seiner Religion zum Sieg zu verhelfen. Der Sturm des Glaubens ist gekommen. Der Sturm der Veränderung ist gekommen, um die Unterdrückung von Mohammeds Insel auszumerzen.«
Lassen wir uns nicht einreden, die terroristische Fratze des Islam sei das Wesen des Islam. Sie ist es so wenig, wie die Fratze ausbeuterischer Gewalttätigkeit der westlichen Gesellschaften das Wesen des Christentums ist.
Was haben wir dem Islam entgegenzusetzen? *Toleranz*. Unsere Kirchen werden leer und wir bauen Moscheen, wir nehmen das Kreuz aus den Schulzimmern und sorgen für islamischen Religionsunterricht. Die Bevölkerungsentwicklung der westlichen Länder geht steil nach unten, die des muslimischen Anteils stark nach oben. Wir bringen unsere Kinder im Mutterleib um und handeln mit Embryonen. Könnte es sein, dass wir erst dann erkennen, welch wunderbare Freiheit uns die christliche Gotteskindschaft schenkt, wenn wir sie verloren haben?
Deswegen beruhigen mich und viele die Einmütigkeitserklärungen unserer Regierungen nicht, die nun willens sind, alles in die Waagschale zu werfen, um den Terrorismus zu zerschlagen. Müssen wir nicht befürchten, dass die Bürgerrechte, die jetzt über Bord gehen, uns eines nicht sehr fernen Tages furchtbar fehlen werden? Alle wollen wir vor terroristischen Angriffen geschützt werden. Aber geschieht das durch die Bombardierung der Ruinen eines Landes, die die Sowjets hinterlassen haben, und wo man nur noch ein paar Monate warten muss, bis die Bevölkerung verhungert und erfroren ist – zuerst eine halbe Million verkrüppelter und verwaister Kinder? Die Regierenden bereiten uns auf »einen langen Weg« vor. Sie ahnen wohl, dass dieser Krieg nicht zu gewinnen ist. Vermutlich werden weit mehr unschuldige Menschen

sterben müssen als unter den Trümmern von New York und Washington, amerikanische und deutsche Soldaten ebenso wie die entsetzlich geschundenen Menschen in den Ländern, in denen der Krieg ausgetragen wird. Ist die Dynamik des Krieges erst einmal angestoßen, dann regiert der Fürst dieser Welt mit der entfesselten Kraft des Hasses, den die Ohnmacht in den Menschenherzen entflammt. Die Kultur des Todes ist die Ursache, der Terrorismus ist die Folge und die Lösung nur eine: Umkehr zur Kultur des Lebens.

Der 11. September in der Heilsgeschichte

Gibt es irgendwelche Anzeichen dafür, dass wir die Zeichen der Zeit erkennen? Welchen Ort hat der 11. September in der Heilsgeschichte? Jesus sagt:

»Ihr werdet von Kriegen hören, und Nachrichten über Kriege werden euch beunruhigen. Gebt acht, lasst euch nicht erschrecken! Das *muss* geschehen. Es ist aber noch nicht das Ende. Denn ein Volk wird sich gegen das andere erheben und ein Reich gegen das andere, und an vielen Orten wird es Hungersnöte und Erdbeben geben. Doch das alles ist erst der Anfang der Wehen. Dann wird man euch in große Not bringen und euch töten und ihr werdet von allen Völkern um meines Namens willen gehasst ... Und weil die Missachtung von Gottes Gesetz überhand nimmt, wird die Liebe bei vielen erkalten. Wer jedoch bis zum Ende standhaft bleibt, der wird gerettet.« (Matthäus 24, 6-13) – »Wenn all das beginnt, dann richtet euch auf, erhebt eure Häupter, denn eure Erlösung ist nahe.« (Lukas 21, 28)

Bei unheilvollen Ereignissen ist die erste Frage nicht nur der Ungläubigen: »Wie konnte Gott das zulassen?« Diese Frage ist auch eine Frucht der geistlichen Beschwichtigung, die in der Verkündigung der Kirchen vorherrscht. Es wird uns fast nur noch der allliebende, allbarmherzige Gott gepredigt. Wir hören nicht mehr viel über die todernsten Folgen der Sünde, wir hören kaum mehr, dass in diesem Leben eine Entscheidungsschlacht um unsere Seele stattfindet, in der jedem Menschen die Freiheit der Entscheidung für Gott oder gegen Gott unwiderruflich von seinem Schöpfer gegeben ist. Das Wort »Strafgericht« erscheint uns als alttestamentarischer Anachronismus. Dass wir in einer Endzeit leben, die auf die Wiederkunft Christi zuläuft, glauben kaum noch jene, die sonntags in die Kirche gehen. Wer den Ernst der Botschaft Jesu ernst nimmt, wird als Fundamentalist diffamiert, ein Begriff, der nicht unterscheidet zwischen scheinheiligen, gewaltbereiten Fanatikern und jenen, die um den Weg der Heiligkeit ringen.

Als der heilige Johannes Gesichte der Endzeit hatte, die als letztes Buch in den Kanon unserer Bibel aufgenommen wurden, sah er sieben Engel, denen eine laute Stimme aus dem Tempel zurief: »Geht und gießt die sieben Schalen mit dem Zorn Gottes über die Erde!« (Offenbarung 16,1) Aber die Menschen »verfluchten den Namen Gottes, der die Macht über diese Plagen hat. *Sie bekehrten sich nicht dazu, ihm die Ehre zu geben ... und sie ließen nicht ab von ihrem Treiben.«*

Die geheimnisvollen Bilder der Apokalypse geben etwas von ihrem Geheimnis preis, wenn man sie im Schatten des 11. September betrachtet (siehe Kapitel 16-18). Johannes sieht »einen anderen Engel aus dem Himmel herabsteigen; er hatte große Macht, und die Erde leuchtete auf von seiner Herrlichkeit. Und er rief mit gewaltiger Stimme: Gefallen, gefallen ist Babylon, die Große! Zur Wohnung von Dämonen ist sie geworden, zur Behausung aller unreinen Geister und zum Schlupfwinkel aller unreinen und abscheulichen Vögel. Denn vom Zornwein ihrer Unzucht haben alle Völker getrunken, und die Könige der Erde haben mit ihr Unzucht getrieben. Durch die Fülle ihres Wohlstandes sind die Kaufleute der Erde reich geworden ... Ihre Sünden haben sich bis zum Himmel aufgetürmt, und Gott hat ihre Schandtaten nicht vergessen ... Deshalb werden an einem einzigen Tag die Plagen über sie kommen, die für sie bestimmt sind: Tod, Trauer und Hunger. Und sie wird im Feuer verbrennen; denn stark ist der Herr, der Gott, der sie gerichtet hat.« (Offenbarung 18,1-8)

Viel lieber würde ich die Vorhersagen Jesu und die warnenden Gesichte des Johannes für irrelevant halten. Aber ich kann es nicht, denn ich kann mich nicht darüber täuschen, dass unsere globale Zivilisation Gottes Gesetze missachtet, die Würde des Menschen in großen Teilen der Welt mit Füßen tritt und die Natur zugrunde richtet.

Der teuflische Anschlag auf die Machtzentren Amerikas – aus der Sicht der Heilsgeschichte ein Menetekel der Umkehr – wird die Umkehr nicht bewirken, denn ein äußerer Feind, selbst wenn er unsichtbar ist, verbirgt die inneren Probleme in seinem Schatten. Allein sie zu benennen, liegt ganz und gar nicht auf der Linie der *political correctness*. Aber eines ist sicher: Die Ereignisse vom 11. September 2001 sind ein globaler Paukenschlag, mit dem eine neue Phase der Geschichte des Unheils und des Heils der Menschheit beginnt. Das Böse hat Menschen gefunden, die bereit waren und sind, ihr Leben hinzugeben in der satanischen Verblendung, dass die Probleme dieser Welt mit Gewalt zu lösen wären. Um dieser Kraft zu begegnen, wird auch Jesus Christus Menschen brauchen, die bereit sind, für seine Sache zu sterben. Er hat sie immer gebraucht und immer gefunden. Martin Luther King war ein solcher. Er sagte: »Wir werden Leiden akzeptieren, aber nie anderen zufügen. Es darf keine Besiegten geben, sondern nur Versöhnte.«

New York – das heutige Ninive

Man kann nicht sagen, Gott hüllte sich in Schweigen. Wer Ohren hat, der höre die Lesungen und Evangeliumstexte der letzten Wochen. Seit Beginn der Angriffe auf Afghanistan am 7. Oktober handeln die Lesungen dreimal hintereinander von Ninive, jener Stadt, der Gott durch Jona das Strafgericht androhen ließ:

»Jona begann in die Stadt hineinzugehen ... und rief: Noch vierzig Tage, und Ninive ist zerstört! Und die Leute von Ninive glaubten Gott. Sie riefen ein Fasten aus, und alle, groß und klein, zogen Bußgewänder an. Als die Nachricht davon den König von Ninive erreichte, stand er von seinem Thron auf und legte seinen Königsmantel ab, hüllte sich in ein Bußgewand und setzte sich in die Asche. Er ließ in Ninive ausrufen: Befehl des Königs und seiner Großen: Alle Menschen und Tiere, Rinder und Schafe und Ziegen, sollen nichts essen, nicht weiden und kein Wasser trinken. Sie sollen sich in Bußgewänder hüllen ... und laut zu Gott rufen, und jeder soll umkehren und sich von seinen bösen Taten abwenden und von dem Unrecht, das an seinen Händen klebt ... Da reute Gott das Unheil, das er ihnen angedroht hatte, und er führte die Drohung nicht aus.« (Jona 3)

Ach, hätten doch auch wir – wie die Leute von Ninive – Bußgewänder in den Schränken. Ach, wären doch auch unsere Mächtigen bereit, die zerstörerische Hybris technologisch-militärischer Scheinüberlegenheit abzulegen, sich in die Asche der Reue zu setzen und ihre Schritte auf den Weg des Friedens zu lenken.

Auch wenn wir uns ohnmächtig fühlen, den großen Strom der geschichtlichen Kräfte umzulenken, so kann doch jeder Einzelne umkehren. Was heißt das? Christen sind, wenn sie ihre Religion leben, darum bemüht, heute besser zu leben als gestern. Gut leben heißt, im Sinne des Taufgelübdes, immer wieder neu dem Bösen zu widersagen und sich für das Gute zu entscheiden. Umkehr bedeutet einen Quantensprung in diesem Bemühen – die Bereitschaft, radikaler zu fragen: Was ist der Wille Gottes? Stehe ich im Willen Gottes mit der Art, wie ich mein Geld verdiene? Gibt es erstarrte Hindernisse der Liebe in meinen Beziehungen? Muss ich Menschen oder Dinge loslassen, die ich zu brauchen glaube? Gibt es Menschen, die ich nicht brauche, die aber mich brauchen? Wo bin ich gebunden durch Groll? Wem habe ich nicht verziehen? Baue ich mit am Reich Gottes? Lege ich mein Leben und mein Sterben in die Hände Gottes?

Wenn Menschen eine Krebsdiagnose bekommen, sind sie mit einem Schlag bereit, diese Fragen zu stellen. Dann kann die stärkste Kraft der Transformation frei werden, die es gibt: die Reue. Sie steigt auf zum Herzen Gottes und verändert unser Schicksal, unser irdisches – sofern uns noch Zeit geschenkt ist – und unser ewiges. Der 11. September ist wie eine kollektive Krebsdiagnose.

Visionäre aus verschiedenen Jahrhunderten sprechen der Welt prophetische Botschaften des Himmels zu, die vor einer furchtbaren Reinigung warnen. Immer mehr häufen sich die Erscheinungen Marias, die uns zur Buße und Umkehr auffordert. »Betet, betet, betet« – dieser Ruf der Muttergottes erschallt seit einigen Jahrzehnten immer dringlicher über die Erde. Wohl denen, die ihm folgen, denn im Gebet kann uns Jesus Christus den Glauben schenken, dass der treue Gott seine Schöpfung, seine Geschöpfe und seine Kirche bewahren wird.

Oktober 2001

Kim da Silva
Gewalt und die Ruhe des Herzens

Erkenntnisse aus Gegensätzen

»Sanftheit ist die größte Stärke, Gewalt ist die größte Schwäche«, so lautet eine taoistische Weisheit.
Wenn ich sanft bin, kann mich nur jemand besiegen, der noch sanfter ist. Wenn ich gewaltig bin, wird es immer etwas geben, das noch gewaltiger ist.
Sanftheit erfordert Energie, innere Stärke und klare Geisteskraft. Leben und unterstützen wir uns in dieser Klarheit, verlieren wir auch bei Katastrophen und in großer Not nicht den Überblick. Wir wissen dann, wie wir handeln müssen, um den Schaden nicht größer zu machen.
Ist eine Katastrophe passiert, kann man sie nicht ungeschehen machen, indem man eine neue auslöst. Es ist nicht möglich, Gewalt zu beseitigen, indem man selbst Gewalt anwendet.

In unserer westlichen Welt sind wir es gewohnt, das wahrzunehmen, was im Äußeren geschieht. Wir reagieren auf unsere Eindrücke meist spontan und emotional. Erleben wir etwas, das uns nicht passt und uns verletzt, reagieren wir oft ärgerlich und aggressiv und sind davon überzeugt, dass derjenige, der uns weh getan hat, mindestens den doppelten Schmerz verdient.
Unser Herz ist Sitz des klaren Wollens und des wahren Verstehens. Was wir vom Kopf her wissen, kann uns ausgeredet werden, oder wir lassen uns von anderem überzeugen. Was wir im Herzen bewegen, ist unverbrüchlich – es kann uns niemand nehmen. In der Bibel heißt es: »... so wie die Menschen in ihren Herzen dachten.« Es muss unter den Menschen zu einer Umkehr im Denken der Herzen kommen.
Sehen wir nur mit den Augen und reagieren mit dem Kopf und nehmen nicht mit unserem Inneren wahr und reagieren mit dem Herzen, fehlt uns die spirituelle Rückbindung in unserem Leben.
Oft wissen wir vom Kopf her, was wir zu tun hätten – und doch führen wir es nicht aus, weil die Erkenntnisse des Kopfes noch nicht in unserem Her-

zen bewegt werden können. In der Energielehre bezeichnen wir das Herz als das zweite Gehirn. Wie das Gehirn, so hat auch das Herz zwei Hälften. Wie es im Volksmund heißt, ist man »halbherzig«, wenn man nicht mit ganzem Einsatz bei einer Sache ist. Die Tugend des ruhigen Herzens ist einer der Leitgedanken in der jahrtausendealten asiatischen Philosophie. In der taoistischen Medizin gibt es eine Verbindung zwischen Organen und Sinnesorganen. So steht das Organ Herz mit dem Sinnesorgan Zunge in Verbindung. Wer zu viel und zu schnell spricht, schwächt damit seine Herzenergie. Das Essen wird im Taoismus als eine Bewegung von außen nach innen gesehen, das Sprechen als eine Bewegung von innen nach außen. So fördert mäßiges Essen gemessenes Sprechen, und *junk food* fördert *junk talk*. Unsere Gesellschaft ist zu laut, die Unterhaltungsindustrie immer präsent. Es wird zu viel gesprochen und zu wenig nachgedacht. Emotionen überlagern die Geisteskraft, und in unserer sehr materialistischen Welt, in der der Lebenstil am äußeren Wohlstand gemessen wird, wird die innere Leere immer größer.

Was auch passiert, es gibt immer zu gleichen Teilen ein äußeres und ein inneres Geschehen. Und keines davon ist größer oder kleiner, besser oder schlechter, wichtiger oder unwichtiger als das andere.

Wenn wir eine Sache betrachten, fallen uns verschiedene Aspekte auf. Wir bewerten oft die ersten und sagen zum Beispiel: »Das war schlecht.« Doch da es nach der Gesetzmäßigkeit der Polaritäten keine Trennung von Gutem und Schlechtem gibt, sind der gute Aspekt und der schlechte Aspekt immer gleich groß. So gehören das Gute und das Schlechte einer Sache zusammen und sind gleich bedeutsam.

Von Geburt an bis zum Tod bewegt sich unser Körper ununterbrochen, ein Leben lang, in Plus und Minus, Yin und Yang. Diese Polarität macht unser Leben überhaupt erst möglich.

Die Polaritäten des Lebens lassen sich auf verschiedenen Ebenen beobachten. Man unterteilt zum Beispiel Stress in Distress (negativ) und Eustress (positiv). Wenn wir Stress positiv beurteilen, sind wir unkritisch, und seine Energie trifft uns unvorbereitet – es sterben Menschen durch zu große Freude. Distress kann sich positiver auf uns auswirken. Weil wir ihn negativ beurteilen, sind wir vorsichtiger. Wir bereiten uns auf ihn vor, und wenn wir ihn nicht abwenden können, müssen wir mit dem Negativen umgehen und aus dieser Situation lernen. So gehen wir erfahrungsreicher und gestärkt aus ihr hervor.

Weitere Polaritäten, die uns offensichtlich umgeben, sind Tag und Nacht, Winter und Sommer, Gesundheit und Krankheit, Wahrheit und Lüge und so weiter.

Die Ereignisse des 11. September 2001 in New York stellen ein Ende dar. Wenn ein Ende erreicht ist, sollte man zurückblicken und aus der Vergangenheit lernen. Wir lernen aus der Vergangenheit, indem wir nicht mit ihr verhaftet bleiben. Durch ihre Veränderung ändern wir die Zukunft.
Somit hat an diesem Tag auch etwas Neues begonnen.

Seit über fünfzig Jahren kämpft Amerika mit immer besseren und raffinierteren Waffen für den Frieden. Daran haben auch die Geschehnisse des 11. September nichts geändert, im Gegenteil: Präsident Bush nahm diese Ereignisse zum Anlass und forderte im Februar 2002 vor dem Kongress, das Verteidigungsbudget auf 379 Milliarden Dollar anzuheben. Dieses Budget ist höher als das der fünfzehn größten Militärstaaten der Welt zusammengenommen – Russland, China und die großen Nato-Staaten eingeschlossen. Das ist die höchste Steigerungsrate für das Pentagon seit einundzwanzig Jahren. Es sollen neue Waffen entwickelt werden, so Präsident Bush, darunter biologische, chemische und nukleare Waffen, sowie neue Kampfflieger und unbemannte Flugzeuge, da man überall auf der Welt mit immer mehr Terrorgruppen rechnet. Wir müssten uns, nach seinen Worten, alle vereinigen, um diesen »Terrorismuskrieg« zu gewinnen. Um den Terroristen zu zeigen, wie ernst es ist, müsse man den Verteidigungsetat als den wichtigsten überhaupt ansehen; als *»number one priority«*. Und alle jubelten ihm zu. Präsident Bush Anfang Februar 2002 wörtlich:
»This historic moment, this great opportunity to fight for freedom and to promote the peace for a long term, requires a strong military, and we must keep it strong with new investments in equipment and by attracting and retaining the best and the brightest in our country.« (»Dieser historische Moment, diese große Gelegenheit, für die Freiheit zu kämpfen und den langfristigen Frieden zu fördern, verlangt ein starkes Militär. Wir müssen es stark halten durch neue Investitionen in Ausrüstung und indem wir die Besten und Klügsten in unserem Land anziehen und anwerben.«)

Im Tao Te King, von Lao Tse, ist zu lesen:

Waffen sind Werkzeuge schlechter Vorzeichen.
Sie sind nicht Werkzeuge der Weisen,
Und sie werden nur benutzt, wenn es keine andere Wahl gibt.
Frieden und Ruhe sind dem Herzen lieb,
Und Sieg kein Grund zur Freude.
Wer sich am Sieg erfreut, hat Gefallen am Töten;
Wer Gefallen am Töten hat, dessen Wille
wird sich in der Welt nicht durchsetzen.
Wenn viele Menschen getötet werden,
Sollen sie beweint und beklagt werden.
Deshalb muss ein Sieg wie ein Begräbnis begangen werden.

In der Zeit der Kolonialisierung Amerikas hat man Frieden geschaffen, indem man ihn mit Gewalt erzwang. Eine der bekanntesten und meisthergestellten Handfeuerwaffen hieß ironischerweise »Peacemaker«.
Die Geschichte Amerikas in den letzten fünfzig Jahren ist reich an Kriegen und Kriegsvorbereitungen. Immer wieder sollten mehr Waffen, das heißt großzügiges Aufrüsten in Kriegszeiten und Wettrüsten in den Zeiten des so genannten kalten Krieges, die Kampfkraft vergrößern und den Frieden sichern.
Anfang der 1950er Jahre verfolgte die McCarthy-Kommission Kommunisten in Amerika und baute das Schreckensbild der kommunistischen Weltherrschaft auf. Im Koreakrieg wurde gegen den kommunistischen Norden gekämpft. Mitte der 1960er Jahre begann der etwa zehn Jahre andauernde Vietnamkrieg, der interessanterweise offiziell nicht als Krieg, sondern nur als bewaffneter Konflikt deklariert wurde. Amerika unterstützte die kapitalistische Regierung im Süden gegen den kommunistischen Norden. Der Norden Vietnams hatte wenig Waffen und wurde durch den Krieg in eine engere Allianz mit den kommunistischen Staaten gezwungen.
Es wurden zwei Millionen Tonnen Bomben auf Vietnam abgeworfen, viermal so viel wie im gesamten Zweiten Weltkrieg. Die Zerstörungen veränderten das Land nachhaltig. Nach offiziellen Angaben fielen im Vietnamkrieg 50 000 Vietkong und etwa 26 000 amerikanische Soldaten. Viele amerikanische Soldaten kehrten verkrüppelt und drogensüchtig zurück.

Aber zwei Millionen vietnamesische Zivilisten – Frauen, Kinder und alte Menschen – verloren in diesem Krieg ihr Leben. Niemand kümmerte sich um sie; sie hatten keine Nachrichtenlobby. Und wenn Friedensaktivisten in Amerika gegen den Vietnamkrieg demonstrierten, wurden sie verhaftet, teilweise sogar vom amerikanischen Militär erschossen.
Bereits damals hätte ein Neuanfang darin bestehen können, dass man zumindest einen Teil der immensen Verteidigungsausgaben in eine globale »Ausbildung der Völker« einbringt, die darauf ausgerichtet ist, Menschen in Friedensstrukturen zu schulen. Die Möglichkeiten wurden nicht genutzt.
Lao Tse sagt im Tao Te King: »Wenn es den Menschen an Ehrfurcht mangelt, wird etwas Ehrfurchtgebietendes passieren.«

Amerika hielt sich bis zum 11. September 2001 für das sicherste Land der Welt. Mit den Anschlägen auf die beiden Türme des World Trade Center sind erstmals »Bomben« auf eine Stadt der Vereinigten Staaten von Amerika gefallen. Und das war die Katastrophe für Amerika.
Amerika führte Kriege nie auf eigenem Territorium. Immer galt Europa als Aufmarschplatz und Kriegsausgangspunkt gegen den kommunistischen Osten, die UdSSR.
Amerika ist ein Land mit sehr liberalen Waffengesetzen. Ein Relikt aus der Kolonialzeit, in der Waffen zum *guten Ton* gehörten. In privatem Besitz sind heute noch sieben- bis neunmal mehr Handfeuerwaffen, als die amerikanische Armee besitzt. Diese Waffen werden benutzt, und somit kommt es täglich zu Toten und zu einer sehr hohen Anzahl an Schussverletzungen. Das sind die täglichen Katastrophen im amerikanischen Alltag, die niemand mehr wahrnimmt.

Wenn man Frieden stiften will, darf man nicht mit Gewalt antworten; es gibt keine Rechtfertigung für die eigene Gewalttätigkeit. Man muss untersuchen, was zu diesem Konflikt geführt hat, und wird erkennen, dass es Erregung war und falsch verarbeitete Emotionen. Man wird feststellen, dass zu einem Streit immer zwei gehören und dass Frieden nur dadurch entsteht, dass einer der Beteiligten anfängt nachzugeben.
Die Vereinigten Staaten von Amerika halten sich immer wieder für den Nabel der Welt. So entsteht eine Ignoranz, die es ermöglicht, die Achtsamkeit und den Respekt vor der Kultur anderer Völker zu vergessen.

Die Katastrophe des World Trade Center hatte sich kaum ereignet, und schon befand sich Amerika im Krieg – gegen wen?
Es musste ganz schnell ein Gegner gefunden werden. Wer im Westen kannte jedoch Osama bin Laden, und wer in Amerika wusste, was Afghanistan sein sollte? Es wurde so schnell wie möglich gegen Afghanistan und das Taliban-Regime mobil gemacht. Auch deutsche Einheiten wurden nach Afghanistan beordert. Es wurde und wird wieder einmal mit großem Aufwand alles niedergebombt in einem Land, das sowieso zu den ärmsten der Welt gehört. Und wieder haben wir wehrlose Zivilisten, die den Flächenbombardements der B52 ausgesetzt sind.

Im I Ging, dem Buch der Wandlungen, ist unter dem Zeichen Nummer 60 – DSIE/»Die Beschränkung« – zu lesen:
Unbeschränkte Möglichkeiten sind nichts, was für den Menschen geeignet ist. Dadurch würde sein Leben nur zerfließen im Grenzenlosen. Um stark zu werden, bedarf es der freien Schrankensetzung der Pflicht. Nur indem der Einzelne sich mit diesen Schranken umgibt und frei für sich das Gebot der Pflicht festsetzt, gewinnt er die Bedeutung als freier Gast.
Amerika bezeichnet sich selbst als das Land der unbegrenzten Möglichkeiten. Somit ist alles unbegrenzt möglich. Wenn man Dinge nicht sinnvoll begrenzt, ist wahres Wachstum nicht möglich.
Die Friedenspolitik der Amerikaner mit Aufrüstung und Krieg hat sich nicht bewährt. Trotzdem halten es die europäischen Politiker für notwendig, direkt oder indirekt Kriegshilfe zu leisten.
Kriege werden von Regierungen geführt, nicht von Völkern. Menschen haben eine natürliche Verbundenheit zu Harmonie, Sicherheit und Frieden. Somit sind die Opfer in allen Kriegen unschuldige Opfer. Regierungen überleben immer.
Wenn Politiker zu Staatsmännern werden, dem Volk dienen und das Volk zu Bildung, Harmonie und Wohlstand gelangt, werden diese Staatsmänner geliebt. Keiner käme auf die Idee, terroristische Aktionen auch nur zu planen. Könnte es sein, dass die Vergeudung von Geldern und die falsche Politik die Ohnmacht im Volk so vergrößern, dass terroristische Aktivitäten überhaupt erst möglich werden?
Wie man in der Staatsführung der vergangenen Jahrhunderte weise unterschied, denken Politiker an die nächste Wahl, Staatsmänner an die nächste Generation. Wenn Politiker nur an die nächste Wahl denken und wenn Gewinn- und Machtstreben im Äußeren überzogen wird,

dann sind sie innerlich klein, haben keine Energie und ein schlechtes Gewissen.
Weshalb müssen auch unsere Politiker so dramatisch bewacht werden? Werden sie vielleicht vom Volk nicht geliebt?
Taoistische und vedische Weisheiten sagen, dass schwache Herrscher starke Armeen haben, aber starke Herrscher keine Armeen brauchen.
Dass man mit Frieden wirkungsvolle Politik macht, hat uns Gandhi in Indien deutlich gemacht. Indien war von einer Kolonialmacht besetzt. Er wollte den Indern das Land zurückgeben. Die Kolonialmacht war hoch gerüstet, zahlreich und gut organisiert. Gandhi rief zum passiven Widerstand auf. Es fanden friedliche Demonstrationen und gewaltlose Aktionen statt, an denen sich Tausende und Zehntausende von Menschen beteiligten. Diese harmlosen und unbewaffneten Menschen wurden von den Machthabern ohne Gegenwehr niedergeknüppelt oder wahllos niedergeschossen. Doch letztendlich hat es Gandhi erreicht, dass der indische Staatenbund wieder frei wurde.
Gandhis Aktionen könnten mit Jesu Worten beschrieben werden: »Schlägt euch jemand auf die eine Wange, so haltet ihm die andere hin.«
Wir können den Kern des Friedens anlegen, indem wir Mitgefühl in uns entwickeln – zum Verstehen der anderen. Dieses Mitgefühl ist ein Energiefeld, das für die Gewalt undurchdringlich ist. Man darf dabei jedoch nicht auf schnelle Resultate hoffen, sondern muss im Glauben an den Frieden, an das Gute und an das Mitgefühl unerschütterlich sein, denn Kräfte halten sich immer die Waage.

Die Regierungen sprechen von terroristischen Aktivitäten und machen dem Volk Angst. Das dient als Vorwand, die Ausgaben für Ordnungskräfte, Polizei und Militär zu erhöhen und gleichzeitig beispielsweise den Bildungsetat zu kürzen. Es wird eine Gegengewalt geschaffen, um Vergeltung gegen den Terrorismus zu üben. Das ist sehr fragwürdig, denn wer sind jetzt die Terroristen? Und wer sind die Vergelter? Oder sind die einen die schlechten Terroristen, die anderen die guten? Oder machen die guten Terroristen den Frieden, weil sie die schlechten umbringen?
Wie wir sehen, ist die Sache sehr verwirrend. Wo ist der Feind?
In unserer Gesellschaft sind wir auf den Umgang mit Unvorhergesehenem nicht vorbereitet. Uns fehlt die übergeordnete Anleitung, wie wir

sie in der Religion finden können. Denn die Botschaften aller Religionen sind Liebe, Mitgefühl und Frieden.
Im Westen wird üblicherweise Frieden gestiftet, indem ein Gleichgewicht des Schreckens durch Aufrüstung hergestellt wird. Das kostet viele Steuergelder, und man muss sich fragen: Wem nutzt das alles?
Die östlichen Philosophien lehren uns, dass man durch das eigene Vorbild, durch die Verfeinerung der eigenen Persönlichkeit, Frieden schafft. So handeln wir angemessen. Katastrophen werden nicht zu Gegenkatastrophen.
In unserem Leben sind zwei starke, sich ergänzende Kräfte immer präsent. Die zentrifugale Kraft, die uns von innen nach außen bringt, sodass wir vom äußeren Geschehen gefangen genommen werden und uns verwirren lassen. Und die – nach dem Gesetz der Polarität – als Gegenkraft genauso große zentripetale Kraft. Sie ist die Kraft, die uns von außen nach innen bringt, zurück zu unserem Wesenskern, zur Konzentration, zur Stille und zur Kontemplation. Die zentripetale Kraft wird in unserer Gesellschaft wenig genutzt, so ist es für uns schwierig, inneren Halt zu bewahren und sich vom allgemeinen emotionalen Chaos nicht mitreißen zu lassen.
Den wichtigsten Punkt haben wir bei all unseren Betrachtungen übersehen. Wir sind von menschlicher Willkür und menschlichem Machen ausgegangen und haben die göttliche Fügung außer Acht gelassen. Es gibt eine Macht, die so alldurchdringend und so groß ist, dass wir sie als Menschen nicht verstehen können, und doch ist sie immer und überall präsent. Zitat aus der Bibel: »Gott wäre nicht Gott, wenn wir Menschen ihn verstehen würden. Er ist in seinem Ratschluss unerschöpflich und in seiner Gnade grenzenlos.« Wir sollten lernen, uns in diese Macht einzufügen. Wir dürfen nie vergessen, dass alles, was geschieht – und sollte es uns noch so widersinnig erscheinen –, von einem allumfassenden höheren Plan ausgeht.

Jedes Zeitalter hatte seinen Wohlstand und seine Katastrophen. Somit sind Katastrophen natürlich und Wohlstand eine glückliche Fügung.
Uns ist es in die Hand gegeben, eine höhere Ausrichtung anzustreben – jenseits der sich ständig ändernden, emotionalen Trends in unserer Gesellschaft, die immer nur zwischen Leiden, kurzfristigem Aufheben des Leidens und neuem Leiden bestehen. Der Weg, der zur dauernden Aufhebung des Leidens führt, wird so nie beschritten.
Der XIV. Dalai Lama sagt: »Der eigentliche Sinn der Religion besteht

darin, dass man sich selbst zu kontrollieren lernt, und nicht darin, andere zu kritisieren. Vielmehr müssen wir uns selbst kritisch betrachten. Was tue ich wirklich gegen meinen Ärger? Was tue ich dagegen, dass ich mich noch an Dinge klammere, was tue ich gegen meinen Hass, gegen meinen Stolz und meine Eifersucht?«

Das Wort Religion stammt aus dem Lateinischen und bedeutet unter anderem »Rückbindung« oder »an Gott gebunden sein«. Es gibt so viele Religionen, wie es Menschen gibt. Jeder von uns hat einen individuellen Weg, um das Eingebundensein in die Göttlichkeit zu leben. Somit ist es sinnlos, andere zu be- oder verurteilen. Weil wir ihren Weg nicht kennen, können wir ihn nicht mit unserem eigenen vergleichen. Jedes Streiten, Besserwisserei und Hochmut sind überflüssig.

Hierin könnte ein möglicher Ansatz zur wirklichen Friedensfindung liegen.

Wir können diesen Weg individuell beschreiten oder uns in einer Religionsgemeinschaft gemeinsam im Suchen und Finden unterstützen. Da es nur einen Gott gibt, ist es gleich, wo wir damit beginnen. Wichtig ist, dass wir anfangen, den Weg des Friedens zu gehen.

Die für mich mögliche Definition der Religion kommt aus dem Buddhistischen: Religion ist eine unsichtbare, lautlose Eigenschaft im Geist und im Herzen des Menschen, die ihn vom Zeitlichen zum Ewigen hinlenkt. Sie hat in der Welt und im Staat keine Fürsprecher oder Vertreter, denn sie ist der selbst keines Schutzes bedürftige, mächtigste Beschützer seines Trägers durch Zeit und Ewigkeit.

Die Betrachtungen dieses Artikels sind und können nicht vollständig sein. Es sind keine Beurteilungen. Die Bilder der Vergangenheit werden aufgezeigt, um die Gegenwart in ihren Zusammenhängen zu verstehen.

Paul Skorpen
Vom weisen Umgang mit den Polaritäten des Lebens

»Zu wissen aber tut Not: Der Krieg führt zusammen, und Recht ist Streit; und alles Leben entsteht durch Streit und Notwendigkeit.«
Heraklit

»Die Eins erzeugt die Zwei.
Die Zwei erzeugt die Drei.
Die Drei erzeugt alle Dinge.«
Lao Tse

Die Geburt des neuen Jahrtausends hatte viele von uns im Vorfeld beunruhigt. Einige sprachen von einem kosmischen Stichtag, andere von einem drohenden Unheil, für das mehr der Mensch die Verantwortung trage. Ein kollektiver Seufzer der Erleichterung war weltweit zu spüren, als wir die Nacht überstanden hatten und am nächsten Morgen heil erwachten. Es war, als ob wir eine Gnadenfrist erhalten hätten – und die Erlaubnis, wieder in unser alltägliches Leben zurückzukehren; viele taten dies mit neu empfundener Dankbarkeit.
Jedoch neun Monate später, im September, regnete es Verderben vom Himmel herab – wenn nicht sogar aus dem Himmel –, und das kollektive Nervensystem der Menschheit erschauderte. Seit diesem Tag müssen viele von uns das Durchatmen wieder erlernen, um das Gefühl von Ruhe und Sicherheit zurückzugewinnen.
Wahrheits- und Bewusstseinsforscher wissen seit langem, dass das, was im Außen geschieht – so katastrophal es auch sein mag –, zu dem inneren, persönlichen Leben sprechen kann. Was können also die tragischen Ereignisse vom 11. September und der darauf folgende Krieg in Afghanistan denen von uns sagen, die nach größerer persönlicher und spiritueller Klarheit suchen?

Zwischen Gemeinschaft und Gesellschaft
Terrorismus will töten, lähmen und ganz allgemein Furcht und Instabili-

tät in ein Volk tragen. Die am meisten verbreitete Form des Terrorismus entsteht, wenn eine unterdrückte Unterschicht ungesetzliche Mittel einsetzt, um politische und soziale Ziele zu erreichen. Was hoffte die El Qaida zu gewinnen, als sie die Türme des World Trade Center zerstörte, das Pentagon angriff und andere US-Gebäude ins Visier nahm? Worin bestand ihre Unzufriedenheit, und was waren ihre Hoffnungen? Die Organisation El Qaida hat uns wenig von ihren programmatischen Zielsetzungen wissen lassen; es scheint ihr einzig darum zu gehen, die USA, das »Land der Gottlosen«, zu destabilisieren und schließlich zu vernichten. Doch wenn wir ihre Motive – seien sie bewusst oder unterbewusst – untersuchen, könnten wir die Ereignisse vom 11. September und ihre Folgen besser verstehen. Wir könnten auch erkennen, dass das Feuer, das El Qaida angetrieben hat, möglicherweise gar nicht so anders ist als das Feuer, das einst in uns brannte.

Die militanten El-Qaida-Mitglieder rekrutieren sich aus vielen Ländern, vom Nahen Osten bis hin zu den entferntesten Winkeln Südostasiens. Sie sind bekennende Muslime; sie werden jedoch von der großen Mehrheit ihrer Glaubensbrüder nicht anerkannt. Die sie verbindende Kraft ist der gemeinsame Hass auf den Westen, speziell auf die USA. Dieser ausgeprägte Hass ist für den Westen beängstigend, doch er ist nicht jenseits unseres Vorstellungsvermögens.

Alle Länder, aus denen die Gefolgsleute der El Qaida stammen, haben in einer sehr kurzen Zeit radikale Umwandlungen erlebt. Die Kulturen des Nahen Ostens und Asiens basieren auf traditionellen Gesellschaften, in denen Blutsbande eine Rolle spielen und die auf eine reiche Vergangenheit blicken. Die Menschen wurden durch ihre gemeinsame Abstammung und den gemeinsamen Glauben geprägt. In diesen Gesellschaften sind menschliche Beziehungen und persönliche Identität in jahrhundertealte Sitten und Gebräuche eingebettet.

Unser Aufbruch in die Moderne, der noch gar nicht so lange zurückliegt, war dramatisch und tiefgreifend. Die industrielle Revolution in Europa und Amerika hat unausweichlich alle Aspekte unseres Lebens verändert. Seit dem frühen 17. Jahrhundert beeinflusst der technische und gesellschaftliche Wandel unser westliches Leben. Unser hoher Lebensstandard sowie wissenschaftliche, medizinische und soziale Fortschritte wurden durch eine zunehmende Arbeitsteilung, das freie Spiel des Marktes und eine Auflösung der traditionellen Werte der Gesellschaft möglich.

Der deutsche Soziologe Ferdinand Tönnies (1855-1936) beschreibt in seinem Buch »Gemeinschaft und Gesellschaft« den gesellschaftlichen Umbruch dieser Zeit. Tönnies unterscheidet zwischen den verschwindenden Kulturen, die sich an der *Gemeinschaft* orientieren, und der neu entstehenden komplexen *Gesellschaft*. Während die Mitglieder einer Gemeinschaft noch auf verschiedenen Ebenen organisch miteinander verbunden sind, besteht die sich mit der industriellen Revolution herausformende Gesellschaft aus Individuen, deren Beziehungen untereinander von Egoismus und Abgetrenntheit geprägt sind.
Mit der Zeit wurden multiethnische, multikulturelle, also in sich mehrfach gebrochene, aufgesplitterte Gesellschaften die Regel. Der Übergang von der europäischen und amerikanischen Kultur der *Gemeinschaft* in die moderne vielschichtige *Gesellschaft* traf jedoch auf viel Widerstand. Der Marxismus wurde von dem Wunsch der Menschen nach tieferen Beziehungen zu sich selbst und anderen beflügelt und sollte Kernelemente der Gemeinschaftsidee in eine immer komplexer werdende Welt hinüberretten. Die lange Reihe der utopischen, sozialistischen und faschistischen Bewegungen des 19. und 20. Jahrhunderts bezog sich auf nostalgische Vorstellungen von sozialer Gleichheit, von Einfachheit und von Reinheit der Rasse. Sie spiegelten Erinnerungen an eine weniger komplizierte Vergangenheit wider.
Die oftmals explosiven und tödlichen Konfrontationen zwischen den Kräften von Arbeit und Kapital sowie zwischen den Polen Gemeinschaft und Gesellschaft brachten die vielen verschiedenen kapitalistischen Wohlfahrtsstaaten der westlichen Welt hervor.

Gemeinschaft	↔	Gesellschaft
(vergangenheitsorientiert)		(zukunftsorientiert)

Diese sich gegenüberliegenden Kräfte werden hier als horizontale Polarität bezeichnet, die über Zeit und Raum hinweg Wirkung zeigt.

Angriff auf den kulturellen Kolonialismus

Der durchgreifende kulturelle Kolonialismus, mit dem der Westen den Fernen, Mittleren und Nahen Osten stufenweise mit Hilfe von Militär, Ökonomie und Medien überzieht, hat viele traditionelle Werte beiseite geschoben und dabei Verwirrung und starke Ablehnung erzeugt. Kultureller Kolonialismus bedeutet nicht die physische Besetzung eines Landes und Fremdherrschaft über ein Volk, sondern es handelt sich um eine subtilere Invasion der Ideenlandschaft: eine Okkupation der Vorstellungen, Erwartungen und Hoffnungen eines Volkes. Alte und traditionelle Kulturen werden durch die Ideale und Werte der modernen westlichen Welt bedrängt, denn der westliche Lebensstil wurde für viele zu einem erstrebenswerten Modell.

Mitte der 1980er Jahre lebte ich zwei Jahre lang im nepalesischen Katmandu-Tal. Im Rahmen der Vorbereitung auf meine Studien des Schamanismus und Buddhismus im Himalaja wohnte ich für einige Monate bei einer nepalesischen Familie, um mehr über die Kultur und die Sprache zu lernen. Ihr Heim besaß weder fließend Wasser noch andere moderne Annehmlichkeiten. Wie fast immer in Nepal war die Familie sehr fromm, und jeden Abend ging der Vater in das Gebetszimmer und vollzog eine Puja-Zeremonie, um die hinduistischen und buddhistischen Gottheiten sowie die Hausgötter zu besänftigen. All das änderte sich an dem Tag, als der Fernseher kam. Die Abende waren nun amerikanischen Serien wie »Bonanza« oder »Dallas« gewidmet. (Versuchen Sie mal, einem Nepalesen zu erklären, warum eine Frau mitten im texanischen Sommer einen Nerzmantel trägt!) Die Abend-Puja wurde dem ältesten Sohn übertragen, der die Zeremonie immer eiliger vollzog. Die westlichen Werte (der Ellbogen-Individualismus, der aggressiv ausgetragene Wettkampf, der materielle Besitz) wurden buchstäblich über Nacht zum Hauptgegenstand der Wahrnehmung. Neue, radikal andere Werte wurden einer im Wesentlichen noch mittelalterlich strukturierten Gesellschaft eingepflanzt.

Die sozialen und politischen Stürme der letzten paar hundert Jahre mögen sich im Westen schon lange gelegt haben, doch andere Länder und Völker können diese schnellen und unsicheren sozialen Veränderungen nicht verkraften, besonders wenn der Wandel von außenstehenden, fremden Kräften ausgeht.

Die arabische Kultur blickt auf ein reiches und stolzes Erbe kultureller und wissenschaftlicher Leistungen. Es übertraf bis vor wenige Jahrhunderte alle Entwicklungen in Europa. Ein starker Groll gegen das Hereinströmen von westlicher Technologie, gegen westliche Kommunikationsmittel und moderne Werte, gegen kulturellen Kolonialismus mag Menschen zu extremen und todbringenden Maßnahmen treiben. Noch

vernichtender wird es, wenn diese Maßnahmen im Gewand eines Kreuzzuges, eines heiligen Krieges (Arabisch: *dschihad)* ergriffen werden.
Die Flugzeugentführungen des 11. September waren ein Angriff auf drei der physischen und ideologischen Säulen Amerikas:

- Der Sturz der Türme des World Trade Center nach dem Aufprall von zwei Linienflugzeugen war ein Ausdruck der Wut von El Qaida auf die ökonomische Überlegenheit der USA sowie auf den wachsenden Einfluss und die verheerenden Auswirkungen des globalen Markts.
- Als das Pentagon durch die gekaperte Maschine der American Airlines getroffen wurde, war dies ein Angriff auf das Gehirn der US-Militärmacht.
- Die Passagiermaschine, die sich in ein Feld in Pennsylvania bohrte, ist wahrscheinlich auf dem Weg zum Weißen Haus gewesen, mit dem Ziel, das Herz der US-amerikanischen Werte, Traditionen und Identität zu treffen.

Die Angriffe wirkten auf der physischen und emotionalen Ebene vernichtend, doch genauso vernichtend war die symbolische Wirkung. Wenn El Qaida nur auf viele Opfer ausgewesen wäre, hätte sie – Gott verhüte! – Atomkraftwerke oder dichter besiedelte Gebiete ins Visier genommen. Die Angriffe sollten offenbar die amerikanische Seele verletzen. Wut, Groll, Schmerz und Sehnsucht nach vergangenen Werten schienen viel eher die Botschaft zu sein.
In den Augen eines Großteils der ökonomisch weniger bevorzugten Welt sind die USA eine Monstrosität, ein Elefant im Porzellanladen. Sie stellen bloß sechs Prozent der Weltbevölkerung, aber sie verschlingen dreißig Prozent der materiellen Ressourcen. Amerikas militärische und ökonomische Dominanz wird oft als soziale, kulturelle und ökologische Gefühllosigkeit erlebt. Der amerikanische Lebensstil wird von den einen mit derselben Leidenschaft verflucht, wie er von anderen geliebt wird.
Wir können weder einseitig mit den Terroristen sympathisieren, noch den Niedergang der traditionellen Kulturen betrauern, noch den gleichmacherischen Effekt des westlichen Kulturkolonialismus kritisieren. Das Wichtige ist, dass wir als Erforscher innerer Zusammenhänge das Hin und Her im Spiel der großen und kleinen Gegenkräfte verstehen.

Das Spiel der Polaritäten

In der globalen Gemeinschaft finden wir eine Fülle von Polaritäten, zum Beispiel Arm und Reich oder Diktatur und Demokratie. Wir haben es mit Nord-Süd- und Ost-West-Konflikten sowie mit einem Übermaß an religiösen Spannungen und Rassenkonflikten zu tun, die zu ihrem Verständnis und zu ihrer Lösung viel Zeit benötigen werden. Viel von dem, was auf globaler Ebene geschieht – auf der großen Bühne von Zeit und Raum –, hat seine Wurzeln in älteren, ja uralten Auseinandersetzungen. Viele Konflikte durchzieht eine ewige, vertikale Polarität, an der wir alle teilhaben.

Juden, Christen und Muslime sind »biblische Völker«, spirituelle Abkömmlinge Abrahams und Flüchtlinge Edens. Im Herzen eines jeden ist eine Sehnsucht nach Verbindung mit seiner Quelle, seiner Heimat. Wir können dies den »Eden-Impuls« nennen; er ist die Sehnsucht nach dem ursprünglichen Paradiesgarten. Dort standen wir im direkten Dialog mit der Gottheit; dort lebten wir ohne Furcht, ohne Begierden und Konflikte. Tief in unserer Seele lebt die Erinnerung an die Leichtigkeit und die Vollkommenheit von Eden.

Eden-Impuls
(Verbindung mit dem Göttlichen)

↕

Erd-Impuls
(Verbindung zur Materie)

Im Gegensatz zum Eden-Impuls steht der Erd-Impuls: die Anziehung zur Materie, zum materiellen Reichtum und zu all den Annehmlichkeiten und Schwierigkeiten des modernen Lebens. Der Wunsch nach Trennung von der Gottheit, die Freiheit, die Materie zu erkunden und zu gestalten, die Erfahrung eines unabhängigen Selbst mit seinen vielen Sehnsüchten und Wünschen – all das treibt uns in eine tiefe Verbindung mit einem modernen, industriellen und inzwischen postindustriellen Lebensstil.

Eden-Impuls versus Erd-Impuls ist eine Ur-Polarität, die das Herz des Menschen beständig in zwei verschiedene Richtungen zieht. Ein Volk, eine Nation kann sich ebenfalls in Beziehung zu diesen beiden Polen setzen.

Die USA sind mit dem Erd-Impuls tief verbunden; sie versuchen permanent, in der Materie Frieden, Befriedigung und Sicherheit zu finden. Seit ihrer Gründung schwankten die USA zwischen Nüchternheit und Rausch, zwischen Abstinenz und toleranter Duldung, zwischen Promiskuität und Puritanismus hin und her. Diese wilden Ausschläge haben die inneren Konflikte der Nation tief beeinflusst; es ähnelt einem Kampf zwischen kritischem Verbraucherverstand und gierigem Konsum. Während meiner Kindheit in den USA waren in den 1960er und 1970er Jahren alle Geschäfte am Sonntag geschlossen; das schützte und bewahrte die *Gemeinschafts*-Energie in der Familie und im Leben der Gemeinde. Die Sonntage wurden seitdem von der *Gesellschafts*-Energie erobert; die Geschäfte haben nun durchgehend geöffnet, und viele Menschen nutzen jetzt den Sonntag zum Einkaufen.

Der Erd-Impuls scheint in den USA immer mehr an Kraft zu gewinnen, da die Notwendigkeit der sozialen Mobilität (um einen Arbeitsplatz zu finden) die Großfamilie auseinander gerissen hat. Mit einem solchen Bekenntnis zum beruflichen Erfolg und einem Streben nach Spitzengehältern gelingt es vielen Amerikanern nicht, Sinn und Frieden zu finden. Stattdessen suchen sie ihr Heil in Essen, Drogen, Alkohol, Aktivität und Stress. Der ungebremste Konsum von materiellen Gütern, der unter anderem dazu geführt hat, dass 61 Prozent der US-amerikanischen Bevölkerung heute an Übergewicht leiden, weist auf einen größeren Hunger hin, der nicht gestillt wird.

Ein inneres Aufbegehren gegen ein geistig verarmtes, trostloses und unerfülltes Leben führt andere in den religiösen Fundamentalismus oder auf strenge esoterische Pfade. Ein Prophet aus dem Nahen Osten warnte einst alle von uns: »Was nützt es einem Menschen, wenn er die ganze Welt gewinnt, dabei aber sich selbst verliert und Schaden nimmt?« (Jesus von Nazareth im Lukas-Evangelium 9,25)

Die Taliban und El Qaida versuchten, in Afghanistan die perfekte islamische Gesellschaft zu erschaffen, einen virtuellen Himmel auf Erden in Übereinstimmung mit dem Wort Gottes. Angetrieben durch den Eden-Impuls beließen sie ihr Land in Armut und sozialer Rückständigkeit. Unterhaltung und Feste wurden für tabu erklärt (eine starke Gegenenergie zum Erd-Impuls), als das Regime mehr und mehr im Fundamentalismus versank. Die Unterdrückung der Frauen, ja die Tendenzen von Frauen-

hass – ein Merkmal, das die Taliban mit El Qaida teilen –, spiegelten die Verachtung des Weiblichen wider, die mit der Rolle Evas als der Versucherin legitimiert wird.
Die Taten, die militante Mitglieder der El Qaida am 11. September begangen haben, zeugen davon, wie weit ein starker Eden-Impuls Menschen treiben kann: Hass, Mord und Selbstmord mit dem Ziel, wieder ins Paradies zurückkehren zu können. Es handelt sich um eine rohe und fragwürdige Frömmigkeit, die das Blut der anderen für die eigene Erlösung fordert; sie wird von keiner der großen Weltreligionen gutgeheißen.

Wenn ein Volk oder einzelne Menschen sich einem Pol zu weit annähern, entsteht eine tiefe und oft unbewusste Anziehung für den entgegengesetzten Pol. Das damit erwachende neue Bedürfnis, die alte Haltung zu verurteilen, wird sich mit der gleichen Stärke, wenn nicht sogar noch heftiger, zeigen. So ist es nicht überraschend, dass der junge Osama bin Laden sich einst von westlichen Werten und Sitten stark angezogen fühlte. Es wird berichtet, dass bin Laden in seiner College-Zeit ein eifriger Besucher von Nachtclubs, Casinos und Bars gewesen ist. Er galt damals als Trinker und Schürzenjäger. Dieses Verhalten führte ihn offenbar dazu, in Reue zu verfallen, und bald begann er damit, Angriffe auf Vertreter der westlichen Welt wegen deren Unmoral, der Verführung von Arabern und des korrumpierenden Einflusses auf die moslemischen Länder zu unterstützen.
Könnte es sein, dass die El Qaida und die Taliban Neid darüber verspürten, wie leicht, wie natürlich und eng sich der Westen, und speziell die USA, mit der Erde verbunden hat? Das amerikanische Bekenntnis zur Materie, die riesige Bandbreite von Aktivitäten und Unterhaltungsmöglichkeiten und ein technologisches Wissen auf höchstem Niveau sind wahrlich beeindruckend. Und könnte es nicht auch sein, dass Amerika in gewisser Weise von dem festen Glauben und dem Fundamentalismus der Taliban und El Qaida beeindruckt ist – von Menschen, die versuchen, ihr Leben im Einklang mit einer strengen Auslegung ihrer heiligen Schrift, des Koran, zu leben und es sogar auch dafür hinzugeben? Die herrschende Furcht, Abneigung und Feindschaft zwischen diesen beiden Lagern bestehen auf allen Ebenen: der physischen, der emotionalen, der mentalen und der spirituellen. Ist da nicht auch eine tiefe, starke Anziehung vorhanden?

Polaritäten im Leben des Einzelnen

Globale Polaritäten haben oft gewaltsame Konflikte zur Folge. Die Tausende, die in den USA am 11. September getötet wurden, und die weiteren Tausende, die danach in Afghanistan ihr Leben ließen, sind ein Zeugnis für das Hin und Her von Anziehung und Abstoßung. Auf der kleineren, mehr privaten Ebene finden wir andere Polaritäten, die Verwirrung, Leid und Disharmonie auslösen.

Im Jahr 1989 kam ich zu dem griechisch-zypriotischen Mystiker und Heiler Dr. Stylianos Atteshlis (Daskalos), bei dem ich dann sechs Jahre bleiben sollte. Meine Ankunft und die Einladung dazubleiben führten dazu, dass eine Frau, Karin, nicht mehr da blieb. Sie hatte bei der Organisation geholfen. Karin war eine physisch anziehende Frau mittleren Alters. Sie war von Latino-Abstammung und voller Vitalität. Ich war jung, zurückhaltend und verkörperte in jeder Hinsicht mein stoisches nordisches Erbe. »Daskalos«, sagte ich eines Tages zu dem Weisen, »ich glaube, dass Karin mich wirklich nicht ausstehen kann.« Daskalos lachte leise und antwortete: »Paul, sei kein Dummkopf. Karin liebt dich!«

Ich brauchte viele Jahre, um zu verstehen, was Daskalos meinte. Karin besaß Qualitäten, die mir fehlten, und ich hatte Eigenschaften, die Karins lebhaftes Wesen ergänzten. Starke Abneigung ist meist ein Ausdruck von tiefer Anziehung, sogar von Liebe. Es ist eine alte Weisheit, dass wir dazu neigen, andere zu verachten, die jene Qualitäten ausdrücken, die wir in uns selbst leugnen oder vermissen. Je mehr wir uns unserer Vorlieben und Abneigungen bewusst werden, desto mehr werden uns unsere Stärken und Schwächen bewusst. In der Folge begegnen wir anderen nicht mehr so kritisch; wir werden sogar dankbarer für ihren Anteil an unserer persönlichen Entwicklung. Wir werden somit innerlich zufriedener und kommen mit uns ins Reine.

Eine Persönlichkeit umfasst viele innere Gegensätze: Vorlieben und Abneigungen, Anziehung und Abscheu, Bewusstsein und Unterbewusstsein, Licht und Schatten, Erinnerungen und Wünsche. Innere Konflikte sind eine wichtige kreative Kraft für den Einzelnen. Das unmittelbare Ziel besteht nicht darin, die Gegensätze zu überwinden, sondern sich des inneren Lebens und der eigenen Wünsche zunächst bewusst zu werden.

Der 11. September erinnert uns in kollektiver und persönlicher Hinsicht daran, Extreme zu vermeiden. Es ist das Beste für uns, eine Balance zu finden zwischen den horizontalen und den vertikalen Kräften in uns selbst.

Eden-Impuls
(Verbindung mit dem Göttlichen)

Gemeinschaft (vergangenheitsorientiert) — Gesellschaft (zukunftsorientiert)

Erd-Impuls
(Verbindung zur Materie)

Wenn die Gegensätze extrem sind und die Kluft zwischen zwei Polen sehr tief wird, neigen sie dazu, in einen schwierigen und gewalttätigen Dialog zu treten. Im alten Griechenland, im Orient und in den neueren philosophischen und psychologischen Bewegungen Europas wird dieser Austausch dialektisch genannt. Gegensätze sind füreinander lebensnotwendig, da sie sich brauchen, um auf höherer Ebene Vollständigkeit zu erreichen. Im dialektischen Prozess von These, Antithese und Synthese transformieren die widerstreitenden Energien einander und erschaffen einen neuen Bewusstseinsstand. Mit der Zeit und im Zuge des Kampfes nähern sich die Pole an und schließen Frieden.
Der Pol Taliban/El Qaida ist momentan im Dialog mit dem Pol westliche Länder/USA; ich befand mich damals im Dialog mit Karin. In jedem von uns gibt es jetzt eine Vielzahl widerstreitender Energien (zum Beispiel Gefühle versus Ideen), die einen dialektischen Prozess durchlaufen.
Nur durch Dialektik ist Frieden möglich, verbunden mit der Aussicht auf immer größeren Frieden. Wir verleugnen nicht länger das Fremde, sondern integrieren Aspekte davon in uns selbst. Heraklit drückt es wieder einmal sehr treffend aus: »Das Widereinanderstehende zusammenstimmend und aus dem Unstimmigen die schönste Harmonie.«

Zusammenfassend sei festgestellt, dass ein Erforscher des Wechselspiels der Polaritäten die Ereignisse vom 11. September und des darauf folgenden Krieges im historischen Kontext sieht. Es ist wahrlich beunruhigend, dass immer mehr moderne tödliche Mittel in immer mehr Hände geraten sind. Das markiert eine Wende bei der globalen Sicherheit. Doch das Spiel der Energien ist alt und verstehbar.
Darüber hinaus ist der Terrorismus für die Menschen, die nach Klarheit in Bezug auf sich selbst und andere suchen, eine nicht zu übersehende Mahnung, das eigene Haus von inneren Konflikten zu reinigen sowie

sich selbst davor zu hüten, in das Wechselspiel extremer Pole zu geraten. Der so genannte Mittelweg, der Weg der Mäßigung, bedeutet, nicht zu weit in ein Extrem zu gehen und dort zu verharren. Während ein äußerer Konflikt Schmerz, Tod und Leiden nach sich zieht, sollten wir unseren inneren Konflikt das Neue, das Gesunde und Lebenspendende hervorbringen lassen.

Als Erforscher des inneren Lebens werden wir teilhaben und heilen – bezogen auf Gemeinschaft und Familie –, indem wir zuerst unser eigenes Leben in Ordnung bringen. Wenn wir frei von starken unterbewussten Zwängen sind, sind wir für unsere Umgebung ein wichtiges Beispiel.

Wenn Rechtschaffenheit im Herzen ist, ist Schönheit im Charakter.
Wenn Schönheit im Charakter ist, ist Harmonie im Heim.
Wenn Harmonie im Heim ist, ist Ordnung in der Nation.
Wenn Ordnung in der Nation ist, ist Friede in der Welt.
Konfuzius

Jürgen Fliege
Nur Geduld bringt Frieden

Predigt in der Leipziger Nikolaikirche am 21. November 2001

Lesung aus dem Lukas-Evangelium: Das Gleichnis vom gottlosen Richter und der Witwe
Jesus sagte ihnen durch ein Gleichnis, dass sie allzeit beten und darin nicht nachlassen sollten: In einer Stadt lebte ein Richter, der Gott nicht fürchtete und auf keinen Menschen Rücksicht nahm. In der gleichen Stadt lebte auch eine Witwe, die immer wieder zu ihm kam und sagte: Verschaff mir Recht gegen meinen Feind! Lange wollte er nichts davon wissen. Dann aber sagte er sich: Ich fürchte zwar Gott nicht und nehme auch auf keinen Menschen Rücksicht; trotzdem will ich dieser Witwe zu ihrem Recht verhelfen, denn sie lässt mich nicht in Ruhe. Sonst kommt sie am Ende noch und schlägt mich ins Gesicht. Und der Herr fügte hinzu: Bedenkt, was der ungerechte Richter sagt. Sollte Gott seinen Auserwählten, die Tag und Nacht zu ihm schreien, nicht zu ihrem Recht verhelfen, sondern zögern? Ich sage euch: Er wird ihnen unverzüglich ihr Recht verschaffen. Wird jedoch der Menschensohn, wenn er kommt, auf der Erde (noch) Glauben vorfinden?

(Lukas 18,1-8)

Liebe Gemeinde, liebe Freundinnen und Freunde,
der Buß- und Bettag, wie er einmal gedacht war, war ein therapeutischer, sicherlich aber seelsorgerlicher Versuch, das ganze Volk wenigstens einmal im Jahr in einen sozusagen künstlichen Schockzustand zu versetzen.
Alle Räder stehen still!
Eine Erfahrung musste her und muss wohl auch her, den Menschen zu ändern! Wer nicht hören will, kann ja immer noch fühlen! Eine Erfahrung muss her, dass etwas falsch gelaufen ist.
Und der geschockte Leib tritt dir sozusagen tief gefroren in den Weg des ewigen Weitermachens! Tritt dir ins alte Verhaltensmuster

und sagt: Nicht mit mir! Erst Luft holen, erst zur Besinnung kommen!
Und du hörst die anderen schreien! Und du siehst die anderen marschieren! Aber du kannst nicht! Du bist wie gelähmt. Du kannst nicht! Gott sei Dank!
Aber es ist noch viel schlimmer! Lass doch die anderen sogar etwas sehr, sehr Richtiges tun, etwas sehr, sehr Verantwortliches tun. Und du würdest es ja auch ganz gern. Aber es geht nicht! Du bist wie gelähmt! Du kannst nicht! Du kannst keine Leute totschlagen. Irgendetwas will nicht. Du kannst nicht! Ich kann nicht! Ich bin nicht so weit. Ich bin woanders. Es geht nicht! Irgendetwas von innen, von außen hindert mich! Der Kreislauf steht still!

Schock bedeutet eben die Stilllegung aller Aktivitäten! Schock bedeutet: Mein Freund, du bist an der Grenze angelangt. Nichts geht mehr! Und Schock deutet an, dass es zwar weitergeht, aber nur anders!
Mit dem körperlich-seelischen Schock zieht die Natur alle Register! Die letzten!
Infarkt ist diagnostiziert! Bleibe ruhig! Nicht aufregen! Denn Krankheit ist nicht nur negativ. Krankheit hat ja auch eine Botschaft! Und die Botschaft des Schocks ist längst schon in unseren Sprachgebrauch eingegangen: Unsere deutsche Sprache redet vom heilsamen Schock.

Was aber war das nun am 11. September? War das nicht ein Schock?
Gibt es auch einen Schock für ein ganzes Volk? Gibt es einen Schock für einen ganzen Lebensstil? Gibt es einen heilsamen Schock für das, was wir die Herrschaft des Geldes nennen? Kauf und Verkauf von Menschen? Gibt es Umkehr aus dem Kapitalismus?
Ich weiß es noch nicht genau. Aber darüber müssen wir reden. Und nicht verbieten zu reden. Und wenn nicht hier, wo dann? Und wenn nicht jetzt, wann dann? Und wenn nicht am Buß- und Bettag, ja wann denn dann überhaupt? Weihnachten vielleicht?

Buß- und Bettag, das war doch der Tag, an dem wir alle einmal im Jahr wenigstens anhalten wollten. Sozusagen in einen künstlichen Schock verfallen, der uns heilt. Stille, in sich gehen, sich umschauen, tiefer denken als sonst. Kritischer werden. Leiser werden. Nur atmen! Mehr nicht!
Alleine geht das übrigens nicht so gut. Es ist schwer, in sich zu gehen,

wenn draußen vor der Tür die gesamte Fraktion steht und an die Tür bollert und droht. Alleine seine Stille durchzuhalten, um auf die Botschaft des Schocks zu lauschen, das ist schwer. Das ist schwer, wenn man wie weiland ein kleiner Mönch aus Sachsen vor das Tribunal der ganzen Welt geladen wird, einzeln, um von seinem Weg des alleinigen Gottvertrauens abzuschwören. Alleine ist verdammt schwer!
Darum ist die Stille, die wir heute in dieser Kirche teilen wollen, einer dem anderen, die seelische Medizin der Wahl. Um still zu werden, um in diese künstliche Starre zu verfallen, brauche ich die Stille der anderen. Gebt sie mir! Gebt sie euch! Und nehmt sie an als ein Gottesgeschenk!

Und was entdeckt man in der Stille?
Antwort: Dass man nichts hat!
Keine Waffen und kein Recht, auch kein Unrecht! Nichts! Man entdeckt auch keinen bis an die Zähne bewaffneten Gott, der für einen kämpft. Man entdeckt eine Tiefe, einen Grund vielleicht, einen Gott, der auch über bin Laden die Sonne aufgehen lässt. Bin Laden trägt auf der Stirn das Kainsmal aller Brudermörder. Rührt ihn nicht an! Aber keiner will es sehen. Man entdeckt den Gott, der beim Sortieren in Gut und Böse in der eigenen Sintflut unterging. Man entdeckt einen Gott, der kein Rächer mehr ist, nicht mehr unterscheidet zwischen Gut und Böse. Man entdeckt den Gott der ewigen Geduld. Man entdeckt den Gott Jonas, der Ninive verschont. Man entdeckt den Lebensgrund, der kein anderes Mittel zum Frieden mit sich selbst und der Welt kennt als Geduld und Beharrlichkeit.
Als seine jüngsten Geschöpfe auf diesem Planeten könnten wir ihm wesensähnlich sein. Wenigstens in den Anlagen. Ohne mutierte Gene. Der Vater geduldig, die Kinder sind es auch. Wie der Herr, so das Gescherr.
Wollen wir das? Wollen wir das wirklich?

Nach Osten geneigt, will ich nur einfügen, dass ich auch nicht annehme, dass da vor Jahrtausenden ein menschenähnliches Wesen die Sache mit der Sintflut veranstaltete. Sondern dass es ein Wissen aus unserer Traumzeit ist, das wir Menschen gesammelt haben. Längst bevor es Alphabete gab.
Und so lese ich in der Stille dieses Tages und in der Tiefe, was denn der Welt Frieden bringen könnte, diese kleine Jesus-Geschichte von der

kleinen rechtlosen Witwe vor den Großen und Größten der Stadt mit nichts in der Hand anders.
Freunde, die Witwe ist unsere große Lehrerin. Sie ist die Meisterin aller Habenichtse. Sie ist das wahre Gotteskind. Sie lehrt, dass sie nur noch sich hat. Sich und ihren Glauben an ihre gute, gerechte Sache. Mehr nicht. Und darauf baut sie. Und darauf vertraut sie.
Haben wir mehr? Wer hat mehr?
Wir haben das alte Jesus-Wissen der Witwe, von der er erzählt. Nur Geduld bringt Frieden! Punktum! Beharrlichkeit! Und wenn sie dir heute vor den Kopf zeigen, weil du ein Pazifist bist! Lass sie!
Erinnere sie, wenn du kannst, an ihren kirchlichen Unterricht. Erinnere sie an Jesus, der riet, keine Weizenfelder zu zerstören, nur um das Unkraut auszureißen! Kommentiere es nicht. Lass sie spotten! Wenn sie spotten, sollen sie Jesus verspotten. Nicht dich! Verteidige Jesus nicht. Bleibe still. Atme!

Wir haben in diesen Tagen, in der die Welt voll Teufel ist und drauf und dran ist weiterzumarschieren, nur noch dieses Wissen. Und wenn wir uns aus der Stille dieses Tages aufmachen, soll es ein anderer Weg sein, den wir gehen. Er ist stiller, beharrlicher, entschlossener. Es ist die Stille. Es ist das stille Wissen der Witwe. Stille Beharrlichkeit führt an das Ziel. Das kann man am Weg schon sehen.

Amen

Werner Heidenreich
Der Zen-Schlag

In einem Elektrogroßmarkt in der Kölner Innenstadt sah ich am 11. September zufällig auf einem der Fernsehschirme die brennenden Twin Towers des World Trade Center. Im ersten Augenblick wusste ich nicht, ob die Bilder Fiktion oder Realität waren. Den Gesprächen der Anwesenden und den eingeblendeten Kommentaren entnahm ich, dass Terroranschläge auf die beiden New Yorker Hochhäuser und das Pentagon in Washington verübt worden waren und befürchtet wurde, dass noch weitere Gewalttaten folgen könnten. Als ich das Geschäft verließ, schaute ich mich reflexartig um, ob womöglich auch in der Kölner City ein Anschlag stattgefunden hatte.

Kaum zurück in meinem Büro, erhielt ich die Nachricht vom Fall der Türme und von der geschätzten Zahl der Opfer. Tief bestürzt hoffte ich, dass es dennoch für viele Fluchtmöglichkeiten in Hohlräume unter den Trümmern gegeben hatte und sie lebend gerettet werden könnten. Ich litt gemeinsam mit vielen Freunden und Freundinnen. Ich hörte von deren Angst vor einem globalen Krieg und sah überall große Unruhe und Sorge. Mein Mitgefühl mit den Opfern wuchs, je mehr von den Betroffenen bekannt wurde und ich von den dramatischen Einzelschicksalen las. Aber waren nicht auch die Täter Opfer von Verblendung, Fanatismus und Hass? Mir kamen die Terroristen nicht fremd vor. Auch in meinem Kopf entdecke ich Denkmuster von Gut und Böse, von Freund und Feind, von Richtig und Falsch. Geistige Intoleranz ist ein allgemeines Problem, und auch der Glaube, man sei im Besitz der einzigen Wahrheit, ist nicht nur ein Merkmal der Attentäter. Deren grausame Konsequenz, bis zu Mord zu gehen, hebt sie jedoch von der breiten Masse ab.

Regelmäßige Meditations- und Gesprächskreise unseres spirituellen Zentrums StadtRaum Köln waren in den ersten Wochen nach dem 11. September nicht nur für mich eine wichtige Möglichkeit der Besinnung, des gemeinsamen Schauens und vor allem des füreinander Daseins. In dieser schweren Zeit wurde um uns herum wild diskutiert und gestritten, spekuliert und gefordert, beschuldigt und verteidigt. Aus unserem Herzen sprachen wir über unser Befinden und die aus dem Anschlag zu ziehenden persönlichen Konsequenzen – ohne uns selbst zu

beurteilen oder zu maßregeln. Für viele war dies die einzige Möglichkeit, sich wirklich frei und offen über das Erlebte auszutauschen.
Besonders verängstigt und hilflos erschienen mir die Personen, die sich tagelang im Fernsehen die ständigen Wiederholungen der Schreckensmeldung anschauten und die zahllosen Nachrichtensendungen, Talkshows und Kommentare zu den Anschlägen verfolgten. Sie waren wie gefangen in einem Strudel von Bildern, Informationen und Meinungen. In den Medien stürzten nicht zwei Hochhäuser ein, sondern tagelang, ja wochenlang wurden Zigtausende von Twin Towers vor unseren Augen zerstört und das Leiden, die Angst ins Unermessliche gesteigert.

Den 11. September empfand ich wie einen globalen Zen-Schlag für unser neues Jahrtausend.
Ein Zen-Schlag führt zu keinem neuen Wissen. Zen-Schläge sollen uns aus unseren Anhaftungen, Illusionen und Verblendungen erwecken. Sie wollen uns davon abhalten, unseren gewohnten Denk- und Verhaltensmustern ständig weiter unreflektiert zu folgen. Nach einem Schlag tritt üblicherweise für wenige Sekunden eine Denkpause ein, die wir als Schrecksekunde erleben. Der Strom der Gedanken ist unterbrochen. Es entsteht Raum, um sich neu zu erfahren, um eine neue Sicht und ein anderes Handeln zu entwickeln.
Unmittelbar nach dem Anschlag wurde der gesamte Flugverkehr in den USA stillgelegt, gestoppt. *Anhalten* oder *Stoppen* ist im Japanischen das Wort für Meditation. Was kann stoppen also auch heißen? Womit halte ich an?
Zuerst gilt es, meinen unruhigen Geist zu stoppen, der mich ständig aus der Gegenwart fortführt in Zukunftspläne oder in die Vergangenheit, in Projekte oder in Fantasien und Grübeleien. Dann gilt es, mein inneres Getriebensein zu stoppen. Ich habe das Bedürfnis, ständig fortzuschreiten. Kein Zustand, sei er noch so angenehm, schenkt meinem Geist und meinem Lebensdurst das Gefühl der vollkommenen Zufriedenheit. Fortschritt ist ein Ziel, das in keinem modernen parteipolitischen Wahlprogramm fehlen darf. Fortschritt heißt, den momentanen Zustand als mangelhaft zu erleben und einer besseren Zukunft entgegenzueilen. Fortschritt als permanente Forderung verhindert jedoch das Verweilen im Augenblick. Dieses Gefühl des »Jetzt noch nicht, aber bald« treibt mich wie einen Hamster im Rad zu ständiger Aktivität und Anstrengung an.

Stoppen heißt auch, aus dem Vergessen zu erwachen. In der Meditation übe ich, das Meditieren nicht zu vergessen. Das ist schon schwer genug, aber im Alltag ist das Vergessen noch viel stärker ausgeprägt. Ich bin bei meinen alltäglichen Handlungen nur selten wirklich präsent. Ich werde von meinen Emotionen hin und her gerissen; ich folge unbewusst meinen gewohnten Denk- und Verhaltensmustern und verliere mich in den alltäglichen Ablenkungen.

Unruhe, Getriebensein und Vergessen verdecken meine grundlegenden Bedürfnisse, meine tieferen Fähigkeiten, meine Liebe und meine wahren Lebensaufgaben. Ich täte besser daran,

- mit einem Leben aufzuhören, das mich von meiner wahren Berufung wegführt,
- aus einem Lebenswandel auszusteigen, der mir, der Menschheit und der Erde mehr schadet als nutzt,
- meine alltäglichen kleinen und großen Fluchten zu stoppen.

Morgengatha

Die Nacht ist vorüber,
unser Leben ist kürzer.
Lasst uns sorgfältig schauen,
wie wir handeln wollen.
Schwestern und Brüder, lasst uns praktizieren
mit unserem ganzen Herzen und rechter Anstrengung.
Lasst uns tief leben als freie Menschen,
immer im Bewusstsein der Vergänglichkeit,
so schwindet unser Leben nicht bedeutungslos dahin.

Diesen Morgenspruch rezitieren wir vor der Morgenmeditation, um uns an unser eigentliches Anliegen für den Tag zu erinnern: tief zu leben im Bewusstsein der Vergänglichkeit. Es gibt keinen Augenblick in meinem Leben, der noch einmal wiederkommt. Keine versäumte Tat kann nachgeholt, keine schädliche Tat rückgängig gemacht werden.

Um mich herum, mitten in der Großstadt, läuft ein wahnwitziges Szenario ab, das alles an sich hat, um mich von meinen wahren Aufgaben und Bedürfnissen abzulenken. Ständig passiert irgendwo etwas; alles erscheint wichtig; nichts darf verpasst werden. Dabei sein, »in« sein gehört zur gesellschaftlichen Norm.

Schaue ich einmal etwas tiefer auf die Themen und Dinge, die uns im Alltag unterhalten und auf Trab halten, dann erscheint mir das meiste infantil, unnötig und unwichtig. Vieles schadet mehr, als dass es hilft. Weil wir mit geistigem Alltagsmüll vollgestopft sind, fühlen wir uns leer. Doch wären wir wirklich leer, würden wir unsere Fülle erkennen. Und weil der innere Reichtum nicht mehr sichtbar ist, werden wir krank, geben Unsummen für Schlaf- und Schmerzmittel aus und verlieren uns in Süchten aller Art. Den gewünschten Wohlstand, Lebensfreude sowie soziale und wirtschaftliche Sicherheit versuchen wir mit Reichtum und mit gesellschaftlichem Ansehen und Erfolg zu erreichen. Doch genau dieses Bemühen macht uns das Leben so schwer.

Kurz vor dem Anschlag schrieb ich einer Freundin, die ihre jahrelange Drogensucht durch Vipassana-Meditation besiegt hatte, dass ihre Praxis im Gegensatz zu meiner um Leben und Tod ginge. Doch seit dem Anschlag weiß ich: Nein, auch meine Praxis geht um Leben und Tod – nicht nur um meines Lebens willen, sondern um das Überleben der ganzen Menschheit. Die Kräfte der Zerstörung, im Buddhismus als *mara* bekannt, sind derart stark und bedrohlich geworden, dass jede Menschenseele dringend gebraucht wird, um ihnen Einhalt zu gebieten.
Jeder bewusste Atemzug, jedes Transformieren eines unguten Gefühls, jeder Verzicht auf eine unheilsame Handlung trägt zur kollektiven Heilung der Menschheit bei. Und auch jede erlebte Freude, jeder liebevolle Gedanke ist Ausdruck der kollektiven Liebe, die sich in mir und durch mich manifestiert. Meine Meditation, mein Umwandeln von Gewalt und Ablehnung in Güte und Mitgefühl sehe ich als aktive Friedensarbeit für unsere Gesellschaft.
Ich musste an Claude AnShin Thomas denken, der als amerikanischer Vietnamsoldat an der Front Hunderte von Menschen tötete. Verletzt und schwer traumatisiert kehrte er in die USA zurück. Jahrelanges Leiden, Obdachlosigkeit und Drogensucht folgten. Er stand vor der fast aussichtslosen Aufgabe, sein eigenes Leiden und das von ihm angerichtete Leiden zu heilen. Er war Täter und Opfer zugleich. Der vietnamesische (!) Zen-Meister Thich Nhat Hanh forderte ihn auf, sein Leiden anzuschauen, es zu akzeptieren und über sein Leiden öffentlich zu sprechen. Claude AnShin Thomas, der mittlerweile von dem amerikanischen Zen-Meister Glassman Roshi zum Zen-Priester ordiniert worden ist, pilgert nun durch die Welt, sucht Orte der Gewalt und des Leidens auf, berichtet

von seinen Erfahrungen und berührt damit Tausende von Menschen, die durch ihn zu ihrem eigenen Leiden geführt werden und damit ihre Heilung beginnen.

Ein halbes Jahr nach dem Unglück las ich in der Zeitung, dass sich die meisten Amerikaner seit dem 11. September gefühlsmäßig noch immer in einem Krieg befinden, obwohl ihr Alltag schon längst wieder Normalität erlangt hat. Ich selbst fühle mich seit dem Anschlag nicht in einem Krieg, obwohl kriegerische Handlungen in Afghanistan folgten. Vielmehr erlebte ich den 11. September als sichtbaren Ausbruch einer globalen Katastrophe, die sich auf verschiedene Weise entfalten wird. Terror, in welcher Form und von wem auch immer ausgeführt, gehört dazu. Es gehören Naturkatastrophen dazu, die durch unser ökologisches Fehlverhalten hervorgebracht werden, sowie Kriege, die aufgrund der sich weiter verschärfenden ökonomischen und ethischen Spannungen vermehrt auftreten können.
Bis zum 11. September hatte ich den Eindruck, es sei sozusagen fünf vor zwölf. Am 11. September aber wurde mir deutlich, dass es eher fünf nach zwölf ist! Wir stehen bereits mitten in einer globalen Katastrophe, auch wenn diese noch nicht alle Lebensbereiche erfasst hat und unser Alltag noch immer so trügerisch normal verläuft.

Wenn ich also mitten in der Katastrophe lebe, was kann ich tun?
Ich fühlte mich nach den Terroranschlägen vom 11. September nicht allein. Im Gegenteil, ich hatte – wie eingangs beschrieben – Menschen um mich herum, die innerlich auf derartiges Leiden vorbereitet waren, die nicht in Ohnmacht und Hilflosigkeit versanken.
Ich setzte mich mit Menschen aus unseren Kreisen nach dem Anschlag zusammen. Wir beschlossen, uns aufgrund der Ereignisse stärker zu unterstützen, den eigenen Lebenswandel klarer auszurichten und die persönliche Praxis zu vertiefen. Dafür haben wir die vierzehn Achtsamkeitsübungen des Orden »Intersein« als Grundlage gewählt. Der Orden wurde in den 1960er Jahren während des Vietnamkrieges von Thich Nhat Hanh ins Leben gerufen und stellt eine für uns Westler neue Form des sozialen und politischen Handelns dar. Es geht nicht darum, andere zu bekämpfen oder von anderen viel zu erwarten, sondern darum, sein eigenes Leben umfassend zu betrachten und neu auszurichten, das angesammelte Leiden zu heilen, die Wurzeln des Leidens trockenzulegen,

heilsame Anlagen zu fördern und die Fähigkeit des Liebens und Mitfühlens auszubauen. Analog der buddhistischen drei Dharma-Tore üben wir

- sittliches Verhalten, um uns selbst nicht zu belasten und unsere Mitmenschen nicht zu verletzen, und
- Konzentration oder Sammlung, um unseren sprunghaften Geist zu beruhigen und Einsicht in die wahre Natur der Dinge zu bekommen.
- Die daraus entstehende Weisheit macht es uns möglich, unsere falschen Konzepte und Anschauungen loszulassen.

Der Buddha sprach von Gewohnheiten, *silas,* die wir uns zulegen sollten, um unsere ethische oder sittliche Haltung umzusetzen und auf unserem Weg stabil zu bleiben. Der Buddha hatte erkannt, dass Gewohnheiten eine große Festigkeit haben, die positiv ist, wenn es sich um heilsame Gewohnheiten handelt, die aber negativ sein kann, wenn es unliebsame Gewohnheiten sind – Raucher können das sicher bestätigen. Es mag unangemessen klingen, mitten in einer globalen Katastrophe von allmählichem Umgewöhnen zu sprechen. Aber ich sehe keinen anderen Weg, der eine Änderung in unseren Denk- und Verhaltensmustern bewirken könnte.

Die eigene subtile alltägliche Gewalt zu erkennen bedarf der Übung; rechte Rede zu praktizieren bedarf der Übung; meinen Gefühlen nicht blind zu folgen bedarf der Übung, und es bedarf langer Übung, meinen Mitmenschen mit echter Liebe und echtem Mitgefühl zu begegnen. Deshalb ist es so wichtig, *jetzt* damit anzufangen.

Hier in Köln sind in den letzten Jahren, einem neuem Trend folgend, viele Studios für die körperliche Fitness entstanden. Warum nicht ebenso viele Trainingsstudios für den Geist, für Achtsamkeit, schaffen? Weltweit sind sehr viele Menschen auf einem spirituellen Pfad. Sehr große Zentren sind im letzten Jahrhundert entstanden. Sie stellen bereits eine Art gesellschaftliche Kraft dar, die das Anhalten und Aussteigen praktiziert. Sie werden in den Medien und in der Politik meist als religiös und damit als unpolitisch verstanden, als eine private Angelegenheit. Aber das ist falsch, denn gerade die innere Wandlung, der Umgang mit unseren Gefühlen, das Hinterfragen unserer Anschauungen und Konzepte ist zutiefst politisch und hat Auswirkung auf unser Zusammenleben.

In Israel gibt es die Bewegung »Frieden jetzt!«. Warum nicht diese Forderung übernehmen?

Doch wo beginnt der Frieden oder, anders ausgedrückt, wo beginnt der Unfrieden? Im Sudan, im Irak, in Nordkorea, bei den anderen – oder aber in meinen Gefühlen, in meinem Denken, in meinem Herzen? Ohne diesen Frieden im Herzen kann es keinen beständigen Frieden in der Welt geben.
Seit dem 11. September praktiziere auch ich um Leben und Tod der Menschheit. Stoppen, innehalten, jetzt!

Wolf Sugata Schneider
Der Geist, der überwindet

Warum haben die USA auf den kriminellen Akt vom 11. September mit einer Kriegserklärung geantwortet? Krieg – gegen wen überhaupt? Das war schon das erste Problem. Es fand sich nicht so leicht ein Gegner, der als Feind herhalten konnte für die geschockten Bürger der USA und der anderen privilegierten Nationen, die um ihre Sicherheit besorgt waren wie schon lange nicht mehr. In Osama bin Laden vermuteten sie den *mastermind,* wenn nicht der Anschläge, so doch wenigstens der Weltanschauung, aus der sie hervorgingen. Er halte sich in Afghanistan versteckt, hieß es, und werde dort von den regierenden Taliban gedeckt, die dies mal bestätigten, mal bestritten. Aufgrund dieses Verdachts der Deckung eines Terroristen begannen die USA und ihre Partnerländer einen Krieg gegen Afghanistan. Er forderte allerdings bald noch viel mehr Opfer, als unter den Türmen in New York begraben lagen, und auch hier starben wieder vor allem Zivilisten, die mit dem Konflikt im engeren Sinn nichts zu tun hatten. Bin Laden wurde bis heute nicht gefunden, und selbst wenn die Taliban-Regierung in Afghanistan längst gestürzt ist, so kämpfen dort auch heute noch Nato-Soldaten gegen El Qaida, die Terror-Organisation, die man hinter den Anschlägen vermutet.
Die Anschläge vom 11. September hatten den Krieg in Afghanistan zur Folge, und eventuell kommt es zu weiteren militärischen Aktionen gegen die »Achse des Bösen« (Sudan, Jemen, Irak, Iran, Nordkorea). Außerdem ist der Begriff »Terrorist« inzwischen zu einer beliebten Bezeichnung für gewaltbereite oder vermeintlich gewaltbereite politische Gegner geworden: Für die Türken sind die Kurden nun »Terroristen«, für die Russen die Tschetschenen, für die Chinesen die Uiguren. Jedesmal hofft man, mit dieser Etikettierung die Unterstützung oder wenigstens die Sympathie der Weltmacht und ihrer Verbündeten zu bekommen: Nun habt ihr es mal selbst zu spüren bekommen! Das, was die Islamisten euch in New York angetan haben, das tun uns die Tschetschenen im Kaukasus ständig an, die Kurden in der Südosttürkei, die Uiguren in Sinkiang ...
Auch der Konflikt zwischen Israelis und Palästinensern, einer der Gründe für den Amerikahass der Attentäter von New York und Washington, ist durch die amerikanische Reaktion eskaliert und fordert nun mehr

Opfer als seit Jahrzehnten. Für die Israelis sind die Palästinenser »Terroristen«. Auf einer tieferen Ebene scheinen sie sich in ihrem Kampf gegen die gefürchteten und verhassten Palästinenser für den Holocaust rächen zu wollen: Ja, auch die Nazis waren Terroristen – und dabei passiert es den Israelis, gerade ihnen, den Juden, die Palästinenser als minderwertige Menschen zu behandeln.
Eine weitere Stufe der Eskalation des Terrors nehmen die US-Amerikaner nun in ihrer Planung der strategischen »kleinen« Atombomben voraus. Sie sollen zur Terroristenbekämpfung angewendet werden, zum Beispiel zur Zerstörung von großen Bunkeranlagen, wie etwa denen der restlichen El Qaida in Afghanistan, sodass dann kein amerikanischer Soldat mehr sein Leben riskieren muss. Der unvermeidliche radioaktive Niederschlag einer solchen Bombe wird dabei vernachlässigt, und die seit Hiroshima und Nagasaki weitgehend gelungene Ächtung der Atombombe als Mittel der Austragung von Konflikten wird völlig untergraben. Dass sich die als »Terroristen« definierten Gegner dann ebenfalls mit kleinen oder großen Atombomben bewaffnen werden, liegt doch allzu nahe!
Dreitausend Menschen – auch noch »unschuldige« Zivilisten – zu töten ist ein unverzeihlicher, krimineller Akt, keine Frage. Warum aber haben die USA diesen kriminellen Akt mit einer Kriegserklärung beantwortet? Ich glaube, die meisten US-Amerikaner, inklusive eines Großteils ihrer Führungselite, kann zwischen einem kriminellen Akt und einem Krieg nicht unterscheiden. Krieg ist eine militärische Auseinandersetzung zwischen souveränen Nationen, somit war der Angriff auf die Türme kein kriegerischer Akt; wohl aber war es die Reaktion darauf, die Vergeltung. Diese Reaktion war nicht klug, sondern eskalierend, ein emotionaler Kurzschluss, aus Angst. Man fühlte sich angegriffen und wollte zurückschlagen, und zwar mit drastischen Mitteln. Das Motiv war Rache, nicht Einsicht. George Bush junior, der Präsident, der sie als Befehlshaber ausführte, wird dabei bis heute in den USA von großer Popularität getragen. Nur eine kleine, intellektuelle Minderheit der Amerikaner kritisiert ihn aufs Schärfste.

Was hätten die Amerikaner denn sonst tun sollen?
Ich möchte hier ein paar Punkte nennen, wie einsichtige Menschen mit solchen Situationen umgehen können, ohne durch die Antwort auf einen Schaden noch größeren Schaden anzurichten, und will dabei den Begriff »Geist« einführen, der dem angelsächsischen *spirit* in seiner Bedeutung ähnelt, aber doch nicht derselbe ist.

Zunächst sollten die Strategen der Weltpolitik – und die Menschen, die ihnen zur Macht verhelfen, das heißt: wir – zwischen einem kriminellen Akt und einem Krieg unterscheiden. Krieg ist die Art, wie zwischen souveränen Nationen, die zwar innerhalb ihrer Grenzen Gesetze gelten lassen, aber nicht untereinander, das Recht des Stärkeren zum Tragen kommt. Ein krimineller Akt ist der Bruch eines Gesetzes, auf den im typischen Fall, sofern der oder die Täter gefasst werden, die entsprechenden Sanktionen oder Strafen folgen, die die Gesetze für solche Übertretungen jeweils vorsehen.
Die USA hätten keinen Krieg erklären, ja nicht einmal eine Länderkoalition zur Bekämpfung des Terrors formieren müssen, mit den dafür nötigen Zugeständnissen, wie zum Beispiel das der Legitimierung der nuklearen Streitfähigkeit an die Atommächte Indien und Pakistan. Ein trans- oder supranationales Recht, wie etwa das Völkerrecht oder die Beschlüsse der Uno, hätte die Antwort auf die Terroranschläge finden und durchsetzen müssen, nicht eine einzelne Nation, und sei sie auch die mächtigste. Die Tatsache, dass die USA ein Weltrecht über ihrem nationalen Recht nicht gelten lassen, versetzt sie in genau diese heikle Lage, die Attentäter der Türme und des Pentagons selbst suchen und bestrafen zu müssen – mit ihren nationalen Mitteln wie CIA, FBI oder ihrem Militär. Eigentlich wäre das Aufgabe einer ermächtigten föderal-demokratischen Uno. Das nationale Recht müsste sich einem Weltrecht beugen, so wie das Recht eines Bundesstaates – etwa Bayerns oder Virginias – sich dem Recht der nationalen Föderation (Deutschland oder den USA) unterwirft. Erst dann, wenn sich diese Praxis durchsetzt, wird der Umgang der Nationen untereinander nicht mehr vom Recht des Stärkeren geprägt.
Um die Einsicht in eine solche – in diesem Fall »transnationale« – Lösung zu erlangen, muss der Mensch seinen Geist bemühen.

Was ist das, der Geist? Ich meine damit die Fähigkeit, die Ebene zu wechseln, auf der das Denken sich gerade bewegt. Sie schließt die Fähigkeit, von der neuen Ebene aus die alte zu betrachten, mit ein.
Der gedankliche Sprung auf eine transnationale Ebene hätte den USA im Fall des 11. September viel geholfen. So wie in einem Beziehungskonflikt zwischen Mann und Frau oder Eltern und Kind ein Wechsel der Ebene die Lösung bringen kann: Von dort aus betrachten wir nun die Streitenden (uns selbst) als Paar. Es wird über das Paar gesprochen, nicht mehr von mir zu dir als Gegner. Nun stehen sich nicht mehr die beiden

alten Parteien gegenüber, sondern die beiden treten auf als etwas Ganzes, als Einheit, die sich nun neue Mitspieler oder Gegner sucht, deren Gegensätze wiederum auf einer dritten Ebene überwunden werden können, und so weiter.

So funktioniert der Geist: Er sucht sich immer wieder eine neue Ebene, von der aus er die alte betrachtet. Diese Flexibilität des Ebenenwechsels hilft, sich aus alten Mustern zu lösen und neue Lösungen zu finden. Somit ist der Geist Voraussetzung für Kreativität (das Finden neuer Lösungen) und Humor (die Fähigkeit, über sich selbst lachen zu können). Geist ist nicht *spirit,* der sich allzu leicht in Gegensatz zur Materie setzt und damit auf einer Ebene gefangen und mit einem Gegner (eben der Materie) erneut verstrickt ist. Geist ist auch noch nicht das All-Eine, das Verschmelzen mit dem Ganzen, sondern eine Fähigkeit der Erneuerung und Selbsterkenntnis, die schließlich zur Verschmelzung mit dem All-Einen, mit Gott, führen kann. So ist Geist dem Humor ähnlich: Er ist noch nicht Gott, aber er führt in letzter Konsequenz dorthin.

Und was die Türme anbelangt und den Umgang mit solchen Bedrohungen, wie etwa Selbstmordattentäter sie darstellen (sei es in New York oder in Israel, oder damals im Pazifik-Krieg die japanischen Kamikaze-Flieger): Es hilft, die Ebene zu wechseln, um Frieden zu finden. In der Konfrontation auf der alten Ebene wird der Frieden in der Regel nicht gefunden. Es war somit ein Zeichen von Geist, wenn Ulrich Wickert in den Tagesthemen sagte, es gebe eine Ähnlichkeit im Denken zwischen George Bush und Osama bin Laden. Wickert betrachtete die Kontrahenten von einer neuen Ebene aus und sah aus dieser Perspektive ihre Ähnlichkeit. Dass er diese Aussage öffentlich zurücknehmen musste, ist ein peinliches Zeichen für die Geistlosigkeit der Politik. Allzu viel Intelligenz wird da anscheinend nicht geduldet.

Gerade las ich, dass das Weiße Haus sich von dem Titelbild des »Spiegel«, auf dem Bush und seine Gang als Machos in Rambo-Manier dargestellt werden, ein paar Poster in extra großen Abzügen bestellt habe. Es heißt, Bush & Co. freuten sich darüber, hier als Texaner gezeigt zu werden, die sich nichts bieten lassen. Auge um Auge, Zahn um Zahn, und wenn dreitausend Amerikaner getötet werden, dann muss das mit dreißigtausend Leichen auf der gegnerischen Seite vergolten werden. Das ist die Politik der Rache, und sie führt zur Eskalation. Es zeigt, wie tief die USA in Panik sind, in Angst, wie unsicher sie sich fühlen, wie wenig souverän

sie mit der Situation umgehen, wie sehr sie auf dieser Ebene des Denkens gefangen sind und wie wenig sie von den Ursachen verstehen, die zu dem Angriff auf die Türme geführt haben.
Die Ursachen sind in dem Gefühl von Demütigung derer zu suchen, die nicht der herrschenden Nation und Religion angehören und die in so vielen Situationen als Menschen zweiter Klasse behandelt werden. Nicht die Ärmsten der Armen begehren hier auf oder die Underdogs unter den Ohnmächtigen, sondern relativ Privilegierte unter ihnen, wie etwa Osama aus dem reichen Saudi-Clan der bin Ladens und seine Anhänger und Mitkämpfer, die in der Regel ebenfalls nicht aus den Slums kommen. Dennoch verbirgt sich in dem Angriff von El Qaida auf die Symbole der Weltmacht ein Aufbegehren der Dritten Welt gegen die Erste, ein Aufbegehren der Armen und Ohnmächtigen gegen die Reichen und Mächtigen. Der Durchhaltewillen der El-Qaida-Kämpfer speist sich aus einem Gefühl der Unterlegenheit, und aus diesem Reservoir kommen auch der Jubel und die Unterstützung für die, die es gewagt haben, die Supermacht herauszufordern – in den Augen der Underdogs sind sie Helden. Dort wo die Macht ist: im Weißen Haus, im Pentagon, in der Welthandelsorganisation oder der Weltbank, dort ist leider nicht das nötige Maß an Weisheit vorhanden – Weisheit als Fähigkeit, mit Wissen umzugehen, insbesondere mit Macht. Macht an sich ist nicht schlecht, sie ist nur gefährlich. Je nachdem, wer sie in der Hand hat, ist sie gut oder schlecht. In den Händen dummer Menschen ist Macht schlecht, und mit Dummheit meine ich hier nicht in erster Linie Unwissen, sondern das Fehlen von Weisheit. Wissen haben die USA im Übermaß, jedenfalls völlig ausreichend für alle wirklich wichtigen Ziele, auch wenn der durchschnittliche US-Amerikaner nicht viel von der Welt außerhalb seines Landes weiß. Mit ihrem Wissen und dessen technischer und ökonomischer Anwendung beherrschen die USA die Welt – aber an Weisheit, daran mangelt es, das wurde in diesem Krieg, der dem Sturz der Türme folgte, wieder einmal schmerzlich klar.

Wir brauchen einen Geist, der die Ebenen der Kontrahenten in diesem Nord-Süd-/Ost-West-Konflikt überwindet. Einen Geist, der die Ebenen wechseln kann, um neue Perspektiven zu gewinnen. Wir brauchen keine weitere, stärkere Bewaffnung, sondern mehr Geist, mehr Flexibilität im Denken.
Ich bin nicht grundsätzlich gegen Gewalt. Eine zivile Polizei, die die

Regeln einer fairen Rechtsordnung durchsetzt, ist mir viel lieber als eine Anarchie, in der nur das Recht des Stärkeren gilt. Und das meine ich national ebenso wie transnational, innenpolitisch ebenso wie außenpolitisch. Auch im Umgang der Nationen untereinander sollte ein Recht gelten, das von einer zivilen (!) Macht durchgesetzt wird. Das heißt, wir brauchen eine Weltjustiz und, um diese durchzusetzen, auch eine (Welt-)Polizei. Nur sollte diese nicht nur aus dem Militär der mächtigsten Nation und dem einiger ihrer Verbündeten bestehen, sondern es sollte eine gerechte, von einer neuen Uno kontrollierte und legitimierte und nur dieser unterworfene Polizei sein – und alle Militärs, die sich ihr eventuell entgegensetzen könnten, müssten per Uno-Beschluss entwaffnet werden. Dann gäbe es endlich keine Kriege mehr! Und weil dann keine Nation mehr ein Militär braucht, kann das eingesparte Geld in Bildung, Naturschutz und die Beseitigung des Hungers gesteckt werden.
Als Herausgeber der Zeitschrift »connection«, des »Magazin fürs Wesentliche«, das als eine spirituelle Zeitschrift gilt, traue ich mich, so diesseitige Forderungen aufzustellen, auch wenn das vielen meiner Leser als zu politisch, zu wenig spirituell erscheinen mag. Spiritualität und Geist – sei er nun »heilig« oder doch eher intellektuell – sehe ich aber nicht im Verzicht auf eine Einmischung in die Politik oder die Kommentierung der Mächtigen. Der Geist sollte sich nicht antimateriell (»spirituell«) gebärden, sondern er sollte das Ganze sehen. Er sollte Partei ergreifen für das Gute – ja, für das Gute, wie unzeitgemäß das auch immer klingen mag. Die gewählte Partei aber sollte er beizeiten wieder verlassen, um von einer neuen Ebene eine neue Sicht zu gewinnen, die kein Verrat an der alten Position ist, sondern diese überschreitet, sie transzendiert. Ein Geist, der in einer Position gegen die Materie oder gegen den Kommerz oder gegen die Politik verharrt, ist kein freier Geist und sollte deshalb lieber »Ideologie« heißen als Geist.
Wie können wir Frieden schaffen? Indem wir festgefahrene Positionen verlassen, von neuen Ebenen aus neue Perspektiven gewinnen, indem wir Geist und Humor gelten lassen und so der Weisheit Raum geben. Ja, auch eine starke Macht kann Frieden schaffen, einen Frieden wie jene legendäre *pax romana*, in der römische Legionen die vielen Kämpfe des antiken Mittelmeerraums kraft der Übermacht Roms eindämmten und eine lange Zeit relativen Friedens schufen, der dann, nach der Entmachtung Roms, wieder durch die vielen Kämpfe der nachrömischen Ära abgelöst wurde. Aber der so geschaffene Friede sollte ein legaler und

gerechter sein, und das gelingt uns nur durch transnationale Lösungen. Die USA scheinen mir zu einer der römischen vergleichbaren »pax americana« nicht fähig zu sein, dazu sind sie zu sehr texanische Machos, zu unsensibel und verständnislos.

Transnational, transpersonal, transrational – in der Überwindung der alten Ebene liegt die Lösung, nicht in der Gegnerschaft. Das ist »Transzendenz«: Nicht gegen Nationen, gegen das Ego, gegen die Ratio, sondern darüber hinaus führt uns der Geist zu neuen Einsichten. Und auch dort ruht er nicht, sondern er denkt und überschreitet weiter, bis dass er »das Ganze« verstanden hat.

Und was dann? Dann reitet er auf dem Büffel zurück auf den Markt, so wie die »Ten Bulls«, diese Serie von zehn Tuschebildern aus dem japanischen Zen, einen weisen Umgang mit der Transzendenz oder Erleuchtung zeigen: Im zehnten Bild kehrt der »Cowboy«, der Büffeltreiber, zurück auf den Markt. Er hat die Weisheit, die Stille oder Erleuchtung gefunden, nun braucht er sich nicht mehr zu distanzieren. Nun mischt er sich wieder ein und bleibt dabei doch keiner Ebene verhaftet. Ein solcher Geist ist frei. Er ist nicht gegen Materie, Gewalt, Kommerz, Macht oder Politik an sich. Er vertritt eine Ethik der Freiheit und des Friedens und verstrickt sich dabei doch nicht in die Gegnerschaft zu Gewalt, Krieg, Lieblosigkeit, Ignoranz oder was auch immer.

Leider sind die Menschen, die in der Politik und Wirtschaft das Sagen haben, nur selten von einem solchen Geist geprägt. Das mag daran liegen, dass die dort vorherrschenden Karrierewege Ellbogenmenschen bevorzugen und gerade solche Typen nach oben kommen lassen, die auf ihrem Weg nicht nach links oder rechts schauen und relativ mitleidslos sind. Sensible und gewissenhafte Menschen wählen andere Lebenswege, und wer von ihnen sich doch einmal in die Gefilde der Politik oder die höheren Kreise der Wirtschaft begibt, vielleicht aus Mitgefühl oder einem Bewusstsein der Verantwortung für andere Menschen oder künftige Generationen, kommt dort nicht so leicht an die Macht.

Was tun? Weise dieser Welt, mischt euch ein! Es wäre zu schade um unseren Planeten, unseren gemeinsamen und einzigen Lebensraum, wenn wir ihn Fanatikern wie Osama bin Laden und George W. Bush überlassen würden.

Varda Hasselmann/Frank Schmolke
Ohne Krieg kein Frieden – ohne Frieden kein Krieg

Als Trance-Medium empfängt Varda Hasselmann Botschaften von einer weisen, liebevollen Quelle jenseits der physischen Welt. Gemeinsam mit Frank Schmolke erforscht und dokumentiert sie die Lehren dieser Quelle zu Wesen, Struktur und Aufgabe der Seele.
Von der Quelle existiert keine Botschaft zu den Ereignissen und Folgen des 11. September. Doch die hier abgedruckte Durchsage zum Balkankrieg besitzt auch für die jüngsten Konflikte Aussagekraft.

Frage: Wir haben heute ein Anliegen, das sehr viele Menschen bewegt. Die »Quelle« lehrt, dass alles, was ist, auch einen Sinn hat. Aber welchen Sinn haben denn die Kriege, die unsere Erde immer wieder erschüttern?

Quelle: Der Sinn aller Kriege, aller Auseinandersetzungen, aller Streitereien, aller Kämpfe lässt sich leicht erklären, wenn ihr euch an das Prinzip der Dualität als ein Prinzip menschlicher Existenz erinnert. Es gibt keinen Frieden ohne Krieg, es gibt keine Harmonie ohne Disharmonie. Wenn ihr aber fragt, wozu das gut sein soll, dass ein Krieg an irgendeinem Ort eurer Erde stattfindet, wenn ihr also fragt: »Wozu soll das gut sein?«, dann antworten wir euch: Sinnhaftigkeit ist jenseits von Gut und Böse.
Ihr fragt uns nach dem Sinn dieser Konflikte. Wir können euch zunächst einmal nur aus unserer Perspektive eine Antwort geben. Und wir sagen nicht: Wenn es einen Sinn hat, dann ist es auch gut. Wenn es einen Sinn hat, dann hat es eine Funktion für euer Zusammenleben, für eure Existenz, für die Existenz aller Menschen auf eurem Planeten, für die Existenz der jetzt Inkarnierten – aber auch für die Existenz der in Zukunft Inkarnierten.
Krieg und Frieden gehören zusammen. Streit und Einigkeit sind Aspekte ein und derselben Sache. Immer geht einem Krieg eine Unterdrückung von Aggressionen oder von Gewalt voraus, und ihr wisst,

dass in den Gebieten, in denen jetzt Konflikte zum Ausbruch gekommen sind, jahrzehntelang alle Manifestationen explosiver Aggressionen unterbunden wurden durch totalitäre Systeme, die alles bestraften, was gegen sie gerichtet war. Nicht vorher war Frieden und jetzt ist Krieg, sondern vorher war Unfrieden, und jetzt wird der Konflikt, der damals entstanden ist, ausgetragen. Aber die Konflikte selbst sind sehr viel älter.

Einen anderen Faktor wollen wir euch nahe bringen, und das ist der Aspekt seelischen Wachstums. Jegliche Form kriegerischer Auseinandersetzung ist eine Möglichkeit für alle daran beteiligten Menschen, seien sie Täter oder Opfer, sich in bestimmten Situationen wiederzufinden, die sie mit ihrer größten Angst konfrontieren und ihnen in solchen Augenblicken eine Entscheidung für oder wider die Liebe abverlangen. Und auch wenn es euch zu Tode erschreckt, müssen wir euch sagen: Ganz gleich, wie die Entscheidung ausfällt, ob für oder wider die Liebe – wichtig ist, dass ein Mensch sich überhaupt entscheidet. Wichtig ist, dass eine Seele einen Entschluss fasst, der so oder so Konsequenzen haben wird.

Und nun möchten wir zu unserem eigentlichen Thema kommen. Eure Frage hängt eng mit der Gesetzmäßigkeit des karmischen Ausgleichs zusammen. Karma muss eintreten, bevor es sich lösen kann. Die Knüpfung karmischer Bande gehört unverzichtbar zur eigentlichen Menschlichkeit. Darunter verstehen wir das Heranreifen einer Seele in einem menschlichen Körper durch die Abfolge der Einzelinkarnationen. Karmische Verstrickungen schaffen eine zunächst bestürzende Nähe, die später jedoch in Liebe umgewandelt wird. Es wird euch überraschen, wenn wir sagen: Als Alte Seelen werdet ihr gerade zu jenen Seelenwesen eine enge, innige und intime Bindung haben, die sich in früheren Leben an euch schuldig gemacht haben oder die ihr mit eurem Hass einige Jahrhunderte oder Jahrtausende zuvor verfolgt habt.

Frage: Jetzt gerade tobt ein Krieg im ehemaligen Jugoslawien, den wir nicht begreifen. Wir möchten wissen, was die »Quelle« dazu meint.

Quelle: Ihr seid unendlich erschrocken über diese Auseinandersetzungen. Was dort losbricht und an Gewalt und Unrecht, Tod und Verderben über die Bevölkerung gebracht wird durch Täter und durch

Opfer – durch Opfer, die Täter sind, und Täter, die Opfer sind –, dünkt euch so entsetzlich, dass ihr kaum begreifen könnt, wie so etwas zustande kommen kann. Die meisten unter euch haben so etwas noch nie erlebt. Aber diejenigen, die sich jetzt angesichts der Konflikte auf die eine oder andere Weise erregen, schuldig glauben oder auch in ihrem Mitleid angerührt fühlen, haben ganz ähnliche, wenngleich nicht identische Erfahrungen in früheren Existenzen hinter sich. Und für viele ist dies noch nicht so lange her, wie sie meinen. Dass also Menschen sich gegenseitig quälen und töten und misshandeln und verachten, ist eine notwendige Phase, durch die eine jede Seele im Laufe ihrer Inkarnationsreise hindurch muss, um ihre Grenzen zu erfahren, um die Bandbreite ihrer Möglichkeiten in Angst und Liebe zu begreifen und um eines Tages eine Nähe zu erfahren, die nicht zustande kommen könnte, wenn nicht zuvor eine schmerzerfüllte Distanz hergestellt worden wäre. Wer es jedoch hinter sich hat, möchte nicht mehr zurück.
Ihr mögt bereits erfahren oder gelesen haben, dass zwischen einem beliebigen Täter und seinem Opfer eine besondere Verbindung besteht. Wir sagen beliebig, weil wir nicht nur das Große meinen, sondern auch das Kleine, also die Beziehungen zwischen Partnern, die einander nicht wohl tun, die Beziehungen zwischen Eltern und Kindern, die nach eurem Verständnis schädlich sind. Man mag sich noch so hassen, die Verbindung als solche kann nicht geleugnet werden. Sie ist umso enger, je stärker die Gefühle sind, die damit verbunden werden. Wenn jetzt also – so nahe bei euch und doch scheinbar gefühlsmäßig so fern – ein Inferno tobt mit all den Aspekten, die ihr traditionellerweise der Hölle zuschreibt, so bedeutet das aus unserer Sicht, dass jetzt und dort eine riesig große Gruppe von Seelen bereit ist, sich den in ihnen wütenden Energien zu stellen und Entscheidungen zu fällen, die später ihren durchaus nicht nur negativen, sondern auch positiven Lohn zeitigen werden. Denn eines dürft ihr nicht vergessen: So viel Schlimmes, Entsetzliches und Böses jetzt dort auch geschieht, so gibt es doch ebenso viel Gutes, Hilfreiches und Rührendes! Viele Menschen wachsen dort, wo der Krieg ihnen Wunden schlägt, über ihre bisherigen kleinlichen Grenzen hinaus. Sie helfen, wo sie früher niemals geholfen hätten, sie retten Leben, wo früher kein Anlass bestanden hätte, sie wenden sich einander zu, wo zuvor nur Distanz oder Selbstsucht herrschten.

Denkt also nicht nur an das Furchtbare, sondern denkt auch daran, welche Situationen einem Menschen im Krieg geboten werden, um sich für eine positive Handlungsweise, für Mitgefühl, für Barmherzigkeit zu entscheiden. Möglichkeiten, die in einem friedlichen Land nicht existieren können. Die Seelen, die jetzt in diesem Inferno ihr Werk tun – und wir wollen es weder loben noch verurteilen, sondern nur beschreiben –, werden irgendwann die Früchte ernten. Und es ist wichtig, dass sie jetzt den Samen säen. Lasst also diejenigen, die ihr Werk tun müssen, um ihre Menschwerdung voranzutreiben, das tun, was sie tun müssen. Und tut ihr ebenfalls, was ihr tun müsst, ein jeder für sich und auch alle gemeinsam innerhalb einer Gemeinschaft, die sich aus den Zielen der Einzelnen ein neues Ziel baut.

Wenn ihr also den Impuls verspürt, zu helfen oder einzugreifen, folgt diesen Impulsen. Fragt nicht nach Moral oder Unmoral, nach politischer Ratsamkeit oder nach eurem persönlichen Gewissen, das in der Regel gar nicht unmittelbar mit eurem Herzen in Verbindung steht, sondern fragt vor allem: »Was möchte ich? Wonach ist mir zumute? Welche Impulse kommen aus der Tiefe meiner Seele?« Und wenn dieser Impuls lautet: »Ich kümmere mich nicht um das, was geschieht«, dann ist auch dies in Ordnung, denn es ist eine Entscheidung. Schön wäre es für euch und positiv aus unserer Sicht, wenn ihr diese Entscheidung, ganz gleich wie sie ausfällt, bewusst treffen könntet, denn Bewusstheit hat andere und bewegendere Auswirkungen als Unbewusstheit. Wenn es euch also wegzieht oder hinzieht, wenn ihr spenden wollt oder euch verschließen möchtet, ob ihr euch abwendet von den Gräueln oder hinwendet – für das Große Ganze ist es gleich. Der eine von euch wird sich hinwenden, der andere wird sich abwenden. Das ist ein Ergebnis seiner individuellen seelischen Geschichte. Der eine wird Angst haben, der andere wird Mut haben. Mut ist nicht besser als Angst. Angst nicht schlechter als Mut. Eine sehr Alte Seele wird sich, ein wenig müde von ihren vieltausendjährigen Erfahrungen, inneren Themen zuwenden; eine Junge oder Reife Seele wird sich aufgefordert fühlen, Stellung zu beziehen oder etwas zu unternehmen.

Wer anders denkt oder anders handelt als ihr, verdient eure Verurteilung nicht. Das gilt für die Menschen in eurer unmittelbaren Umgebung, aber auch für jene, die in Kriegsgebieten leben und handeln – kämpfen, fliehen, retten und morden. Verurteilt nicht, was der Einzelne tut, verurteilt aber auch nicht euch selbst! Das ist ebenfalls Gewalt, das ist Aggressivität, die unausweichlich zu einem nächsten Konflikt in euch oder außerhalb von euch führen muss. Allerdings, und das sagten wir schon, geht es nicht darum, Konflikte zu vermeiden. Es geht vielmehr darum, fähig zu sein, einen Konflikt zu ertragen, der sein muss, einen Streit auszufechten, der die Atmosphäre bereinigt, und einen Krieg zuzulassen, der notwendig ist für einen Frieden, der allen Menschen zugute kommen wird, jetzt oder in euren nächsten Inkarnationen.

Christopher A. Weidner
Der Weg hinaus

Saturn und Pluto als Chance und Herausforderung

»Der Weg hinaus ist durch die Türe. Wie kommt es,
dass niemand diesen Ausgang benutzt?«
Konfuzius

Als der Mystiker und Philosoph Gurdjieff einmal gefragt wurde, ob es denn den Menschen möglich sei, Kriege zu verhindern, antwortete er: »Gewiss können sie dies.« Und er ergänzte: »Dazu ist es notwendig, dass die Menschen aufwachen.«
Nun muss man wissen, dass Gurdjieff eine besondere Ansicht über den Zustand unseres Bewusstseins hatte, mit dem wir Menschen uns normalerweise im Alltag bewegen. Während wir selbst der Überzeugung sind, dass unser Denken, Fühlen und Handeln seine Grundlage in einem klaren Bewusstsein findet, sind wir nach seiner Lehre nichts anderes als Schlafende, die nur träumen, bewusst zu sein. Dieser Schlaf ist »ein viel gefährlicherer Schlaf als der Schlaf nachts im Bett«. Und er gibt ein Beispiel: »Gerade im Augenblick wird Krieg [d. h. Erster Weltkrieg] geführt. Was bedeutet dies? Es bedeutet, dass einige Millionen schlafender Menschen versuchen, einige Millionen anderer schlafender Menschen zu vernichten.« Das Ende dieses Krieges könne nur durch das Aufwachen aus diesem Schlaf bewirkt werden. Aber gerade das »ist das Schwerste, was es gibt, weil dieser Schlaf durch das ganze uns umgebende Leben, durch alle uns umgebenden Verhältnisse veranlasst und aufrechterhalten wird.« (Zitate aus: Ouspensky, Auf der Suche nach dem Wunderbaren.)

Am 11. September 2001 verfolgte die halbe Welt nahezu live, wie von Terroristen gesteuerte Flugzeuge in das World Trade Center stürzten. Die beiden mächtigen Türme fielen in sich zusammen und begruben viele tausend Menschen unter sich. Mit dem Fall der Türme wurde aber nicht nur ein Symbol für die Macht der Weltwirtschaft und der Globalisierung eingerissen. Jedem, der diese Katastrophe aufmerksamer miterlebte, wurde klar, dass angesichts der Ausmaße dieses Ereignisses etwas zerstört wurde, das wir bislang wenig angezweifelt und für unverbrüchliche Tatsache gehalten hatten: unsere Wirklichkeit.

Unsere Wirklichkeit hatte einen Riss bekommen, und dahinter schimmerte etwas Fremdes, Bedrohliches und Unberechenbares hervor. Viele fassten dieses Gefühl in dem Satz zusammen, dass seit diesem Tag nichts mehr so sein würde wie zuvor. Das Gefühl, Zeuge eines unfassbaren, jegliche persönliche Dimension übersteigenden historischen Augenblicks geworden zu sein, wurde begleitet von einem Gefühl der Ohnmacht.

Ich glaube, dass dieses Gefühl, ohnmächtiger Zeuge zu sein, für viele von uns fremd ist – denn meinen wir nicht in der Regel aller Fälle, dass wir unser Leben in der Hand haben? Leben wir nicht mit dem Bewusstsein, dass wir jeden unserer Schritte planen und unsere Zukunft nach unseren Möglichkeiten gestalten können? Zwar bedrohen uns täglich auch Ängste und Unsicherheiten, und Nöte plagen uns; aber trifft es nicht zu, dass wir prinzipiell mit dem Glauben durch die Welt gehen, die Kontrolle zu haben?

Der Albtraum vom 11. September 2001 riss diesen Glauben wie einen Schleier von dem fort, was wir unsere Wirklichkeit nennen. Und für ohnmächtige Momente konnten wir sehen, welcher Schrecken sich dahinter die ganze Zeit verbarg. Um es in den Worten von Gurdjieff auszudrücken: Wir erkannten, dass wir schliefen.

Im Kampf gegen diesen Schlaf besteht der erste Schritt darin, zu begreifen, dass wir schlafen und dass wir im Schlaf nichts tun können. Nur dann haben wir eine Chance aufzuwachen.

Aber sind wir auch wirklich aufgewacht?

Die Konstellationen des Himmels, die planvollen Bewegungen der Planeten über das Firmament, das sich wie ein schützendes Dach über uns aufspannt und doch so tief und klar und unendlich ist, die gesamte rhythmische Ordnung »da oben« – das musste die Menschen schon früh fasziniert haben. Besonders dann, wenn das Grundempfinden »hier unten« von Unordnung und Willkür geprägt war.

Nicht selten erleben wir uns wie hineingeworfen in einen ungeregelten Fluss des Erlebens, ohne zu wissen, wohin er uns tragen wird und was hinter seiner nächsten Biegung auf uns warten mag. Vielleicht ist Astrologie aus dem Wunsch entstanden, sich das chaotische Dahinströmen

des Lebens auf der Erde mit Hilfe der Ordnung des Himmels verständlicher, vielleicht auch nur erträglicher zu machen.
Astrologie trägt in sich das Versprechen, dass alle menschlichen Erfahrungen auf der Erde sich entlang bestimmter Muster entwickeln, die wir mit Hilfe der Zyklen des Himmels erfassen können – auch wenn wir sie aus menschlicher Perspektive nicht wahrzunehmen vermögen. Astrologie ermöglicht nicht nur, eine bestehende Ordnung festzustellen, sondern auch zu verstehen, dass jeder Augenblick in Prozesse eingebettet ist. Astrologie antwortet demnach nicht nur auf die Frage: »Wie ist etwas beschaffen?«, sondern auch auf die Frage: »Was kann daraus werden?«
Es ist wichtig zu verstehen, dass Astrologie nicht von Bestimmung handelt, sondern von den Möglichkeiten, die in jedem Augenblick existieren und darauf warten, von uns genutzt zu werden. Jeder Moment besitzt eine einmalige Qualität und eröffnet deshalb Erfahrungen, die für sich genommen einzigartig und unwiederbringlich sind. Von jedem Augenblick geht ein schöpferischer Impuls aus, den wir nutzen können, um unsere Zukunft zu gestalten. Astrologie hilft uns, diesen schöpferischen Impuls zu erkennen. Sie schärft unsere Sinne nicht nur für das, was wir sind und was ist, sondern auch für das, was wir werden können und was künftig sein kann.
Auch jener schreckliche Augenblick am Morgen des 11. September 2001 trägt demnach einen schöpferischen Impuls in sich. Dies mag seltsam erscheinen, aber es entspricht zutiefst astrologischem Denken. Das Betrachten der Konstellationen dieses Zeitpunktes gibt uns die Möglichkeit, unsere Ohnmacht als Bestandteil einer Ordnung zu begreifen, sogar als schöpferischen Impuls und als Chance, aufzuwachen aus dem Schlaf, den wir nach Gurdjieff für gewöhnlich Leben nennen.

Dem astrologisch geschulten Auge konnte nicht entgehen, dass es eine ganz besondere Konstellation gab, die die Dimension des 11. September 2001 am deutlichsten beschreiben konnte: die laufende Opposition der beiden Planeten Saturn und Pluto.
Saturn stand zu diesem Zeitpunkt im Zeichen Zwillinge und Pluto im Zeichen Schütze. Diese Konstellation tritt nur etwa alle dreißig Jahre auf und umspannt dann eine Phase von mehreren Monaten. Die aktuelle Konstellation bestand bis Ende Mai 2002, dann verließ sie langsam den Bereich, in dem sie als wirksam erachtet wird.
Auch wenn kein Astrologe glaubhaft die Ereignisse des 11. September

vorhergesehen hatte, so gab es viele besorgte Stimmen im Vorfeld dieser Opposition. Ich glaube, dass Saturn und Pluto uns den Schlüssel in die Hand geben, um zu verstehen, welche globalen Prinzipien die gegenwärtigen Ereignisse, in die der 11. September wie eine Leuchtboje verankert ist, begleiten.
Was aber genau soll »verstehen« heißen? Es geht dabei nicht um die Frage: *»Warum geschieht dies?«* Es gilt, eine andere Frage zu stellen, wenn wir aus dem Zustand der Ohnmacht heraustreten und handeln wollen: *»Wozu* ist dies geschehen?« Dies ist die Frage nach der Botschaft des 11. September – oder noch genauer formuliert: *»Welche Frage stellt mir der Fall der Türme, und welche Antwort kann ich darauf geben? Wozu geschieht mir dieser 11. September 2001, was hat er mit mir zu tun, und wie geht mein Leben danach weiter?«*
Es dreht sich also nicht um lange Erklärungen und Analysen, sondern darum, einen Weg, einen Ausweg, eine Handlungsanweisung zu finden.

Saturn und Pluto – beide Planeten kennzeichnet nicht gerade das, was wir allgemein unter Leichtigkeit des Seins verstehen. Im Gegenteil, beide haben etwas sehr Schweres, Drückendes, ja Lebensfeindliches an sich. Diese Einschätzung mag darauf beruhen, dass beide weit entfernt von der Sonne stehen und nur wenig Anteil an ihrem Licht und ihrer Wärme haben. Lange Zeit war Saturn das Schlusslicht im planetaren Reigen, bis man jenseits seiner Umlaufbahn weitere Planeten entdeckte. Nun ist Pluto der Außenposten unseres Sonnensystems. Beide haben also etwas gemeinsam: Sie stehen für das Ende der Welt, wie wir sie kennen. Hinter ihnen beginnt Neuland. Sie sind Hüter einer Schwelle in ein Reich, das unsere persönlichen Erfahrungen übersteigt und uns mit Dingen konfrontiert, die mit den Worten des Alltagsbewusstseins nicht zu beschreiben sind. Sowohl Saturn als auch Pluto verkörpern Themen, die das Individuum und seine ganz persönlichen Wünsche und Hoffnungen infrage stellen.
Saturn gilt als der strenge Richter unter den Planeten, der sich als Herr der Zeit grau schimmernd und bleischwer über das Firmament schleppt. Im Horoskop zeigt er uns unsere Grenzen – genauer gesagt, jene Grenzen, in die wir hineingeboren wurden: die Konventionen, Normen und Spielregeln der Gesellschaft, in denen sich die übergeordneten Bedürfnisse der Gemeinschaft aller Menschen, eines Kollektivs spiegeln. Von daher wird Saturn nicht selten als Beschränkung und Maßregelung empfunden: Er

weist uns in unsere Schranken und sieht es nicht gern, wenn wir versuchen, uns seinen Spielregeln zu entziehen. Saturn erwartet von uns nichts Geringeres als die Bereitschaft, unser Leben einer Bestimmung unterzuordnen, die über unsere Persönlichkeit hinausreicht und mit der wir eine sinnvolle Aufgabe im großen Ganzen erfüllen. Saturn ist auch die Gerechtigkeit, denn er hält uns vor Augen, wie wichtig es ist, Gesetze zu befolgen, um das soziale Ganze zu bewahren. Er will gleiches Recht für alle und duldet keine Ausnahme, damit jeder Einzelne sich sicher fühlen kann. Doch Saturn verlangt nicht nur, er gibt auch: Er stellt uns eine Plattform zur Verfügung, unser Leben in einem gesellschaftlich bedeutsamen Rahmen zu entfalten. Der Raum, über den wir dabei verfügen, wird durch Saturns Position im individuellen Horoskop abgesteckt. Hier stehen wir auf stabilen Füßen, um unsere Rolle in der Gesellschaft erfolgreich wahrzunehmen. Es bleibt aber unsere Entscheidung, dieses Angebot auch in Anspruch zu nehmen. Im Grunde bestimmen wir selbst, ob wir uns und unser Leben aktiv in gesellschaftliche Prozesse einbringen wollen. Die meisten Menschen nehmen diese Herausforderung nicht an, und nur wenige fühlen sich wirklich berufen, für die Geschicke der Gemeinschaft aktiv einzutreten. Diejenigen aber, die diesen Schritt wagen, wissen genau, was sie an Saturn haben: Er steht für Integrität, Autorität und Fairness.

So erzählt uns Saturn einerseits etwas darüber, was die Gesellschaft von uns erwartet, welche Leistungen und Beiträge wir zu erbringen haben, um in ihr unseren Wert zu beweisen. Andererseits steht er aber auch für das, was wir der Gesellschaft geben können – immer vorausgesetzt, dass wir unser Leben für wichtig genug halten, um uns nicht nur unseren Nächsten, sondern auch der größeren Gemeinschaft zu widmen.

Pluto hingegen steht für alle möglichen Aspekte von Macht. Meist wird mit ihm ein Gefühl des Ausgeliefertseins an Kräfte assoziiert, die über die eigene Persönlichkeit hinausgehen und die wir am besten als »Schicksal« bezeichnen. Dabei ist Schicksal im plutonischen Sinn nicht Einzelschicksal, sondern ein Schicksal, das ich mit der Masse teile. Diese Form des Schicksals ist nie individuell; im Gegenteil, es verneint meine Individualität. Darum steht Pluto mit Vorgängen in Beziehung, in denen mein Leben einer Absicht geopfert wird, die sich über mein Leben gestellt hat – und das nicht selten auf brutale und grausame Art und Weise, zum Beispiel durch Mord, Amoklauf, Katastrophen, Diktaturen und eben auch Terroranschläge.

Für Pluto ist es dabei ohne Belang, ob ich auf der Seite derjenigen stehe,

die Macht ausüben, oder derjenigen, die Macht zu spüren bekommen. In beiden Fällen bin ich Teil ein und desselben Spiels. Innerhalb dieses Spiels kann ich die Seite wechseln, kann je nach Blickrichtung Täter oder Opfer sein – aber wenn es nach Pluto geht, kann ich das Spiel nicht verlassen. Das Gefühl, ausgeliefert zu sein, ist daher ein primäres Grundgefühl gegenüber Pluto, und zwar unabhängig davon, auf welche Seite des Spiels uns das Leben gestellt hat. Dieses Gefühl kann so »eingefleischt« sein, dass wir uns nicht vorstellen können, dass es eine Welt außerhalb des Spielfelds gibt, eine Welt, in der es weder Täter noch Opfer gibt, weder »Gute« noch »Böse«. Am 11. September 2001 wurde uns dies für Momente bewusst. Wir spürten die Ohnmacht gegenüber diesem Spiel und wussten nicht, was wir tun konnten – wir waren gezwungen, es geschehen zu lassen.
Der argentinische Philosoph und Denker Silo sagte einmal: »Es kommt nicht darauf an, auf welche Seite dich die Ereignisse gestellt haben. Wichtig ist für dich zu begreifen, dass du selbst keine Seite gewählt hast.« Er drückt damit aus, dass es im Grunde gleichgültig ist, auf welcher Seite des Spiels ich mich wiederfinde. Der erste Schritt, um zu verstehen, wie ich dieser Ohnmacht entfliehen kann, ist, zu erkennen: So etwas wie eine freie Wahl gibt es gar nicht, solange ich *glaube,* dass ich keine Möglichkeit habe, das Spiel zu verlassen.

Saturn und Pluto spielen sich in die Hand: gesellschaftliche Strenge und Kontrolle (Saturn) paaren sich mit dem Spiel um Masse und Macht (Pluto). Wir geraten in eine Situation, in der es besonders schwer ist, dieses Spiel zu durchschauen. Überall, wo wir die Chance hätten, es zu erkennen und es zu verlassen, versperrt uns der Hüter der Schwelle den Ausgang und schickt uns auf das Spielfeld zurück. Sein Trick: Er packt uns am sozialen Gewissen, am Gefühl, ein gutes Mitglied der Gesellschaft sein zu wollen, ja sein zu müssen, besonders in Zeiten der Bedrohung. Das bedeutet: Die Spielregeln der Gesellschaft dienen nicht mehr dem Schutz des Einzelnen in der Gemeinschaft, sondern werden selbst zu einem Wert, der geschützt werden muss. Wir sprechen dann auch nicht mehr davon, die Unversehrtheit der Menschen zu schützen, sondern wir sprechen von der Bedrohung der Demokratie oder der Zivilisation. Schließlich verschwinden Menschen und ihre Einzelschicksale – ihre persönlichen Nöte, Sorgen, Ängste, Hoffnungen und Wünsche – hinter Wortungetümen wie »Schurkenstaaten« oder gar »Achse des Bösen«.

Wenn wir uns von diesen Bildern gefangen nehmen lassen, beginnen wir sogar zu glauben, dass wir die Menschenrechte nur dann verteidigen können, wenn wir sie im selben Atemzug verletzen. Wir glauben dann vielleicht wirklich, dass Freiheit beschnitten werden muss, wenn wir sie bewahren wollen. Oder wie amerikanische Intellektuelle es unlängst formulierten: »Es gibt Zeiten, in denen ist es nicht nur moralisch erlaubt, sondern moralisch notwendig, Krieg zu führen.« Sie berufen sich auf die Tradition des »gerechten Krieges« und fühlen sich sogar durch das Gebot der Nächstenliebe zur Anwendung von Gewalt gegen jenes »gnadenlose globale Übel« berufen. Damit aber haben sie sich vollends in dem perfiden Ränkespiel von Saturn und Pluto verloren: »Wer nicht für mich ist, ist gegen mich!«

Jeder Versuch, das Spiel anzuzweifeln, wird nicht etwa mit dem Ausschluss aus dem Spiel, der Disqualifizierung, bestraft. Denn es ist ein Spiel, bei dem es keine Zuschauer gibt, sondern nur Mitspieler. Es ist auch kein Freundschaftsspiel mehr, sondern ein Spiel auf Leben und Tod, um alles oder nichts. Auf der einen Seite spielen die »Guten« und auf der anderen Seite die »Bösen«, und die einzige Grundregel des Spiels lautet: »Das Spiel muss weitergehen.«

Als Teilnehmer dieses Spiels leben wir in dem Glauben, dass es keine andere Möglichkeit gibt, als auf der einen oder auf der anderen Seite zu stehen. Wir glauben, dass es keine Möglichkeit gibt, das Spielfeld zu verlassen. Wir glauben, dass da nichts ist außerhalb des Spielfeldes. Saturn und Pluto zwingen uns förmlich in diesen Glauben hinein, indem sie jede Alternative, jede Veränderung der Spielregeln ablehnen. So wird Saturn/Pluto nicht nur zur Kontrolle (Saturn) durch die *Macht* (Pluto), sondern auch durch die *Masse,* weil der Druck der Allgemeinheit es fast schon unmöglich macht, dem eigenen Gewissen zu folgen. Der Druck der Masse zwingt mich dazu, mich gegen meine Überzeugungen zu verhalten und meinen individuellen Standpunkt in der Welt zu leugnen. Die Macht (Pluto) verformt die sozialen Strukturen und unser Gewissen (Saturn) so lange, bis sie der Schablone einer hierarchisch übergeordneten Absicht entsprechen.

Doch mit dem 11. September 2001 geschah etwas Unglaubliches: Für Momente des Schreckens wurden wir gewahr, dass wir in diesem Spiel leben – und dass seine Regeln auf eine seltsame und beunruhigende Art und Weise nicht mehr in Ordnung sind. Das Spiel ist zu einem Albtraum geworden.

Der Vergleich mit einem Albtraum ist mehr als sinnfällig. Innerhalb des Albtraumes können wir alles Mögliche tun, um der Bedrohung zu entgehen: Wir können fliehen, kämpfen, uns verteidigen, uns verstecken. Doch nichts von alldem wird dazu führen, dass wir unsere Situation verändern, nämlich die, in einem Albtraum zu stecken. Es gibt nur einen einzigen Weg, einem Albtraum zu entkommen: *aufwachen*.
Ist dies die Botschaft der Opposition von Saturn und Pluto? Spitzt sie unsere Situation auf ein unerträgliches Maß zu, bis wir nicht mehr anders können, als die Wahrheit zu erkennen – eine Wahrheit, die wir selbst schon lange zuvor konstruiert haben und die sich nun gegen uns selbst richtet?
Saturn und Pluto stoßen uns darauf, dass wir in einem Spiel gefangen sind und dass es Zeit wird, nach einem Ausgang zu suchen. Doch wo ist die Tür?

Zunächst müssen wir verstehen, dass keine Konstellation – auch nicht die beschriebene Opposition von Saturn und Pluto, die sich in all ihrer Bedrohlichkeit vor uns aufgebaut hat – ein Verhängnis ist. Es gibt in der Astrologie keine an sich guten oder schlechten Konstellationen. Natürlich erhebt sich dann die Frage, warum wir Saturn und Pluto ausgerechnet in dieser Form zu spüren bekommen.
Es geht hier um die Verwirklichungsebene, die ganz entscheidend davon abhängt, wie sie von uns als Menschen bestimmt wird. Die Art und Weise, wie wir eine Konstellation erleben, hängt im Wesentlichen davon ab, ob wir sie als das wahrnehmen, was sie ist: ein Potenzial, das Chance und Herausforderung sein kann. Wir nehmen sie aber als Verhängnis wahr, wenn wir nicht bereit sind, unser Leben selbst in die Hand zu nehmen.
Saturn/Pluto ist also nicht nur als »Schicksal« zu begreifen, sondern auch als Chance zur endgültigen *Transformation* (Pluto) der Spielregeln (Saturn) – als Chance, eine höhere Ebene zu erreichen, auf der die alten Spielregeln für immer ungültig geworden sind. Saturn/Pluto heißt nicht nur, dass wir erdulden müssen, wie unsere sozialen Strukturen und unser Gewissen (Saturn) von der Macht (Pluto) demoliert werden. Sondern Saturn/Pluto zeigt uns auch, wie wir die Tatsache nutzen können, dass wir in soziale Strukturen eingebunden sind, ein eigenes Gewissen haben und jeder von uns einen Auftrag im größeren Ganzen hat, um von innen heraus wieder Macht über unser Leben zu erlangen.

Doch der unbewusste Umgang mit dem, was Saturn und Pluto bedeuten, hat uns in den Glauben geführt, dass wir nichts tun können, dass alles ohne unser Zutun geschieht. Wenn wir aber erst einmal etwas als unverrückbares Schicksal ansehen, dann haben wir tatsächlich keine Wahl. Was wird passieren, wenn wir die Verwirklichungsebene dieser Konstellation mit ihren erschreckenden Manifestationen nicht verlassen? Wenn wir nicht aufwachen?

Offensichtlich scheint das Zusammenspiel von Saturn und Pluto sich in etwas verstrickt zu haben, das Paul Watzlawick den Mechanismus des »Mehr desselben« nennt.

Stellen Sie sich folgendes Bild vor: Ein Radfahrer muss während der Fahrt ununterbrochen kleine oszillatorische Gegenlenkbewegungen vollziehen, um sein Gleichgewicht zu halten. Durch dieses unmerkliche Gegenlenken erzeugt er eine stabile Fahrposition. Jeder aber kennt folgendes Phänomen: Durch einen plötzlichen Eingriff gerät dieses empfindliche System aus dem Lot – zum Beispiel durch einen Stein, der auf der Fahrbahn liegt –, sodass der Radfahrer, um nicht ins Schleudern zu geraten, die entsprechende Gegenbewegung ausführen muss. Nur so kann er die Balance aufrechterhalten, ohne zu stürzen.

Dieses Beispiel zeigt: Je heftiger der Eingriff in das System, desto heftiger wird die mechanisch durchgeführte Gegenreaktion sein. Wenn wir uns nun vorstellen, dass diese als Ausgleich gedachte Gegenreaktion des Radfahrers eine noch heftigere Antwort zur Folge hat, die wiederum eine noch heftigere Gegenbewegung verlangt, wird der Radfahrer bald gehörig ins Trudeln geraten und ungeachtet seiner Bemühungen um Gleichgewicht stürzen.

Paul Watzlawick beschreibt diese Situation mit dem Bild zweier Segler in einem Boot, »von denen jeder für sich und auf seiner Seite weit über Bord hängt, um das Boot im Gleichgewicht zu halten: Je mehr der eine sich hinauslehnt, desto weiter hinaus muss sich auch der andere lehnen, um die Gleichgewichtsstörungen ›auszureiten‹.« Ergebnis ist, dass zwar das Boot durch diese akrobatischen Leistungen im Gleichgewicht gehalten wird, dass es aber nun nicht mehr zu manövrieren ist. Damit wird das gesamte System in sich immer anfälliger für Störungen, die von außen einwirken: Der geringste Windhauch kann schon eine Katastrophe auslösen und das Boot zum Kentern bringen. Kursänderungen können nicht mehr vorgenommen werden.

In dieser Situation kann niemand mehr garantieren, ob das ursprünglich angesteuerte Ziel je erreicht wird. Zu sehr sind wir damit beschäftigt, den Kurs über ein »Mehr desselben« zu stabilisieren. Eine Möglichkeit, den Kurs zu korrigieren, haben wir nicht mehr: Wir sind in der Situation gefangen.

»Die Lösung dieser bizarren Lage erfordert ganz offensichtlich, dass wenigstens einer der beiden etwas scheinbar sehr Unvernünftiges tut, nämlich nicht noch mehr, sondern *weniger desselben* zu tun, um nicht ins Wasser zu geraten. Auf diese Weise werden sich die beiden schließlich wieder sicher, bequem und gemeinsam an Bord des nun stabilen Boots befinden.« Nur so wird das Boot nach Watzlawick auch wieder lenkbar, und es besteht die Möglichkeit, sich auf den Kurs des Bootes zu konzentrieren.

Saturn/Pluto scheint auf eine Strategie des »Mehr desselben« zu verweisen: Die Lösung von Problemen wird in einer immer heftigeren Gegenreaktion gesehen, um Macht (Pluto) zu stabilisieren (Saturn). So etwas muss in der Katastrophe enden. Erst wenn wir aufhören, Saturn/Pluto als überindividuelles Schicksal zu betrachten, dem wir uns wie einer Naturgewalt nicht entziehen können, sondern verstehen, dass wir eine Wahl haben und *jeder von uns* eine Antwort auf Saturn/Pluto geben kann, verändert sich die Lage. Wir müssen nur bereit sein, etwas zu tun, das gegen die Vernunft zu sein scheint. Wir brauchen ein Wunder.

Angesichts zweier Grunderfahrungen unseres Jahrhunderts – das Leiden unter totalitären Staatsformen und die Bedrohung der Menschheit durch moderne Vernichtungswaffen – fragte die Philosophin Hannah Arendt, ob Politik überhaupt noch einen Sinn habe oder nicht schon längst in Sinnlosigkeit umgeschlagen sei. Angesichts der scheinbaren Ausweglosigkeit könne eine entscheidende Änderung zum Heil nur durch eine Art Wunder geschehen. Wunder sind gegen die Vernunft, denn sie geschehen, ohne dass sie auf das Rücksicht nehmen, was wir für Naturgesetze halten. Wunder sind jedoch nicht zufällig: Sie geschehen nur denjenigen, die bereit sind, dem Wunder den Weg zu ebnen.

Wir befinden uns in einer solchen Ausweglosigkeit. Wenn wir jetzt bereit sein wollen für ein Wunder, wenn wir den Weg durch die Tür aus dem Spiel finden wollen, bedarf es einer aktiven Haltung zur gegenwärtigen Krise. Aktiv meint in erster Linie den Einsatz eines menschlichen Vorrechts: zu handeln. Arendt diagnostiziert, dass der Konformismus das

gemeinsame Merkmal moderner Massengesellschaften ist. Konformismus verbietet jedoch aktives Handeln. An seine Stelle ist das Sich-Verhalten getreten; es antwortet auf die Frage: »Wie reagiere ich?« Im Gegensatz dazu ist Handeln die Antwort auf die Frage: »Was kann ich *tun?«*
»Weil jeder Mensch auf Grund des Geborenseins ein *initium,* ein Anfang und Neuankömmling in der Welt ist, können Menschen Initiative ergreifen, Anfänger werden und Neues in Bewegung setzen«, heißt es bei Hannah Arendt. Das Handeln ermöglicht dem Menschen, in die Welt einzugreifen. Es ist Ausdruck seiner Fähigkeit, Neues zu schaffen und Wunder zu ermöglichen. Arendt spricht in diesem Zusammenhang sogar vom Menschen als »Wundertäter«. Für sie ist Handeln die menschliche Begabung, Wunder zu bewirken, denn Handeln beinhaltet die Möglichkeit des Anfangens, sodass man *gegen alle Unwahrscheinlichkeiten* Neues beginnen kann: »Freiheit wie Unfreiheit ist ein Produkt menschlichen Handelns und hat mit der ›Natur‹ gar nichts zu tun.« Ähnlich können wir für die Astrologie argumentieren: Ob wir frei oder unfrei sind, ob wir Konstellationen als Verhängnis oder als Chance erleben, hängt ausschließlich davon ab, ob wir bereit sind zu handeln, und zwar jeder Einzelne von uns im Einklang mit seinem Gewissen.

Die Entscheidung liegt eindeutig bei uns. Wenn wir uns weiterhin *verhalten,* dann wird uns Saturn/Pluto erdrücken und unser Gewissen instrumentalisieren. Wir werden weiterhin glauben, dass »Mehr desselben« die Lösung für unser Dilemma ist. Wenn wir jedoch Saturn/Pluto als Aufforderung zum *Handeln* betrachten, verändert sich die Lage: Wir erhalten eine reale Chance, unter der Ägide dieser Konstellation Geschichte neu zu schreiben.
Wie jeder Einzelne sein Handeln bestimmen kann, hängt im Wesentlichen davon ab, in welcher Resonanz er zu Saturn/Pluto steht. Es ist die Stärke des astrologischen Ansatzes, dass er uns zeigt, welche Möglichkeiten jeder Einzelne von uns hat. Wir müssen uns dann nicht mehr damit begnügen, was »man« tun könnte, sondern wir erfahren, was wir selbst tun können. Wenn wir im Horoskop betrachten, welche Lebensthemen die laufende Opposition berührt, werden wir feststellen, dass genau diese Bereiche auch den individuellen Schlüssel zur Handlung in sich tragen. Entscheidend aber ist, das Bewusstsein zu entwickeln und die Erkenntnis zuzulassen, dass alle Handlungen, die von mir ausgehen, prinzipiell in der Lage sind, die Welt zu verändern. Nur dann sind es

echte Handlungen, die dem Spiel Einhalt gebieten können und dem Wunder Raum zur Entfaltung geben.
Der Weg durch die Türe – er ist ein Weg, der durch die Erkenntnis führt, dass jeder Einzelne von uns ein einzigartiges Wesen ist und einen einzigartigen Auftrag hier auf der Welt erfüllt. Dieser Auftrag lebt davon, dass wir ihn mit unseren Handlungen in die Welt hinaustragen und beginnen, die Verantwortung für die Welt, in der wir leben, nicht an andere zu delegieren, sondern sie als persönliche Aufgabe betrachten.
Der Weg hinaus aus dem Spiel hat eine merkwürdige Eigenschaft: Der Ausgang liegt nicht am Spielrand, sondern mitten in den Spielern selbst. Jeder ist sein eigener Weg hinaus aus dem Spiel. Doch dazu ist es wichtig, innezuhalten und die Aufmerksamkeit auf sich selbst zu lenken – um zu spüren, dass wir kraft unserer Geburt der Anfang von etwas Neuem sind, das in der Lage ist, die Welt zu verändern.
Wenn wir dieses Wissen in uns stärken, schaffen wir die Voraussetzungen dafür, das Leben aus der Vormundschaft von Prinzipien und Ideen zu befreien, die uns mit aller Macht aufgezwungen werden. Dann werden wir das Gefühl, gelebt zu werden, allmählich gegen das Gefühl, aus uns selbst heraus zu leben, eintauschen. Wir werden nicht mehr glauben, dass Geschichte dem mechanischen Prinzip von *»actio = reactio«* unterworfen ist, sondern wissen, dass in jedem Augenblick das Wunder eines Neuanfangs steckt.

Saturn und Pluto haben sich langsam, aber sicher weiterbewegt. Die Opposition, unter deren Signum Terrorismus eine neue Dimension erhielt, hat nach und nach ihre Exaktheit verloren und sich in ihrer Geschichtsträchtigkeit zunächst verabschiedet. Aber die Spuren, die sie in uns und in der Welt hinterlassen hat, bleiben. Mit der Konstellation verschwand nicht die Aufgabe, die Saturn und Pluto uns gestellt haben.
Der amerikanische Denker Noam Chomsky erklärte angesichts der drohenden Eskalation der Gewalt: »Die wahrscheinliche Reaktion der USA wird jedoch nur noch mehr Angriffe wie diese – oder noch schlimmere – auslösen. Jetzt erscheinen die Aussichten für die Zukunft sogar noch ominöser, als sie es vor den jüngsten Gräueltaten waren. Wenn es darum geht, wie wir reagieren sollen, dann haben wir eine Wahl. Wir können entweder versuchen zu verstehen oder es bleiben lassen, um damit jedoch die Wahrscheinlichkeit zu erhöhen, dass noch viel Schlimmeres auf uns zukommen wird.«

Der erste Schritt besteht also darin, zu verstehen. Ich denke, wir müssen verstehen, dass das Gefühl von Rache und der Ruf nach Vergeltung uns nicht aus diesem Spiel herausführen. Dazu ist es wichtig, dass wir innehalten und nachspüren, was wir in diesem Moment wirklich brauchen und was wir uns für die Zukunft wünschen. Die meisten Menschen werden dann feststellen, dass sie sich nichts sehnlicher wünschen als so elementare Dinge wie Frieden und Sicherheit, denn Frieden und Sicherheit sind die Voraussetzung dafür, dass ich mein Leben in Freiheit entfalten kann. Wer schließlich weiter nachdenkt, wird zu der Erkenntnis gelangen, dass Racheakte, Vergeltungsschläge, polarisierende Worte und Feindbilder weder Frieden noch Sicherheit schaffen werden, sondern lediglich Genugtuung. Was dann folgt, ist aber nicht das Ende des Spiels, sondern eine Fortsetzung von »Mehr desselben«: Es wird Gegenreaktionen geben, die wiederum Gegenreaktionen herausfordern. Frieden und Sicherheit aber werden auf unabsehbare Zeit zur Utopie.

Wir sollten uns darum bemühen, den Gefühlen von Rache und Vergeltung mit Verständnis zu begegnen. Dies ist die schwerste aller Übungen, denn es bedeutet, sich in die Situation jener einzufühlen, die glaubten, keine andere Wahl zu haben, als ihre Bedürfnisse auf diese entsetzliche und lebensfeindliche Art und Weise auszudrücken. Warum sahen sie keine Alternative? Welcher Schmerz hat sie zu dieser Gräueltat getrieben, bei der sie nicht nur das Menschliche in anderen, sondern auch in sich selbst verneint haben? Wie ist ihre Verzweiflung entstanden, und wie entstand diese ungeheure Gleichgültigkeit gegenüber den Folgen ihres Tuns?

Wenn wir auch nur ein bisschen verstehen, was diese Menschen angetrieben hat, dann wird sich in unserem Herzen eine Tür öffnen, eine Tür hinaus aus dem Spiel. Dann können wir weiterdenken und uns fragen: Was haben wir dazu beigetragen, dass es so weit kommen konnte? Auf welche Weise sind wir für das, was geschehen ist, mitverantwortlich geworden? Vielleicht werden wir dann feststellen, dass auch wir uns als Bestandteil des Spiels genau nach den Spielregeln *verhalten* haben.

Jetzt aber können wir uns überlegen, wie wir *handeln,* um dieses Spiel zu beenden. Wir können uns fragen, was wir tun können, jeder Einzelne von uns, damit solche Taten in Zukunft nicht mehr geschehen. Wir könnten damit beginnen, unsere Art und Weise zu verändern, wie wir über die Dinge bislang gedacht haben. Wir könnten unsere Art und Weise verändern, wie wir bislang über andere gesprochen haben, könnten versuchen, uns bewusst zu machen, wann wir in Gedanken, Gefühlen und Handlungen anderen Menschen das Recht auf ein eigenes Leben abgesprochen haben und vielleicht sogar gedacht haben, dass man sie durch Bestrafung dazu bringen müsse, genauso zu denken, zu fühlen und zu handeln wie wir selbst.

Wenn wir erkannt haben, welcher Schmerz und welche Bedürftigkeit uns selbst dazu bringen, in anderen Menschen unsere Feinde zu sehen, die bestraft werden müssen, dann können wir auch anfangen, bei anderen dieses Verständnis zu wecken.

Der Weg aus dem Spiel führt nicht durch eine globale Lösung hindurch. Er ist kein endgültiges politisches Patentrezept, das wie so oft über die Welt gestülpt wird und doch nur den Interessen weniger dient. Vielmehr geht es darum, dass wir unsere Bereitschaft zur Veränderung der Situation aus eigenem Antrieb heraus entwickeln und andere dazu ermutigen, das Gleiche zu tun. Wir könnten uns zusammenschließen und gemeinsam mit anderen Menschen die Vision einer Welt schaffen, in der die Bedürfnisse aller Menschen geachtet werden – nicht nur die einer Minderheit – und sie eine Chance auf Erfüllung haben.

Der 11. September 2001 wird in unserem Gedächtnis bleiben. Doch an jedem Einzelnen von uns liegt es, ob dieses Datum später einmal als der Tag bezeichnet werden kann, an dem wir aufgewacht sind.

Literatur

Hannah Arendt: Vita activa oder Vom tätigen Leben. Piper, München 1989.

Heiner Bielefeldt: Intellektuelle auf der Suche nach der Moral, in: ai-Journal 4/2002.

Noam Chomsky: Das Verbrechen ist ein Geschenk für all jene, die nur darauf warten, Gewalt einzusetzen, in: www.uni-kassel.de/fb10/frieden/themen/terrorismus/chomsky.html

P. D. Ouspensky: Auf der Suche nach dem Wunderbaren. Perspektiven der Welterfahrung und der Selbsterkenntnis. O. W. Barth, München, 10. Aufl. 1999.

Silo: Die Erde menschlich machen. Uzielli, München, 2. Aufl. 1997.

Paul Watzlawick/John H. Weakland/Richard Fisch: Lösungen. Zur Theorie und Praxis menschlichen Wandels. H. Huber, Göttingen, 6. Aufl. 2001.

Wolf-Dieter Storl
Der abgeschossene Pfeil hat getroffen

Kulturelle Konstruktionen, virtuelle Realitäten und Shivas Lila

Bildzauber: Der kleine Junge im keralesischen Dorf, wo es nur ein paar Wasserbüffel, Reisfelder und viele Kokospalmen gibt, schneidet das Bild eines Mopeds aus einer weggeworfenen Zeitung und überreicht es uns mit leuchtenden Augen. Das wünscht er sich, lässt er uns wissen. Vielleicht können wir ihm den Wunsch erfüllen. Vielleicht sind wir Shiva und Parvati. Die reisen ja meist unerkannt durchs Land, und wenn man sie fragt, werden die Wünsche auch wahr. Jahre später: Ich erkenne ihn kaum wieder, er ist ein Jüngling, stolz fährt er einen *motorscooter* durchs Dorf.

Archaische Jäger malen das Beutetier mit Fett und rotem Ocker, Kalk und Ruß an den Felsen. Genau der Bock, den sie gezeichnet haben, erscheint ihnen am nächsten Tag vor dem Bogen; die Tiermutter hat sie gehört, hat den Bock freigegeben.

Hunderttausende *kids* sitzen vorm PC-Bildschirm, versunken in virtuellen Realitäten, aufgesogen vom Videospiel. Immer dasselbe: schwerst bewaffnete Einzelkämpfer, Gute gegen Böse, Rambos gegen Terroristen. Boom, boom, boom. *»Terrorists win!«* sagt die roboterhafte Stimme. Millionen von Zuschauern baden ihre Seelen in den Fluten immer spektakulärerer Katastrophenfilme: Independence Day, Towering Inferno, Pearl Harbor, Apokalypse Now. Die sinkende Titanic – das Schiff als Wunderwerk der Technik und des Verstandes, Symbol der westlichen Industriegesellschaft und ihrer Raffinessen. Nicht einmal Gott könne das Schiff versenken, hatte angeblich der Kapitän gescherzt. Dieser Katastrophenfilm wurde zum Film der Jahrtausendwende auserkoren, gesendet im Fernsehen in der Nacht beim Übergang in das Wassermannzeitalter.

Die Macht der Bilder. Die Macht der Eindrücke. Imaginationen, innere Bilder, Vorstellungen – oft wiederholt und mit Gefühlen und Emotionen angereichert – werden allmählich »schwerer« und sinken herab ins

Grobstoffliche, bis sie sich materialisieren und zur Wirklichkeit werden. Ihre Schöpfer werden von diesen Wirklichkeiten eingeholt, sie verlieren sich darin, werden gefangen genommen.
So sieht es die uralte Weisheitslehre der Inder: Die Samskaras, die Masse der angesammelten Eindrücke, Neigungen, Vorstellungen, Wünsche und Begierden, sind wie Samen, die in den Schoß des nährenden Seinsbodens gesät werden. Es ist *Sanchita-Karma,* das darauf wartet, zu keimen und wie der sprossende Samen ans Licht zu treten. Plötzlich, unerwartet, »wie ein Dieb in der Nacht«, kommt es dann; schicksalhaft schlägt es zu. *Prarabdha-Karma* nennen die Weisen das sich gegenwärtig auswirkende Karma, das gereifte Karma, das sich wie ein abgeschossener Pfeil nicht wieder zurückholen lässt.
Der 11. September, amerikanisch kurz S11 genannt: Der abgeschossene Pfeil hat getroffen. Wann wurde er abgeschossen? War es damals, als die Atombombenabwürfe auf Hiroshima, auf Nagasaki ausgeheckt wurden? Waren es die – wahrscheinlich in jovialer Runde bei gutem Whisky und kubanischen Zigarren geplanten – Massaker von Little Bighorn? War es Vietnam oder der Feuersturm, der hunderttausend Flüchtlinge in Dresden verschlang oder anderswo? Wer weiß es, wer kann das sagen?
Bildzauber. Unsere »Welt« besteht aus Einbildungen, ineinander verwobene, materialisierte Einbildungen. Beispiel: Was sonst ist der elektronische Fluss vieler hunderter Billiarden virtueller Dollar, Yen oder Euro, von Börsen kanalisiert, die täglich um den Globus fließen? Besteht ihr Wert nicht in der schieren Einbildung? Maya – Täuschung, Illusion, Schein – nennen die Weisen, nannte Schopenhauer diese Wirklichkeit.

Mit erhobenem Stock treibt der Wahn
die Welten wie Herden vor sich her,
Wer, o Herr, so weiß wie Jasmin (Shiva),
vermag deine Maya zu durchschauen?
Mahadeviyakka, südindische Dichterin, 10. Jahrhundert

Passt auf mit den Bildern, die ihr euch macht! Sie fangen klein an, werden euch aber schließlich beherrschen. Sie werden zu Götzen. Macht also keine Bilder. Das lehrte der Prophet: Überlasst es Allah, dem Gnädigen, die Wirklichkeit zu schaffen, in der ihr lebt.
Diese Lehre haben die Koran-Schüler, die Taliban, todernst genommen und dennoch vollkommen falsch verstanden. Sie haben ihr Bild von

Allah und vom Islam zum Götzen gemacht. In Kabul nahm der Kulturminister der Taliban, Mullah Quadratullah Jamal, höchstpersönlich einen Vorschlaghammer in die Hand und zertrümmerte im afghanischen Nationalmuseum systematisch alles, was menschliche oder tierische Form hatte: wertvolle alte Buddhastatuen, eine 4000 Jahre alte Figur der großen indoarischen Göttin, baktrisch-griechische Skulpturen, Krüge, Reliefs. Die zwei turmhohen (53 m) Buddhastatuen von Barmian, einst von frommen Mönchen geschaffene Meisterwerke der Gandhara-Kunst, sprengten sie mit Panzerfäusten in die Luft.
Eigenartige Zusammenhänge tun sich da auf, die den mystischen Hintergrund des Weltgeschehens hindurchschimmern lassen: Zwei gigantische Buddhas im Osten zerfallen zu Staub, zwei gigantische Türme im Westen.

Im christlichen Mittelalter hatte jeder Tag nicht nur eine numerische Identität, sondern wurde auch nach einem Heiligen benannt und hatte Teil an dessen Charakter. Der 11. September gehört den beiden Märtyrern Felix und Regula; sie sind die Schutzpatrone der Stadt Zürich. Das Geschwisterpaar wird kopflos dargestellt. Sie wurden enthauptet und tragen ihre Köpfe in den Händen.

Man kann unmittelbar neben dem Ohr eines Hasen eine Pistole abfeuern. Das Tier reagiert nicht. Seine Instinkte sind auf einen derartig lauten Knall nicht programmiert. Es gibt Ereignisse, die übersteigen das menschliche Fassungsvermögen. Völkermord, Sklaverei, Weltkriege, ethnische Säuberungen und Massenvertreibungen – sie sind alle zu immens, als dass man sie mit dem rationellen Verstand und dem logischen Denken fassen, geschweige denn erklären könnte. Man findet keine Worte dafür. Die Deutungsversuche der Historiker und Kulturanalysten greifen gezwungenermaßen zu kurz. Oder sind nur zu haben zum Preis der entstellenden Vereinfachung, der ideologischen Reduktion.
War der 11. September 2001 so ein Ereignis? Vielleicht nicht. Vielleicht aber doch. Die kulturelle, symbolische Rekonstruktion des Ereignisses, von bestimmten Interessen – Ölpolitik, Rauschgifthandel, geopolitische

Machtspiele – gelenkt, macht es jedoch zu etwas so Gigantischem, als seien durch tektonische Spannung in Bewegung geratene geologische Platten aufeinander gestoßen.

Wir befanden uns gerade auf einer Kräuterwanderung im Berner Oberland. Mönch, Eiger und Jungfrau schienen wie eine göttliche Trinität über den Wolken zu schweben – weiß, majestätisch, ein Hauch von Himalaja und Ewigkeit. Das Piepsen eines Handys, ein Signal aus anderen Dimensionen, reißt uns aus unserer Meditation. Yvonne – sie ist wie ich US-Staatsbürger – antwortet, flüstert: *»Oh, my God «* und weint. Was ist? Tod, Unfall in der Familie? »Terroristen haben New York in die Luft gesprengt!«
Dieses Weinen hatte ich schon einmal gehört, so weinten die Leute damals, als bekannt gegeben wurde, dass Präsident Kennedy erschossen worden ist. Damals war ich Student im ersten Semester an der Ohio State University. So weinen die Unschuldigen, die Guten, wenn, unvorhersehbar, gnadenlos, aus dem schwarzen Nichts auftauchend, das Böse plötzlich zuschlägt. »Gott, wo warst du?« – schlagzeilte am folgenden Tag die »Bild»-Zeitung, die Gutmenschenzeitung.
Am Abend sahen wir es dann bei Yvonne im Fernsehen. Wieder und immer wieder wurde es gezeigt: das Flugzeug, wie ein Todesengel. Explodierende Türme. Feuerwolken, gespenstige weiße Staubwolken, in Panik fliehende Menschenmassen.
Der 11. September 2001. Was sonst noch an dem Tag geschah, aber nicht im Fernsehen gezeigt wurde: Wie jeden Tag wurden x-tausende Hektar Urwald abgeholzt. Zwanzig bis fünfzig Tier- und Pflanzenarten starben aus, viele noch gar nicht erforscht oder überhaupt bekannt, Pflanzen mit unbekannten Heilkräften. An diesem Tag verhungerten 36 615 Kinder in der Dritten Welt (nach Angaben der FAO).
Am nächsten Tag beim Guggisberg, ein Workshop über keltische Pflanzen und keltische Tradition. Die Teilnehmer – meist Zivilisationsgeschädigte, die der Erde, den Wurzeln nahe sein wollen – schlafen in Zelten und Tipis. Aber ein stürmischer Westwind treibt einen unfreundlichen eiskalten Regen daher, löscht die Feuer, lässt die Tipi-Stangen tropfen. Wir machen Puja; unter einem alten Baum rufen wir die Göttin an, die Hüter des Ortes, die Geister des Wetters; wir trommeln, singen, tanzen.

Die Stimmung lässt sich aber nicht heben. Auch auf Yedaki-Meister Eichhorns Windhorntöne reagieren die Wettergötter nicht. Noch immer fegt ein eisiger Wind über den Berg, die Schneefallgrenze sinkt, manchmal hagelt es.

Ich erinnere mich an die Worte meines Lehrers, des alten Bauernphilosophen Arthur Hermes. Die Natur ist nicht stumm, hatte er immer gesagt, sie ist nie bloß Gegenstand. »Die Elementarwesen, die in den Wolken und Winden wirken, reagieren auf unsere Stimmungen. Geballte Emotionen, besonders wenn sie von großen Menschenmassen getragen und geschürt werden, finden ihren Widerhall im Reich der Elemente. Ungewöhnliche Kälte im Sommer ist ein Spiegel des Menschenhasses.« Der alte Mann brachte die außerordentlich kalten Sommer nach dem Ersten und auch nach dem Zweiten Weltkrieg mit solchen Emotionen in Verbindung. Ähnliches sagen die Schamanen der Naturvölker, Ähnliches haben auch unsere altheidnischen Vorfahren gesagt: Wenn wir nicht nur mit dem Kopf, sondern mit unserer Seele mit den Pflanzen und Tieren reden, antworten sie. Das gilt auch fürs Wetter. Zauberer und Hexen besitzen Rituale beziehungsweise archaische Techniken, die es ermöglichen, mit den Wolkengeistern und Elementarwesen zu kommunizieren. Manch Sage und Märchen erinnert noch an die Hagelannen, Schauerbrüterinnen oder Wolkenschieberinnen, die den Regen herbeiriefen oder den Sonnenschein wiederbringen konnten.

Für den überzeugten Anhänger der naturwissenschaftlichen Methode der Wissensfindung ist das freilich Unsinn, bestenfalls kindisch-magisches Denken. Doch die ethnographische Forschung stößt immer wieder auf diese Praktiken. Ich selbst war skeptischer Zeuge solcher Rituale zur lokalen Wetterlenkung, und außer dem Rückgriff auf den schwachen Hilfsbegriff »Zufall« konnte ich mit dem Erfolg dieser magischen Handlungen nichts anfangen. Ähnlich erging es, gegen Anfang des 20. Jahrhunderts, dem britischen Ethnographen W. H. R. Rivers in Neuguinea. Er fragte die Eingeborenen, ob sie ein Regenritual aufführen würden. Nein, das dürften sie nicht, die Missionare hätten es ihnen verboten. Er erklärte ihnen, dieses eine Mal sei es noch erlaubt, und war anschließend verblüfft, dass sich tatsächlich ein heftiger Regenguss einstellte.

Nach dem verheerenden Anschlag der fanatisierten jungen arabischen Kamikaze-Flieger auf die beiden stolzen Türme und auf das Pentagon strahlte das Fernsehen wieder und immer wieder die apokalyptischen Bilder aus. Und alle schauten zu. Und alle waren entsetzt, empört, zutiefst erschrocken. In den USA war man es gewohnt, dass Kriege immer anderswo stattfinden. In Gottes eigenem Land, das nie Bombenteppiche und Flüchtlingselend erleben musste, war das der absolute Schock. Ein kollektiver Schock, der Wellen der Angst und Wellen des Hasses auslöste. Wie eine mächtige Stimme erhob sich der Ruf nach Vergeltung. Ja, da musste schon das Wetter reagieren!

Die Türme und das Pentagon: Es waren ja nicht nur irgendwelche Gebäude. Es waren Symbole der Macht, Markzeichen der Neuen Weltordnung, des *Novus Ordo Seclorum.* Das Pentagon, eine massive fünfeckige Konstruktion mit zehn unterirdischen Stockwerken, ist das militärische Zentrum der einzigen Weltmacht. Der Horst des Blitze schleudernden Adlers (das Wappentier ist auf jedem Dollarschein zu sehen): getroffen! Die Erbauer wussten, was sie taten, als sie das ominöse Gebäude errichteten; sie schöpften aus alten freimaurerischen Mysterienweisheiten. Ein Pentagon, wie auch der Drudenfuß oder das Pentagramm, ist ein magisches Siegel. Es dient als Abwehrzauber gegen dämonische Wesen. Mit dem Zeichen können die Kräfte der Elementargeister gebannt werden – die meisten von uns kennen es aus Goethes »Faust«. Nach Hans Biedermann scheint es vor allem ein manichäisches Zeichen gewesen zu sein. Bei den Manichäern, die die Schöpfung in ein Reich des Guten und ein Reich des Bösen teilen, bannt oder bindet das Fünfeck die fünf verdorbenen Elemente des »Königs der Finsternis«: Es bannt Dunkelheit, Rauch, bösen Wind, böses Feuer, böses Wasser (Biedermann, S. 340). Nun aber, am 11. September, wurde das Siegel gebrochen. Unerwartet, wie ein böser Wind aus dem Reich des Bösen, schlug das gekaperte Flugzeug ein. Wer waren die Täter? Sie konnten nur absolut böse sein!
Hohe Türme, alle natürlichen Maße übersteigende menschliche Konstruktionen, verkörpern Macht. Die Zwillingstürme – eine Zeitlang waren sie die höchsten Gebäude der Welt – verkörperten die Macht einer globalen Wirtschaft und symbolisieren die Auflösung antiquierter Normen, die dem Handel, der individuellen Konsumfreiheit und der Liberalisierung im Weg stehen. Wie Jachin und Boas, die beiden Säulen vor dem Tempel Salomons, wie zwei erhobene Schwurfinger, standen sie in Manhattan, der Zitadelle der Weltwirtschaft und des Kapitals. Vor ihnen die Freiheitsstatue mit der Fackel in der Hand.

Die titanischen Bauwerke haben aber auch eine andere Seite. Sprechen sie nicht auch von Hochmut und Hybris? Sie wenden sich ab vom feuchten, dunklen Erdboden, von der alles ernährenden, fruchtbaren Mutter Erde. Sie verkörpern den Willen, die Natur gefügig zu machen, ihre Schätze an sich reißen, Tiere, Bäume und Mineralien, ja auch die einfachen Menschen in ihren Griff zu bekommen, sie zu manipulieren und zu bloßen Dingen, zu austauschbaren Waren zu machen. Türme der Macht erniedrigen und demütigen die erdnahen, einfachen Kinder der Erde.

Solche Türme gab es immer wieder. Wer im christlichen Abendland aufgewachsen ist, denkt beim Anblick der einstürzenden Twin Towers unwillkürlich an den Turm von Babel. Für denjenigen, der sich in Mythen und Sagen auskennt, offenbart sich ein Archetypus. Immer wieder stößt man auf ähnliche Bilder, wo hehre Himmelsgötter – Indra, Zeus, Jupiter, Donar, Tanaris, Perun, Shiva – mit Blitz, Donnerkeil oder Feuerauge die stolzen Bauwerke übermütiger, arroganter Titanen zerschmettern.

Auch die Tarotkarte »Der Turm« kommt in den Sinn. Diese sechzehnte Karte des Orakels zeigt einen vom Blitzkeil, vom himmlischen Feuer, getroffenen Turm. Menschen stürzen aus den hohen Stockwerken, durch Rauchwolken hindurch, hinab auf die Erde. Mutter Erde – nun als Todesmutter, als zornige schwarze Kali – holt sie wieder zu sich. Die vierzackige Turmkrone fällt. Und die Vier ist nun einmal die Zahl der materiellen Welt, wie Sergius Golowin uns erinnert. Die Turmkrone diente nur der Verherrlichung der Macht und des Reichtums seiner Erbauer, jener von Titanen besessenen Macher, »die keiner höheren Idee fähig sind« (Bauer u. a., S. 346).

Türme, und zwar zwei Zwillingstürme, erscheinen auch auf einer anderen Tarotkarte, der Mondkarte. Ein Hund und ein Wolf bellen den Mond an, der goldenes Licht auf den Pfad wirft, der sich zwischen zwei Türmen hindurchwindet, die beiden Grenzpfosten der bekannten Welt, die Pforte hinein ins Unbekannte, in das Mystische, das Unerforschte (Montano, S. 58). Unheimlich wie Sphingen stehen sie da, sprechen von Traum, Illusion, Wahn, aber auch vom Durchbruch zu neuen Dimensionen.

Die Sterne: Am Tag nach dem Anschlag schaute ich mir mit dem Berner Astrologen Pier Hänni das Horoskop des Tages an. Nicht alte astrologische Tabellen durchstöberten wir, sondern wir schauten uns die Stellungen der Planeten und ihrer Konstellationen an, so wie sie tatsächlich von der Erde aus zu sehen sind. Die Sonne befand sich noch im Löwen; der abnehmenden Mond, gerade im 4. Viertel, durchquerte die Zwillinge; am Abend des Tages war aufsteigender Mondknoten (dabei wechselt der Mond von der Süd- zur Nordseite der Ekliptik); Luna stand in Opposition zu Mars; Merkur befand sich im Trigon zu Saturn. Also nichts Besonderes. Nichts, was auf Weltuntergang, Apokalypse oder auf die von Osten her anstürmenden Horden des Antichrist schließen lassen.

Aber in den Monaten zuvor hatten mich die Konstellationen beunruhigt. Meistens ist das so mit den kosmischen Phänomenen: Zwischen der Konstellation und der konkreten Materialisation der Einflüsse vergeht immer etwas Zeit. Der Himmel zeigt eher Zukünftiges als Gegenwärtiges an. So steht etwa die Sonne am Zenit zur Sommersonnenwende am 21. Juni, ihre Hitze aber kommt erst im August, in den Hundstagen, voll zur Geltung. Im Winter ist es umgekehrt: Zwar sind die Nächte am längsten in den Weihnachtstagen, aber die Kälte kommt erst richtig im Januar oder Anfang Februar.

In diesem Fall gab es tatsächlich recht starke Zeichen am Himmelszelt, die mögliche Zukunftsereignisse andeuteten. Den ganzen Sommer hindurch konnte man sie am Nachthimmel sehen. Mars, der aggressive Kriegsplanet, strahlte blutrot und bedrohlich aus dem tiefstgelegenen Tierkreisbild, aus dem Skorpion. Skorpion, der »gefallene Adler«, gilt als heimtückisch, grausam, leidenschaftlich kämpferisch. Wenn Mars sich im Skorpion befindet, kann eine explosiv geladene Situation entstehen. Die Aggressivität des Roten Planeten ist dann potenziert; sie hat eine fast plutonische Note. Aber nicht nur das. Vom 11. Mai bis zum 19. Juli war der Rote Planet im Skorpion rückläufig. Auch Pluto bewegte sich, ebenfalls im Skorpion, während der ganzen Periode rückläufig. Die anderen transsaturnischen Planeten, Uranus und Neptun, waren ebenfalls rückläufig. (Ein rückläufiger Planet bewegt sich in die entgegengesetzte Richtung seiner normalen Bahn. Das bedeutet, dass die positiven Aspekte des Planeten blockiert werden.)

Noch weiter zurück: Das Erscheinen des Kometen Hyakutake im Frühlingshimmel 1996. Für mich persönlich war es eine Andeutung von großem bevorstehendem Wandel auf dieser Erde. Die Astrophysiker hatten sein Erscheinen praktisch verschlafen. Ein Japaner namens Hyakutake – er galt als schwarzes Schaf seiner Familie, weil er, statt zu arbeiten, lieber den Sternenhimmel beobachtet – hatte ihn entdeckt. Wie eine Gottheit zog der sehr helle »Stern«, mit mächtigem Schweif am Nordstern, dem Ruhepol des großen *Revolutionibus,* der Nabe des Himmelsrades, vorbei. Wir konnten ihn gut sehen, da wir abgelegen, jenseits von Straßenlaternen und Autoscheinwerfern auf einem Berg wohnen. In der grell elektrifizierten Stadt, wie in der Zivilisation überhaupt, ist man in menschlichem Machwerk gefangen, sodass man die Fingerzeige der göttlichen Natur kaum mehr wahrnimmt. Staunen, aber auch eine seltsame Freude überkam meine Seele beim Anblick. Später erfuhr ich, dass man eine Umlaufzeit des Kometen auf 20 000 Jahre errechnet hat. Vor 20 000 Jahren war Europa eine eiszeitliche Tundra, und unsere Vorfahren, die den Kometen sahen, waren altsteinzeitliche Großwildjäger. In der Natur ist alles Kreislauf und Rhythmus. Hier schloss sich ein Kreis. Eine Zeitwende kündet sich an.

Wie ist das nun mit den astrologischen Konstellationen, mit den Zeichen am Himmel? Ist es das unentrinnbare Schicksal, das Fatum, das sich hier ankündigt und dem wir bedingungslos unterworfen sind?

Ganz so fatalistisch sahen es die Weisen älterer Kulturen nicht. Nur die unfreien, von Eigensucht, Gier, Hass und anderen Untugenden verblendeten Seelen werden vom Strudel der Ereignisse, von der Gewalt der Planeten überwältigt. Der reinherzige Mensch aber, als Ebenbild Gottes, ist frei – das sagte der weise Paracelsus –, und die Planeten beherrschen ihn nicht, er beherrscht die Planeten.

Was ich hier sage, klingt natürlich für diejenigen, die an die Alleingültigkeit der (wahrlich reduktionistischen) wissenschaftlichen Methode glauben, unmöglich. Ich berufe mich jedoch auf alte Weisheitstraditionen und, verallgemeinernd, auf Darstellungen der Visionäre traditioneller, naturverbundener Völker, so wie es in der ethnologischen Literatur festgehalten wird und wie ich es bei eigenen Feldforschungen erfahren konnte.

Nach indischer Auffassung deuten die Himmelskonstellationen lediglich an, was sich im Laufe der Äonen kollektiv karmisch aufgebaut hat und nun als Zukunft auf uns zukommt. Unsere kollektiven Taten ziehen Folgen nach sich, sie verlangen nach Ausgleich. Aber lange noch bleibt alles in der Schwebe, lange noch ist alles *Potentia,* eine mit unzähligen Möglichkeiten geschwängerte Leere. In traditionellen Kulturen spielten immer diejenigen eine wichtige Rolle, deren geistige Sinne so fein sind, dass sie das Zukommende hellsichtig wahrnehmen können. Das sind die Medizinleute der Indianer, die Ngangas Afrikas, die Schamanen Eurasiens und, bei den Kelten und Germanen, die weissagenden weisen Frauen, die Veledas. Die Seher und Stammesältesten berieten sich dann, wie man sich auf dieses Zukommende einstellen solle. Sie wussten, dass der Mensch gegenüber dem Schicksal eine gewisse Freiheit hat: Er kann sich so oder so entscheiden; er kann es bewusst aufnehmen, sich verstecken, blind reagieren, etwas daraus machen. »Alles ist möglich, nix ist fix«, singt der Wiener Liedermacher Rainhard Fendrich. Das ist übrigens auch der Kern der Lehre des Mönchs Siddharta Gautama, der dann Buddha genannt wurde: Erkenntnis ersetzt blindes Leiden, das aus dem über Jahrtausende hinweg angehäuften Karma entstehen kann.

Bei den australischen Ureinwohnern begaben sich die Männer immer wieder in Trance, um die »Traumzeit« auszuloten. Sie sahen ihre Rolle nicht darin, in der stofflichen Welt zu handeln, sondern darin, zum Gleichgewicht der natürlichen kreativen Kräfte auf der metaphysischen Ebene beizutragen. Es ist zu spät, auf etwas zu reagieren, was die stoffliche Welt bereits betreten hat. Robert Lawlor, Kenner der Aborigines, schreibt dazu: »Die Männer von heute werden nicht mehr initiiert und wissen nicht mehr um den Zugang zu tiefen Bewusstseinszuständen, in denen die vorstoffliche Welt wahrgenommen und beeinflusst werden kann. Statt dessen versuchen sie, die stoffliche Welt zu unterwerfen, indem sie konstruieren, regulieren, analysieren, kategorisieren, mechanisieren und andere verzweifelte Maßnahmen ergreifen, um die Natur – die Domäne der lebensspendenden, lebenserhaltenden allumfassenden Weiblichkeit – zu beherrschen.« (Lawlor, S. 194)

Damit haben wir übrigens auch das Geheimnis des Menschseins im Universum angedeutet: Der Mensch ist frei. Die Geistmächte, die sich auf Erden verkörpern wollen, müssen durch das Tor, das der kurze Augenblick der menschlichen Entscheidung darstellt. Der Mensch kann immer Ja oder Nein sagen. Ist einmal die Entscheidung gefallen, so nimmt das Schicksal seinen unerbittlichen Lauf. Dann eben kann der Mensch nur noch reagieren und manipulieren – so wie es heutzutage die meisten Politiker und Macher tun.

So gesehen entscheidet sich das Schicksal des Universums in der menschlichen Seele. Diese Seele ist das Schlachtfeld, in der Bhagavadgita *Kurukshetra* genannt, auf dem sich die tugendhaften Pandavas und die auf ihren eigenen Vorteil versessenen Kauravas waffenstarrend gegenüberstanden, nachdem der (geistig) blinde König Dhritarashtra das Königreich zwischen ihnen ungerecht aufgeteilt hatte. Hier auf diesem

Feld offenbarte sich Krishna – das höhere Selbst, der Gott des Universums, der Geber der Erleuchtung – dem zögernden, von Selbstzweifeln geplagten Pandava-Krieger Arjuna. Die als Streitwagenlenker erscheinende göttliche Inkarnation mahnte Arjuna, seine Zweifel fahren zu lassen und seine Pflicht *(Dharma)* als Krieger zu tun. Er ließ den edlen Bogenschützen – er steht stellvertretend für jeden Menschen – jedoch frei in seiner Entscheidung.
Nein, nicht die Götter oder Dämonen können den Menschen letztendlich zwingen. Sie betteln um seine Gunst. Gott selbst muss um Einlass bitten – als Christus klopft er an des Herzens Tür; und die »Teufel« versuchen, sich hineinzumogeln. Es ist dem Menschen freigestellt, wen er hineinlässt.
Der 11. September scheint so eine entscheidende Situation gewesen zu sein, wie die vor der Schlacht auf *Kurukshetra:* ein Brennpunkt des Karmas und zugleich ein Tor. Götter und Dämonen drängten mit Rat, Erklärungen und Anweisungen zu Taten und Reaktionen, drängten auf Rache, schürten Angst, rieten zur Besonnenheit. Entscheidungsträger trafen ihre Entscheidungen.
Ist einmal die Tür geöffnet, ist die Entscheidung gefallen, folgen die Taten, und neues Karma wird gesponnen.
Die Weisheitstraditionen aller Völker raten uns: Lasst euren blinden Eigenwillen – wer kann schon das Maya durchschauen? Gebt Krishna die Zügel des Wagens, mit dem ihr über das Schlachtfeld des Lebens fahrt; *Inshallah,* Allahs Wille geschehe; öffnet euer Herz, und lasst den lieben Heiland herein. Gebt euer niederes, ängstliches, pervertiertes, gehässiges, zwerghaftes, selbstsüchtiges Ego als Opfer an Gott, an Kali-Ma zum Fraß, hängt es ans Kreuz. »Dein Wille geschehe, nicht meiner.« Das Ego wird hingegeben; Gott braucht es, um sich auf der Erde zu manifestieren. Aber auch die Dämonen brauchen des Menschen Ego. Sie sind süchtig danach, wie Vampire nach Blut. Sie plustern es auf, füllen es mit Stolz und Grausamkeit. So können sie sich auf dem Erdenplan manifestieren, materialisieren: Wunderbare Belohnung verheißen sie demjenigen, der auf sie hört: Geld, geilen Sex, Macht, *Towers of Power;* ja, man kann sogar Bundeskanzler werden, Präsident oder vielverehrter »Heiliger«.

Präsident Schorsch Dabbeljuh hat sich entschieden. Gut gegen Böse. Das versteht jeder bibelfeste Amerikaner. Armageddon. Endkampf. »Es wird ein langer Kampf. Wir werden die Bösen, die Terroristen, ausrotten und auf der ganzen Welt jagen.« Keine Gnade. Keine Kompromisse mit der Achse der Bösen. Schaut, einige der rot gekleideten Teufel sitzen schon in Käfigen auf Guantanamo gefangen.

Islamische Fundamentalisten haben sich entschieden. Im Namen Gottes, Kampf den Ungläubigen, Kampf dem »Satan«, der sich in den USA und Israel verkörpert.

Wie ihre Feinde sind auch sie Puristen, die keinen Kompromiss eingehen. Die Minarettbauer haben sich, auf ihre Art und Weise, ebenso weit von der Erde entfernt wie die Errichter erd-entrückter Türme aus Stahl, Glas und Zement. Sie sind abgeschnitten vom weiblichen Geist der Erde und von der heilsamen Inspiration, die von dem feuchten Erdboden ausgehen, von den Pflanzen und Bäumen, den Seen und Flüssen und den Tieren, in denen sich die Seele der Erde verkörpert. Auch hier wird von Türmen aus ein abstrakter Geist angerufen. Was in den staubigen Wüsten Arabiens tatsächlich noch die heilige Stimme eines magischen, durchlichteten Landes ist, wird in den zwangsbekehrten Ländern wie Indonesien, Pakistan, Schwarzafrika oder Bangladesch zur Abstraktion. Darauf hat der Schriftsteller und Nobelpreisträger V. S. Naipaul hingewiesen. Um die uralte Stimme dieser Länder zum Schweigen zu bringen, werden die Zeugen erdnäherer heidnischer, animistischer Kulte zerstört und alte vorislamische Bräuche verboten. So wird in Pakistan den Kindern das Drachensteigenlassen verboten, denn es erinnert an ein altes hinduistisches Frühlingsfest. Es ist geistiger Kolonialismus, wenn zum Beispiel die Konvertierten die kulturellen Zeugnisse ihrer Vorfahren zertrümmern und, derweil sie sich betend in Richtung einer fernen Wüstenstadt verneigen, das eigene Land und die Fülle der sie umgebenden Natur verachten. Im Kabuler Zoo schlugen und quälten die Fundamentalisten die gefangenen Wildschweine – einst die heiligen Tiere der Großen Göttin –, »weil sie unreine Tiere sind«. Abgeschnitten von der weiblichen Erde: Vielleicht deswegen drangsalieren und unterdrücken die Fundamentalisten die Frauen.

Naipaul weist darauf hin, dass der Fundamentalismus besonders in den neukonvertierten Ländern seine giftigen Blüten treibt und fanatisierte Anhänger findet. Alles Vorhergehende, mit den Geistern und Gottheiten der unmittelbaren Umwelt Verbundene, wird gelöscht. Mit Argusaugen wird gewacht, dass es nicht wiederkommt. So wurden meine Frau und ich vor einigen Jahren von der Geheimpolizei in Bangladesch bei der Durchreise verhaftet und verhört. Da wir uns nach langem Indienaufenthalt indisch gekleidet hatten, bestand der Verdacht, dass wir Krishna-Anhänger sein könnten und zum Wiederaufleben des eben überwundenen heidnischen – so genannten satanischen – Irrglaubens beitragen könnten. Wir vermochten die Beamten aber zu beruhigen, dass wir keine Hare-Krishna-Devotees oder ISKCON-Agenten sind. Wo die Fundamentalisten herrschen, gehen Hindutempel ebenso wie christliche Kirchen in Flammen auf.

All das ist spiritueller Faschismus, kulturelle Monokultur. Aber auch die »freie westliche Wertegemeinschaft« ist nicht immun. Auch hier macht sich ein absoluter Alleingültigkeitsanspruch bemerkbar. Besonders die Amerikaner sehen ihre Werte als universal gültig an. Bewusst wurde mir das, als ich 1967 als junger Universitätsdozent an der jährlichen internationalen Anthropological Conference teilnahm, die damals im Hilton in Washington, D. C., abgehalten wurde. Die berühmte Kulturanthropologin Margaret Mead zog, im langen weißen Gewand, mit einem gegabelten Stock in der Hand und von einer ergebenen Anhängerschar umringt, wie eine Prophetin durch die Hallen des Superhotels. Die Botschaft, die sie predigte: Die ganze Welt soll englisch sprechen, dann wird es keine Missverständnisse mehr geben; die Rassen sollen sich mischen, dann wird es keinen Rassismus mehr geben; keine Religionen, nur liberale Wissenschaft, dann gibt es keine Religionskriege. Gleiche Gesetze, gleiche Kultur für alle auf dem Raumschiff Terra! Eine Charta für *One World* und globale McDonaldisierung!

Tut mir Leid, Margaret. Aber ich mag diese Gleichschaltung ebenso wenig wie jeden anderen puritanischen Fundamentalismus. Ich mag keine Massentierhaltung und keine durch Giftchemie oder Genmanipulierung geschützten Monokulturen in der Landwirtschaft. Das gilt für die menschliche Kultur wie auch für die Natur: Bunte Blumenwiesen erfreuen mehr als eintöniger Kunstrasen. Unsere Seele braucht die Vielfalt, so wie sie uns die göttliche Natur geschenkt hat. Und wir brauchen auch die vielen Ausdrucksmöglichkeiten der vielen Sprachen – jede mit eigenen Nuancen, eigener Poesie, eigenem Blick auf die Welt –, ebenso wie wir die verschiedenen Lebensweisen vieler natürlich gewachsener menschlicher Kulturen brauchen.

Und so haben wir die Situation, dass zwei absolutistische, monomane Weltanschauungen aufeinander prallen, wobei jede Seite von der eigenen Güte und von der Boshaftigkeit der anderen Seite absolut überzeugt ist. These und Antithese. Die indische Mythologie fasst es in Bilder: Um aus dem Urozean, dem Milchmeer, den Trank der Unsterblichkeit herauszubuttern, nahmen die Götter und Dämonen den Weltenberg als Quirl und die Weltenschlange als Strick. Hin und her zogen die unerbittlichen Gegner das Seil im grimmigen Wettstreit. Zuerst brodelte das universelle Gift hervor, das die gesamte Schöpfung zu zerstören drohte, aber Shiva, der Gott der Götter und der Dämonen, trank es bis auf den letzten Tropfen, aus Gnade. Dann kam die nährende Urkuh aus den Tiefen hervor; es kamen die wunderbaren Reittiere der Götter, der Baum des Lebens, die himmlischen Jungfrauen, der Mond, der Götterarzt, der den Menschen den Ayurveda brachte, und schließlich der Unsterblichkeitsnektar, den die Götter den Dämonen vorenthielten.

Wieder einmal quirlen die *Devas* und *Asuras,* die Götter und die Dämonen, das Urmeer. Mal sehen, was sie diesmal herausquirlen. Ist es Gift, so möge es Shiva, der Freundliche, oder der gute Heiland austrinken.

Die Türme versinnbildlichen *civitas* (lat. = Stadt, Zitadelle). Sie stehen für Mauern, für Labors, für die Kontrolle, die Sicherheit, die Unterordnung unter Systeme. Sie stehen gegen die wilde Natur, von der Carl Djerassi, der Erfinder der Antibabypille, in einem Zeitungsinterview kürzlich sagte: »Alles Natürliche gilt hier (in Deutschland) automatisch als gut, obwohl die Natur im Großen und Ganzen das Gefährlichste überhaupt ist. Die Vorgänge in der Natur liegen außerhalb der menschlichen Kontrolle.«

Die Türme stehen für künstliche Machenschaften, die uns von wahrer Einsicht, von der Erleuchtung unseres Wesens ablenken. Die entfremdeten Zivilisierten haben Angst vor dem Dunkel der Nacht, weil es so dunkel in ihrer Seele ist. Doch erst wenn die grellen Straßenlaternen, die Halogenleuchten, die Lichtreklamen abgestellt sind, kann man die ewigen Sterne sehen. Wer die Sterne sieht, Nacht für Nacht, weiß, dass es eine kosmische Harmonie gibt, jenseits menschlicher Machwerke. Der Gärtner, Hirte oder der naturnahe Eingeborene schaut die Rhythmen des Himmels und die damit verbundenen synchronischen Veränderungen der Jahreszeiten, der Blüte- und Reifezeiten der Vegetation, der Wanderbewegungen des Wildes und der Tiere, der Winde und des Wetters. Das ist so stark, das ist so überwältigend, wie kann man da nicht mehr an die Götter glauben? Was gibt es da zu manipulieren, zu machen, zu korrigieren? Hat da nicht der weise Lao Tse noch immer Recht, wenn er sagt, im 55. Vers des Tao Te King (Übersetzung von Ernst Schwarz):

Unheil aber droht dem, der Leben fördern will mit Gewalt,
nicht gewaltig, gewalttätig nenne ich den Geist,
der zwingen will die Kräfte des Lebens.
Die Kraft missbrauchen bringt Verfall
Das heißt: dem Tao (der Natur) zuwiderhandeln.
Wer ihm zuwiderhandelt, endet früh.

Der 11. September – ein Menetekel, eine Warnung an die Erdentfremdeten, die Fanatiker, die Intoleranten, an die Genmanipulierer, die Massentierhalter, die Mitwelt zerstörenden Konsumenten und auch an die Macher, die im Namen eines an Hybris grenzenden, egoistischen Humanismus die Erde sich untertan machen und ausplündern. Kehren wir also wieder zur heiligen Erde zurück, zur Einfachheit. Halten wir uns an den weisen Lao Tse (19. Vers):

Schafft ab die Heiligkeit, verwerft die Klugheit –
die Menschen werden hundertfach gewinnen.
Schafft ab die Güte, verwerft die Rechtschaffenheit – die Menschen
werden wieder einander lieben.
Schafft ab die Geschicklichkeit, verwerft die Gewinnsucht –
keine Diebe und Räuber wird es mehr geben. Denn all das ist Schmuck
und taugt doch nichts.
Darum lehrt die Leute: Zum Schlichten und Echten zurückkehren,
wenig wollen, nicht viel begehren.

Gut gegen Böse. Jeder hat Recht. Auge um Auge, Zahn um Zahn. Dazu sagte Mahatma Gandhi: »Wenn das so weitergeht, dann wird es bald nur noch Blinde und Zahnlose geben.«

Literatur

Wolfgang Bauer/Irmtraud Dümotz/Sergius Golowin/Herbert Röttgen: Lexikon der Symbole. Fourier, Wiesbaden 1980.

Hans Biedermann: Knaurs Lexikon der Symbole. Droemer Knaur, München 1998.

Robert Lawlor: Am Anfang war der Traum. Die Kulturgeschichte der Aborigines. Droemer Knaur, München 1993.

Mario Montano: Tarot – Spiegel des Lebens. Urania, Neuhausen 1984.

V. S. Naipaul: »Ich kämpfe gegen das Dunkel«, in: Der Spiegel, Nr. 50 (10.12.2001).

Ernst Schwarz (Hrsg.): Laudse – Daudedsching. Reclam, Leipzig 1978.

Claudia von Werlhof
Go West End

Das Bild: Der Zusammenbruch des Scheins. Die Schwäche
Wie vielen anderen, so kam auch mir der Anblick der brennenden und zusammenstürzenden Türme von New York so unwirklich und unwahr(scheinlich) vor wie ein filmisches Machwerk der Horrorklasse aus Hollywood. So erschien die Realität als Schein, während uns sonst der Schein der Hochhauswelt immer als reales Sein erschien – wie eine »dritte« Natur, die der »ersten«, ursprünglichen Natur in keiner Hinsicht mehr bedarf. Dennoch ist die Existenz von Hochhäusern, die mehrere hundert Meter in den Himmel ragen, ja eher unwahr(scheinlich) als wahr(scheinlich). Das eher Wahrscheinliche, nämlich die Nichtexistenz derartiger Hochhäuser, war nun plötzlich wieder real geworden. Die Metaphysik der Luftschlösser, der gesellschaftliche Weg nach oben, das gnostische Streben weg von der Welt und ihren »Schranken«, diese religiöse Architektur, eine abstrakte Kunstwelt fern des sie umgebenden Lebens, abgeschottet gegen die Außenwelt, kam zurück auf ihren Grund – keinen Grund, wie sich *Ground Zero* übersetzen lässt. Die Hybris, der »Hoch«Mut oder der »Über«Mut der frevelhaften Selbstüberhebung, endete im Sturz ins Bodenlose, im fast sekundenschnellen Zusammenbruch des ganzen Hauses, eins nach dem anderen – als hätte es sie nie gegeben, nie geben können.
Der Erhebung folgt der Sturz, der Erhabenheit die Niederung, der Überheblichkeit die Erniedrigung. Bäume wachsen nicht in den Himmel, warum also Hochhäuser? Das Wachstum hat ein Ende. Nach der Höhe kehrt es zurück zum Boden der Realität. Die Als-ob-Zivilisation der Überwindung der irdischen Lebensbedingungen hat sich als schwach erwiesen. Sie hat dem Angriff mit ihren eigenen Mitteln, denen der Hightech, der »Hoch«-Technik, nicht standgehalten, und zwar zur Gänze.

Die »weisen Frauen« saßen auch in Türmen, wenn auch solchen, die in ihrer Höhe nicht wesentlich das Längenwachstum des weiblichen Haares überschritten – wie im Märchen von Rapunzel. Diese Türme dienten der Meditation und dem erkennenden Blick in die Umgebung. Sie waren sozusagen Ersatzhügel oder -bäume. Die späteren Türme, von dem zu

Babel bis zu den Twin Towers hatten wohl eher phallische Bedeutungen, und ihr Fall wird dementsprechend als Kastration erlebt.

Es gibt keinen ökonomischen Grund, der den Hochhausbau über sechs Stockwerke auf die Dauer rechtfertigen würde, sagen Architekten.

Die Sprache des Bildes: Das Ereignis als Spiegel

Es ist bis heute nicht erwiesen, wer wirklich hinter den Attentaten auf die Türme stand. Ich habe mich allerdings von Anfang an darüber gewundert, dass alle so taten, als wüssten sie es. Vielleicht werden wir es nie erfahren, obwohl inzwischen so viel Material zusammengetragen worden ist, dass die bisher öffentlich vertretene These dazu höchstwahrscheinlich falsch ist (vgl. Lattorf). Es ist dies für die hier geübte Betrachtungsweise aber nicht (so) wesentlich. Dies gilt auch für das Argument, dass die Türme von New York ja nicht von allein zusammenfielen, sondern mutwillig durch einen Terrorakt zerstört wurden. All dies ändert das Bild nicht und auch nicht die Sprache des Bildes im übertragenen Sinne, die Spiegel-Bilder und Metaphern, die das Bild evoziert.

Sehen wir das Ereignis als Spiegel, dann merken wir, dass die Spiegel-Bilder sich auf die Gegenwart, auf die Vergangenheit, aber auch auf die Zukunft richten. Eigentlich sind sie Bilder der Gleichzeitigkeit, die ineinander umschlagen. So ergeben sie am Ende ein einziges Bild mit vielen Seiten, ein drei-, wenn nicht vierdimensionales, das die Zeit mit einschließt. Wir sind aufgefordert, dieses »Gesamtbild« zu umrunden: das des Kommenden, das des Zurückkommenden, wie das des Parallelen – und das des alles miteinander Verbindenden, des Analogen.

Was bedeuteten die Twin Towers des World Trade Center (WTC), des Welthandelszentrums für New York und Amerika? Suggerierten sie nicht eine Welt-Macht, die Macht über die Welt, die Kontrolle von oben über alles da unten – *top down?* Und nun ist die Macht wirklich heruntergekommen.

Was ist New York ohne seine Wahrzeichen? Ist der Einsturz der Wahrzeichen auch das Ende des Wahren oder scheinbar Wahren, der falschen Wahrheit? Das Bild der Wahrheit kommt abhanden. Es ist plötzlich verschwunden. Das Zeichen oder Symbol dieser Wahrheit entpuppt sich auf einmal als das, was ein Symbol auch ist, nämlich eine Lüge. Es gibt eine

Apokalypse, also eine Enthüllung. Sie besagt, dass die Stabilität der Gebäude nicht gegeben war. Was ist noch alles instabil?

Also ist das Bild auch ein Menetekel, ein geheimnisvolles Anzeichen drohender Gefahr, eine Warnung, die auf die Möglichkeit weiterer Katastrophen verweist und Angst und Unsicherheit verbreitet. Was wird noch alles untergehen und zusammenbrechen? Was wird sich noch als schwach erweisen? Ist das Ereignis nur die Vorwegnahme dessen, was noch kommt? Ein Bild der Zukunft tut sich auf. Begann mit dem GAU von Tschernobyl nicht auch das Ende der Sowjetunion? Ist »Tscherno-York« auf dem Weg zu einem »GAUmerika«?

Auch beim Erdbeben in Mexiko-Stadt 1985 stürzten vorzugsweise die Hochhäuser ein. Die Leute deuteten es als Orakel: »Die Erde hat sie von sich geschüttelt!« Oder: »Die Erde mag den Fortschritt nicht!« Damals war es eine Naturkatastrophe, heute war es eine menschengemachte Katastrophe. Aber auf das Beben der Natur folgte auch etwas, nämlich ein »Sozialbeben«. Es begann in der Stadt mit der Devise: »Wir wollen nicht zur Normalität zurückkehren!« Wenig später folgte eines auf dem Lande – nämlich in Chiapas –, ein Beben, das bis heute andauert und bereits die gesamte Nation, ja auch sehr viele Menschen darüber hinaus erschüttert und verändert hat (vgl. Midnight Notes).

Karl Marx hat einmal sinngemäß gesagt, dass die »Weltrevolution« auf jeden Fall die USA umfassen, wenn nicht gar dort beginnen müsse, um überhaupt eine zu werden. Aber auch unabhängig von Marx' Begriff der Revolution, die »Emplosion« – so nenne ich die gleichzeitige Ex- und Implosion – des Symbols des Systems, könnte auch das System selbst treffen. Das wäre dann so, als handle es sich um eine Art schwarzmagischen Vorgang wie die *»selffulfilling prophecy«* der Hollywood-Produktionen, die auf einmal aus der Illusion in die Wirklichkeit treten, so wie Frankenstein heute auch nicht mehr bloße Fantasie zu bleiben droht.

Wenn die Seele und Herzen der Amerikaner so sehr an den Türmen gehangen haben, sind sie dann auch mit ihnen zerborsten? Der amerikanische Traum ausgeträumt? Die Karte »Der Turm« im Tarot bedeutet: »Die Zerstörung durch den Sieg der Gegenströmung ... (Es ist ein) Turm, in den der Blitz eingeschlagen hat und aus dessen Fenstern gekrönte

Gestalten springen« (vgl. Szepes/Charon, S. 117). Die »Gegenströmung«, so zeigt das Bild des Ereignisses, kam zwar »von außen«, aber das »Außen« ist sehr relativ, es kann in Wirklichkeit auch oder überhaupt ein Innen sein. Und wo aus den Fenstern der New Yorker Türme tatsächlich verzweifelte Menschen gesprungen sind, dann waren sie zwar keine Gekrönten – denn um diese frühe Morgenstunde waren die Bosse noch nicht da, und es handelte sich daher im Wesentlichen um das »Servicepersonal«, die Sekretärinnen, Putzfrauen, Kellner, Köche und andere Bedienstete der Hochhauswelt –, aber wer sagt den wirklich gekrönten Häuptern, dass sie nicht bald folgen werden?

So ergänzt sich das Bild zum »West-End«, dem womöglichen Nieder- oder gar »Unter«-Gang des Westens, dem eventuellen Anfang vom Ende, dem *»death of the west«*, wie es der ultrakonservative Pat Buchanan in den USA befürchtet. Dies wäre der Fall, wenn der Spiegel des Ereignisses die Zeit des Bumerangs ankündigte: Wer Terror sät, wird ihn ernten. Und es ist nicht Arabien, das den Terror erfunden hat. So wird man womöglich immer schneller eingeholt von den eigenen Untaten, die in und zu sich selbst zurückkehren und umschlagen von Gewalt in Gegengewalt in Gegengewalt in Gewalt – so wie in den Computergroßanlagen, den so genannten »Expertensystemen« der Hightechindustrie es schon vorgekommen ist, dass die duale Grundoperation der Computerei, nämlich die Unterscheidung zwischen 0 und 1 vom und im System selbst umgekehrt wurde (vgl. Kidder). Wenn 0=1 werden kann, ist das das grundsätzliche Ende dieser Technologie ...

Es hilft auch nicht mehr das so lange praktizierte »go west«. Fluchtbewegungen anderer Art scheiden ebenfalls aus. Die so genannte Globalisierung hat den Rundgang um die Erde längst vollendet, weshalb sie ihren Namen trägt. Das Ende des Globus ist erreicht und damit letztlich auch die Grenze der Globalisierung – *»go west end«*.

Es ist merkwürdig, aber der Militärputsch des Diktators Pinochet mit Hilfe der USA gegen den Demokraten Allende in Chile geschah auch an einem 11. September, und zwar achtundzwanzig Jahre zuvor, 1973, also nach genau einem Saturn-Jahr, wie Astrologen sagen würden. Was nimmt da erneut Gestalt an? Was wiederholt sich da? Geht der Weg von dem US-organisierten Putsch in Chile zum Putsch zu Hause? Wenn man sieht, was aufgrund des 11. September 2001 schon alles in Gang gesetzt und gerechtfertigt wurde – Krieg in Afghanistan, Ankündigung weiterer Kriege, Erhöhung der Militärausgaben, Bestellung von dreitausend Superkampfbombern bei der Firma Lockheed, Abschaffung demokratischer Rechte in den USA, Beseitigung des Rechtsstaats und der Menschenrechte zum Beispiel in Guantanamo, willkürliche Verhaftungen, Lauschangriff und Terror gegenüber der eigenen Bevölkerung –, da muss man sagen: Ja. Eine der größten Demokratien der Welt ist auf dem Weg in einen neuen Totalitarismus, ohne dass die übrigen Demokratien der Welt bisher viel dagegen unternehmen würden. Jedenfalls wird von den USA längst ein globales Gewaltmonopol beansprucht: das bisher unerhörte »Recht«, überall in der Welt Terror und Krieg im »Kampf gegen den Terror« ausüben zu dürfen.

Bild-Folge(n)

Was folgt aus der Logik des Bildes? Bisher folgen ihr real der Krieg, das Zurückschlagen gegen jemanden, den es so gar nicht gibt, das Umsichschlagen und der »Sicherheitsstaat«, also der Polizeistaat. Damit wird die Schwäche, die das unmittelbare Bild des Zusammenbruchs der Türme gezeigt hat, lediglich fortgesetzt. Die Schwäche, so zeigt sich, ist nicht bloß die der Architektur, die dem Ansturm der Flugzeuge nicht gewachsen war. Sondern die Schwäche besteht in der ausschließlichen Selbstbezüglichkeit der Amerikaner, die regieren. Sie treten auf, wie es im Westen in der Neuzeit üblich ist: als gepanzerte, »egologische« Individuen, die nicht mehr mit sich und der Welt, geschweige denn der Natur verbunden sind und daher aus dem Leben und der Gemeinschaft auch keine Stärke beziehen können. Sie haben sich von diesen Quellen abgeschnitten und stattdessen ihre Bewaffnung vorgezogen, und so bilden sie sich ihre Stärke bloß ein, weil sie ihnen die Sicherheit zu geben scheint, den Weg des rambohaften Helden weitergehen zu können (vgl. Keller). Sie halten sich – wie gut wir das doch selbst kennen! – für Auserwählte, möglichst noch von Gottes Gnaden, für eine Elite, vor der alles andere zu weichen und der sich alles andere zu unterwerfen hat. Sie kehren die Siedler- und Kolonialistenmentalität des »Wer nicht für uns ist, ist gegen uns!« hervor und wenden sie nun auf die ganze Welt an: Wir werden alle zu Indianern! Sie nehmen ihr Unglück – wenn sie es denn als ein solches betrachten – als Rechtfertigung, um noch weit mehr Unglück überall anzurichten. Ihre Gier und Wut sind stark, aber ihr Geist und ihre Seele sind schwach. Daher wird diese Haltung nur die Nemesis, die vergeltende Gerechtigkeit, auf den Plan rufen – so lange, bis sie verstehen müssen (Hardt/Negri).

Denn sie haben die Botschaft nicht verstanden. Sie lautet: a) Was du nicht willst, dass man dir tu, das füg auch keinem anderen zu. Aber auch b) Was du nicht willst, dass man dir tu, das lass nicht zu!

Das Bild des Ereignisses vom 11. September entwickelt seine eigene Dynamik von Folgebildern, sozusagen eine Bildergeschichte, wenn man nicht versucht wegzusehen. Dem Sturz und dem Fall folgt das Zugrundegehen, das Niedergeschlagen-Sein. Alles ist wieder dem Erdboden gleich. Alles steht still. Noch ist es rauchverhangen und vernebelt. Weit kann man nicht sehen. Aber dann verzieht sich der Rauch, der Untergrund wird sichtbar, die Luft wird wieder klar, und der Blick hebt sich nach oben und schweift in alle Richtungen – wie es die Vögel tun, die jetzt dort fliegen können, wo vorher Mauern waren. In diesem Moment des sich Umsehens, des sich Umdrehens ist die »Kehre« erreicht. Die Krise, die Entscheidung oder entscheidende Wendung, muss vollzogen werden. Der Wendepunkt der Bewegung löst das Umkippen in die Gegenbewegung aus. Wo sich etwas verändert hat, erkennt man es erst. Der Blick wird frei. Man sieht nun, was wirklich der Fall war. Sehen wird zum Erkennen, zum »Sehen«. Wer in den Spiegel schaut und sich dann umsieht, verbindet sich, gibt den Selbstbezug auf, das elitäre Bewusstsein, den Panzer und das ICH. Nur auf diese Weise kann die Schwäche, mit der man konfrontiert wurde, in Stärke verwandelt werden. Die »Gemeinschaft mit Menschen« (I Ging, Nummer 13), aber auch die mit umgebender Natur, der Erde, auf der man sich befindet, steht nun an. Die Erhebung nach dem Fall – und das ist die eigentliche Logik des Bildes – kann ja unmöglich erneut in der Hybris bestehen, aus der man gerade gefallen ist. Deshalb ist die Konsequenz aus den Ereignissen die Katharsis, die Reinigung, in diesem Fall von gepanzerter Selbstüberheblichkeit und Blindheit gegenüber dem eigenen Wirken – unter anderem im Rest der Welt. Es ist die Chance zum Umkehren, zum Ende der Rücksichtslosigkeit, zum Ergreifen der Alternativen. Der Wahn, nur mit sich selbst und nichts mit der Welt zu tun zu haben, die Naivität, nicht beteiligt zu sein, und die Borniertheit der Reduktion auf so genannte Eigeninteressen können, ja müssen nun (auf)weichen. Eben das war bei vielen

Amerikanern und speziell New Yorkern nach der Katastrophe offensichtlich auch schon der Fall. Die Wendung vom Erschrecken zur Klarheit und von der Wut auf die Täter und angeblichen Hintermänner zum Ins-Visier-Nehmen der Mächtigen, mit denen man sich eins wähnte wie Unmündige, kann sich ereignen.

Mitgefangen – mitgehangen? Wenn das ein Ende haben soll, dann wird mehr wegzuschaufeln sein als der Schutt der Türme. Denn der Terror kommt aus der Konkurrenz und nicht aus dem Widerstand. Er ist systemimmanent (vgl. Virilio/Lotringer).

Wer seinen Hinterhof fegt, macht keinen Krieg. So wenden sich die Menschen in der Krise um zu den wirklich Verantwortlichen und werden erwachsen, indem sie sich ihre Eigenmächtigkeit wieder zurückholen und damit die »Gemeinschaft mit Menschen« wieder oder überhaupt aufbauen. So gelangen sie von Schmerz und Trauer über Angst und Wut wieder zur Liebe zueinander und zur Welt. Sie gewinnen ihre Stärke wieder. Das kann dauern. Aber es ist nicht aufzuhalten. Es ist irreversibel.

Wird der Wiederaufbau von Ground Zero Türme für die weisen Frauen von New York bereitstellen? Die Folgen sind immer ganz anders als der Plan – und der sieht zweifellos die Rückkehr zur »Normalität« vor ...

Sieht WTC, übrigens, nicht beinahe so aus wie WTO?

Literatur

I Ging: Das Buch der Wandlungen, jede Ausgabe.

Michael Hardt/Antonio Negri: Empire. Cambridge, Mass. 2000.

Catherine Keller: Der Ich-Wahn. Zürich 1989.

Tracy Kidder: Die Seele einer neuen Maschine. Basel 1982.

Ottmar Lattorf (Hg.): Terrorismus, Öl und die geheime Außenpolitik der USA. Oder: Was steckt wirklich hinter den Anschlägen vom 11.9. und dem Krieg gegen den Terrorismus? (Selbstverlag) Köln 2001.

Midnight Notes: Auroras of the Zapatistas. Local and global Struggles of the 4th World War. New York 2001.

Mária Szepes/W. Charon: Die geheimen Lehren des Abendlandes. München 2001.

Paul Virilio und Sylvère Lotringer: Der reine Krieg. Berlin 1984.

Hajo Banzhaf
Die Türme der anderen

Die sechzehnte Karte des Tarot

Gewiss hat so mancher, der die Tarotkarten kennt, beim Einsturz der Twin Towers die Karte *Der Turm* vor Augen gehabt. Und wann immer irgendwo ein Turm einstürzt, denken wir unwillkürlich an den Turm von Babylon. Doch dieser ist niemals eingestürzt. Sein Bau wurde aufgegeben und somit einfach nie vollendet.
Der Turm von Babel ging als das Symbol des Größenwahns schlechthin in die Geschichte ein – obwohl er ganz anders gemeint war. Im Unterschied zur gängigen Interpretation, dass sie einen Turm bis in den Himmel bauen wollten, ging es den Astralpriestern Babylons vielmehr darum, einen Tempel nach himmlischem Bauplan zu errichten, ein Heiligtum zu Ehren ihrer Götter. Ein anmaßender Frevel war das nur in den Augen der Nachbarn, des Volkes Israel. Es sind nun einmal immer nur die Türme der anderen, die zum Sinnbild der Hoffart werden. Bei den

Der »Turm« im Rider-Tarot

eigenen Türmen ist man nicht nur gnädiger, sondern hält schnell eine positive, durchaus fromme Erklärung bereit.

Nicht anders geschah es beim Einsturz der Türme in New York. War es nicht geradezu beängstigend, wie viele Menschen trotz all der Schrecken nicht nur insgeheim dachten: »Das haben sie davon!« oder sogar: »Geschieht ihnen recht, den Amerikanern!«? Sofort machten alle Besserwisser mobil und boten simple Erklärungen an, was die Amerikaner aus dieser Katastrophe zu lernen hätten. Bei den eingestürzten Türmen der anderen ist man damit immer schnell zur Hand.

Die zweiundzwanzig Trumpfkarten des Tarot, die wir heute Große Arkana nennen, sind spätestens seit dem frühen 15. Jahrhundert bekannt. Während einige Karten ihren Namen von Anfang an beibehielten, war die Bezeichnung der sechzehnten Karte, des *Turms,* sehr wechselhaft. Man nannte die *Turm*-Karte »Blitz«, »Feuer«, »Haus des Teufels«, »Haus der Verdammten«, »Hölle« aber auch »Haus Gottes«, ein Name, der sich bis heute in den als klassisch geltenden Karten des Tarot von Marseille erhalten hat. Genau genommen heißt die sechzehnte Karte dort »La Maison Dieu«, also »Das Haus Gott« – und nicht »Das Haus Gottes«. Darin könnte ein Hinweis liegen, dass der Zusammenbruch unvermeidlich ist, wenn das Haus, also die Materie, selbst als Gott verehrt wird oder wenn der Glaube tot ist und nur noch die leere Form zurückbleibt.

In den sich scheinbar ausschließenden Namen »Haus Gottes« und »Haus des Teufels« spürt man aber auch, dass das Heiligtum des einen in den Augen des anderen, zumal des Nachbarn, reines Teufelswerk sein kann. Diese Nähe findet sich auch im lateinischen Wort sacer, das sowohl »heilig« als auch »verflucht« bedeuten kann.

Im Mittelalter hatte man besonders in nichtkirchlichen Kreisen eine sichere Erklärung für ein sonst schwer zu verstehendes Phänomen: »Warum schlägt der Blitz mit Vorliebe in Kirchtürme ein? Warum ist Gott nicht willens oder in der Lage, seine eigenen Häuser zu schützen?« Die Antwort war leicht: »Weil sie dem verkehrten Gott geweiht sind!« Es ist immer das Gleiche. Wenn die Türme der anderen einstürzen, wissen wir sofort, wo deren Fehler liegen und warum sie es nicht besser verdient haben.

Die Karte *Der Turm* symbolisiert auch widrige, harsche und unmenschliche Grenzen, die das Leben im Inneren ersticken und jedes Eindringen

von außen abwehren. Dabei kann es sich um Wertesysteme, religiöse Überzeugungen und Ideologien handeln, die zu dogmatischer, orthodoxer oder fundamentalistischer Enge verhärtet sind, die ihre Anhänger in unerträglicher Enge gefangen halten und die alles Fremde schroff ausgrenzen.
Wie wirksam und nachhaltig solche Grenzen gezogen sind, wird deutlich, wenn man bedenkt, wie die drei großen monotheistischen Religionen, die den gleichen Gott verehren und aus den gleichen alttestamentarischen Wurzeln hervorgingen, einander ausschließen. Infolge abweichender Feiertagsregeln und unvereinbarer Speisegebote kann man gerade das nicht tun, was Menschen vereint: miteinander essen und feiern. Was dem einen heilig ist (Wein), ist für den anderen Sünde. Und obwohl die Zehn Gebote vorschreiben, den Sabbat zu heiligen, machten die Christen den Sonntag zu ihrem Feiertag, und im Islam wählte man den Freitag. Dass solche Abgrenzung gewollt war, ergibt sich aus einem Beschluss des berühmten Konzils von Nicaea. Damals – 325 nach Christus – legte man fest, dass Ostern am Sonntag nach dem ersten Frühlingsvollmond gefeiert wird. Da sich aber auch das jüdische Passahfest nach dem Mondkalender richtet, kann es vorkommen, dass beide Feste auf dasselbe Wochenende datieren. Für diesen Fall bestimmte das Konzil, dass Ostern um eine Woche verschoben wird, was zum Beispiel noch im Jahr 2000 geschah. So ist auch die christliche Religion bei aller Nächstenliebe bereit, sich harsch abzugrenzen, um die eigenen Anhänger einzumauern und alle anderen auszuschließen. Dass außerdem alle drei Religionen bereit sind, die Waffen zu segnen und das allen gemeinsame strikte Tötungsverbot problemlos zu suspendieren, um diese Grenzen zu verteidigen und Abweichler zu vernichten, hat das Abendland oft genug schmerzlich erlebt.

Auf einer tiefen Ebene sind die zweiundzwanzig Tarotkarten der Großen Arkana Symbole für den Lebensweg des Menschen, wie er auch in den archetypischen Motiven von Mythen und Märchen anschaulich wird. Dabei ist *Der Turm* Teil jener Gruppe, die man Nachtkarten nennt, weil sie dem dunklen Teil der Reise entsprechen: dem Abstieg in die Unterwelt, der mit der Karte *Tod* beginnt und mit der Rückkehr zum Licht bei der Karte *Die Sonne* endet. Bei dieser Reise durch die Nacht geht es immer um die Suche nach dem Kraut des Lebens, um die Hebung des Schatzes, um die Befreiung der schönen Gefangenen oder um ein anderes schwer erreichbares Gut. Der Ort, an dem es verborgen liegt, ist das Reich der Finsternis, das die Tarotkarte *Der Teufel* darstellt.

Die Überwindung dieses Widersachers und die Befreiung aus der falschen Struktur zeigt die Karte *Der Turm.* So verbirgt sich hinter allen furchtbaren Seiten, die *Der Turm* in Form von Krieg, Zerstörung, Katastrophen oder Unglücken verkörpern kann, auch stets die Chance, dass dabei Verhärtungen und falsche Strukturen eingerissen und neue, zukunftsweisende Entwicklungen möglich werden.
Diesen hoffnungsvollen Blick symbolisiert die folgende Karte *Der Stern.* Aber natürlich ist es mit einer Hoffnung oder einer Vision allein noch nicht getan. Oft genug haben wir in kritischen Phasen und trüben Zeiten hoffnungsvolle Augenblicke und fassen gute Vorsätze, die aber allzu schnell wieder vergessen werden und den alten, überwunden geglaubten Gewohnheiten zum Opfer fallen. Wenn sie aber nicht über diese Schwelle in die Alltagswelt getragen werden, geraten sie in Vergessenheit und versinken allesamt wieder im Unbewussten. Diese gefährliche Klippe, diese Gratwanderung, symbolisiert die Karte *Der Mond,* hinter dem *Die Sonne* liegt, die zeigt, dass das Ziel erreicht ist.

Wie ist diese Symbolik angesichts der Ereignisse des 11. September zu verstehen?
Im Hintergrund der Anschläge finden wir Fanatismus, eine extreme Haltung, die zumindest latent in jedem Menschen schlummert und leichter zu entfachen ist, als es sich unser zivilisiertes Bewusstsein eingesteht. Fanatismus tritt ja nicht mit dem Ziel auf, etwas Böses zu tun, sondern ist im Gegenteil vom heiligen Gefühl des Guten getragen, vom Bewusstsein, im Recht zu sein. Deshalb ist Fanatismus nicht nur unter Gleichen ansteckend. Man zieht ihn sich auch sehr schnell zu, wenn man versucht, ihn bei anderen zu bekämpfen.
Psychologisch ist Fanatismus natürlich immer ein Zeichen der Schwäche. Er verbirgt einen geheimen inneren Zweifel, der nicht ins Bewusstsein eindringen darf und deshalb mit völlig unverhältnismäßigen Mitteln außen niedergewalzt wird. Die Wahrheit verträgt immer nur eine mittlere Temperatur. Zu heiß wird sie fanatisch – was wir heute sehr schnell als Fundamentalismus von uns weisen. Zu kühl wird sie dagegen zynisch – die gewiss nicht harmlosere Schwäche des westlichen Menschen, seit das christliche Abendland den Glauben verloren hat.

Die Erschütterungen, die der Terroranschlag ausgelöst hat, haben uns einer vermeintlichen Sicherheit beraubt. Wir können darauf mit Ängstlichkeit, Agonie oder Verdrängung reagieren oder darüber zu einer neuen, veränderten Sicht der Welt gelangen. *Der Turm* gleicht von seiner Bedeutung her dem chinesischen Schriftzeichen Wei Ji 危機 für Krise, das die sinnige Doppelbedeutung von Risiko und Chance hat. Ob die Welt aus diesem Anschlag lernt und ob die Erfahrung nachhaltig ist, hängt letztlich nicht nur von den Politikern, sondern von jedem Einzelnen ab.

Wer sich selbst an die Nase fasst und dafür Sorge trägt, aus eigenen verkrusteten Vorstellungen auszubrechen und die Enge eigener Vorstellungen und Werte zu überwinden, trägt wirklich etwas zur Überwindung von Feindbildern und absurden Grenzen bei – ganz gewiss mehr als alle, die nur mit dem Finger auf die Türme anderer zeigen, ob sie nun Minarette, Kirchtürme oder Twin Towers heißen.

Klausbernd Vollmar
Die Macht der Bilder oder Ich sehe was, was du nicht siehst

»Der Begriff des Fortschritts
ist in der Idee der Katastrophe zu fundieren.«
Walter Benjamin

Vorspiel

Nach jenem Albtraum von Manhattan Mitte September vergangenen Jahres sehe ich anders. Erstaunlich war es schon, wie ich davon hörte: Ich ging in der lauen Nachmittagssonne über die Donaubrücke im romantischen Neuburg. Da brach in diesen deutschen Traum das Unbewusste ein: der böse Schatten des Terrorismus und die USA als strenge Vater-Imago; der Aufstand der Söhne, die Kastration des Vaters im vorolympischen Himmel. Mich hat es gewundert, wie nah einem Manhattan auf einer barocken Donaubrücke sein kann – dank des Handys natürlich, was den Seher Emanuel Swedenborg vor Neid hätte erblassen lassen.

Solche Assoziationen bewegten mein Denken. Sie wehrten wahre Berührtheit ab.

Ich wurde nachrichtensüchtig. Der schaurigen Faszination der wiederkehrenden Bilder der getroffenen Türme konnte ich mich nicht erwehren. Wie im magischen Ritual wurde der Eindruck auf meine innere CD eingebrannt. Die Macht dieser Bilder breitete sich über die ganze Welt aus. Keiner entging ihr. Es herrschte jene Faszination des Bösen, die sich prickelnd mit Angst und Abscheu mischt. Märchenszenen wie das Braten der bösen Hexe im Backofen lieben die Kinder, einstürzende Bauten erregen Erwachsene.

Der Zusammenbruch der Türme ist eines der Bilder, die die Welt bewegen. Es scheint geradezu die sich steigernde Verdoppelung der sechzehnten Tarotkarte »Der Turm« zu sein, die die Dialektik von Zerstörung und Befreiung anspricht. In diesem Urbild wird der Turm ebenfalls oben getroffen, Menschen stürzen herab. Die Illusion der Sicherheit wird im Bild entlarvt. Auf dieser Tarotkarte finden wir auch den Lichtblitz, der zerstört. Ein packendes Bild aus dem alten Fundus archetypischer Symbole erstand in Manhattan wieder neu. Solche Urbilder in neuer Auflage machen Weltgeschichte. Dass Kriege und Terroranschläge heute im Hinblick auf die Bildmedien inszeniert werden, weiß man. Und dass sie nur massenergreifend wirken, wenn ein Archetyp durch sie hindurchscheint, ist ebenfalls seit langem bekannt.

Karl Kraus, der österreichische Publizist und Meister des scharfen Witzes, analysierte: Politik ist Inszenierung, ist Bühnenwirkung. Alles wird zur theatralischen Handlung. Effekt ist alles, nichts die Bedeutung. Dem folgten am Ende der 1960er Jahre die Führer der amerikanischen Protestbewegung Jerry Rubin und Abby Hoffman, indem sie empfahlen, Demonstrationen zum Straßentheater mit möglichst großer Medienwirksamkeit umzufunktionieren.

Angesichts der Bilder der ständig fallenden Türme in den Medien, die ihre Wirkung wie ein Refrain durch die Wiederholung entfalten, fühle ich mich wie im Theater. Das Schreckliche wird ästhetisiert und durch die Wiederholung ins Mystisch-Theatralische hineinverlegt. Fast glaubt man, einen Film von Steven Spielberg zu sehen, in dem einer der Hauptdarsteller vom Kampf gegen das Böse spricht, was in dem Satz gipfelt: »Wer nicht für uns ist, ist gegen uns.« Sollen solche Exkurse in den Mythos uns vergessen machen, dass es hier um Realpolitik geht?

Wenn in der Politik die mythologische Dimension derart offen beschworen wurde, ging es stets um die Ausrichtung der Massen auf ein hehres Ziel. Früher waren die Götter dafür zuständig, heute sind es die Mediendesigner.

Von Logos und Mythos

Mit dem Bild sind wir von der eher geistigen Ebene des Wortes (Logos) auf die Ebene der Gefühlswelten (Mythos) übergegangen. Der intellektuelle Diskurs über jene Herbstereignisse trat hinter die Macht der Bilder in der Schatten – nicht mehr Logos herrschte, sondern Mythos. Man war sprachlos, die Bilder regierten.

Das Optische spricht eher das kreatürliche Unbewusste an als das Wort. Das Wort tendiert zur Kritik, und als solche aktiviert es den Verstand. Das Bild dagegen kommuniziert mit unserer Fantasie und Intuition. Mit der Optik bewegt sich die Energie nach unten, dem Unbewussten entgegen. Im hinduistischen System der Chakras findet sich das Energiezentrum für das Wort oben im Kehlchakra *(Vishuddha)*, das für das Sehen zwei Chakras tiefer im Nabelchakra *(Manipura* oder *Hara)*. Das Bild

trifft uns im Bauch, und da hoffen wir kindergleich auf den Sieg des Guten und sind zugleich vom Bösen fasziniert.
Dem Nabelchakra entspricht das Feuer. Feuer bringt Licht, und Licht ist die Voraussetzung, um zu sehen. Damit ist aber auch das Luziferische dieses Energiezentrums angesprochen. Der gefallene Engel tritt hier auf den Plan, und aus dem Verbündeten Amerikas wird sein Feind. Der Lichtbringer wird zum Bösen und hat seine Auftritte im Fernsehen und auf dem Buchmarkt: weißbärtig, liebevoll das Maschinengewehr wie ein Kindchen im Schoß. Fast eine Pervertierung des Madonna-mit-Kind-Schemas.
Das Böse kristallisiert zur Person. Es wird wie in jedem Film personifiziert: Es hat ein Gesicht und einen Namen. Auf Bühne und Leinwand ist das wirkungsvoll, im Leben meist ein Ausdruck von Denkfaulheit.
Das Nabelchakra spricht die Machtfrage an und ist somit von männlicher Qualität. Die Bilder aus Manhattan sind so atemberaubend männlich, wie die von bin Laden und seinen Kämpfern geheimnisvoll und weiblich sind. Animus trifft Anima. Das lässt den männlichen Geist sogleich »List« argwöhnen. Auf jeden Fall wird eine dunkle Kraft vermutet, die letztendlich unverstehbar für ihn ist und deswegen böse. Der Orient war schon immer die Projektionsfläche für das Weibliche, das dort durch seine Verhüllung sich gefährlich präsent hält – zumindest im Geist des westlichen Mannes.
Der vorherrschende männliche Charakter der amerikanischen Bilder kann als Reaktionsbildung (Überkompensation) auf die verletzte Männlichkeit angesehen werden, die die fallenden Türme nicht nur nach Freud und Jung ansprechen. Die Amerikaner – soweit solch kühne Verallgemeinerungen statthaft sind – sahen ihre eigene Verletzlichkeit nicht. So wurden sie in ihrem Zentrum, der männlichen Macht, getroffen. Das musste zum kollektiven Albtraum werden, auf den die Terroristen spekulierten. Dass dieser Albtraum nach allen Gesetzen der Macht sich gegen sie wenden musste, nahmen die mordenden Söhne masochistisch in Kauf.
Die Bilder wirken subtil durch ihre Plattheit. Das Ende der Potenzprotzerei wird signalisiert, die allerdings weit über das sexuelle Bedeutungsfeld hinaus verweist. Aber gerade die sexuellen Anklänge dieser Bilder lassen sie zu Lieblingen unseres Unbewussten werden. Wie ein Schwamm saugt es sie auf.
Soll uns die Beschwörung dieser Bilder vergessen machen, dass Feldzüge gegen das Böse stets fürchterlich endeten?
Soll das Bild historisches Bewusstsein verdrängen?

Diese Gedankensplitter regten mich an, den Fall der Türme unter dem Aspekt der Magie der Bilder zu betrachten. Ich möchte die Kunst der Traumdeutung als Kulturkritik anwenden. Die Traumbetrachtung umfasst unsere gesamte (fiktionale) Wahrnehmung der Realität. Traumdeutung, Psychologie und Magie/Alchimie sind die Felder in unserer Gesellschaft, in denen die meiste Erfahrung mit der Wirkung des Bildes gewonnen wurde. Durch ihre Brille die Alltagsbilder anzuschauen – und das möglichst ohne Bewertung – ist zugleich Erkenntnis und Initiation in die geistige Welt der Vernunft.

Postmoderner Tiefblick

Der zeitgenössische Psychoanalytiker Masud Khan (»Entfremdung bei Perversionen«, Frankfurt 1983) war der Ansicht, dass bewusst Gesehenes zu keinen nächtlichen Bildern mehr anregt. Er belegt dies mit der Wirkung der Pornografie. Seitdem Bilder anmacherischer Nacktheit zum alltäglichen Leben gehören, handeln die Träume nicht mehr vom Sex – meint jedenfalls Khan.

Was bewusst wahrgenommen wird, braucht nicht mehr geträumt zu werden. Das ist ein Dogma der postmodernen psychoanalytischen Traumbetrachtung.

Die Ereignisse in den USA scheinen dieses Dogma zu widerlegen – oder haben Sie selbst jetzt weniger Alb- und Angstträume? Der Schatten trat ins Medienlicht und wurde kollektiv. Man sah ihn im Außen. Aber die inneren Ängste blieben nicht nur, sie wurden verstärkt. Solche Bilder wie die der getroffenen Türme speisen unsere Träume – besonders dann, wenn sie ständig wiederholt werden. Nachdem ich mindestens fünfzigmal das Symbol des Welthandels zusammenbrechen sah, verlor der Vorgang an Realität. Er entglitt in die Unwirklichkeit eines Films und in die Unfassbarkeit unbewusster Bilder.

Der politische Diskurs hat sich stets wiederholt und wie die klassische Magie mit rhythmischen Repetitionen der Macht des Willens Raum geschaffen.

Schon der Salonfreudianer sieht, dass die USA den Albtraum träumen, mit dem sich ihr verdrängter Schatten arglistig meldet. Mit Feuer tritt etwas ins Licht. Es möchte erkannt werden. Es ruft zur Wandlung auf, denn Feuer verändert Materie, wie es an den Türmen drastisch deutlich wurde. Was individuell oder kollektiv nicht gesehen werden kann, wird in die Sichtbarkeit gezwungen. Die Explosion ist ein gängiges Traumbild

für das Öffnen der Augen und für die Möglichkeit eines Bewusstseinssprungs.
Schauen wir uns die weiteren Elemente dieses Albtraums an: Zwei Flugzeuge zerstören zwei Türme. Die Symbolik der Zwei prägte den Begriff der Entzweiung und gebar den Ausdruck »Zwietracht«. Die Zwei wurde als aggressive Zahl betrachtet, die spaltet und die Illusion der Einheit diffamiert.
Die Symbolik der Zwei schien sich an jedem Mittseptembertag gegen die Amerikaner zu wenden. Der Angreifer drängte seinem Opfer diese Zahl auf, um seine Stärke zu demonstrieren. Die Bedeutung der Zerstörungsgeste ist unübersehbar: Mit den eigenen Mitteln wird der Terror inszeniert – zwei amerikanische Flugzeuge fungieren als Todesengel. Mit Hilfe der Zahlensymbolik könnte auch das Datum gedeutet werden, was für Traum und Fantasie häufig Sinn macht und Jung mit Akribie betrieb. Bleiben wir nur bei der Elf, um mit der Symbolik nicht völlig ins Luftig-Apolitische zu entweichen. Phänotypisch gleicht die Zahl Elf beiden Türmen und, um neunzig Grad gedreht, den beiden aggressiven Flugzeugen. Die Eins hat sich verdoppelt, sie ist aus ihrer einzigartigen Einheit gefallen.
Der Angriff kommt aus der Luft, die seit der Antike für den unfassbaren Geist steht. Hier werden die Unterscheidung und Differenzierung als Stärke des Geistes angesprochen, aber auch der finstere Schatten des Geistes, der Fanatismus.
Das Bild des Falls der Türme hellt sich auf durch den neuen amerikanischen Helden, den Feuerwehrmann. Der Eastern-Held hatte plötzlich den Western-Helden entthront, und aus dem Sheriff wurde der Feuerwehrmann von Manhattan. Er ist der uniformierte, mutige Helfer der Gefährdeten und Verletzten. Wie der hochmittelalterliche Ritter wird er als edler Helfer der Bedrängten zum einenden Gesellschaftsideal, das im Stil der Zeit zum Volkshelden taugt.
Der Feuerwehrmann ist der Gute im Albtraumbild, das sonst zu unerträglich wäre. Uniformierte Helden vertreten stets ein Prinzip: Das Bild ist deutlich, der Staat tritt dem Feuer entgegen und hilft den Armen und Bedrängten. In einem Traum würde dieses Heldenbild kompensatorisch gedeutet.
In Albträumen setzt sich das ins Bild, was anders nicht gesehen wird. Albträume sind Warnsysteme, die vor der Dekompensierung warnen, dem Auseinanderfall der Ichs im Individuum und – auf der kollektiven

Ebene – vor der Zersplitterung der Gesellschaft. Über Albträume muss man sprechen, da sonst der Körper spricht. Raketen und Bomben sind die Analogien in der politischen Welt.
Karl Kraus sah scharf: Es werden Effekte zu politischen Albträumen gemischt. Aber ein bewusstgemachter Albtraum gibt Handlungsspielräume und Mut – insofern ist der Diskurs über den Fall der Türme der Versuch eines Verstehens und Therapie zugleich. Hier leuchtet eine weitere Ebene des Bildes des Feuermanns auf: Er räumt auf, er hilft, und er verkörpert damit auch denjenigen, der die Auswirkung dieser Bilder zu verringern sucht. Er ist der Mann des Feuers, der im Reich der Symbole zur Erkenntnis verhilft.
Das ist natürlich die westliche Lesart des amerikanischen Albtraums. Arabische Seelen mögen anderes empfinden und andere Bilder projizieren.

Analytischer Durchblick
Neben seinem Gehalt erklärt auch sein Bildcharakter die Wirkung des Bildes. Die Auseinandersetzung mit dem, was ein Bild ist, prägte die Traumbetrachtung seit ihren Anfängen. Der französische Philosoph Michel Foucault ging davon aus, dass sich das Bild auf die Abwesenheit eines Objekts bezieht. Wir produzieren Bilder, weil unsere Ängste – aber auch unsere Hoffnungen – unfassbar sind. Das Bild ist die Darbietung des Unerreichbaren und Unmöglichen, also eines Irrationalen.
Beziehen wir das auf den Albtraum von Manhattan, würden die Bilder der einstürzenden Hochhäuser und alles, was in der Umgebung geschah, ein Irrationales wiedergeben. Die Analysen der Bilder von New York ergaben, dass einige dieser Bilder keineswegs dokumentarisch sind, sondern Schnitte von anderen Filmen waren. Wie im Traum wurde assoziativ gearbeitet. Der Traumregisseur agierte plötzlich im Außen, um moderne Mythen zu erzeugen.
Das Bild gibt keineswegs die Wirklichkeit wieder, sondern es erschafft sie. Es richtet sie aus und organisiert sie. Im großen Stil werden Imaginationen und Traumreisen eingesetzt, um eine Wirklichkeit zu erschaffen, die die Beherrscher der Bilder für gut halten. Während die esoterische Szene sich mit persönlichen Affirmationen für ein innerlich reiches und am Höheren ausgerichtetes Leben herumschlägt, schaffen die Medien unwiderstehlich bildhafte Affirmationen, die unser Leben weitaus mehr beeinflussen.
Trotz ihrer Macht sind Bilder eine Fiktion. Sie sind aber zugleich real. Sie

existieren. Für den Rezipienten, also für den Träumer und für den Fernsehenden, ist das Bild Realität. Das Bild ist die subjektive Realität des Betrachters, für die es nicht unbedingt eine entsprechende objektive Realität geben muss. So verliert das Bild seinen Dokumentarcharakter. Es wirkt an sich, und so ist es und schafft es Realität. Materie und Geschichte folgen den Bildern.

Betrachten wir genauer die Struktur der Traum- und anderen Bilder, fällt auf, dass das feste Bild den Prozess des Bildens zerstört. Die stereotyp wiederholten Manhattan-Bilder zerstören einen Heilungsprozess, indem eine Dynamik der Bilder bekämpft wird. Die Bilder werden festgeschrieben. Bilderwelten erstarren zu einem Emblem. Der Fluss der Bilder versiegt. Er wird angehalten. Keiner darf mehr weiterträumen. Die träumerische Imagination als Suche nach neuen, weiterführenden und verarbeitenden Bilderwelten wird verhindert. Zugleich wird eine naive Abbildungstheorie suggeriert: Der Ausdruck – also das Bild oder *Signifikat* – wird dem Ausgedrückten – also der Realität oder dem *Signifikanten* – gleichgesetzt.

Wer täglich mit Symbolen arbeitet, weiß, dass solch eine Abbildungstheorie nicht nur naiv, sondern auch falsch ist. Das Symbol oder Bild ist keineswegs das Ausgedrückte, sondern es bezieht sich auf eine geistige Realität und drückt darüber hinaus eine subjektive Motivation aus. Selbst eine Landkarte gibt noch »objektiver« die Landschaft wieder als ein Bild die Realität. Ein Bild ist einer Landkarte unserer Imagination vergleichbar. Es ist geronnene Ideologie.

Das ständig wiederholte und somit festgeschriebene Bild hebt die Distanz zwischen Ausdruck und Bedeutung auf. Es verschleiert die subjektive Motivation und zerstört die poetische Autonomie des Bildes. Damit wird die Materialität dessen, worauf sich das Bild bezieht, der Herrschaft der Ideologie unterworfen. Das ist das Schicksal eines jeden Bildes, das Geschichte machte.

Den Gegensatz zum ewig gleichen Bild bildet das dynamische Bild, das sich in ständigen Metamorphosen ändert und sich damit ideologischen Zugriffen entzieht.

Es ist egal, woher die Bilder stammten, wie sie verändert und bearbeitet werden. Ihre Austauschbarkeit in den Medien sollte uns die Augen öffnen für das, was wir Realität nennen, und von welchen Bildern unsere Realität bestimmt wird. Verstehen wir das Funktionieren unserer verinnerlichten Bilder, werden die der anderen uns beredter.

Veränderungen

Mit dem 11. September 2001 hat sich die Welt auf immer verändert, hieß es in vielen Schlagzeilen und Kommentaren. Als gesellschaftliche Wesen haben auch wir uns geändert. Haben wir etwas gelernt?

Die Magie des Westens und die des Ostens hat sich uns in all ihrer Stärke und Schwäche präsentiert, wie man es nur selten erlebt. Die meisten Zeitgenossen haben ein derartiges Funktionieren von Symbol- und Bilderwelten nie zuvor gesehen. Vielleicht war es ein günstiger Zeitpunkt, etwas über die Macht der Bilder und Symbole zu lernen – auf solche Fragen werden sicher die Astrologen Antworten finden.

Was hat sich nun für mich persönlich getan?

Aus meinen Überlegungen zum Albtraum von Manhattan ergibt sich eine erweiterte Perspektive der Traumdeutung: Die Traumdeutung beschäftigt sich mit der Bildersprache der Symbole. Symbole sind erstarrte Bilder und damit bereitwillige Ideologieträger. Eine sinnvolle Aufgabe der postmodernen Traumdeutung sehe ich darin, die gesellschaftliche und persönliche Ideologie dieser äußeren und inneren Bilder freizulegen und sie bewusst zu machen. Die ideologischen Anteile dieser Symbolik zu verstehen – und zwar die der eigenen Bilder als die der anderen – heißt, seinen Horizont zu erweitern oder, mit C. G. Jung gesprochen, auf seinem Individuationsweg einen wesentlichen Schritt auf die Befreiung hin getan zu haben. Damit bekommt die Traumdeutung eine emanzipatorische Funktion, die sowohl gesellschaftliche als auch individuelle Dimensionen besitzt. Wer sich darauf einlässt, beginnt etwas zu sehen, das andere nicht sehen: die Macht und die Grammatik der Bilder und Symbole. Bilder bilden sich nicht zufällig, sie folgen inneren und äußeren Zwängen.

Es mag verwundern, vom Traum zur Politik zu kommen. Angesichts gesellschaftlicher Krisen hat sich die Szene der Liebhaber innerer Bilderwelten stets gespalten. Die einen verbanden wie Sri Aurobindo politische Vernunft mit spirituellem Bewusstsein, die anderen ließen sich von den Bildern der Macht blenden. Eigentlich sollte »der Esoteriker« das Entweder-oder-Denken überwunden haben. Wenn schon die Aufhebung der Gegensätze als hohes Ideal gesehen wird, warum nicht eine introvertierte Sichtweise mit politischer Vernunft würzen? Die *Coniunctio* der Alchimisten, die C. G. Jung so bewunderte, beinhaltete auch beides: die Perspektive der Innerlichkeit und die gesellschaftliche Realität.

Und am Schluss stellt sich dem armen Traumdeuter die Frage: Träumen wir, um zu erkennen, oder erkennen wir, um des Träumens willen?

Erich Bauer
Tod des Wassermann?

Die Katastrophe vom 11. September 2001 wurde von keinem Astrologen vorhergesehen. Spielt man im Nachhinein das Szenarium des Schreckens im astrologischen Labor nach, gestalten sich dennoch aufschlussreiche Bilder und Visionen.

Am Nachmittag des 11. September 2001 tat ich wahrscheinlich das Gleiche wie jeder andere Astrologe dieser Welt auch: Nachdem die erste Lähmung über das Unfassbare gewichen war, eilte ich zu meinem Computer und ließ ihn die kosmische Konstellation für jenen dramatischen Zeitpunkt nachstellen: 11. September 2001, 8.45 Uhr, New York.
Was sagen die Sterne?

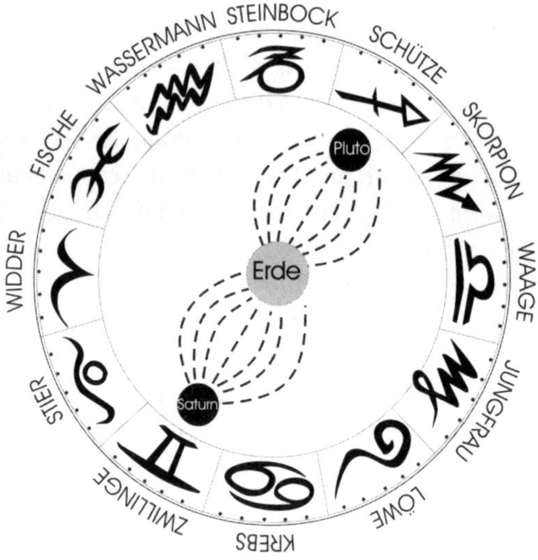

Saturn und Pluto setzen die Erde unter Spannung

Saturn-Pluto-Opposition
Ins Auge springt eine Opposition zwischen den Planeten Saturn und Pluto. Eine Opposition bedeutet, dass die beteiligten Gestirne die Erde in ihre Mitte nehmen.

Oppositionen sind immer kritisch. Sie scheinen tatsächlich wie zwei magische Pole an der Erde zu zerren, die in dieser »kosmischen Zange« unter enormen Druck gerät.

Die bekannteste Opposition ist die zwischen Sonne und Mond, die sich als Vollmond gestaltet – ein kosmisches Spektakel, das jeden Monat einmal stattfindet und zumindest empfindsame Menschen in seinen Bann zieht. Unter dem Einfluss des Vollmonds sind viele Menschen ausgelassener, exaltierter, gefühlvoller, aggressiver, unternehmungslustiger, tatkräftiger und übermütiger als gewöhnlich.

Eine Opposition zwischen Saturn und Pluto passiert nur etwa alle dreißig Jahre. Entsprechend bedeutsam und schwerwiegend sind auch die Erwartungen, Hoffnungen und Ängste, die an diese Gegenüberstellung geknüpft sind. So wies wohl jeder Astrologe bei seiner üblichen Jahresvorherschau für 2001 auf diese gefährliche Opposition hin und warnte vor Katastrophen und Kriegen.

Das Problem ist dabei: Saturn und Pluto sind nur Symbole abstrakter Energien. Sie in anschauliche Bilder zu übersetzen ist schwierig und gewährt Spekulationen, Irrungen und Täuschungen jede Menge Raum. Eine zweite Schwierigkeit besteht darin, dass beinahe das ganze Jahr 2001 von dieser Opposition Saturn-Pluto begleitet wurde. Warum fiel die Katastrophe dann ausgerechnet am 11. September aus dem Himmel?

Im Nachhinein lässt sich dieser Opposition ein Gesicht geben. Heute können wir die Sterne verstehen: nicht auf simple Art, nicht im Verhältnis eins zu eins, aber in einer Vertiefung der Sichtweise. Sogar der Zeitpunkt des Geschehens bekommt im Nachhinein seinen Sinn.

West gegen Ost

Die Position des einen Gestirns, nämlich Saturn in den Zwillingen, lässt sich mit Begriffen wie »Meinungsvielfalt«, »Pluralismus«, »das Recht des Vielen und Unterschiedlichen« sowie mit »Meinungsfreiheit« beschreiben. Zum anderen Gestirn, Pluto im Schützen, passen Begriffe wie »die Wahrheit des Einzigen«, »das Absolute«, »die Überlegenheit des Einen und Einzigen über das Viele« und »Weltreligion«.

In diese Positionen der Gestirne lässt sich leicht die Polarität zwischen West und Ost hineinprojizieren, die nach dem 11. September immer deutlicher zur Polarität zwischen Gut und Böse wurde – (westliche) Freiheit versus (östliche) Knechtung, Demokratie versus Tyrannei, Pluralismus versus Dogmatismus, Laisser-faire versus Fanatismus.

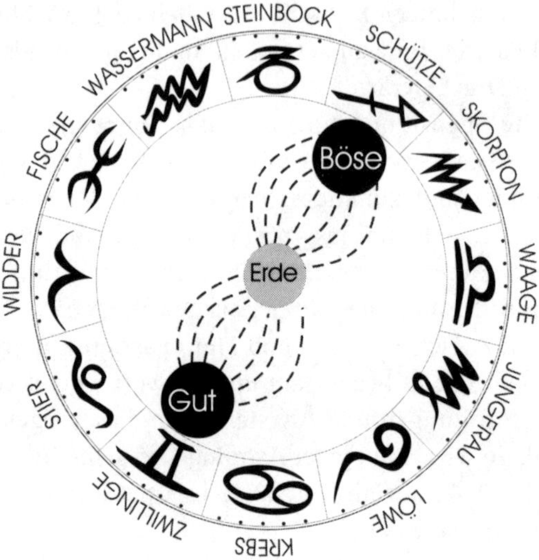

Saturn = West = Gut versus Pluto = Ost = Böse

Warum aber führt der Gegensatz zwischen Ost und West, der doch an sich zum Dialog, zur Angleichung, zum Kompromiss, letztlich zur Aufhebung anstiften sollte, zu einem Kampf zwischen Gut und Böse?
Diese Frage stellt sich umso mehr, da wir aus astrologischer Sicht soeben die Schwelle zum Wassermann-Zeitalter überschritten haben. Und Wassermann bedeutet seiner ganzen Natur nach eben gerade die Aufhebung von Polaritäten. Eine Wassermann-Epoche müsste in der Lage sein, die Spannungen zwischen West und Ost durch einen Prozess der Angleichung und Umpolung aufzulösen und in ein neues Zeitalter (New Age) zu führen. Außerdem: Polaritäten, die nicht im Sinne des Wassermännischen erlöst werden, haben allemal die Tendenz, sich nach Belieben auszutauschen: Was heute noch »gut« ist, kann morgen schon »böse« sein. War der 11. September daher der Todestag der Wassermann-Ära?

George W. Bush ist ein Krebs – genau wie die USA

Der momentane Präsident der Vereinigten Staaten von Amerika wurde am 6. Juli 1946 geboren und ist folglich ein Krebs. Genauso ist es Amerika, denn man behandelt in der Astrologie Länder wie Individuen, wobei das Gründungsdatum als Geburtstag zählt. Und die moderne Geschichte der USA begann am 4. Juli 1776 mit der Unterzeichnung der Unabhängigkeitserklärung um 17.10 Uhr, Ortszeit, in Philadelphia.

Krebsbetonung der USA und ihres Präsidenten

Amerika ist demnach »typisch« Krebs: anhänglich, häuslich, romantisch und sehnsuchtsvoll. Das Krebs-Zeichen macht die Amerikaner zu gefühlsbetonten, gelegentlich sogar gefühlsduseligen Menschen, denen Essen und Sicherheit eigentlich schon fast alles bedeutet. Obendrein verrät das Krebs-Zeichen, wie empfindsam diese Menschen sind. Es ist wohl so, dass all das, was Amerika gern demonstriert – Stärke, Macht, Erfolg, Fortschritt, Coolness –, eher die berühmte Fassade, also der Krebs-Panzer ist, unter dem sich ein weiches, empfindsames, relativ ängstliches Volk versteckt.

Krebse (Menschen wie Institutionen) sind eigenartige Gebilde: sensibel, weich, tief. Ihr kosmisches Element ist Wasser, jener Stoff, der als Ursubstanz des Seelischen gilt. Krebshaftes symbolisiert den Ursprung allen Lebens, die Zeugung genauso wie Geburt, Familie, Haus, Hof und Vaterland. Krebs drückt sich in Form kindlicher Freude aus, genauso in der Angst vor dem Verlassenwerden und vor dem Tod. Krebshaftes kann sich Fremdem gegenüber als eiskalt und abweisend präsentieren. Seine weiche, gefühlsbetonte Seite zeigt es nur, wem es vertraut. Krebshaftes ist schutzlos, weshalb es stets nach Sicherheit und Schutz Ausschau hält. So wie sich Krebstiere im Meer mit Sand und Muschelteilen umgeben, um ihren Panzer zu verstärken, so greifen (Krebs-)Menschen nach allem, was sich ihnen bietet, um sich zu schützen.

Ein Krebs braucht eine Schale, etwas, das ihm Härte verleiht. Über den im Zeichen Krebs geborenen Präsidenten der Vereinigten Staaten, George W. Bush, lässt sich sagen, dass er sich, um sich selbst zu schützen und um sein Inneres zu verbergen, nach außen hin besonders hart zeigt und alles angreift, was ihm fremd und dadurch bedrohlich erscheint.

Eine Nation, die in diesem Zeichen »geboren« ist, lebt ebenfalls immer in einer Angst vor Bedrohung und trachtet danach, ihren äußeren Schutzpanzer so sicher wie irgend möglich zu gestalten. Unschwer lässt sich darin die Politik der USA und ihres Präsidenten erkennen, der unmittelbar nach seinem Amtsantritt ein Raketenschutzschild und eine verstärkte Aufrüstung forderte.

Das Krebshafte der Welt des Jahres 2001

Das Jahr 2001 wurde vom Planeten Jupiter regiert. Das ist so zu verstehen, dass die sieben Gestirne - Sonne, Mond, Merkur, Venus, Mars, Jupiter und Saturn - jeweils ein Jahr prägen, so wie sie bekanntlich auch jeweils unsere Wochentage regieren: Die Sonne bestimmt den Sonn(e)-tag, der Mond den Mon(d)-tag, Mars den Dienstag (im Italienischen heißt der Dienstag *martedì*, im Französischen *mardi)*. Merkur bestimmt den Mittwoch (Italienisch: *mercoledì*, Französisch: *mercredi)*, Jupiter den Donnerstag (Italienisch: *giovedì*, von Jovis/Jupiter; Französisch: *jeudi)*, die Venus regiert den Freitag (Italienisch: *venerdì*, Französisch: *vendredi)*. Saturn stand bei der Namensgebung des Samstags (Italienisch: *sabato*, Französisch: *samedi)* Pate.

In derselben Reihung lösen sich die sieben Planeten in der Regentschaft über die einzelnen Jahre ab. Das Jahr 2001 ging an Jupiter, was einer enormen Stärkung seiner Kräfte gleichkam. Zudem bezog der Planet Jupiter am 13. Juli 2001 eine Position im Krebs-Zeichen und blieb hier bis zum 1. August 2002 stehen.

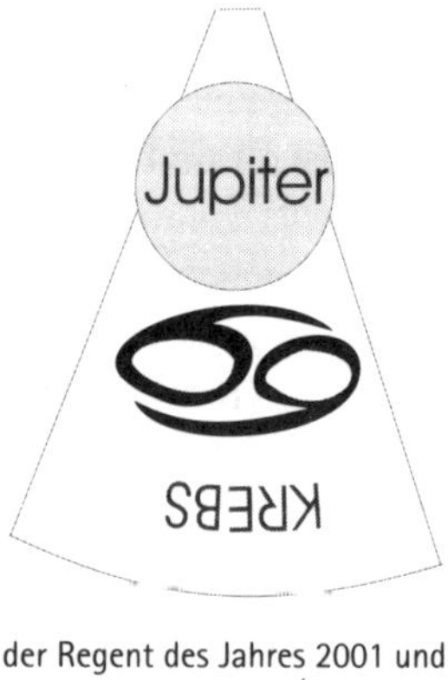

Jupiter war der Regent des Jahres 2001 und befand sich vom 13. Juli 2001 bis 1. August 2002 im Krebs

Jupiter durchwandert den astrologischen Tierkreis in zwölf Jahren, sodass er jeweils ein Jahr in einem Zeichen verweilt. Seine Position prägt entscheidend die universelle Energie eines Jahres. Durch das Einrücken Jupiters in das Krebs-Zeichen und seine Aufwertung als Jahresregent bekam das Krebshafte daher festere Fundamente. Die gesamte Welt wird dann krebshafter, das heißt, man denkt, empfindet, handelt emotionaler und sucht noch stärker nach Schutz und Sicherheit.
Auf der einen Seite befand sich die Erde am 11. September 2001 also in einer Umklammerung der Gestirne Saturn und Pluto, in die sich leicht die Polarität zwischen Gut und Böse hineinprojizieren lässt. Auf der anderen Seite wucherte durch die Präsenz Jupiters das Krebshafte ins Uferlose – und damit der Wunsch nach Schutz, nach einem unüberwindlichen Zauberschild.
Die Zwillingstürme von Manhattan werden aus dieser Perspektive beinahe zu zwei Armen, die in den Himmel greifen, um das Dunkle und Bedrohliche auf die Erde herunterzuholen und ihm so einen Namen zu geben.

Das Böse bekommt ein Gesicht – und damit kann das Gute existieren
Die USA haben durch die Auflösung der Sowjetunion ihren ärgsten Feind verloren. Vietnam und Kuba taugen nicht länger als Schreckgespenster. Und das Paradoxe geschieht: Der Krebs-Staat Amerika fühlt sich dadurch nicht sicherer, sondern schutzloser. Er »stochert« an allen Ecken und Enden der Welt, gräbt nach dem Bösen – bis das Böse Amerika von sich aus gefunden hat.
Amerika vertritt die westliche Welt, also auch uns und unser Bewusstsein. Damit zeigen die Vorgänge um und nach dem 11. September, dass wir noch weit vom Zeitalter des Wassermann entfernt sind. Wir brauchen alle noch unsere Feinde: das Böse, Dunkle, Gegensätzliche, Andere. In einer Welt ohne Polaritäten zu leben ist uns (noch) nicht möglich. Damit fordern die momentanen Geschehnisse jeden Einzelnen auf, immer dann, wenn er sich in Polaritäten verstrickt, aufzuwachen, bewusst zu werden. Die große Veränderung beginnt im Kleinen, beim Streit zwischen Partnern, in Familien, zwischen Nachbarn.
Ergänzend sei anzumerken, dass die Polarität von Gut und Böse nicht nur Politikerköpfen entspringt, sondern auch die Fantasie beschäftigt. Das zeigen die beiden Filme »Herr der Ringe« und »Harry Potter«. Wohl noch nie wurden Fantasy-Filme mit so großem Aufwand pro-

duziert. »Herr der Ringe« erhielt 2002 außerdem vier Oscar-Auszeichnungen.
Die Gestaltung beider Filme zeigt ebenfalls überdeutlich den Charakter des Krebshaften (Guten), das als kindlich, naiv, empfindsam, aber auch fröhlich, natürlich und wahrhaftig dargestellt wird, während das Böse und Dunkle als mächtig und von einer Idee besessen erscheint. Künstler besitzen eben besondere Antennen für den Geist der Zeit.

Tod des Wassermann?
Aus astrologischer Sicht bleibt es zunächst rätselhaft, warum es gerade am 11. September morgens um 8.45 Uhr Ortszeit zur Katastrophe kam. Im Anschluss an die bisher vorgebrachten Gedanken und Assoziationen findet sich dennoch eine gewisse Notwendigkeit und Logik gerade für diesen Zeitpunkt. Allerdings ist diese Deutung für den astrologischen Laien nur schwer nachzuvollziehen. Sie sei trotzdem kurz skizziert:
Uranus, der Planet des Wassermann-Zeichens, stieß am 11. September auf den Radix-Mond des Gründungshoroskops von Amerika. Zugleich traf Jupiter auf die Radix-Sonne dieses Horoskops. Die Achse Saturn–Pluto stimmte mit der Aszendenten-Deszendenten-Achse des Gründungshoroskops überein.

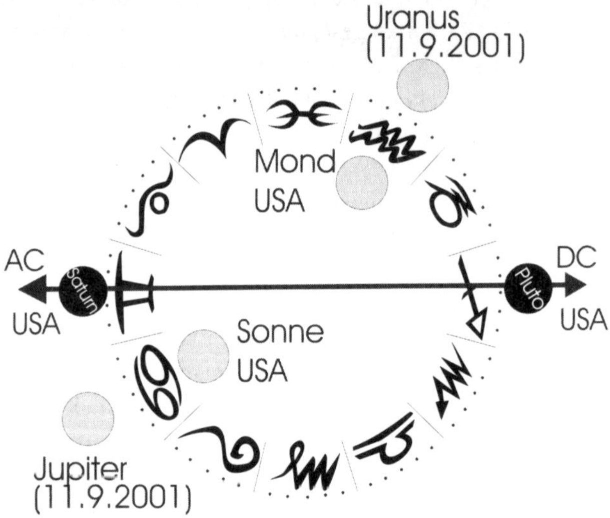

Am 11. September 2001 stimmte die Achse der Opposition zwischen Pluto und Saturn mit der Aszendenten-Deszendenten-Achse des USA-Gründungshoroskops überein

Übersetzt kann man dies als Kulmination des Wassermännischen betrachten: Am 11. September öffnete sich der Himmel, um der Erde seine Vision des New Age zu überreichen. Doch die Erde war nicht bereit für den Quantensprung in die Zukunft und entschied sich für einen Rückfall in die Vergangenheit.

Vielleicht aber - und mit dieser Hoffnung möchte ich schließen - ist alles nur ein letztes Aufbäumen gegen das Neue, das nicht mehr aufzuhalten ist.

Angelika Hoefler
Der Tag Babylon

Namenspsychologische Analyse von Orten, mutmaßlich Beteiligten und Verstrickten

Die Geschehnisse des 11. September 2001 habe ich mit den beiden von mir begründeten Systemen, der Namenspsychologie und der Karma-Kabbalistik, untersucht. Die Systeme ergänzen einander: Die Karma-Kabbalistik zeigt den Lebensplan, die Namenspsychologie die Lebenspraxis; beide basieren auf dem kabbalistischen Zahlenschlüssel zum hebräischen Alphabet. Damit können die in einem Namen wirkenden Kräfte berechnet und erschlossen werden. Dies gilt für Eigennamen genauso wie für Organisationen, Orte, Adressen, Gebäude und Tage.
Ich bin der Frage nachgegangen, was die Ereignisse spirituell bedeuten. Ich zog mythologische und historische Namen zum Vergleich heran und entdeckte in vielen Namen ähnliche Kräfte, Potenziale, Dispositionen. Daraus schließe ich, dass es eine Verbindung geben muss, eine Art karmisches Band. Einmal mehr erkenne ich, warum Geschichte sich wiederholt. Was für mich die Botschaft des 11. September 2001 war.

Der Turm zu Babel
In der Genesis (2. Buch Mose; die Bibel) ist beschrieben, dass der Etemenanki-Tempel, der »Turm zu Babel«, gelegen an den Ufern des Euphrat im Land Schinar, mit seiner Spitze bis an den Himmel reichen sollte. Etemenanki, der Name bedeutet »Grundstein von Himmel und Erde«. Wir wissen: der Turm stürzte ein.
Allegorie einer Zerstörung von Vermessenheit!
Name und Bedeutung sind in Vergessenheit geraten. Andere Namen sind überliefert: Babylon, babylonisch: Babilu (Gottestor), hebräisch: Babel, griechisch: Bab Ilani.
Wieder haben wir es bei den Attentaten auf das World Trade Center zu tun mit einem monumentalen Bauwerk, einem Wahrzeichen, hoch in den Himmel ragend und dann dem Erdboden gleichgemacht.
Allegorie einer Zerstörung von Vermessenheit?

Wieder gibt es verschiedene Namen ein- und desselben, hier für eine Person: Osama bin Laden, arabische Kurzform: Usama bin Laden, in korrekter arabischer Langform: AbuMuhammad Usama binMuhammad BinLadin.

Der Substitut
Osama bin Laden: Einer, der zugibt, dass er alles hasst und bekämpfen wird, was Amerika heißt. Ist der vielleicht nützlich?
Einer, der in Videos, in denen er bei den entscheidenden Worten jedoch lediglich in der Perspektive gezeigt wird, so dass niemand von seinen Lippen ablesen kann, die Attentate vom 11. September 2001 »gesteht«: lächelnd, in lässiger Haltung, im Gespräch mit jemandem, der ebenfalls lächelnd und in lässiger Haltung dasitzt. Ist das die arabische Körpersprache für Geständnisse?
Und solange der inzwischen – zumindest offiziell – verschwundene, wenngleich auch zuletzt sichtlich schwerkranke Osama bin Laden nicht gestellt wird, gehen die Kriege weiter – gegen alle Länder, in denen er oder seine Gefolgsleute sich vermeintlich aufhalten könnte(n).
Die Türme sind gefallen.
Babylon ist wiederauferstanden.

Wie kann die Namenspsychologie das Geschehen untersuchen?
Jeder Buchstabe repräsentiert eine spezifische Energie, ein Thema, verbunden mit einem Zahlenwert. Auf diese Weise lässt sich ein Name und das in ihm enthaltene Potenzial »berechnen«. Die wichtigsten Ergebnisse will ich hier in Stichworten vorstellen.

Namen, die analysiert werden:
- 9-11-2001 September eleven two thousand one
- Abdel Rahman (Attentat am 26.2.1993 auf das World Trade Center)
- Abu Muhammad Usama binMuhammad BinLadin alias Usama bin Laden alias Osama bin Laden
- Adolf Hitler, Adolf Schickelgruber (Geburtsname)
- Afghanistan
- Andreas Baader
- Apokalypse
- Bab Ilani, Babel, Babilu, Babylon
- El Qaida

- Etemenanki (Turm zu Babel)
- George W. Bush
- Mahmud Abuhalima (Attentat am 26.2.1993 auf das World Trade Center)
- Marwan Al-Shehhi (Selbstmordattentäter vom 11.9.2001)
- Mohammed Atta (Selbstmordattentäter vom 11.9.2001)
- New York, New York City
- Pentagon
- Rote Armee Fraktion (RAF)
- Saddam Hussein
- Statue of Liberty
- Taliban
- Ulrike Meinhof
- Wall Street
- Washington
- World Trade Center
- One World Trade Center (Adresse des 1. Turms)
- Two World Trade Center (Adresse des 2. Turms)

Die 22 Kräfte im Namen

Es können hier nur ausgewählte Aspekte der Namen dargestellt werden. Als Grundlage für das Verständnis der nachfolgenden Namensanalysen werden alle 22 Kräftebereiche kurz vorgestellt:

1/Wille, Energie
2/Wissen, Intellekt
3/Gemeinschaft, Kommunikation, Konsens
4/Tat(en), Arbeit, Geld, Entscheidung
5/Religion, Überzeugungen, Vorlieben
6/Prüfungen, Konflikte
7/Überwinden, Gelingen
8/Recht(haberei), Kosmische Ordnung, Gesundheit/Krankheit
9/Philosophie
10/Veränderung, Reform, Rebellion
11/Störung, Eingreifen
12/Verlust
13/Zäsur, Tod, Zerstörung
14/Pionierarbeit, Kampf

15/Macht
16/Probleme, Katastrophen
17/Idealismus, Öffentlichkeit, Politik
18/Extreme (Aufgaben), Gefahr, Unrecht
19/Harmonie
20/Wiederbegegnung, Wiederholung, Mission
21/Ruhm, Erfolg
22/Unwägbares, Nonkonformismus, Genialität/Wahnsinn

Namensanalysen:
Verschiedene Wege – identische Ziele?
Die Summe der Zahlenwerte eines Namens ergibt eine Energiezahl, die mittels einer Systemformel über eine Reihe von Aspekten Auskunft gibt. Elementar ist hierbei die Erschließung von Zielen.

Identische Energiezahlen
und daraus errechnete Ziele/Ergebnisse
aus der Karma-Kabbalistik

- Osama bin Laden
- Adolf Hitler

Energiezahl 114 (Summe aller Zahlenwerte)
Nach einer Systemformel ergibt sich ein kabbalisierter Wert von o6/x13, nämlich:

- *durch* 6/Prüfungen, Konflikte
- *zu* 13/Zerstörung

(Nur mit dem Unterschied, dass die Schreibweise »Osama bin Laden« lediglich in einigen westlichen Ländern gebräuchlich ist.)

- Statue of Liberty
- New York Manhattan

Energiezahl 152
kabbalisierter Wert: *o8/x16*
durch 8/Kosmische Ordnung
zu 16/Katastrophen
Die Botschaft könnte lauten: gefährdete Freiheit.

Potenziale
und daraus erkennbare Dispositionen
aus der Namenspsychologie

Identische Lebensthemen, Intentionen
Zuerst zeige ich, errechnet an der Buchstabenanzahl, für die die kabbalistische Typologie maßgeblich ist, wo es identische Lebensthemen bzw. Intentionen gibt.
Die eingefügten Charakter-Dias sind Ausschnitte aus der Grafik zur Namensanalyse.

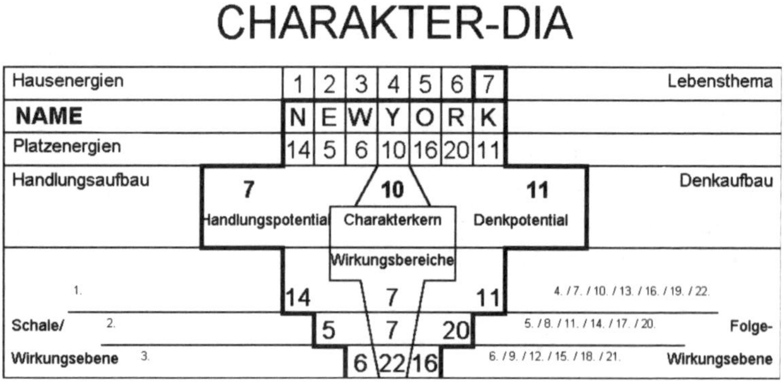

7 = Überwinden, Gelingen

- Babylon
- New York
- El Qaida
- Taliban

10 = Veränderung, Reform, Rebellion

- Apokalypse
- Etemenanki
- Wall Street
- George W. Bush

11 = Störung, Eingreifen

- Adolf Hitler
- Abdel Rahman
- Afghanistan
- New York City

13 = Zäsur, Tod, Zerstörung

- Marwan Al-Shehhi
- Osama bin Laden
- Usama bin Laden
- Saddam Hussein
- Andreas Baader
- Ulrike Meinhof

CHARAKTER-DIA

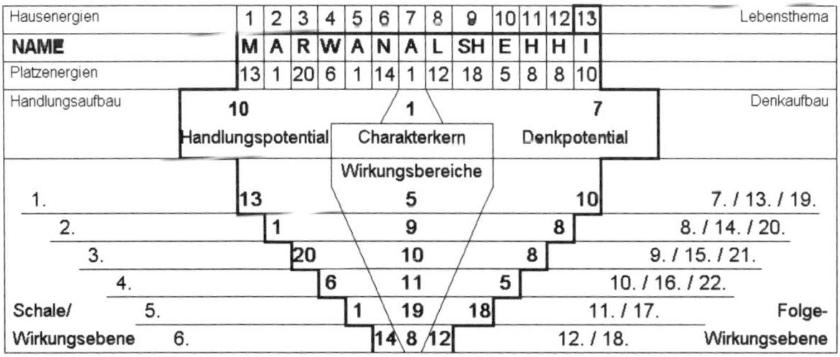

Identische Charakterkerne
In der Mitte eines Namens, im Kern, zeigt sich auch das innerste Wesen, der Hauptcharakterzug.

1 = Wille, Energie
- El Qaida
- Marwan Al-Shehhi

8 = Recht(haberei), Kosmische Ordnung, Gesundheit/Krankheit
- Adolf Hitler
- Saddam Hussein

10 = Veränderung, Reform, Rebellion
- Osama bin Laden
- Usama bin Laden
- AbuMuhammad Usama binMuhammad BinLadin
- Taliban
- New York
- Pentagon
- Golden Gate Bridge
- Babylon

13 = Zäsur, Tod, Zerstörung
- Apokalypse
- Ulrike Meinhof

14 = Pionierarbeit, Kampf
- Washington
- Afghanistan

20 = Wiederbegegnung, Wiederholung, Mission
- One World Trade Center
- Two World Trade Center

Identische Charakterschalen und Wirkungsbereiche
Ein Name lässt sich schälen wie eine Zwiebel, wobei die Kräfte des ersten und des letzten Buchstabens die 1. Schale bilden, der zweite und zweitletzte Buchstabe die 2. Schale usw.
Jede »Schale« enthält eine neue Basisinformation über das Denken und

Handeln in einer bestimmten Lebensthematik. Zusätzlich gibt die Addition dieser beiden Energiezahlen den Bereich an, in dem diese Kräfte sich auswirken (Wirkungsbereiche).
Aus den 22 Kräftebereichen habe ich diejenigen sechs ausgewählt, die auf Gefahr hinweisen können.

Das Charakter-Dia *EL QAIDA* zeigt zum Beispiel Folgendes:
Die 1. Charakterschale wird gebildet aus

E = 5/Religion
(1. Buchstabe, Handlungsaufbau)
+ A = 1/Wille, Energie
_____ (letzter Buchstabe, Denkaufbau)
= 6/Prüfungen, Konflikte (Wirkungsbereich)

Die 4. Charakterschale nun ist identisch mit der 1., aber auch mit der 7., 10., 13., 16., 19. und 22., da der Name selbst nur drei Haupt-Charakterschalen hat und die Folgeschalen ab der 4. wieder von vorn rechnen. Also gilt für die 4. Charakterschale von El Qaida, dass sich die *Tatenergie* als *Konflikt* (6) auswirkt.

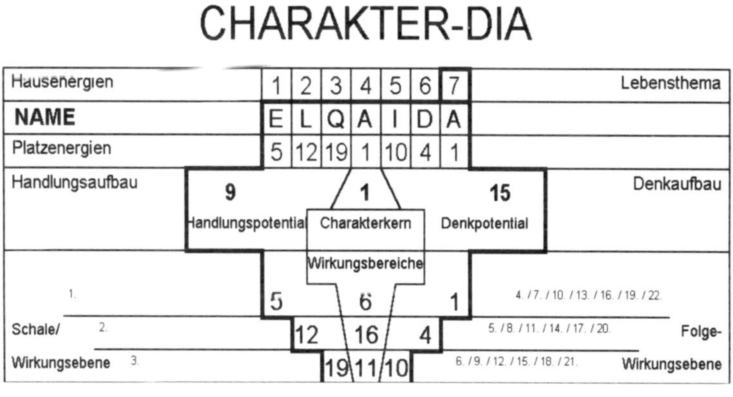

<u>*4. Charakterschale*</u>
<u>*Tat(en), Arbeit, Geld, Entscheidung*</u>

<u>Die Wirkungsbereiche der 4. Schale:</u>

CHARAKTER-DIA

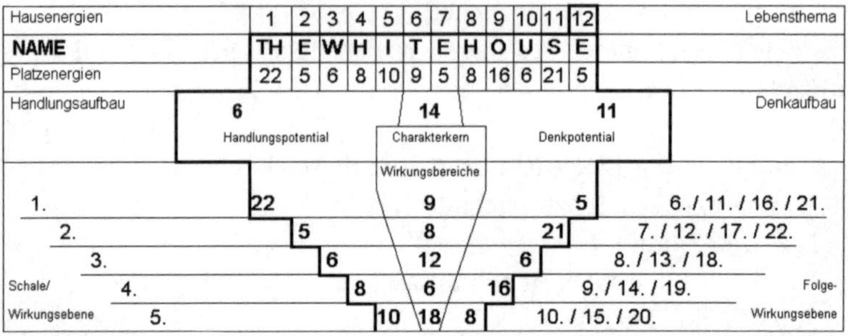

6 = Prüfungen, Konflikte

- Babel
- El Qaida
- Ulrike Meinhof
- The White House

7 = Überwinden, Gelingen

- Mahmud Abuhalima
- Saddam Hussein
- New York

11 = Störung, Eingreifen

- Afghanistan
- Marwan Al-Shehhi

13 = Zäsur, Tod, Zerstörung

- Babilu
- Abdel Rahman
- Washington
- 9-11-2001 (September eleven two thousand one)

14 = Pionierarbeit, Kampf

- Osama bin Laden
- Usama bin Laden
- AbuMuhammad Usama binMuhammad BinLadin

CHARAKTER-DIA

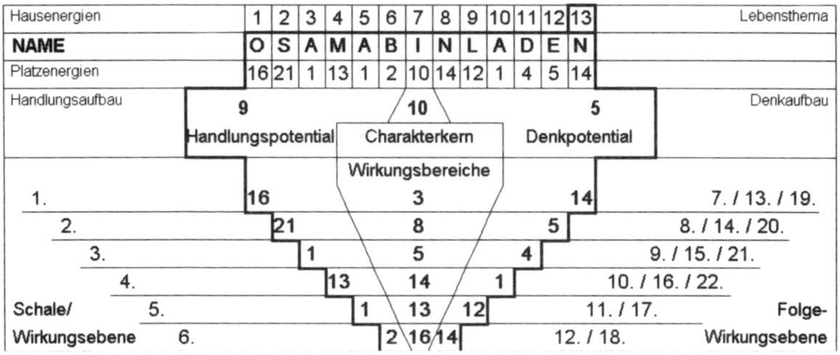

CHARAKTER-DIA

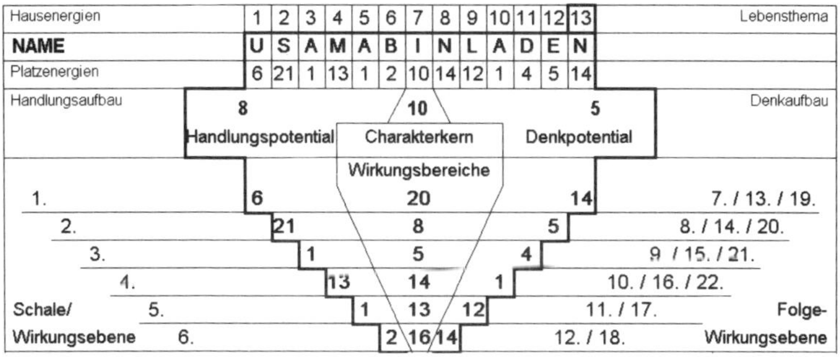

CHARAKTER-DIA

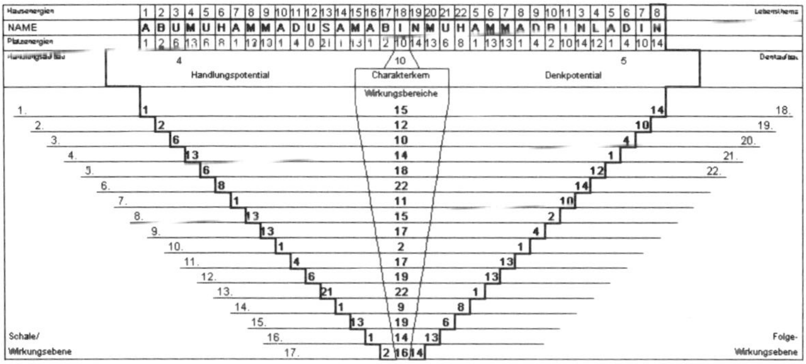

4. Charakterschale
Taten, Arbeit, Geld, Entscheidung
Handlungsaufbau: 13/Zäsur, Tod, Zerstörung
Denkaufbau: 1/Wille, Energie
Wirkungsbereich: 14/Pionierarbeit, Kampf.

5. Charakterschale
Religion, Überzeugungen, Vorlieben
Handlungsaufbau: 6/Prüfungen, Konflikte
Denkaufbau: 12/Verlust
Wirkungsbereich: 18/Extreme (Aufgaben), Gefahr, Unrecht
(identisch mit der 22. Charakterschale: Unwägbares, Nonkonformismus, Genialität/Wahnsinn)

13. Charakterschale
Zäsur, Tod, Zerstörung
Handlungsaufbau: 21/Ruhm, Erfolg
Denkaufbau: 1/Wille, Energie
Wirkungsbereich: 22/Unwägbares, Nonkonformismus, Genialität/Wahnsinn

18. Charakterschale
Extreme (Aufgaben), Gefahr, Unrecht
Handlungsaufbau: 1/Wille, Energie
Denkaufbau: 14/Pionierarbeit, Kampf
Wirkungsbereich: 15/Macht

20. Charakterschale
Wiederbegegnung, Wiederholung, Mission
Handlungsaufbau: 6/Prüfungen, Konflikte
Denkaufbau: 4/Tat(en), Arbeit, Geld, Entscheidung
Wirkungsbereich: 10/Veränderung, Reform, Rebellion

22. Charakterschale
Unwägbares, Nonkonformismus, Genialität/Wahnsinn
Handlungsaufbau: 6/Prüfungen, Konflikte
Denkaufbau: 12/Verlust
Wirkungsbereich: 18/Extreme (Aufgaben), Gefahr, Unrecht
(identisch mit 5. Charakterschale: Religion, Überzeugung)

Fortsetzung (4. Charakterschale), Seite 310

14 = Pionierarbeit, Kampf
- Statue of Liberty
- Golden Gate Bridge
- Empire State Building
- Rote Armee Fraktion
- Etemenanki

21 = Ruhm, Erfolg
- Adolf Hitler
- Andreas Baader
- Apokalypse

CHARAKTER-DIA

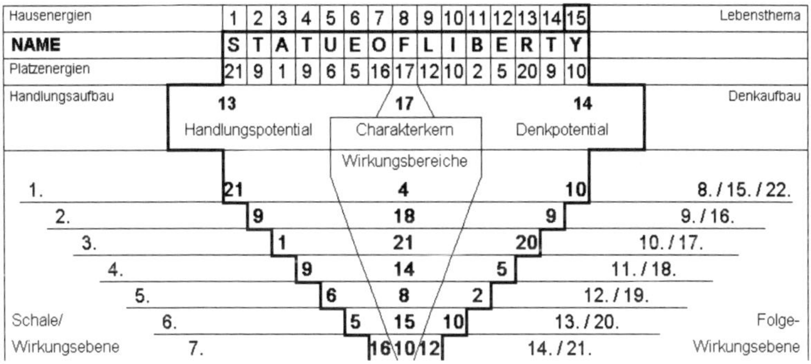

CHARAKTER-DIA

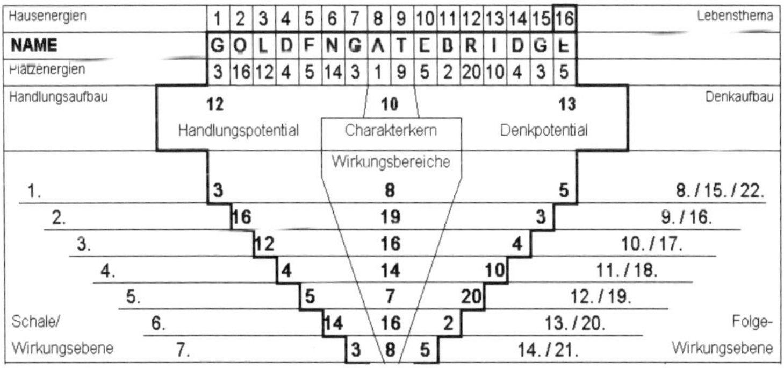

CHARAKTER-DIA

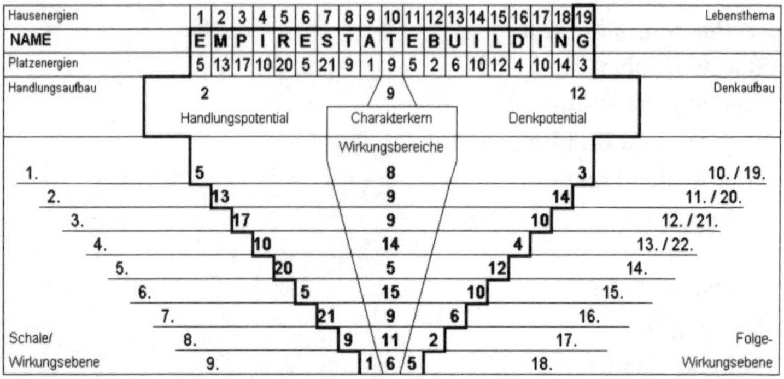

5. Charakterschale
Religion, Überzeugungen, Vorlieben

Die Wirkungsbereiche der 5. Schale:

5 = Religion, Überzeugungen, Vorlieben
- The White House
- Empire State Building
- Saddam Hussein

7 = Überwinden, Gelingen
- New York
- Golden Gate Bridge

13 = Zäsur, Tod, Zerstörung
- Abdel Rahman
- Osama bin Laden
- Usama bin Laden

15 = Macht
- Bab Ilani
- Etemenanki
- Wall Street

17 = Idealismus, Öffentlichkeit, Politik

- Babylon
- Mohammed Atta

CHARAKTER-DIA

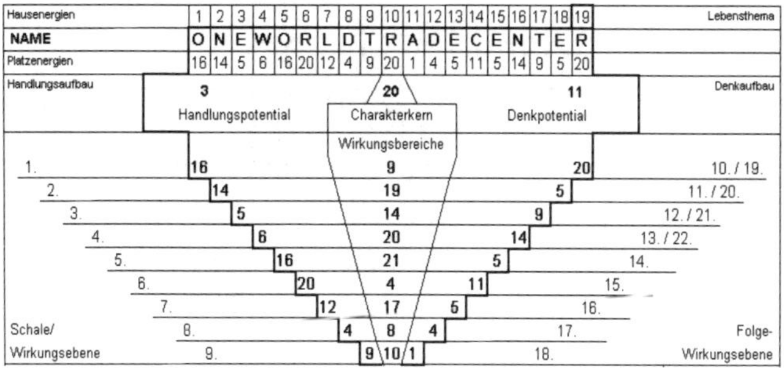

CHARAKTER-DIA

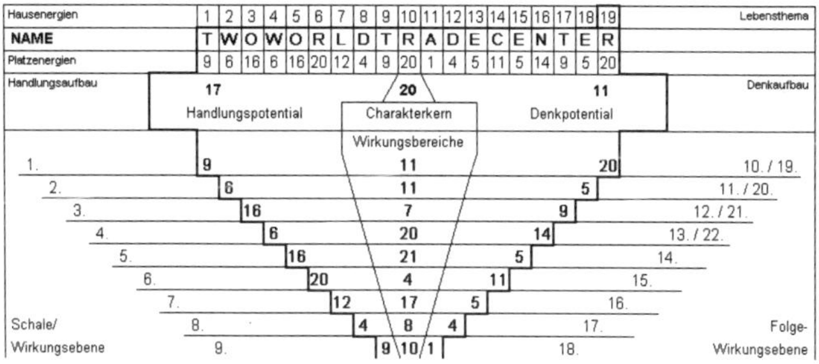

CHARAKTER-DIA

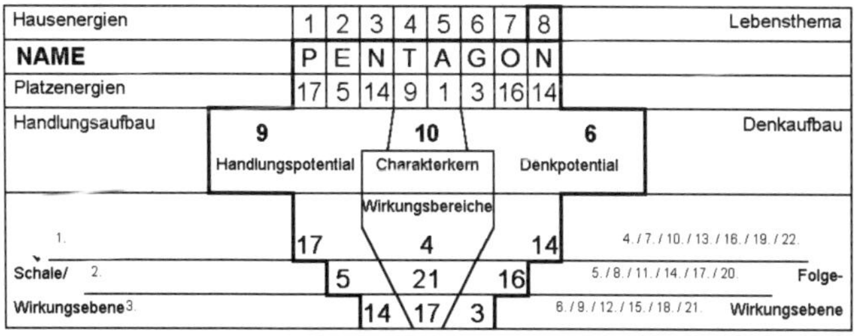

21 = Ruhm, Erfolg
- Ulrike Meinhof
- George W. Bush
- Pentagon
- One World Trade Center
- Two World Trade Center

13. Charakterschale
Zäsur, Tod, Zerstörung

Die Wirkungsbereiche der 13. Schale:

5 = Religion, Überzeugungen, Vorlieben
- Ulrike Meinhof
- Marwan Al-Shehhi
- Taliban

Also gilt für die 13. Charakterschale der Taliban, dass sich die *Zerstörungsenergie* im Bereich *religiöser* Überzeugungen auswirkt.

10 = Veränderung, Reform, Rebellion
- Adolf Hitler
- Adolf Schickelgruber

12 = Verlust
- Bab Ilani

- Afghanistan
- The White House
- Rote Armee Fraktion

15 = Macht
- Etemenanki
- 9-11-2001 (September eleven two thousand one)
- Wall Street
- Statue of Liberty
- Empire State Building

16 = Probleme, Katastrophen
- Babylon
- New York City
- Golden Gate Bridge

17 = Idealismus, Öffentlichkeit, Politik
- Mohammed Atta
- Abdel Rahman

20 = Wiederbegegnung, Wiederholung, Mission
- Washington
- World Trade Center
- One World Trade Center
- Two World Trade Center
- Usama bin Laden

21 = Ruhm, Erfolg
- George W. Bush
- Andreas Baader

18. Charakterschale
Extreme (Aufgaben), Gefahr, Unrecht

Die Wirkungsbereiche der 18. Schale:

6 = Prüfungen, Konflikte
- Babel

- Wall Street
- Empire State Building

10 = Veränderung, Reform, Rebellion

- Adolf Hitler
- Ulrike Meinhof
- One World Trade Center
- Two World Trade Center

11 = Störung, Eingreifen

- Apokalypse
- El Qaida
- George W. Bush

Also gilt für die 18. Schale des Wortes Apokalypse wie für den Namen George W. Bush, dass sich die *Gefahrenenergie* in *Störungen, Eingreifen* von außen auswirkt.

12 = Verlust

- Afghanistan
- The White House

14 = Pionierarbeit, Kampf

- Babylon
- Taliban
- Statue of Liberty
- Golden Gate Bridge

17 = Idealismus, Öffentlichkeit, Politik

- Abdel Rahman
- Mohammed Atta
- Washington
- Pentagon

20. Charakterschale
Wiederbegegnung, Wiederholung, Mission

Die Wirkungsbereiche der 20. Schale:

8 = Recht(haberei), Kosmische Ordnung, Gesundheit/Krankheit
- George W. Bush
- Osama bin Laden
- Usama bin Laden

9 = Philosophie
- Adolf Hitler
- Marwan Al-Shehhi
- New York City
- Empire State Building

Also gilt für die 20. Charakterschale sowohl von Adolf Hitler als auch von Marwan Al-Shehhi, dass deren *Philosophie* zu einer *Wiederholung* führt.

11 = Störung, Eingreifen
- Afghanistan
- Saddam Hussein

13 = Zerstörung
- Babilu
- Washington

17 = Idealismus, Öffentlichkeit, Politik
- Babylon
- Manhattan
- Mohammed Atta

18 = Extreme (Aufgaben), Gefahr, Unrecht
- Adolf Schickelgruber
- The White House

20 = Wiederbegegnung, Wiederholung, Mission
- World Trade Center
- 9-11-2001 World Trade Center (September eleven two thousand one, World Trade Center)

(siehe auch: 22. Schale, Wirkungsbereich 20!)

21 = Ruhm, Erfolg

- Apokalypse
- Pentagon
- 9-11-2001 One World Trade Center (September eleven two thousand one, One World Trade Center)

22. Charakterschale
Unwägbares, Nonkonformismus, Genialität/Wahnsinn

Die Wirkungsbereiche der 22. Schale:

4 = Tat(en), Arbeit, Geld, Entscheidung

- Pentagon
- Statue of Liberty

5 = Religion, Überzeugungen, Vorlieben

- Taliban
- 9-11-2001 World Trade Center (September eleven two thousand one World Trade Center)

6 = Prüfungen, Konflikte

- Babel
- Wall Street
- Ulrike Meinhof

CHARAKTER-DIA

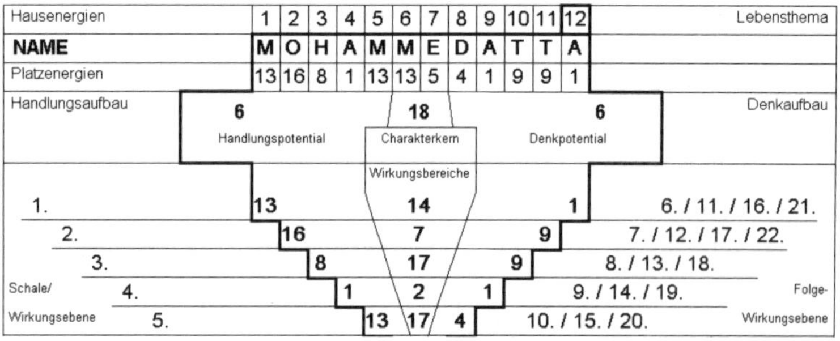

7 = Überwinden, Gelingen
- New York
- Saddam Hussein
- Mohammed Atta

8 = Recht(haberei), Kosmische Ordnung, Gesundheit/Krankheit
- World Trade Center
- The White House
- Golden Gate Bridge

11 = Störungen, Eingreifen
- Apokalypse
- Marwan Al-Shehhi
- George W. Bush

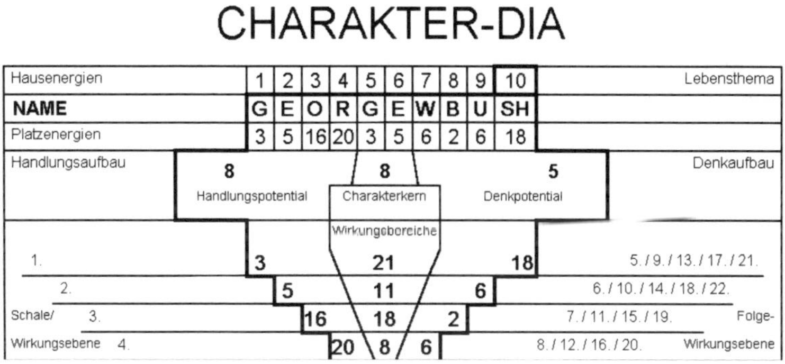

Also gilt für die 22. Charakterschale von George W. Bush, dass sein *Genie oder Wahnsinn* zu *Störungen, Eingreifen* von außen führen wird.

14 = Pionierarbeit, Kampf
- Mahmud Abuhalima
- Osama bin Laden
- Usama bin Laden
- New York City
- Empire State Building

18 = Extreme, Gefahr, Unrecht
- Afghanistan
- AbuMuhammad Usama binMuhammad BinLadin

20 = Wiederbegegnung, Wiederholung, Mission
- Etemenanki
- One World Trade Center
- Two World Trade Center

Quintessenz

Aus den vielen Deutungskriterien dieser Namensanalysen möchte ich abschließend noch zwei Aspekte herausgreifen:

Unverkennbar ist, dass praktisch alle amerikanischen Monumente ähnliche Dispositionen haben, also ähnlich gefährdet sein mögen. So hatte auch einer der Attentäter des 11. September ein Jahr zuvor schon in einem Brief sinngemäß angekündigt, dass alle großen Bauwerke Amerikas fallen würden.

Der amerikanische Präsident schließt seine Reden gern mit: »God bless America.« George W. Bush braucht solchen Schutz auch für sich selbst!

CHARAKTER-DIA

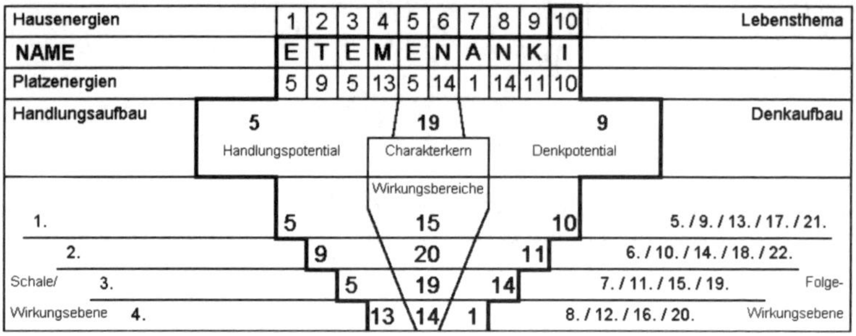

Die Botschaft von Etemenanki

Etemenanki heißt »Grundstein von Himmel und Erde« – zusammengesetzt aus: *Temen* = Grundfeste von *An* (Himmel) und *Ki* (Erde).

Und das kann doch nur heißen: Grundstein für das Eins-Sein; wie oben – so unten. Gemeinsames Schaffen.

Bauen *auf* den Himmel, nicht: bauen *in* den Himmel.

Etemenanki. Der Turm als Prüfstein. Und die Chance der freien Entscheidung, also karmische Verantwortung.
Die Metapher: Babylon hat ein grund-legendes Karma auf-gebaut: die Welt zurückführen zu können in die Kosmische Ordnung, in Recht und Gerechtigkeit. Die Aufgabe lautete also: reformieren (10).
Und die innerste Absicht war: die Dinge wieder ins Gleichgewicht bringen, ausgleichen, Harmonie schaffen (19).
Die Erfüllung der Aufgabe (4. Schale) bedingte eine Pionierleistung (14), und so manifestierte sich die Überzeugung (5. Schale), dass eine große Macht (15) hier notwendig sei, was sich dann ja in der Zerstörung – Chaos kommt immer vor Ordnung bzw. Neubeginn, wie wir ja wissen – (13. Schale) – bewahrheitet. Ein Extrem (18. Schale), das sich wiederholen wird (20), solange das Denken von Störeinflüssen (11) und das Handeln von einer Philosophie (9) geleitet sind, die in die Wiederholung (20) führen.
Die Wiederholung selber (20. Schale) wird wiederum Pionierleistung (14) verlangen.
Und so wird etwas Unwägbares (22. Schale) sich wiederholen (20): Genialität oder Wahnsinn.

Die Auswirkung der 22. Charakterschale ist identisch mit der von One World Trade Center und von Two World Trade Center.
Geschichte wiederholt sich so lange, bis wir die Botschaft verstanden haben.
Bis wir die *eine* Sprache der Verständigung zwischen *allen* Völkern wiedergefunden haben.

Hanna Moog
Auf der Suche nach der inneren Wahrheit

Die Lehren des I Ging

Es war etwa neun Uhr morgens, als mich in meiner Wahlheimat in der Nähe von Boston ein Telefonanruf erreichte: »Es ist etwas Unglaubliches passiert. Schaltet schnell den Fernseher ein!« Ein Passagierzeug war in einen der Türme des World Trade Center gerast – wir starrten gebannt auf den Bildschirm, was nun geschehen würde. Etwa fünfzehn Minuten später wurden wir Zeugen, wie sich ein zweites Flugzeug in den anderen Turm bohrte. Nun war jeder Zweifel ausgeschlossen: Es war kein »gewöhnliches« Unglück.

Für viele Menschen in Amerika war es der Zusammenbruch ihres Weltbildes. Seltsam, sagten manche, mit denen ich später sprach, irgendwie hatte ich geglaubt, ich würde in Sicherheit leben – in einem Land, wo ich vor Krieg sicher bin. Diese Sicherheit ist mit einem Mal wie weggeblasen. Was ist jetzt noch sicher?

Als ich das I Ging befragte, unter welchem Aspekt ich meinen Beitrag zu diesem Buch beginnen solle, erhielt ich das Hexagramm (eines von 64 Zeichen, aus denen das I Ging besteht) mit dem Namen »Die Dauer«. Es handelt von dem, was Dauer hat und Sicherheit bietet, weil es im Einklang mit dem Kosmos ist; und im Gegensatz dazu zeigt es, was vergänglich ist, weil es das Produkt menschlicher Ratio und Fantasie ist.

Ein anderes Hexagramm drängt sich angesichts der Ereignisse vom 11. September unwillkürlich auf; es trägt den Namen »Das Erschüttern/Der Donner«. Im Orakelspruch heißt es: »Das Erschüttern kommt: Hu, Hu! Lachende Worte: Ha, Ha! Das Erschüttern erschreckt hundert Meilen, doch er bleibt in seiner Mitte.« Wie ist diese Auskunft des Orakels zu deuten? Dass auf das Erschrecken (Hu, Hu!) lachende Worte folgen, kann nur einen Sinn ergeben, wenn die Erschütterung ein kosmisches Ereignis darstellt, das einen befreienden Effekt hat. Dieser befreiende Effekt mag auf den ersten Blick nicht erkennbar sein, aber er hat etwas mit der »inneren Wahrheit« der Situation zu tun. »Innere Wahrheit« ist der Name eines anderen Hexagramms im I Ging, das uns daran erinnert, dass wir ein inneres Licht besitzen, das uns erlaubt, die Dinge im Licht der kosmischen Wahrheit zu betrachten. Wer dies tut, ist in seiner Mitte, wo er findet, was »Dauer« hat.

Um diese Betrachtung zu ermöglichen, ist es zunächst einmal notwendig innezuhalten, das heißt, alle vorgefassten Meinungen zur Seite zu stellen und sich für eine neue Sichtweise zu öffnen. Wenn Menschen sich nicht aus freiem Willen für eine neue Sicht auf die Dinge öffnen, dann geschieht etwas, das sie mit Gewalt wachrüttelt. Dieses »Etwas« nennt das I Ging »widriges Schicksal.« Der folgende Beitrag beschäftigt sich mit der Frage, was widriges Schicksal ist, woher es kommt, welche Funktionen es hat und wie es durch einen Akt unseres freien Willens beendet werden kann.

Das Ereignis vom 11. September 2001 war, so bestätigte mir das I Ging, die Manifestation eines widrigen Schicksals. Es ist mein Anliegen, mit Hilfe dessen, was ich vom I Ging gelernt habe, dazu beizutragen, die Botschaft, die in diesem Ereignis enthalten ist, in ihrer Vielschichtigkeit zu verdeutlichen. Letztlich ist jedoch diese Botschaft für jeden Menschen individuell verschieden und will im Licht seiner eigenen inneren Wahrheit verstanden werden. Jeder Einzelne hat potenziell Zugang zu seiner inneren Wahrheit, die identisch ist mit der kosmischen Wahrheit. Auf diesen Punkt komme ich später ausführlicher zurück.

Bevor ich fortfahre, möchte ich anmerken, dass die folgenden Ausführungen auf Einsichten beruhen, die mir und Carol Anthony insbesondere in den letzten vier Jahren zuteil geworden sind, seit wir an einer völlig neuen Version des I Ging arbeiten (»I Ching. The Oracle of the Cosmic Way«). Diese neue Version entsteht erstmals unter direkter Führung durch den Weisen, der durch das I Ging spricht. In Hunderten von alltäglichen Lektionen hat uns der Weise auf die Missverständnisse hingewiesen, die wir Menschen vom wahren Wesen des Kosmos und von unserer eigenen Fähigkeit, die kosmische Wahrheit zu erkennen, entwickelt haben. Im Verlauf unseres Lernprozesses trat ein Bild vom Kosmos zutage, das uns zunehmend freier atmen ließ und uns ein unbeschreibliches Glücksgefühl gab. Es ist jedem zugänglich, der bereit ist, sich für neue Lernerfahrungen zu öffnen.

Eine Stelle im I Ging spricht davon, dass es darum geht, rechtzeitig »die Keime« des Geschehens zu erkennen. Diese Keime, so könnte man übersetzen, sind die Ursachen von »Heil« oder »Unheil«. Für diejenigen unter den Leserinnen und Lesern, die nicht mit dem I Ging vertraut sind, möchte ich anmerken, dass das ganze I Ging darauf gerichtet ist, uns Menschen dabei zu helfen, bewusst unterscheiden zu lernen, welche Ursachen zu Heil (zur Erfüllung des eigenen kosmischen Schicksals) und welche zu Unheil (zu widrigem Schicksal) führen. Als allgemeinstes Unterscheidungsmerkmal gilt grundsätzlich:

- Wenn unser Herz und unser Verstand in Harmonie mit dem kosmischen Bewusstsein sind, erfahren wir den Schutz und die Hilfe des Kosmos in allem, was wir tun. Dies ist die Bedeutung von »Heil«.
- Wenn unser Herz hingegen vom Verstand regiert wird, sind wir vom kosmischen Bewusstsein getrennt, weil ein Verstand, der nicht dem Herzen folgt, abstrakte Vorstellungen entwickelt. Diese Vorstellungen erschaffen – durch Projektion – eine Parallel-Realität, die mit der kosmischen Realität konkurriert. Im Bereich der unsichtbaren Welt haben solche falschen Vorstellungen dem Kosmos das Bild einer Feudalhierarchie aufgedrückt, ein Bild, das seinen Harmoniegesetzen zuwiderläuft. Anders ausgedrückt, die so erschaffene Parallel-Realität ist mit dem Kosmos auf Konfrontationskurs. Wie geht nun der Kosmos, der auf dem Prinzip der Liebe beruht, mit solchem Verhalten auf Seiten der Menschen um? Die Antwort auf diese Frage liegt im tieferen Verständnis dessen, was widriges Schicksal bedeutet. Jede Zuwiderhandlung – in Gedanken oder Tat – gegen die Harmonie des Ganzen erzeugt für den Verursacher ein widriges Schicksal, das ihn auf den Boden der kosmischen Realität zurückbringt.
- Jeder einzelne Mensch hat jederzeit die Freiheit, diese Parallel-Realität innerlich zu verlassen, sein widriges Schicksal zu beenden und zur Einheit mit dem Kosmos zurückzukehren.

Der Weise gab mir zu verstehen, dass das Ereignis vom 11. September 2001 als ein widriges Schicksal gesehen werden muss, das darauf aufmerksam macht, dass Menschen gegen die Harmoniegesetze des Kosmos verstoßen haben. Diese Harmoniegesetze sind es, die »Dauer« haben und auch dafür sorgen, dass Dauer gewahrt bleibt. Die Tatsache, dass so viel widriges Schicksal überall auf der Welt erzeugt wird, ist ein Hinweis darauf, dass das Wesen des Kosmos und die Existenz der kosmischen Harmoniegesetze weitgehend verkannt sind.
Wie lauten nun die kosmischen Harmoniegesetze? Die wichtigsten sind

die Gesetze der Gleichheit und Einzigartigkeit aller Aspekte des Kosmos. Nur auf dieser Grundlage ist es möglich, dass die Harmonie innerhalb des Kosmos auf einer einzigen Kraft beruhen kann: der Kraft der wechselseitigen Anziehung komplementärer Aspekte. Ein anderer Name für diese Kraft ist Liebe. Ein weiteres Gesetz ist das der ständigen Evolution des Kosmos in seiner Ganzheit. Diese Evolution kann nur unter der Bedingung stattfinden, dass die zuvor genannten (und andere) Harmoniegesetze beachtet werden. Es gibt daher ein weiteres Gesetz, das über die Wiederherstellung der Ordnung in der Harmonie des Kosmos wacht, wenn diese verletzt wird; dies ist das Gesetz des widrigen Schicksals für den Verursacher der Störung.

Hier mag der Einwand gemacht werden, dass die meisten Menschen nichts von kosmischen Harmoniegesetzen wissen, und somit »ungerechterweise« von widrigem Schicksal getroffen werden.

Natürlich habe ich mir auch diese Frage gestellt; besser gesagt, ich habe sie dem Weisen gestellt und dann in einer Reihe von Lektionen mehr über widriges Schicksal und wie es funktioniert gelernt. In einer dieser Lektionen wurde mir gezeigt, dass geringe Verstöße gegen die kosmischen Harmoniegesetze ein relativ leichtes widriges Schicksal nach sich ziehen. Es geht also darum, widriges Schicksal möglichst schon in seinen Anfängen zu erkennen und seine Bedeutung zu verstehen. Wenn diese nicht verstanden wird, ist die Wahrscheinlichkeit groß, dass der Betreffende neues widriges Schicksal für sich erschafft, das zunehmend schwerer und bedrückender wird.

Auf die Frage, worin die Keime bestehen, die zu Unheil führen, hat der menschliche Verstand ein recht einhelliges Urteil gefällt: Unheil, so lautet dieses Urteil, kommt von dem Bösen, das in der Tiernatur oder Triebnatur des Menschen angelegt ist. Hören wir im Gegensatz dazu die Antwort, die der Weise auf diese Frage gibt: Unheil, das heißt widriges Schicksal, kommt vom törichten Gebrauch der menschlichen Fähigkeit zu denken; es kommt in die Welt durch die Erschaffung abstrakter Wörter und Sätze, die keine kosmische Grundlage haben; das Gleiche gilt für Bilder, die nur der Fantasie entsprungen sind.

Bekanntlich ist das Denken im Großhirn angesiedelt, ebenso wie die Fähigkeit, Bilder zu formen. Es ist ferner bekannt, dass das Großhirn eine jüngere Entwicklung in der Evolution des kosmischen Ganzen ist. Was aber leicht übersehen wird, ist die Tatsache, dass seine beiden Funktionen im rechten Gebrauch ihrer Fähigkeiten dementsprechend unerfahren sind. Ihren rechten Gebrauch zu lernen ist Teil der kosmischen Aufgabe, die uns Menschen gegeben wurde. Lernen kann nur unter den Bedingungen von Freiheit stattfinden, denn es bedeutet, neue Räume zu erschließen.

Die Geschichte zeigt, dass der Mensch sich zunächst für einen törichten Gebrauch der Fähigkeiten seines Großhirns entschieden hat, indem er begann, sich etwas auf seine »besonderen« (das richtige Wort wäre »einzigartigen«) Fähigkeiten einzubilden. Da jeder Aspekt des Kosmos einzigartige Fähigkeiten besitzt, kann also von Besonderheit keine Rede sein. Das Wort »besonders« mit seinen Ableitungen wie »Sonderstellung des Menschen« ist ein Beispiel für einen Keim, aus dem Unheil entsteht, weil ein solches Wort gegen die kosmischen Gesetze der Gleichheit und Einzigartigkeit verstößt.

Die Erschaffung von Wortkeimen, aus denen Unheil entsteht, ist untrennbar verbunden mit der Erschaffung von Fantasiebildern im anderen Teil des Großhirns. Wenn sich der Mensch ein Bild von der Welt erschafft, in dem er eine Sonderstellung einnimmt, trennt er sich von der Einheit des Kosmos ab. Das I Ging nennt dies »Die Jugendtorheit« in einem Hexagramm gleichen Namens. Das Hexagramm handelt davon, wie der Weise, der durch das I Ging spricht und der auch die Funktion des kosmischen Lehrers hat, für jeden einzelnen Menschen da ist, um ihm zu helfen, seine Torheit zu überwinden.

Allerdings kann diese Hilfe nur unter den Bedingungen der kosmischen Harmoniegesetze gegeben werden, das heißt, wenn der Betreffende seine anmaßende Haltung aufgibt und Herz und Verstand öffnet.

Wie schon erwähnt, kann diese Öffnung entweder freiwillig geschehen, oder sie geschieht als Nebeneffekt eines widrigen Schicksals, was häufig übersehen wird: Es dient unter anderem dazu, die Person zur »Besinnung« zu bringen. Damit ist gemeint, dass jemand, der aufgrund abstrakter Vorstellungen seinen Realitätssinn verloren hat, wieder auf den Boden der kosmischen Realität zurückgebracht wird. Für den Menschen sind die Erde und die Natur seine kosmische Realität. Die Erde ist der einzige Ort, an dem er seine Fähigkeit, die kosmische Sprache vermittels seiner Intuitions- und Denkfunktion zu erlernen, entwickeln kann. Wie uns der Weise gezeigt hat, ist der Mensch von der Natur mit allem ausgestattet, was er für diesen Lernprozess braucht: Er besitzt zahlreiche Sinne, nicht nur die fünf bekannten äußeren Sinne, sondern auch einen »inneren Riecher«, einen inneren Sinn dafür, wie kosmische Wahrheit

»schmeckt«, das innere Hören, innere Fühlen und innere Sehen. Außerdem ist jeder Mensch mit einem kosmischen Gedächtnis ausgestattet, das ihn daran erinnert, wie sich kosmische Harmonie anfühlt. Dieses Gedächtnis ist unser kosmisches Gewissen (= Gefühlswissen) und im Stammhirn angesiedelt; im I Ging wird es als unsere »innere Wahrheit« bezeichnet.

Sowohl die Intuitiv- als auch die Denkfunktion, die im rechten Gebrauch ihrer Fähigkeiten noch unerfahren sind, bedürfen der Führung durch das kosmische Gedächtnis, mit dem wir durch unsere inneren Sinne verbunden sind. Wenn wir unsere inneren Sinne einschalten, indem wir ihre Existenz und Funktion anerkennen, dann äußern sie sich, indem sie uns Intuitionen in Form von inneren Bildern geben, die Ausdruck unserer inneren Wahrheit sind. Der nächste Schritt bestünde dann darin, diese inneren Bilder in Worte zu fassen, was der wahren Funktion des Denkens entspräche. Wenn unsere Sprache der eigenen inneren Wahrheit Ausdruck verleiht, dann wird sie zu einem neuen Instrument im großen Orchester der kosmischen Harmonien. Jeder Mensch hat die Aufgabe, so der Weise, die kosmische Sprache, und das heißt die kosmische Wahrheit, auf einzigartige Weise zum Ausdruck zu bringen.

Wenn allerdings Menschen sich ein Bild von der Welt erschaffen, das ihrer Eitelkeit – sprich: ihrem Großhirn – schmeichelt, dann trennen sie sich von ihrer inneren Wahrheit ab. Dieser folgenschwere Schritt äußert sich darin, dass die Bilderfunktion zu fantasieren beginnt und die Sprachfunktion abstrakte Begriffe erschafft. Beide Funktionen beruhen nicht mehr auf dem inneren Fühlen, und das Herz wird zum Schweigen gebracht. Wenn diese beiden Funktionen nicht mehr mit dem kosmischen Gedächtnis verbunden sind, verliert der betreffende Mensch seine Mitte. Stattdessen erschafft die Fantasie heroische Selbstbilder, und das Denken übernimmt es, diese Selbstbilder mit Hilfe falscher Wörter und Sätze zu rechtfertigen. Das I Ging nennt diesen Vorgang »die Formation des Ego«.

Das Ego ist ein Kompositum aus heroischen Selbstbildern und Wertvorstellungen, die diesen Selbstbildern schmeicheln. Letztere sind Produkte eines Großhirns, das sich selbst als autonom und das kosmische Gedächtnis und Gewissen zum Gehirnanhang erklärt hat, das zur Tiernatur des Menschen gehört und ein eher lästiges Überbleibsel darstellt, indem es uns an unsere wahre Abstammung erinnert. Die zentrale Behauptung

des Ego ist, dass der Mensch, dank seines Großhirns, der Mittelpunkt der Welt sei, um den sich alles drehe.
Ein Mensch, der sich dieser Vorstellung anschließt, trennt sich nicht nur von seiner eigenen inneren Wahrheit, sondern auch von seiner Einheit mit dem Kosmos ab. Seine Wirklichkeit ist nicht mehr die kosmische Realität, sondern die eingangs erwähnte Parallel-Wirklichkeit mit ihren von Menschen erschaffenen Gesetzen, die mit den kosmischen Harmoniegesetzen konkurrieren. Eines dieser Gesetze ist das Gesetz der Macht, das an die Stelle der kosmischen Harmoniegesetze, die auf der Liebe beruhen, getreten ist.
Das Thema Macht bringt uns zurück zum Ereignis vom 11. September 2001. Angegriffen wurden Symbole der Macht: Handelsmacht, Geldmacht, Macht durch Rechte sowie durch vermeintlich überlegene Werte und überlegenes Wissen – ein Wissen des Verstandes, nicht des Herzens. Diese Macht ist gerichtet auf die Kontrolle von Menschen – was sie denken und was sie wertschätzen – und auf die Kontrolle von Natur.
Macht erschafft bekanntlich Gegenmacht, und damit wird ein Gesetz angesprochen, das nur für die Parallel-Realität Gültigkeit hat: das Gesetz des Gegensatzes. Es steht in klarem Widerspruch zum kosmischen Prinzip der wechselseitigen Anziehung komplementärer Aspekte. Gegensätze können sich nicht ergänzen, sondern sie bekämpfen einander mit dem Ziel, den jeweiligen Gegner zu vernichten.
Die Türme des World Trade Center waren in verschiedener Hinsicht Ausdruck von Machtdenken. Sie waren auch weithin sichtbarer Ausdruck eines kollektiven Stolzes, der auf dem Besitz materieller Macht beruht. Damit forderten die Türme eine Gruppe von Menschen zum Angriff heraus, die ein entgegengesetztes kollektives Selbstbild hegen, das auf ideeller Macht beruht. Auch sie, so könnte man sagen, haben Türme des Stolzes errichtet – nur sind sie weniger sichtbar, weil sie sich in ihrem Herzen befinden.
Materialismus und Idealismus sind gleichermaßen Ausdruck von Machtdenken. Es findet in den Köpfen und Herzen von konkreten Menschen statt, und jeder einzelne Mensch ist dem Kosmos gegenüber für sein Denken und Handeln verantwortlich. Wenn er diese Pflicht vergisst, macht ihn ein widriges Schicksal darauf aufmerksam.
Widriges Schicksal macht darauf aufmerksam, dass unsere Vorstellung, der Bestand der Welt hänge davon ab, was wir als Menschen tun, falsch ist. Es zeigt uns die Grenzen unseres Machens, die Grenzen unserer

Freiheit, zu denken und zu tun, was immer wir wollen. Obwohl wir eine gewisse Freiheit besitzen, unsere Fähigkeit zur Intuition und zu denken einzuüben, sind uns Grenzen gesetzt, wenn wir diese Freiheit dazu benutzen, das kosmische Harmoniegefüge zu bekämpfen.

Die Erschütterung, die ein widriges Schicksal mit sich bringt, hat die objektive Funktion, den Betroffenen zumindest vorübergehend aus dem Griff seines Ego zu befreien und ihn seine eigene Mitte spüren zu lassen. Die spontane Hilfsbereitschaft kurz nach der Erschütterung vom 11. September ist ein gutes Beispiel dafür, wie Menschen aus ihrer Mitte, das heißt aus ihrem Gefühl heraus, handeln, solange ihr Ego unter Schock steht. Dieses Handeln aus der eigenen Mitte heraus ist immer der Situation und ihren momentanen Erfordernissen angemessen und daher im Einklang mit der Harmonie des Kosmos. Sobald Hilfsbereitschaft eine organisierte Form annimmt, besteht die Gefahr, dass der Einzelne seine Mitte verlässt.

Mit dem Nachlassen der Schockwirkung versucht das Ego so schnell wie möglich, die Herrschaft wieder an sich zu reißen, indem es nach einem »Schuldigen« sucht. Meist wird er »irgendwo da draußen« gesehen, und was liegt näher, als den Angreifer für die Lage verantwortlich zu machen?

Die Suche nach der inneren Wahrheit wäre unvollständig, ohne das Thema Schuld eingehender zu behandeln. Der Weise hat mich darauf aufmerksam gemacht, dass Schuld aus kosmischer Sicht eine völlig andere Bedeutung hat als Schuld, wie sie landläufig verstanden wird. Die erste Unterscheidung betrifft die Frage: Wem gegenüber hat sich ein Mensch schuldig gemacht? Die Antwort darauf lautet: Schuld gibt es nur gegenüber dem Kosmos, nie gegenüber einem Menschen. Dieser Punkt wird verständlich, wenn wir erkennen, dass der Kosmos für die Aufrechterhaltung und Wiederherstellung der Ordnung sorgt, der jeder Mensch – ebenso wie jeder andere Aspekt des Kosmos – angehört. Wenn nun ein Mensch gegen die kosmischen Harmoniegesetze verstoßen hat, wird – wie bereits ausführlich geschildert – ein widriges Schicksal gegen ihn in Gang gesetzt, das nach einer gewissen Zeit sein natürliches Ende erreicht. Mit dem Erreichen dieses Endes ist auch die Schuld getilgt. Da es dem Kosmos nicht um Bestrafung und schon gar nicht um unauslöschliche Schuld geht, sondern darum, dass der Mensch sein widriges Schicksal zum Zeichen nimmt, nach dem »Keim« zu suchen, der ihn dazu gebracht hat, die Harmonie mit dem Kosmos zu verlassen, gibt es auch die Möglichkeit, ein widriges Schicksal zu beenden. Dies geschieht, indem der Betroffene nach der Ursache in sich selbst forscht. Die Ursache oder der Keim kann in einem Wort, einem Bild oder einem Satz bestehen, der nicht Bestandteil der kosmischen Sprache ist. Es kann sich zum Beispiel auch um ein falsches Bild von Schuld handeln, wie es in unserer Kultur verbreitet ist: Schuld als unauslöschlicher Makel. Diese falsche Vorstellung von Schuld ist aufs Engste mit dem Ego und der Aufrechterhaltung seiner Kontrollstellung in der Psyche des Einzelnen verknüpft. Solange ein Mensch an die Unauslöschlichkeit von Schuld glaubt, ist er logischerweise an die Parallel-Realität gebunden, und das heißt, von der Einheit mit dem Kosmos getrennt.

Ich habe es an mir selbst erfahren, dass einer der wichtigsten Schritte zur Befreiung meines wahren Selbst von der Herrschaft des Ego in der Zurückweisung des falschen Schuldbegriffs bestand. Dies geschah, indem ich ein klares inneres Nein dazu gesagt habe. Es mag gar zu einfach klingen, ist aber zu verstehen, wenn wir uns vorstellen, dass es nur darum geht, falsche Wörter, Bilder und Sätze, die wir im Laufe unserer kulturellen Konditionierung in unser inneres, psychisches Programm aufgenommen haben, aus diesem Programm zu löschen. Da wir zu irgendeinem Zeitpunkt – meist unbewusst – innerlich Ja zu diesen Worten und Bildern gesagt haben, geschieht das Löschen durch ein inneres Nein, analog dem mathematischen Prinzip, dass plus eins und minus eins einander aufheben. Das innere Nein ist das Schlüsselwort, durch das sich der Einzelne aus dem Gefängnis der Parallel-Realität befreien kann. Der Weise hat uns gelehrt, dass ein inneres Nein zu einer Halbwahrheit oder Unwahrheit die Kraft besitzt, Transformation im Bereich des Bewusstseins zu bewirken. Gleichzeitig befreit es kosmische Kräfte, die durch das falsche Programm in unserer Psyche an der Ausübung ihrer normalen Funktionen gehindert waren. In der Meditation konnte ich selbst Zeugin solcher Transformationen sein, ganz zu schweigen von dem Gefühl der Befreiung und Harmonie, das sich daraufhin einstellte.

Nachdem mir der Begriff der Schuld in diesem völlig neuen Licht gezeigt worden ist, wurde mir auch klar, dass die gängige Praxis von Schuldzuweisungen an andere oder an »das Leben«, ebenso wie die der Selbstbeschuldigung ausschließlich neurotische Strukturen erschafft und ständig neu aktiviert. Der einzige Ausweg aus dem Teufelskreis falscher Vorstellungen von Schuld ist das energische Zurückweisen des falschen Schuldbegriffs.

Schuld im Sinne eines unauslöschlichen Makels ist eine Erfindung von Menschen, die dazu ersonnen wurde, den Einzelnen in den Strukturen institutioneller Macht zu binden, denn wer sich schuldig fühlt, ist erpressbar. Er hat sein kostbarstes Gut, seine innere Freiheit, verloren.
Was die am Ereignis vom 11. September Beteiligten angeht, haben sich beide Seiten gegenüber dem Kosmos schuldig gemacht. Es ist die Entscheidung jedes Einzelnen, ob er fortfährt, die andere Seite zu beschuldigen und Selbstjustiz zu üben (und damit neues widriges Schicksal für sich zu erschaffen) oder ob er seine eigene Schuld gegenüber dem Kosmos erkennt und seine Haltung gegenüber dem Kosmos in der oben geschilderten Weise korrigiert.
Im Zusammenhang mit Schuld hat mich der Weise noch auf eine andere häufig missverstandene Vorstellung aufmerksam gemacht: dass ein Mensch die Macht habe, zu verzeihen. Wenn ein Mensch einem anderen Gewalt antut, macht er sich am Kosmos schuldig und erwirkt eine kosmische Reaktion, die seiner Schuld genau angemessen ist und gleichzeitig die Funktion hat, ihm zu helfen, die Ursache seines schuldhaften Verhaltens zu erkennen. Jemandem zu verzeihen ist eine ebensolche Anmaßung, wie Selbstjustiz zu üben. Dies mag zunächst schockierend klingen, weil es das Selbstbild des »guten Menschen« zerstört, aber es ist genau dieses Selbstbild, das uns den Zugang zu unserer inneren Wahrheit, unserem kosmischen Wissen um das, was harmonisch ist und was nicht, versperrt.
Wenn wir, statt Selbstjustiz zu üben, ein inneres Nein zu einer erfahrenen Ungerechtigkeit sagen und dann die Wiederherstellung der kosmischen Harmonie dem Kosmos überlassen, dann geschieht Letztere in einer Weise, die allen Seiten, die Schaden erlitten haben, gerecht wird. Wie geschieht das? Durch ein widriges Schicksal, das die Befreiung der Betroffenen von einer falschen Vorstellung zum Ziel hat – der Vorstellung, es stünde ihnen frei, Worte und Bilder zu erschaffen und fortgesetzt zu benutzen, die eine falsche Beschreibung vom Wesen der Dinge geben. So verstanden, ist jedes widrige Schicksal ein kosmisches Geschenk in Verkleidung. Wenn wir es zum Anlass nehmen, unser Selbstverständnis zu prüfen und falsche Vorstellungen zu korrigieren, kann es zu einem raschen Ende gebracht werden.

Nach allem, was oben zum allgemeinen Verständnis von widrigem Schicksal, seinen Ursachen und seiner Wirkungsweise gesagt wurde,

möchte ich dies nun am Beispiel einiger der am Ereignis vom 11. September 2001 betroffenen Menschen verdeutlichen.
Zunächst sehe ich die Menschen, die von ihrem Arbeitsplatz im World Trade Center aktiv Macht ausgeübt und aktiv die Werte, auf denen Macht beruht, vertreten haben: Direktoren, Manager und gehobene Angestellte. Eine weitere Gruppe bilden jene Menschen, die sich diese Werte und Vorstellungen unbewusst zu Eigen gemacht haben und sich unter dem Schirm solcher Macht sicher fühlten. Zu den Letzteren zähle ich Personen, die entweder als Sekretärinnen und Boten in den Büros oder als Bedienstete in den Restaurants, Autoparkanlagen oder anderen Dienstleistungseinrichtungen in den Türmen gearbeitet haben. Aus beiden Gruppen haben manche das Unglück überlebt, während andere den Tod gefunden haben. Wenn wir uns daran erinnern, dass widriges Schicksal den Einzelnen immer nur in dem Maß trifft, wie es notwendig ist, um ihn auf den Boden der kosmischen Realität zurückzuholen, dann ist der unterschiedliche Ausgang für unterschiedliche Beteiligte keine Frage des mehr oder weniger glücklichen Zufalls mehr.
Gleichzeitig möchte ich aber auch der landläufigen Meinung widersprechen, dass es für die Menschen, die den Tod gefunden haben, ein »Unglück« war, und zwar unter Hinweis auf das, was Menschen von so genannten Nahtod-Erlebnissen berichtet haben: Sie sahen auf ihren Körper herab und fühlten keinerlei Schmerz. Dann wurden sie durch einen dunklen Tunnel gezogen, an dessen Ende sie ein helles Licht erwartete. Der Weise hat mir diese Darstellung als Schilderung dessen bestätigt, was geschieht, wenn ein widriges Schicksal dem Leben eines Menschen im Körper ein abruptes Ende bereitet. Es ist nicht das Ende seines Lebens, wohl aber das Ende des von ihm selbst erschaffenen widrigen Schicksals. Der dunkle Tunnel steht für die Welt der natürlichen, sichtbaren Form im Unterschied zum Licht der unsichtbaren Seite des Kosmos. Beide Seiten ergänzen sich zur Ganzheit des Kosmos. Ebenso bestätigte der Weise die Richtigkeit von Berichten, wonach der Betreffende in der Lichtdimension von verstorbenen Angehörigen und Freunden begrüßt und von einer Lichtgestalt gefragt wird: Was hast du in deinem Körper gelernt? Wenn die Antwort ungenügend ist, wird ihm ein unsichtbarer Helfer zur Seite gestellt, der ihn auf sein nächstes Erdenleben vorbereitet.
Eine andere Gruppe bilden diejenigen Menschen, die, obwohl sie dieselben Werte vertreten, nicht von dem Ereignis getroffen wurden. Für sie

bietet es eine Gelegenheit, eine kosmische Lektion am Beispiel anderer zu lernen. Jedem Menschen werden zahlreiche solche Gelegenheiten im Leben gegeben, aber nicht immer ist die in einem widrigen Schicksal enthaltene Botschaft so klar zu erkennen wie hier. Der Symbolgehalt der Türme ist kaum zu übersehen. Wenn diese Menschen das Ereignis vom 11. September zum Anlass nehmen, sich selbst zu prüfen und ihr Denken und Handeln zu korrigieren, dann können sie sich selbst ein ähnliches widriges Schicksal ersparen.

Kommen wir nun zu den Menschen, die die Tat ausgeführt haben. Was hat sie dazu bewogen? Kein Zweifel, sie gehören zur Gruppe derjenigen, über die Macht in einer Form ausgeübt wurde, die ihnen unerträglich war, und zwar aus zwei Gründen: zum einen, weil sie an eine Macht glaub(t)en, die auf idealistischen Werten beruht; zum anderen, weil jede materielle Überlegenheit auf einer Seite ein Gefühl von Unterlegenheit auf der anderen Seite erzeugt – eine Dynamik, die sich im Bereich der Parallel-Realität abspielt und eine neurotische Struktur hervorbringt. Aus kosmischer Sicht stellt jede Haltung der Überlegenheit eine Verletzung der persönlichen Würde des Einzelnen dar und verstößt damit gegen zwei kosmische Prinzipien: das der Gleichheit und das der Unantastbarkeit der Integrität des Einzelnen. Wie schon erwähnt, erschafft der Verursacher durch einen solchen Verstoß ein widriges Schicksal für sich. Soweit die kosmische Realität der Situation.

Was die Parallel-Realität angeht, so weckt jedes Unterlegenheitsgefühl das Bedürfnis nach Rache. In diesem Sinn würde ich den Angriff auf das World Trade Center einen Racheakt nennen. Wenn wir das Verhalten der Menschen, die die Tat ausgeführt haben, genauer betrachten, ergibt sich folgendes Bild: Indem sie ihre Rachegefühle nicht energisch zurückgewiesen haben, sind sie in die Parallel-Realität eingetreten und haben widriges Schicksal für sich selbst verursacht. Gleichzeitig waren sie Ausführende von widrigem Schicksal an ihren Gegnern. Das I Ging betont immer wieder, dass es ausschließlich in der Verantwortung jedes Einzelnen liegt, ob er sich von seinem Ego dominieren lässt oder nicht. Sobald er dies tut, übernimmt er die Vorstellung, dass Macht ein zulässiges Mittel ist, Einfluss auf den Gang der Dinge auszuüben.

Leider ist die Geschichte voll von Beispielen, wie der Verstoß gegen kosmische Prinzipien auf Seiten einer Partei zu ebensolchen Verstößen auf der Seite der Opfer geführt hat und somit eine lange Kette des Leidens verursacht wurde. Es wird häufig argumentiert, dass man sich doch gegen Ungerechtigkeiten wehren müsse. Hier sagt das I Ging: Bevor du zu einer solchen Schlussfolgerung kommst, halte inne. Lass dir die innere Wahrheit der Situation zeigen. Die innere Wahrheit ist, dass jede Verletzung der Würde auch nur eines einzigen Aspekts des Kosmos – also auch jedes einzelnen Menschen – vom Kosmos mit widrigem Schicksal für den Verursacher beantwortet wird. Jeder Mensch, der ungerecht behandelt wird, hat die Möglichkeit zu entscheiden, sich dem Schutz des Kosmos anzuvertrauen. Der Weise hat uns gelehrt, was damit gemeint ist: Der Betreffende sagt ein entschiedenes inneres Nein zu der ungerechten Behandlung und übergibt dann die Angelegenheit dem Kosmos. Das ist die einzige Art und Weise, aus dem Teufelskreis von Machtdenken und der Verursachung von widrigem Schicksal auszusteigen. Wer auf diese Weise die Existenz der kosmischen Harmoniegesetze anerkennt und sich mit dem Kosmos in Einklang bringt, findet den einzig möglichen Frieden: den Frieden im eigenen Herzen.

Schon kurz nach dem Ereignis erreichten mich Schilderungen von Freunden und Bekannten, die davon erzählten, auf welch »wundersame Weise« jemand aus ihrem engeren Freundeskreis daran gehindert worden war, an jenem Tag rechtzeitig zu seinem Arbeitsplatz im World Trade Center zu kommen. Besonders in Erinnerung geblieben ist mir der Fall eines Mannes, der sich gerade einen nagelneuen BMW gekauft hatte: Der Wagen konnte nur im ersten Gang gefahren werden und war einfach nicht schneller von der Stelle zu bewegen! Zahlreiche andere Fälle sind bekannt geworden, in denen Menschen, weil sie ihrer Eingebung vertrauten, rechtzeitig den Weg aus dem achtzigsten (!) Stockwerk über die Feuertreppe nach unten fanden. Insgesamt betrachtet, ist es eine erstaunliche Tatsache, dass die Zahl der Toten nur etwa 2900 betrug, obwohl sich zeitweilig bis zu 30 000 Menschen in den Gebäuden aufgehalten haben. Solche Beispiele von Verhinderung oder Rettung sind keine »glücklichen Zufälle«, sondern Ausdruck der Hilfe des Kosmos, Hilfe, die Menschen täglich erfahren, wenn ihr Herz nicht vom Verstand regiert wird.

An dieser Stelle möchte ich auch die Feuerwehrleute erwähnen. Sie haben viel Anerkennung und Ehrung von öffentlicher Seite erfahren, und gewiss hat ihr Einsatz Anerkennung verdient; allerdings haben sich nicht alle so verhalten, wie es ein gesunder Realitätssinn und der Respekt für das Geschenk des eigenen Lebens verlangen würde; sie haben ihr »Heldentum« mit dem Leben bezahlt. Der Weise hat mir gezeigt, dass jede Art von Heldentum gegen das kosmische Prinzip der Bescheidenheit verstößt. Die Vorstellung, dass wir Helden brauchen, hat wie alle Selbstbilder ihre Wurzel in der Vorstellung, der Mensch stünde im Mittelpunkt der Welt und alle Verantwortung für die Aufrechterhaltung und Wiederherstellung von Ordnung liege auf seinen Schultern. Eine solche Vorstellung verstößt gegen das Prinzip, dass der Kosmos selbst für Ordnung sorgt.

Wie bereits erwähnt, sorgen die kosmischen Harmoniegesetze auf unvergleichliche Weise und für uns Menschen nicht immer äußerlich erkennbar dafür, dass die Harmonie gewahrt bleibt oder wiederhergestellt wird. Wer selbstgerecht in das kosmische Geschehen eingreift, behindert nicht nur die Wiederherstellung der Ordnung durch kosmische Kräfte, sondern übernimmt auch das widrige Schicksal seines Gegners. So viel zur Hybris menschlicher Selbstgerechtigkeit. Auf der anderen Seite gilt auch: Wer allein auf menschlichen Schutz vertraut, verliert den Schutz und die Hilfe durch den Kosmos.

Die einzige Aufgabe für den einzelnen Menschen besteht darin, sein Denken und Handeln mit dem Kosmos in Einklang zu bringen. Das heißt zuallererst, bescheiden zu werden und seinen wahren Platz im Kosmos einzunehmen – als ein gleichwertiger Teil des Ganzen, der die harmonische Ordnung respektiert. Dieses Bescheidenwerden ist kein Akt der Selbstaufgabe, sondern ein Akt der Aufgabe des Ego, das behauptet, unser Selbst zu sein. Das Ego behauptet auch, dass der Mensch ganz allein auf sich gestellt und ein für allemal aus dem Paradies ausgestoßen sei. Im Licht unserer inneren Wahrheit besteht kein Zweifel daran, dass wir Menschen uns durch die Erschaffung des Ego selbst aus der Einheit mit dem Kosmos gelöst haben, und ebenso ist es jederzeit möglich, uns individuell der Herrschaft durch das Ego zu entziehen und in die Einheit mit dem Kosmos, die in unserem eigenen Inneren liegt, zurückzukehren.

Das Ego ist ein Komplex aus Selbstbildern und Halbwahrheiten, die alle um die zentrale Unwahrheit kreisen, dass der Mensch eine Sonderstellung im Kosmos einnimmt. Untrennbar verbunden mit dieser Vorstellung ist die Unwahrheit, dass ein Teil der menschlichen Natur »schuldig ist« oder »zum Bösen neigt«. Das Ego kontrolliert die Menschheit durch seine Einteilung der Welt in Gut und Böse. So hat es auch den ursprünglich ganzen Menschen in zwei Teile getrennt: eine so genannte höhere und eine niedere Natur. Während es dem menschlichen Verstand schmeichelt, verteufelt es den Körper, und insbesondere diejenigen unter den körperlichen Funktionen, die der Erhaltung und Erneuerung des Lebens dienen. Das I Ging zeigt, dass die Wiedergewinnung unserer Ganzheit nur dadurch erreicht werden kann, dass das Ego mit seinem unwahren »Programm« systematisch Satz für Satz und Bild für Bild »deprogrammiert« wird. Im selben Maß, wie dies geschieht, wird unser wahres Selbst, das im Einklang mit dem Kosmos ist, aus seiner Versklavung durch das Ego befreit. Mit seiner fortschreitenden Befreiung wird uns immer leichter ums Herz; wir erfahren mehr und mehr, wie wir von den kosmischen Kräften und von der Natur getragen, genährt und geheilt werden. Mit anderen Worten, wir erfahren das Gegenteil dessen, was das Ego uns weismachen möchte, wenn es behauptet, dass Bescheidenwerden den Abschied von Wohlstand und Sicherheit bedeutet.

Wer Augen hat zu sehen und Ohren hat zu hören, nimmt das Ereignis vom 11. September 2001 zum Anlass, sich persönlich die Frage zu stellen: Habe ich für mich – bewusst oder unbewusst – ein widriges Schicksal erschaffen? Der Kosmos verurteilt niemanden, der diese Frage mit Ja beantwortet. Im Gegenteil, er weist uns darauf hin, dass sich der Betreffende jederzeit von seiner Schuld gegenüber dem Kosmos befreien kann.

Der erste Schritt besteht darin, mit Hilfe des Weisen die Ursache des widrigen Schicksals zu identifizieren, die in einer falschen Vorstellung besteht; der zweite Schritt besteht darin, die falsche Vorstellung zu deprogrammieren, und im dritten Schritt übergeben wir die Angelegenheit dem Kosmos. Wenn noch irgendein Schuldgefühl zurückbleibt, verzeihen wir uns selbst und lassen dann los. Es ist wichtig, sich zu vergegenwärtigen, dass wir mit einem wunderbaren kosmischen »Programm« in dieses Erdenleben geboren werden. Mit jeder Deprogrammierung eines Teils des falschen Programms werden Blockierungen beseitigt, die das perfekte kosmische Programm am Funktionieren gehindert haben. Es geht also nicht darum, ein »neues« Programm zu installieren, wie es die Technik des Positiven Denkens und Imaginierens vorschlägt, sondern ausschließlich um mentale und emotionale Entrümpelung. Das I Ging nennt diesen Vorgang »Mehrung durch Minderung«, denn wir gewinnen nichts weniger als die Hilfe und den Segen des ganzen Kosmos.

Neale Donald Walsch
Der 11. September – eine Botschaft

Die Ereignisse dieses Tages bringen jeden denkenden Menschen dazu, innezuhalten – aufzuhören, womit auch immer man in seinem Alltag gerade beschäftigt war – und tief über die großen Lebensfragen zu reflektieren. Wir suchen wieder einmal nicht nur nach dem Sinn des Lebens, sondern nach Sinn und Zweck unserer individuellen und kollektiven Erfahrung, so wie wir sie erschaffen haben, und wir halten nach Wegen Ausschau, auf denen wir uns als menschliche Spezies neu erschaffen, sodass wir uns gegenseitig nie wieder so behandeln werden.

Die Stunde ist gekommen, um auf dem höchsten Niveau zu beweisen, wie unsere außergewöhnlichste Vorstellung davon, wer wir wirklich sind, aussieht.

Auf das, was heute geschehen ist, gibt es zwei mögliche Antworten. Die erste kommt aus der Liebe, die zweite aus der Angst. Wenn Angst unser Ausgangspunkt ist, werden wir möglicherweise in Panik geraten und – als Individuen und Nationen – Dinge tun, die nur noch mehr Schaden anrichten. Wenn die Liebe unser Ausgangspunkt ist, finden wir Zuflucht und Stärke – auch indem wir sie anderen bieten.

Eine zentrale Lehre der »Gespräche mit Gott« (Goldmann, München 1997/1998) ist: Was du selbst erfahren willst, das mach auch für einen anderen möglich.

Sieh jetzt, was du erfahren willst – in deinem eigenen Leben, in der Welt. Dann sieh hin, ob es einen anderen gibt, für den du die Quelle dafür bist.

Wenn du Frieden erleben möchtest, dann sorge dafür, dass andere Frieden bekommen. Wenn du möchtest, dass du in Sicherheit bist, dann lass andere wissen, dass sie in Sicherheit sind. Wenn du scheinbar unbegreifliche Dinge besser verstehen willst, dann verhilf anderen zu mehr Verständnis. Wenn du die eigene Traurigkeit oder deinen Zorn heilen willst, dann strebe danach, die Traurigkeit oder den Zorn anderer zu heilen.

Diese anderen warten jetzt auf dich. Sie blicken in dieser Stunde auf dich und suchen nach Führung, Hilfe, Mut, Stärke, Verstehen und Sicherheit. Die meisten von ihnen blicken auf dich und suchen nach Liebe.

Dies ist der Moment, unseres geistlichen Amtes zu walten, Seelsorger zu sein. Dies ist die Zeit des Lehrens. Was du jetzt lehrst – durch jedes deiner Worte und durch dein Handeln –, bleibt als feste Lektionen in den Herzen und Köpfen derjenigen zurück, deren Leben du berührst, sowohl jetzt als auch in den kommenden Jahren.
Wir wollen heute den Kurs für morgen bestimmen. Zu dieser Stunde. In diesem Moment.

Es gibt vieles, das wir tun können, aber es gibt eine Sache, die wir nicht tun können. Wir können nicht unser Leben länger gemeinsam so gestalten, wie wir das in der Vergangenheit getan haben. Wir können nicht die Ereignisses dieses Tages oder ihre Begleiterscheinungen ignorieren, sonst bringen wir uns in Gefahr.
In Zeiten wie diesen sind wir versucht, in Wut zu verfallen. Im Zorn enthüllt sich Angst, und Wut ist unterdrückter Zorn, der, wenn freigelassen, meist in die falsche Richtung gelenkt wird. Im Moment ist Zorn nicht angemessen. Obwohl Zorn etwas Natürliches ist und ein Segen sein kann. Wenn wir darauf verzichten, unseren Zorn über diesen Tag dazu zu benutzen, einen Sündenbock auszumachen, sondern nach Ursachen forschen, können wir den Weg der Heilung beschreiten.
Lasst uns nicht danach trachten, Schuld zuzuweisen, sondern Ursachen festzustellen. Wenn wir diese Zeit nicht dazu nutzen, die Ursache unserer Erfahrung anzuschauen, werden wir niemals von den Erfahrungen, die dadurch erschaffen wurden, loskommen. Stattdessen werden wir für immer in der Angst vor Vergeltung leben – Vergeltung durch jene in der Menschenfamilie, die sich herabgesetzt fühlen –, und ebenso an diesen Vergeltung üben.
Somit ist es nun wichtig, dass wir unseren Zorn auf die Ursachen unserer jetzigen Erfahrung richten. Und das sind nicht nur Einzelpersonen oder Gruppen, die andere angegriffen haben, sondern auch die Gründe, warum sie das getan haben. Wenn wir nicht diese Gründe betrachten, werden wir niemals fähig sein, solche Angriffe künftig auszuschließen.
Für mich sind die Gründe klar. Wir haben die grundlegendsten menschlichen Lektionen nicht gelernt. Wir haben uns der grundlegendsten menschlichen Wahrheiten nicht erinnert. Wir haben die grundlegendste spirituelle Weisheit nicht verstanden. Kurz: Wir haben nicht auf Gott gehört, und weil wir es nicht getan haben, sehen wir uns nichtgöttliche Dinge tun.

Die Botschaft der »Gespräche mit Gott« ist deutlich: Wir alle sind eins. Das ist eine Botschaft, die die Menschheit weitgehend ignoriert hat. Unser Getrenntheitsdenken durchzieht all unsere menschlichen Schöpfungen.

Unsere Religionen, unsere politischen Strukturen, unser Wirtschaftssystem, unsere Erziehungseinrichtungen und unser ganzer Lebenszuschnitt basieren auf der Idee, dass wir voneinander getrennt sind. Das hat uns dazu gebracht, uns alle Arten von Verletzung zuzufügen, eine nach der anderen. Und eine Verletzung verursacht eine andere Verletzung, denn Gleiches erzeugt Gleiches, und Negativität erzeugt nur Negativität. So einfach ist es zu verstehen. Und nun lasst uns darum bitten, dass alle von uns in dieser Menschenfamilie den Mut und die Kraft finden, nach innen zu gehen und eine einfache, nahe liegende Frage zu stellen: Was würde die Liebe jetzt tun?

Wenn wir sogar die lieben könnten, die uns angegriffen haben, und zu verstehen versuchten, warum sie das getan haben, was würde dann unsere Antwort sein? Doch wenn wir der Negativität mit Negativität begegnen, Wut mit Wut und Angriff mit Angriff, was käme dann dabei heraus?

Dies sind die Fragen, die sich der Menschheit heute stellen. Es sind die Fragen, die wir Tausende von Jahren nicht geschafft haben zu beantworten. Es verpasst zu haben, sie zu beantworten, könnte die Notwendigkeit, sie zu beantworten, überflüssig machen.

Wir sollten hier keinen Fehler begehen. Die Menschheit hat die Macht, sich selbst auszulöschen. Wir können dem Leben, wie wir es auf diesem Planenten kennen, an einem Nachmittag ein Ende setzen.

Es ist das erste Mal in der Geschichte der Menschheit, dass wir so etwas sagen können. Und somit müssen wir unsere Aufmerksamkeit auf die Fragen lenken, mit denen uns diese Machtfülle konfrontiert. Und wir müssen diese Fragen aus einer spirituellen Perspektive beantworten, nicht aus einer politischen Perspektive und nicht aus einer wirtschaftlichen Perspektive.

Wir müssen unsere eigenen Gespräche mit Gott führen, denn nur die höchste Weisheit und die höchste Wahrheit können sich den größten Problemen zuwenden, und wir stehen jetzt vor den größten Problemen und den größten Herausforderungen in der Geschichte unserer Spezies.

Wenn wir wollen, dass die Schönheit der Welt, die wir mitgeschaffen haben, von unseren Kindern erlebt wird, und von den Kindern unserer

Kinder, dann müssen wir hier und jetzt spirituelle Aktivisten werden und dafür sorgen, dass es geschieht. Wir müssen dranbleiben.
Sprich also heute mit Gott. Bitte Gott um Hilfe, um Rat und Hinweise, um Einsicht und Stärke, um inneren Frieden und tiefe Weisheit. Bitte Gott heute, uns zu zeigen, wie wir uns in der Welt zeigen, damit die Welt dazu gebracht wird, sich selbst zu verändern.
Das ist die Herausforderung, die heute jedem denkenden Menschen gestellt wurde. Heute fragt die menschliche Seele: »Was kann ich tun, um in dem Teil der Welt, den ich berühre, die Schönheit und das Wunder dieser Welt zu bewahren und um den Zorn und Hass – und die Getrenntheit, die sie unausweichlich hervorbringt – zu beseitigen?«
Bitte versuche diese Frage heute zu beantworten, mit all der Großartigkeit, die DU ist.

11. September 2001

Die Autoren

Dr. Franz Alt war von 1972 bis 1992 Leiter und Moderator des politischen TV-Magazins »Report« und leitet seitdem die Zukunftsredaktion im Südwestrundfunk. Seit 2000 gestaltet und moderiert er das Magazin »Grenzenlos« (3sat). Für seine Medientätigkeit und für sein ökologisches Engagement wurde er mit zahlreichen Preisen ausgezeichnet.
Veröffentlichungen u. a.: Der ökologische Jesus. Vertrauen in die Schöpfung (Riemann, München 1999, Taschenbuchausgabe 2002); Krieg um Öl oder Frieden durch die Sonne (Riemann, München 2002).
Kontakt: www.sonnenseite.com

Hajo Banzhaf ist Astrologe und der bekannteste Tarot-Experte im deutschsprachigen Raum. Er leitet die Tarot-Schule in München, gibt Ausbildungsseminare in psychologischer Astrologie und hält regelmäßig Vorträge über Astrologie, Tarot, Zahlensymbolik, Alchimie und Mythologie. Er ist Autor von vierzehn Büchern, die in zahlreichen Sprachen erschienen sind.
Veröffentlichungen u. a.: Tarot und die Reise des Helden (Hugendubel, München 1997); Das Tarotbuch (Goldmann, München 2001).
Kontakt: Mauerkircherstraße 29/IV, D-81679 München;
Internet: www.tarot.de oder E-Mail: HajoBanzhaf@t-online.de

Erich Bauer ist ein bekannter Psychotherapeut und Astrologe. Er ist Chefastrologe der Zeitschrift »Astrowoche« und Autor zahlreicher Bücher.
Veröffentlichungen u. a.: Das Astro-Handbuch (12 Taschenbücher für jedes Sternzeichen; Droemer Knaur, München 2001); Die Kraft der Ahnen (Kailash, München, 2. Aufl. 2001).
Kontakt: www.Erich-Bauer-Planetwork.de;
E-Mail: Erich-Bauer-Planetwork@t-online.de

Edwin Courtenay ist als geistiger Heiler und Channel tätig. In seinem Heimatland England und in Deutschland leitet er Workshops und Seminare.
Veröffentlichungen: Rituale und Gebete der Aufgestiegenen Meister. Von den Lords und Ladies von Shambala (Hans Nietsch, Freiburg 1997); Reflexionen (Edition Sternenprinz, Freiburg 1998).
Kontakt über E-Mail: bluestarofwonder@hotmail.com

Dr. med. Ruediger Dahlke ist Arzt und Psychotherapeut. Er leitet seit fünfzehn Jahren mit seiner Frau das Heil-Kunde-Zentrum in D-84381 Johanniskirchen. Sein Arbeitsschwerpunkt ist die Psychosomatik, wie sie sich in Büchern wie »Krankheit als Symbol«, »Krankheit als Sprache der Seele« oder »Frauen-Heil-Kunde« ausdrückt. Er leitet verschiedene Ausbildungen.
Veröffentlichungen u. a.: Woran krankt die Welt? Moderne Mythen gefährden unsere Zukunft (Bertelsmann, München, 2. Aufl. 2002); Die Leichtigkeit des Schwebens. Beschwingte Wege zur Mitte (Integral, München 2002).
Kontakt: www.dahlke.at

Jürgen Fliege ist evangelischer Pfarrer, Filmemacher, Buchautor sowie Fernseh- und Radiomoderator. Seine seit 1994 im Ersten Deutschen Fernsehen ausgestrahlte Talkshow wurde mit dem Bambi ausgezeichnet. 1999 gründete er ein privates Institut für Seelsorge und Kommunikation zur Fortbildung von Pfarrern und Pfarrerinnen.
Veröffentlichungen u. a.: Menschenflüsterer. Schutzlose Erinnerungen (Herbig, München, 2. Aufl. 2001); Lebensweisheiten für jeden Tag. Mein Meditationsbuch (Gondrom, Bindlach 2002).
Kontakt: www.juergen-fliege.de

Sabrina Fox ist Autorin, spirituelle Beraterin und Bildhauerin.
Veröffentlichungen u. a.: Die Sehnsucht unserer Seele. Die Lust, den eigenen Weg zu finden (Goldmann, München 1999); Wie Engel uns lieben. Wahre Begebenheiten mit Schutzengeln (Droemer Knaur, München 2000); Auf der Suche nach Wahrheit (Goldmann, München 2001).
Kontakt: www.SabrinaFox.com

Brigitte Hamann ist als unterrichtende und beratende Astrologin tätig. Bis 2001 leitete sie zusammen mit Michael Roscher die Schule für Transpersonale Astrologie. Heute lehrt sie das von ihr erarbeitete System der Entwicklungsorientierten Astrologie (EOA) zur Erforschung persönlicher Lebensthemen.
Veröffentlichungen u. a.: Die zwölf Archetypen. Tierkreiszeichen und Persönlichkeitsstruktur (Droemer Knaur, München, Neuaufl. 2001); Ihr Lebensziel. Die IC/MC-Achse und der Lebenssinn im Horoskop (Chiron, Tübingen 2002).
Kontakt: www.Brigitte-Hamann.de

Dr. Varda Hasselmann arbeitet seit 1983 als Trancemedium. Zusammen mit ihrem Partner **Frank Schmolke** leitet sie Veranstaltungen und Seminare zu den seelischen Archetypen und der Seelenfamilie.
Veröffentlichungen u. a.: Archetypen der Seele. Eine Anleitung zur Erkundung der seelischen Grundmuster (Goldmann, München 2002); Die Seelenfamilie. Sinn und Struktur seelischer Beziehungen (Goldmann, München 1999).
Kontakt: Septana, Kraillinger Weg 68, D-82061 Neuried

Werner Heidenreich ist Gründer und Leiter des spirituellen Zentrums StadtRaum Köln und Herausgeber des Magazins »Siddharta«. Er praktiziert Zen-Meditation und ist Schüler von Thich Nhat Hanh, in dessen Laienorden »Intersein« er Mitglied ist. Er leitet unter dem Motto »Glücklich Leben« Meditationskreise sowie Kommunikations- und Lebensführungsseminare. Er berät in spirituellen und beruflichen Fragen Einzelpersonen und Firmen.
Kontakt: www.w-heidenreich.de oder www.stadtraum.de
oder E-Mail: wh@stadtraum.de

Bert Hellinger ist durch das Familienstellen bekannt geworden, mit dessen Hilfe ans Licht gebracht werden kann, was in Familien krank macht und heilt. Darüber hinaus wirkt er weit über seinen Fachbereich hinaus, indem er Wesentliches über die Ordnungen der Liebe und des Lebens klar und nachvollziehbar vermittelt.
Hans-Joachim Reinecke ist Diplompädagoge, Leiter des virtuellen Bert Hellinger Instituts und Inhaber der Internet-Firma Reinecke Expertensystem.
Veröffentlichungen von Bert Hellinger u. a.: Ordnungen der Liebe. Ein Kursbuch (Droemer Knaur, München 2002); Entlassen werden wir vollendet (Kösel, München 2001).
Kontakt: www.hellinger.com

Angelika Hoefler schuf mit der Namenspsychologie und der Karma-Kabbalistik zwei einander ergänzende Systeme, um die in einem Namen wirkenden Kräfte zu analysieren. Sie berät Privatpersonen und Unternehmen und entwickelt Namen unter dem Label namedesign®. Ihr Wissen gibt sie in Seminaren weiter.
Veröffentlichungen u. a.: Die Psychologie des Namens (Windpferd,

Aitrang, 2. Aufl. 1998); Namen – das ausgesprochene Geheimnis (Windpferd, Aitrang, 7. Aufl. 2000).
Kontakt: www.angelika-hoefler.de

Angelika Ißlinger ist Heilpraktikerin mit dem Arbeitsschwerpunkt Energiearbeit. Neben Einzelsitzungen bietet sie Seminare und Ausbildungen zum Thema Energiearbeit an.
Veröffentlichung: Die Kunst der Selbstbehauptung (Droemer Knaur, München, in Vorbereitung).
Kontakt: Naturheilpraxis, Müllerstraße 41, D-80469 München,
Telefon 089/26 39 50

Byron Katie fand nach großen persönlichen Schwierigkeiten durch ein Erleuchtungserlebnis eine Methode der Selbsterkenntnis und Problembewältigung. Es stellte sich heraus, dass diese einfache Form der Rücknahme von Projektionen und der Schattenarbeit, die sie »The Work« nennt, auch für andere ein idealer Lösungsweg ist. Byron Katie vermittelt ihre Methode auf Vortrags- und Seminarreisen in vielen Ländern der Welt.
Veröffentlichung: Lieben, was ist. Wie vier Fragen Ihr Leben verändern können (zusammen mit Stephen Mitchell; Goldmann, München 2002).
Kontakt: www.thework.org

Gabriele Kuby, Soziologin, Publizistin, Mutter von drei Kindern, ist 1997 in die katholische Kirche eingetreten und hat dort, wo sie es am wenigsten vermutete, endlich den offenen Weg zu Gott gefunden. Über den Prozess der Umkehr hat sie ein Buch geschrieben: »Mein Weg zu Maria – von der Kraft lebendigen Glaubens« (Goldmann, München 1998). Sie hält Vorträge über katholische Spiritualität und die Zeichen der Zeit.
Kontakt: gabriele-kuby@t-online.de

Monika Lamberts-Hengster leitet die Zeitschrift »InterSein«, ein Forum für Informationen und Austausch der Gemeinschaften und Freunde Thich Nhat Hanhs, und ist Mitglied seines gleichnamigen Laienordens.
Karl Schmied ist Dharma- und Meditationslehrer in dem Orden »Intersein« und spiritueller Leiter der Gemeinschaft für achtsames Leben, Bayern e.V. Er ist Mitbegründer und Lehrer des Zentrums für Leben in Achtsamkeit in Hohenau, Niederbayern, sowie Gründer des Maitreya Fonds mit Hilfsprojekten für Vietnam.

Veröffentlichung von Karl Schmied: Kein Weg – nur Schritte (Theseus, Berlin 2001).
Kontakt: www.intersein.de

Hanna Moog studierte Volkswirtschaft und Sprachen. Das I Ging wies ihr vor zwanzig Jahren neue Wege zur Tätigkeit als freie Lektorin, Übersetzerin und Autorin. Seit 1998 arbeitet sie in den USA und widmet sich gemeinsam mit Carol K. Anthony ganz der Erforschung des I Ging und seiner praktischen Anwendung für das neue Zeitalter.
Veröffentlichungen u. a.: I Ging. Das Orakel- und Weisheitsbuch Chinas. Mit einem Kommentar von Hanna Moog (Droemer Knaur, München 1994); Leben mit dem I Ging. Erfahrungen aus Kunst, Therapie, Beruf und Alltag, hrsg. von Hanna Moog (Diederichs, München 1996).
Kontakt: www.ichingoracle.com

Marko Pogačnik studierte Bildhauerei. Der Künstler und geomantische Forscher lebt in seinem Geburtsland Slowenien. Er hat mit der Lithopunktur eine Methode der Raumheilung entwickelt und leitet weltweit Seminare zur Heilung von Orten und Landschaften. Er berät Behörden bei der Landschaftsplanung und lehrt als Dozent an der 1995 gegründeten »Schule für Geomantie – Hagia Chora«.
Veröffentlichungen u. a.: Die Tochter der Erde. Die Wiedergeburt des göttlichen Weiblichen (AT Verlag, Aarau 2002); Die Erde wandelt sich. Erdveränderungen aus geomantischer Sicht (Droemer Knaur, München 2001).
Kontakt: www.pogacnikmarko.org

Wulfing von Rohr ist Kulturforscher, Seminarleiter, Firmenberater, Yogalehrer, Autor und Moderator von Friedens- und Religionstreffen. Er war zwei Jahrzehnte lang als Fernsehjournalist tätig. Im Rahmen von Life Forum, einem gemeinnützigen Verein, setzt er sich ehrenamtlich für Völkerverständigung, interreligiösen Dialog, Kulturaustausch und Bildung ein.
Veröffentlichung u. a.: Geheime Herrscher der Welt. Die Meister von Licht und Dunkel (Hugendubel, München 2001); Licht in der Stille. Stundenbuch zum Leben und Sterben (Urania, Neuhausen 1999).
Kontakt über E-Mail: wulfing@12move.de

Erika Isolde Schäfer, Diplompsychologin, arbeitete als wissenschaftliche Assistentin an der Universität Saarbrücken, anschließend als Psychotherapeutin in freier Praxis mit Schwerpunkt Reinkarnationstherapie und Familienstellen nach Hellinger. Sie gründete das Therapie-, Lehr- und Forschungszentrum Eisenbuch bei Altötting; Forschungsprojekt: Ganzheitliche Therapie mit Diabetes Mellitus-Typ I-Patienten.
Veröffentlichung u. a.: unter ihrem Mädchennamen Isolde Mehringer Sell: Mama, glaub mir, ich habe schon einmal gelebt (2. Aufl. unter dem Titel: Reinkarnationstherapie mit Kindern; Schirner, Darmstadt 2002).
Kontakt: Ernst-von-Romberg-Straße 22, D-80997 München;
Telefon 089/1 40 73 94

Ute Manan Schiran lebt im äußersten Südwesten des europäischen Kontinents, ohne Strom, ohne Telefon, ohne aufdrehbaren Wasserhahn – zusammen mit ihrer menschlichen Lebensgefährtin, mit Tieren von Adler bis Zitterspinne, mit Pflanzen von Aronstab bis Zistrose und mit anderen, formflüchtigeren Wesen. Mit diversen Widersprüchen gilt es für sie dort ebenfalls zu leben.
Veröffentlichungen u. a.: Menschenfrauen fliegen wieder (Droemer Knaur, München 1988); Die Wege der Wölfin (Droemer Knaur, München 1990).
Kontakt: Droemer Knaur Verlag, Hilblestraße 54, D-80636 München

Wolf Sugata Schneider ist Autor und Büchermacher, Schreibcoach, Kursleiter und Verleger. Zu seinen Spezialgebieten gehören der Buddhismus und Tantra. Seit 1985 gibt er die Zeitschrift »connection« heraus, das »Magazin fürs Wesentliche«.
Kontakt: Hauptstraße 5, D-84494 Niedertaufkirchen,
Telefon 0 86 39/98 34 17
Internet: www.connection-media.de
E-Mail: schneider@connection-medien.de

Kim da Silva studierte Naturwissenschaften. Mehrjährige Studienaufenthalte führten ihn u. a. nach Indien, Japan, Taiwan und in die USA. Nach 25-jähriger Universitäts- und Forschungsarbeit in der chemisch-pharmazeutischen Industrie arbeitet er seit 1987 als Autor und selbstständiger Lehrer für östliche Philosophien und Heilmethoden; er hält Seminare, Vorträge und führt spezielle Beratungen durch.

Veröffentlichungen u. a.: Meinen Körper in meine Hände nehmen. Mudras zur Balance und zum Verstehen von Gesundheit und Krankheit (Droemer Knaur, München 2000). Der inneren Uhr folgen (Goldmann, München 2000).
Kontakt: Kameruner Straße 50, D-13351 Berlin,
Fax: 030/45 29 07 66;
E-Mail: KimdaSilva_Berlin@web.de

Paul Skorpen lehrt christliche Mystik und spirituelles Heilen. Er gibt sein Wissen in Deutschland, Italien und in den USA im Rahmen von Vorträgen und Workshops weiter. Nach seinen Studien in den Bereichen Philosophie, Schamanismus und Buddhismus war er ein enger Mitarbeiter des Mystikers und Heilers Daskalos (Dr. Stylianos Atteshlis), der im griechischen Teil Zyperns lebte. Er war an der Herausgabe mehrerer Bücher von Daskalos beteiligt, einschließlich des Bandes »Esoterische Praxis« (Edel Verlag, Duisburg 1996).
Kontakt: www.theosis.com;
E-Mail: mail@theosis.com

Christine Stecher ist als freie Autorin und Lektorin tätig. Schwerpunkte ihrer Arbeit sind die Themenbereiche spirituelle Welt und ganzheitliches Heilen sowie Kultur- und Geistesgeschichte.
Veröffentlichungen u. a.: Mantras. Die Sprache der Götter (Schirner, Darmstadt 2002); Engel über allem (Goldmann, München 2002).
Kontakt über E-Mail: Schriftzeichen@aol.com

David Steindl-Rast wurde 1926 in Wien geboren, wo er Kunst und Anthropologie studierte und im Fach Psychologie promovierte. 1953 trat er in den USA einem kontemplativen Zweig des Benediktinerordens bei. Ihm ist es unter anderem durch seine Hinwendung zum Zen-Buddhismus gelungen, Brücken zwischen christlicher Spiritualität und östlicher Weisheit zu schlagen; durch sein interdisziplinäres, soziales Engagement trägt er zu Verständnis und Frieden auf der Welt bei.
Er lebt heute in einer Einsiedelei und widmet sich der Website www.gratefulness.org
Veröffentlichungen u. a.: Wendezeit im Christentum (zusammen mit Fritjof Capra; dtv, München 1994); Die Achtsamkeit des Herzens (Goldmann, München 1997).

Wolf-Dieter Storl ist promovierter Ethnobotaniker und Kulturanthropologe. Er lehrte zwanzig Jahre lang an verschiedenen Universitäten in den USA, in Indien und Europa. Er lebt heute im Allgäu und gibt sein Wissen in Büchern, Seminaren, Workshops und Vorträgen weiter.
Veröffentlichungen u. a.: Pflanzendevas. Die Göttin und ihre Pflanzenengel (AT Verlag, Aarau, 2. Aufl. 2002); Pflanzen der Kelten. Heilkunde, Pflanzenzauber, Baumkalender (AT Verlag, Aarau 2001).
Kontakt: www.storl.de

Dr. Wighard Strehlow, Naturwissenschaftler an der TU Berlin, Forschungschemiker an der amerikanischen Yale University, Tätigkeit in der Pharmaindustrie, arbeitet als Heilpraktiker und Hildegard-Forscher. Er ist Praxisnachfolger von Dr. Gottfried Hertzka in Konstanz und heute die Kapazität auf dem Gebiet der Hildegard-Heilkunde. Seit 1993 leitet er das erste Hildegard-Kurhaus.
Veröffentlichungen u. a.: Heilen mit der Kraft der Seele (Strehlow Verlag, Allensbach 2002); Hildegard-Heilkunde von A-Z. Kerngesund von Kopf bis Fuß (Droemer Knaur, München 2000).
Kontakt: Strandweg 1, D-78476 Allensbach,
Telefon 0 75 33/74 33;
Internet: www.hildegardmed.de und www.st-hildegard.com
oder E-Mail: praxis@st-hildegard.com

Thich Nhat Hanh wurde in Vietnam geboren und zählt zu den großen buddhistischen Lehrern und Zen-Meistern der Gegenwart. Er ist der Gründer der buddhistischen Van-Hanh-Universität in Saigon und ein engagierter Führer der gewaltfreien buddhistischen Friedensbewegung. Seit 1966 lebt er im Exil in Frankreich. Seine von ihm gegründete klösterliche Gemeinschaft Plum Village in Südfrankreich ist für viele suchende Menschen ein Ort der Besinnung und Kraft. Seine zahlreichen Bücher wurden in viele Sprachen übersetzt; in seinen Vorträgen und Retreats lehrt er überall auf der Welt die Kunst des achtsamen Lebens.
Veröffentlichungen u. a.: Das Wunder der Achtsamkeit. Einführung in die Meditation (Theseus, Berlin 2001); Der Mondbambus (Droemer Knaur, München 2001).
Kontakt: www.plumvillage.org
oder E-Mail: MF-Office@Plumvillage.org

Klausbernd Vollmar, Diplompsychologe und Autor, arbeitet über Symbole und deren Wirkung im Traum und Alltagsleben. Er ist Mitbegründer der Beratungsfirma TraumOnline (www.traumonline.de).
Er lebt in England und hält seit Jahren Seminare und Vorträge (Info: www.kbvollmar.de).
Veröffentlichungen u. a.: Das Arbeitsbuch zur Traumdeutung (Iris Bücher, Amsterdam 2001); Sich erfolgreich träumen. Die DreamCreativity©-Methode (Königsfurt, Krummwisch bei Kiel 2000).

Nicola Waddington ist Heilpraktikerin mit den Schwerpunkten Farbtherapie und klassische Homöopathie. Die gebürtige Engländerin lebt in Deutschland, wo sie vor allem mit ihrem Buch »Aura-Soma – Durch Farben zur Erkenntnis« dazu beigetragen hat, einem größeren Publikum die Botschaften der Farben nahe zu bringen.
Veröffentlichungen u. a.: Aura-Soma. Die Heilkraft der Quintessenzen und Pomander (Droemer Knaur, München 1999); Farben und ihre Symbolsprache (Droemer Knaur, München 2000).
Kontakt über E-Mail: Farbheilung@foni.net

Neale Donald Walsch begann in einer frustrierenden Phase seines Lebens, sich Kummer und Wut in einem Brief an Gott von der Seele zu schreiben. Zu seinem großen Erstaunen erhielt er auf seine Fragen direkte Antworten, die er spontan festhielt. Es entwickelte sich auf diese Weise ein Dialog über verschiedene Lebensthemen; die »Gespräche mit Gott« wurden weltweit zu einem Bestseller. Walsch lebt in Oregon und vermittelt in Workshops und Vorträgen die Botschaften seiner Bücher.
Veröffentlichungen u. a.: Gemeinschaft mit Gott (Goldmann, München 2002); Bring Licht in die Welt (Goldmann, München 2002).
Kontakt: www.conversationswithgod.org

Christopher A. Weidner beschäftigt sich seit 1983 mit Astrologie und seit 1992 mit Feng Shui. 1994 gründete er das Projekt »Phoenix Astrologie« in München, in dessen Rahmen er Kurse, Seminare und Ausbildungen anbietet. Der examinierte Astrologe der Schule für Transpersonale Astrologie hat sich auch durch Vorträge und Publikationen einen Namen gemacht.
Veröffentlichungen u. a.: Astrologie für Einsteiger (Droemer Knaur,

München 2001); Das Arbeitsbuch zum Horoskop (Droemer Knaur, München 2001).
Kontakt: www.phoenix-astrologie.de

Claudia von Werlhof ist Professorin für Frauenforschung am Institut für Politikwissenschaft der Universität Innsbruck. Sie arbeitet interdisziplinär zur Patriarchats-, Kapitalismus- und Globalisierungskritik und ist aktiv in der internationalen Frauen- und neuen sozialen Bewegung der Zivilgesellschaft.
Veröffentlichungen u. a.: Lizenz zum Plündern. Das Multilaterale Abkommen über Investitionen – MAI – Globalisierung der Konzernherrschaft und was wir dagegen tun können (zusammen mit Maria Mies; EVA, Hamburg 1998); There is an Alternative. Subsistence and Worldwide Resistance to Corporate Globalization (hrsg. zus. mit Veronika Bennholdt-Thomsen und Nicholas Faraclas; Zed Books, London 2001).
Kontakt über E-Mail: claudia.von-werlhof@uibk.ac.at

Rechtenachweis

Alle Beiträge dieses Bandes sind Originalbeiträge bis auf Varda Hasselmann/Frank Schmolke, *Ohne Krieg kein Frieden – ohne Frieden kein Krieg* aus *Weisheit der Seele,* © 1995 Wilhelm Goldmann Verlag, München, einem Unternehmen der Verlagsgruppe Random House GmbH.